Irmhild Saake

Die Konstruktion des Alters

Lehrbuch

Hagener Studientexte zur Soziologie

Herausgeber:
Heinz Abels, Werner Fuchs-Heinritz
Wieland Jäger, Uwe Schimank

Die Reihe „Hagener Studientexte zur Soziologie" will eine größere Öffentlichkeit für Themen, Theorien und Perspektiven der Soziologie interessieren. Die Reihe ist dem Anspruch und der langen Erfahrung der Soziologie an der FernUniversität Hagen verpflichtet. Der Anspruch ist, sowohl in soziologische Fragestellungen einzuführen als auch differenzierte Diskussionen zusammenzufassen. In jedem Fall soll dabei die Breite des Spektrums der soziologischen Diskussion in Deutschland und darüber hinaus repräsentiert werden. Die meisten Studientexte sind über viele Jahre in der Lehre erprobt. Alle Studientexte sind so konzipiert, dass sie mit einer verständlichen Sprache und mit einer unaufdringlichen, aber lenkenden Didaktik zum eigenen Studium anregen und für eine wissenschaftliche Weiterbildung auch außerhalb einer Hochschule motivieren.

Irmhild Saake

Die Konstruktion des Alters

Eine gesellschaftstheoretische Einführung in die Alternsforschung

VS VERLAG FÜR SOZIALWISSENSCHAFTEN

Bibliografische Information Der Deutschen Nationalbibliothek
Die Deutsche Nationalbibliothek verzeichnet diese Publikation in der Deutschen Nationalbibliografie; detaillierte bibliografische Daten sind im Internet über <http://dnb.d-nb.de> abrufbar.

1. Auflage September 2006

Lektorat: Frank Engelhardt

Der VS Verlag für Sozialwissenschaften ist ein Unternehmen von Springer Science+Business Media.
www.vs-verlag.de

Umschlaggestaltung: KünkelLopka Medienentwicklung, Heidelberg
Druck und buchbinderische Verarbeitung: Krips b.v., Meppel
Gedruckt auf säurefreiem und chlorfrei gebleichtem Papier
Printed in the Netherlands

ISBN-10 3-531-14677-7
ISBN-13 978-3-531-14677-5

Vorwort

Wer vom Alter reden will, ist mit zwei Problemen konfrontiert. Zunächst will keiner etwas von diesem Thema hören, weil schon die Rede darüber Bilder jenes langweiligen und grauen Alters hervorzurufen scheint, die niemanden interessieren. Und wenn das Alter doch zum Thema werden darf, dann gelingt dies zumeist nur in der Form einer halbwissenschaftlichen Rede, die sich unübersehbar populistischen Effekten zu verdanken scheint. Die Bilder, die auf diese Weise vom Alter entstehen, können sich nicht entscheiden, ob sie schwarz sein wollen oder doch lieber rosarot. Besteht das Problem darin, dass die Alten so langweilig und so grau sind, oder darin, dass ihre positiven Seiten – großer Erfahrungsschatz, vielleicht sogar Weisheit – einfach nicht gesehen werden?

Man könnte nun grundsätzlicher ansetzen und zitieren, was Alternsforscher über alte Menschen wissen, und wird dann doch wiederum feststellen, dass sich nichts an dieser Form der „Altersklage" ändert. Das Problem scheint woanders zu liegen und es scheint – wenn man diese massiven Rezeptionsprobleme als empirisches Datum verwendet – in der Rede über das Alter selbst zu liegen.

Aus diesem Verdacht lässt sich ein komplettes Forschungsprogramm entwickeln, wenn man Alternsforschung aus einer inklusionstheoretischen Perspektive durchführt. Dann lässt sich zeigen, dass sich hinter dem Phänomen einer Rede über das Alter, deren wissenschaftliche Untersuchung keine Öffentlichkeit findet, eine Problematik verbirgt, die im Folgenden mit der Diagnose der *Sichtbarkeit des Alters* bezeichnet wird. Was wird eigentlich sichtbar, wenn von Alter die Rede ist? Was bleibt gleichzeitig unsichtbar? Was beschreiben Erklärungen, die sich dem Alter widmen? Wie formt eine wissenschaftliche Auseinandersetzung mit dem Alter das Bild dieser Gruppe von Menschen? Warum findet das Thema kaum Anschluss an kultursoziologische Forschungsfragen, warum verbleibt es meist im sozialpolitischen oder pflegerischen Kontext?

Als grundsätzliches Problem einer deutschsprachigen Alternsforschung wird immer wieder die fehlende theoretische Orientierung angesprochen. Ein genauerer Blick auf die internationale Diskussion übers Altern verdeutlicht jedoch, dass weniger eine starke theoretische Perspektive als vielmehr eine explizite Kulturalisierung der Kategorie ‚Alter' dort Anwendung findet. Die Kategorie Alter scheint die kultursoziologische Landschaft mit einem *timelag* zu betreten und erst nach und nach fällt der Alternsforschung auf, wie weit entfernt sie von allen Diskursen ist, die über andere klassische soziologische askriptive Kategorien sich entwickelt haben.

Während es also einerseits darum geht, diese neue Sichtbarkeit des Alters in der Begrifflichkeit einer Alternsforschung wiederzufinden, geht es andererseits aber auch darum zu fragen, welche Möglichkeiten mit neuen Perspektiven auf das Alter verbunden sind. Die Voraussetzung für die Beantwortung einer solchen Frage stellt hier eine theoretische Perspektive bereit, die jenseits einer naturalisierten Kategorie ‚Alter' offen für Untersuchungen zur Variabilität von Altersbildern sind.[1] Die klassische Grundlage hierfür liefert eine konstruktivistische Herangehensweise, die Alter in den Horizont der Vergleichbarkeit mit anderen Kategorien rückt.

Erst auf dieser Grundlage – jenseits einer einseitig an Hilfebedürftigkeit und Krankheit orientierten Perspektive – lässt sich auch systematisch fragen, welche Muster sich hinter der neuen Vielfalt an Altersbildern entdecken lassen. Während einerseits Konsumenten sichtbar werden – "The grey market" – , lässt sich andererseits zeigen, wie sehr das „neue Altern" mit seinen Idealen des „always mobile, always functioning" subjektivierenden Selbstmanagementtechniken geschuldet ist.

Mit einer kultursoziologischen Öffnung der Alternsforschung ist eine weniger normative Zugangsweise zum Thema einer alternden Gesellschaft verbunden, als dies meist der Fall ist. Die Anbindung der Alternsforschung – als aging studies – an kultursoziologische Debatten erwirtschaftet dem Thema eine Flexibilität, die es aus den sozialpolitischen Zuständigkeiten eines „Schonraum"-Diskurses (Göckenjan) herausführt und in eine Welt entlässt, in der alte Menschen selbst als Betroffene nach Definitionsmöglichkeiten suchen, die sich letztlich viel weniger von den Narrativen anderer Gruppen unterscheiden als dies das Etikett einer Gerontologie suggeriert. Ein kultursoziologischer Blick auf alternde Gesellschaften wird sich diesem Zusammenhang zwischen der Entstehung einer Konsumkultur und den damit verbundenen neuen Inklusionsmöglichkeiten alter Menschen nicht mehr verschließen können.

---

[1] Der vorliegende Text verwendet gründlich überarbeitete Theorie-Studien meines 1998 erschienenen Buches über „Theorien über das Alter" und führt diese auf der Basis einer kultursoziologischen Argumentation zusammen. Dabei wurden nur gesellschaftstheoretische Zugänge berücksichtigt, also solche, die sich mit der Frage nach dem gesellschaftlichen Kontext von Altersthematisierungen auseinandersetzen. Sozialpolitische Studien zur 'Lebenslage Alter' fallen nicht hierunter. Siehe hierzu: Tesch-Römer, Ängstler & Wurm 2005; Kohli & Künemund 2005; Amann 2004; Backes, Clemens & Künemund 2004; Backes & Clemens 2003.

1. Die Unsichtbarkeit des Alters. Eine Kritik der klassischen Alternsforschung

Wenn man zusammenfassen will, was einen Alternsforscher an der aktuellen sozialpolitischen Debatte beunruhigt, dann stößt man auf die schöne Semantik des Verzichtens, mit deren Hilfe Politiker den Rentnern die Kürzung von Leistungen versüßen wollen. Verzichten sollen die Alten im Sinne eines Beitrags für den Generationenvertrag und verzichten sollen sie auf die Sicherheit des sozialpolitischen Versprechens einer gesicherten Rente. Verzichten sollen sie damit aber auch auf die Inanspruchnahme einer bequemen Altersrolle. Solche Kürzungsmaßnahmen wie der aktuelle Eingriff in die Rentenzahlungen betreffen zurzeit viele; in Bezug auf die Klientel der Alternsforscher ist dies jedoch besonders brisant, weil sich hier eine Rolle gebildet hat – die des Alters – die ein ganz spezifisches Kommunikationsmuster ermöglicht. Dieses Kommunikationsmuster ließe sich am besten als ‚Simulation von Zurechenbarkeit' benennen. Was damit gemeint ist, lässt sich am einfachsten am Beispiel der wissenschaftlichen Kommunikation übers Alter erklären. Die Bilder, die entstehen, wenn Alternsforscher über Alter reden, imaginieren eine Welt der Hilfebedürftigkeit und setzen davon ein Ideal des sinnvollen selbstbestimmten Lebens ab, das sich von der üblichen wissenschaftlichen Prosa weit entfernt. Es scheinen besondere Bedingungen zu gelten, wenn man vom Alter spricht. Oder in soziologischen Worten: Die wissenschaftliche Behauptung der Asymmetrie stellt eben diese bekämpfte Asymmetrie selbst wiederum her. Genau das Gleiche passiert, wenn man alte Menschen als alte Menschen anspricht: Man *tut* so, als ob man sie ernstnehmen würde. Und damit ist nicht gemeint, dass man alle alten Menschen so behandelt; dies passiert nur dann, wenn die Kommunikation explizit auf die Kategorie ‚Alter' zurückgreift.

An der aktuellen Debatte um die Neugestaltung der Altersabsicherung lässt sich – wenn man sich für diesen „Tabubruch" in Bezug auf die vermeintlich gesicherten Renten bezieht – eine veränderte gesellschaftliche Umgangsweise mit dem Alter ablesen, die man explizit positiv als einen Schritt der *Emanzipation der alten Menschen von der Rolle des Alters* bezeichnen kann. Wenn man in den veränderten Bedingungen der politischen Debatte über das Alter eine solche Konsequenz erkennen will, bedeutet dies gleichzeitig, dass der gerontologische Kampf für ein „besseres Alter", für eine „Schonung", alte Menschen selbst behindert.

Ein entscheidender Effekt der wissenschaftlichen Behauptung von sozialen Ungleichheiten, oder allgemeiner: Asymmetrien, ist die wissenschaftliche Inklusion der Betroffenen als Betroffene. Genau dies fehlt jedoch typischerweise in der Alternsforschung: Es gibt keine *aging studies*. Das Alter wird von Jungen beschrieben, die unter Alter nur Hilfebedürftigkeit verstehen können. Wie sich in der wissenschaftlichen Rede diese besondere Form der hergestellten Asymmetrie darstellt, wie sich daraus eine soziale Form der Performanz, der Herstellung von Alter als sozialer Wirklichkeit ergibt und wie sich diese Phänomene in inklusionstheoretischen Begrifflichkeiten als gesellschaftliche Praxis der Emanzipation von Sprechern beschreiben lassen, wird plausibel, wenn man sich die Frage stellt, warum es keine *aging studies* gibt.

Wer sich aus Anlass der aktuellen Kürzungsmaßnahmen für alte Menschen stark macht, ist mittendrin im Spiel. Mit Gerd GÖCKENJAN lässt sich dazu konstatieren, dass sich der Diskurs über das Alter im Moment wiederum in dem für ihn so typischen Reziprozitätsschema verfängt: „Das Humanitätsschema (des Diskurses, I.S.) verweist auf die unmittelbaren Generationenbeziehungen, in denen ethische Normen orientieren wollen und realisiert werden müssen. Die unmittelbaren Beziehungen sind immer eingefasst in dem polarisierenden Assoziationsfeld Altenehrung–Altentötung, selbst wenn das meist ganz im Hintergrund steht." (Göckenjan 2000, 26) In GÖCKENJANs umfassender Studie zum Diskurs des Alters steht eigentlich schon alles drin, was man als Alternsforscher sagen kann. Man erfährt dort, dass es 1. eben diese typische Polarisierung gibt, dass es 2. nur ein Diskurs ist, der mit den konkreten alten Menschen wenig zu tun hat – GÖCKENJAN spricht von einem Generalisierungsdiskurs – und dass es 3. um normative Diskursziele geht, in denen die Auflösung des Spannungsverhältnisses von Altersklage und Alterstrost als ethische Verpflichtung an die Gesellschaft delegiert wird.

Wenn man sich nicht als Alternsforscher für dieses Thema interessiert, sondern als Soziologe, dann wird darüber hinaus noch mehr sichtbar. Als Soziologe muss man noch einen Schritt weiter gehen, erhält aber auch dafür die entscheidenden Hinweise bei GÖCKENJAN. GÖCKENJAN macht darauf aufmerksam, dass der Diskurs über das Alter vom „Reflex des Parteiergreifens" geprägt ist (ebd., 14). „Alter steht unter einem Affirmationszwang." (Ebd.) Diese Sätze lassen sich als Hinweis lesen, die gesellschaftlichen Bedingungen, unter denen dieser Diskurs geführt wird, mitzureflektieren, denn es geht an dieser Stelle nicht nur um einen

Altersdiskurs, sondern auch um eine Inklusionspraxis. Es geht um die Frage danach, wie mit Hilfe der Kategorie ,Alter' Menschen angesprochen werden. Es geht also um die Beobachtung, dass alte Menschen nicht einfach alte Menschen sind, sondern dass sie als solche *sichtbar* gemacht werden, dass sie als solche *angesprochen* werden, dass es also vielleicht auch Ansprechbarkeiten – systemtheoretisch würde man sagen: Adressen – gibt, die jenseits der Kategorie ,Alter' funktionieren, obwohl sie sich auf 50- bis 70jährige beziehen.

Wenn man so vorgeht, stößt man zunächst einmal auf die üblicherweise in Bezug auf Alter mitangewandte sozialpolitische Perspektive. Ethnographen verwenden das Konzept der Allegorie, um mit dem Befund umzugehen, dass sich eine fremde Kultur nicht umfassend authentisch beschreiben lässt, sondern nur in ,Dichten Erzählungen' (GEERTZ), die sich durch ihre Bedeutungsstärke auszeichnen und auf diese Weise auf ein allgemeines Humanum verweisen. Der Affirmationszwang, auf den GÖCKENJAN hinweist, ist offensichtlich so eine Art von allegorischem Reden, das weniger mit konkreten Anlässen als mit den großen Fragen der Menschheit zu tun hat. Nur so lässt sich der folgende Satz von GÖCKENJAN, der für Soziologen eigentlich mehr als erklärungsbedürftig sein muss, würdigen: „Dass Alter auch alte Leute meint, etwa 70jährige, 90jährige, Pflegebedürftige, Stadtstreicher, bedeutende Persönlichkeiten des öffentlichen Lebens, ist richtig, aber belanglos, wenn über Alter geredet wird. Der Altersdiskurs thematisiert nicht Vielfalt und Differenziertheit von Lebensformen und sozialen Milieus, auch nicht einzelnes, sondern Gemeinsamkeiten. Alter kennt keine Stände, keine Klassen, keine Geschlechterdifferenzierung, nicht einmal chronologische Zäsuren – im Prinzip jedenfalls." (Göckenjan 2000, 25)

Mit diesem Satz lässt sich zusammenfassen, was sich die Alternsforschung in den letzten Jahrzehnten so mühsam erarbeitet hat: Obwohl alte Menschen so unterschiedlich sind, gibt es in der Öffentlichkeit keine vielfältigen Altersbilder. Man kann diesen Befund auch damit erklären, dass Bilder als Semantiken immer generalisierend wirken. Aber entscheidend ist zunächst, dass dieser eine Satz all die Bemühungen der Alternsforscher um einen differenzierten Zugang zu ihrem Thema von vornherein zum Misserfolg verurteilt. Wenn es um Alter geht, geht es nicht um alte Menschen. Es geht – folgt man GÖCKENJAN – um Sozialpolitik und die Frage nach der humanen Verfassung einer Gesellschaft. „[D]ie Frage des direkten Umgangs zwischen Gesellschaftsmitgliedern bei Persönlichkeits- und Statusveränderungen oder -zusammenbrüchen, bei Gebrechlichkeit, Verwirrung, Hilflosigkeit verweist auf das Thema des Humanitätsstatus einer Gesellschaft." (Ebd., 25)

Über GÖCKENJAN hinausgehend ließe sich formulieren, dass es auch um die blinden Flecken einer Alternsforschung geht, deren Zugang zum Thema darin besteht, aus „Gebrechlichkeit, Verwirrung, Hilflosigkeit" eine Gemeinsamkeit des Alters herauszulesen und sich dadurch denkbar weit von ihrer Klientel zu entfernen. Mit dieser Behauptung einer *alternssoziologischen Konstruktion des Alters* gelingt es, zwei typische Formen der Altersthematisierung unter einen Hut zu bringen, die eigentlich sowohl zeitlich als auch inhaltlich weit voneinander entfernt liegen.

An einem Diskussionsbeitrag von Paul BALTES, dem Nestor der psychologischen Alternsforschung, lässt sich beispielhaft die Konstruktion des Alters über die Form der simulierten Zurechenbarkeit demonstrieren. Im Juni des Jahres 2003 wurden Politiker, Mitglieder von regierungsnahen Kommissionen und eben auch Wissenschaftler in der Berlin-Brandenburgischen Akademie um eine Stellungnahme zur ‚Vergreisten Republik' gebeten. (Vgl. Die Zeit 26.06.2003, 31) Die Antworten, die für die Wochenzeitschrift ‚Die ZEIT' zusammengestellt wurden, illustrieren par excellence den allegorischen Charakter dieser Debatte, insofern sie auf Möglichkeitsräume einer alternden Lebensführung rekurrieren, die bestenfalls noch als illusorisch zu beschreiben sind.

BALTES formuliert in diesem Rahmen: „In Deutschland haben wir ein Konzept von Arbeit, das mit den wissenschaftlichen Erkenntnissen des Altwerdens nichts zu tun hat: Ältere Menschen haben andere Interessen, andere Motive, andere Stärken. Außerdem fällt es ihnen schwer, Neues zu lernen. Aber sie sind gut, wenn es um sozial-emotionale Intelligenz geht. Die Arbeitswelt des Alters muss einen Neuanfang darstellen, eine berufliche Renaissance." (Ebd.) Verwendet man dieses Interview als empirisches Datum zur gesellschaftlichen Rede vom Alter, dann lässt sich daran erkennen, was gemeint ist, wenn sich das Etikett ‚Alter' in Kommunikationen plausibilisiert. Sehen kann man dann, dass die Alternsforschung offenbar selbst diese altersgemäße uneigentliche Form der Rede praktiziert. Zeigen kann man an diesem Beispiel, dass Altersrollen nicht einfach nur wissenschaftliche Instrumente eines Soziologen sind, sondern dass sie sich in konkreten empirischen Situationen wiederfinden, dass sie Bedingungen der Kommunikation festlegen, dass sie performativ sind. Mal ganz abgesehen davon, dass manch ein ZEIT-Leser sich vermutlich gefragt hat, warum sich in seinen Familienstreitigkeiten nicht die 'sozial-emotionale Intelligenz' der Eltern zeigt, wundert man sich doch, dass dieses „altersgemäße Konzept des Arbeitens" als Besonderheit des Alters herausgestellt wird. Wenn Arbeitnehmer ganz grundsätzlich die Wahl hätten, würden doch vermutlich alle sagen, dass das aktuelle Arbeitskonzept nicht ihren Interessen entspricht, nicht ihren Motiven, nicht ihren Stärken usw. Etwas später führt BALTES weiter aus, dass eine „Kultur des Alterns" einen anderen Produktivitätsbegriff brauche als einen rein ökonomischen. Und weiter: „Alte Menschen werden Dinge produzieren, die wir heute nicht als normales Produkt bezeichnen." (Ebd.) Man fügt diesen Sätzen nichts Neues mehr hinzu, wenn man zusammenfasst, dass BALTES sich für alte Menschen Jobs wünscht, die ihrer großen Unterschiedlichkeit gerecht werden, die nicht körperlich beanspruchen und die eben etwas bieten, woran alte Menschen interessiert seien. (Ebd.)

Nun sind vermutlich viele dieser Formulierungen auch der Ungenauigkeit mündlicher Rede zu verdanken, aber sie demonstrieren doch ansonsten sehr schön, dass hier nicht nur den Alten ein Schonraum zugestanden wird, sondern vor allem auch den Alternsforschern. Das Thema färbt offensichtlich ab. Wenn man mit GÖCKENJAN diese Sätze als Teil eines Diskurses entschlüsselt, lässt sich wieder wissenschaftlich anschließen: Die Gesellschaft erinnert sich in solchen Sätzen an ihre Fürsorgepflicht für alte Menschen. Es hat demzufolge überhaupt nichts mit der konkreten Situationen alter Menschen und einer Arbeitswelt zu tun, die für alte Menschen keine Verwendung hat. Wenn man diesen Befund ernstnimmt, bedeutet das: *Sätze über alte Menschen tragen das Etikett: Bitte nicht ernstnehmen!* Zu diesem Ergebnis gelangt man, wenn man Kommunikationsmuster daraufhin untersucht, wie in ihnen die Rede vom Alter plausibilisiert wird. Es entstehen in solchen Kommunikationsmustern Sprecher, für die besondere Bedingungen gelten. Alter wird performiert.

Die praktischen Eigentümlichkeiten dieser Rede über das Alter sind Soziologen aus vielen Zusammenhängen heraus vertraut. Jürgen HABERMAS unterscheidet propositionale Gehalte von performativen Wirkungen, eben den Bindungen, über die Sprecher als Teilnehmer einer Lebenswelt sichtbar werden, und spricht deshalb vom kommunikativen *Handeln*. Eine systemtheoretische Perspektive bindet Inhalte als Semantiken an funktionale Logiken und interessiert sich darüber hinaus dafür, wie sich „selbsttragende Strukturen" (LUHMANN) entwickeln, die an das Politische des Politischen, an das Ökonomische des Ökonomischen, das Familiäre des Familiären und das Medizinische des Medizinischen glauben (vgl.

Nassehi 2003; Saake 2003). So wie familiäre Kommunikation performativ wird, wenn man als Wissenschaftler nach Konflikten fragt und negativ beschieden wird, identifiziert sich eine alternde Gesellschaft, die von alten, für unzurechnungsfähig erklärten und umfassend hilfebedürftigen Menschen in die Pflicht genommen wird. Die affirmative Rede vom Alter gibt ein Kommunikationsmuster vor anhand dessen eine Inklusion qua Alter nur als Inklusion qua Hilfebedürftigkeit erfolgen kann.

Diese positive und hilfsbereite Zugriffsweise aufs Alter unterscheidet sich jedoch weniger von ihrer negativen Variante als GÖCKENJAN denkt. Das zweite Beispiel, das hier zur Unterstützung der Argumentation herangezogen wird, ist sehr viel älter und stammt von Elaine CUMMING und William H. HENRY, deren in der Alternsforschung viel zitierte Studie zum Disengagement im Alter vorbereitet hat, was man als *Rolle des Alters* bezeichnen kann. Diese frühe, aus den 50er Jahren des letzten Jahrhunderts stammende Studie, die einen Zusammenhang von Ruhestand und Anpassung an diese Phase bei alten Menschen behauptet, ist viel für ihren eigentümlichen normativen *bias* kritisiert worden. Als Leser weiß man nicht, ob die Untersuchungsleiter wirklich wissen wollten, ob alte Menschen mit ihrer beruflichen Ausgrenzung zufrieden sind, oder ob sie fürchteten, sie könnten eine negative Antwort erhalten. Die Ergebnisse der Studie sind mehr als plausibel, insofern sie eigentlich nur sagen, dass sich Menschen im Alter von 50 bis 70 Jahren daran gewöhnt haben, den Ruhestand als eigenständige Rolle anzusehen. Was sollen sie auch anders tun.

Interessant ist im Weiteren etwas, wofür sich Alternsforscher nie so richtig interessieren, nämlich die theorietechnischen Eingangsüberlegungen, anhand derer Alter beschrieben werden soll. Die Autoren fragen: „...does the passage of time alone make some difference, or does time stand only for a variety of experience in a number of social systems." (Cumming & Henry 1961, 4) An dieser Stelle wird noch einkalkuliert, dass es auch um die Frage danach geht, was denn Alter überhaupt ist. Dies zu fragen ist umso plausibler, da es ja explizit in dieser Studie nicht um die Hochbetagten geht, sondern um eine Gruppe zwischen 50 und 70 Jahren – eben die Gruppe, um die es auch in der aktuellen Debatte geht, wenn wohlhabende Senioren gezeigt werden, die man nun um einen Verzicht bittet.

Neben den Sätzen über den Rückzug und den Nutzen, den eben dies für die Gesellschaft hat, sind vor allem zwei Aspekte interessant, die die damalige Konstitution der Altenrolle leiten:

1. Die Behauptung einer Nähe zum Tod und
2. die Idee der fast schon räumlichen Trennung der alten Menschen von der Gesellschaft.

Zunächst zum Thema Tod, wozu CUMMING und HENRY folgendes formulieren: „If the individual becomes sharply aware of the shortness of life and the scarcity of the time remaining to him, and if he perceives his life space as decreasing, and if his available ego energy is lessened, then readiness for disengagement has begun." (Ebd., 217) Komplementär dazu erläutern sie in Bezug auf die Gesellschaft: „... society, recognizing the scarcity of time at the end of life, gives even its most illustrious men and women permission to disengage, if they wish to, from all interactions but those most necessary for their survival." (Ebd., 226) Der Tod steht hier also im Mittelpunkt einer Argumentation, die das Besondere der Gruppe der zwischen 50 und 70 Jahre alten Menschen benennen will, und er erzeugt ein Bild, bei dem eben diese Menschen sich als Sterbende von der Gesellschaft weg bewegen.

Talcott PARSONS findet in seinem Vorwort nur lobende Worte für diese Studie, merkt aber doch an, dass die verstärkte Auseinandersetzung der alten Menschen mit Kultur zu mehr Bildung führen könne und das dies eventuell auch der Gesellschaft zu Gute kommen könne (vgl. Parsons 1961). Und erst dann sieht man eigentlich, wie passiv die alten Menschen der Disengagement-Studie gedacht werden. PARSONS war kein Alternsforscher und vielleicht ist es ihm deshalb gelungen, Alter in seiner Funktion für die Gesellschaft zu denken und es nicht nur als Inbegriff der Folgenlosigkeit zu konzipieren. Sobald sich Wissenschaftler explizit als Alternsforscher ihrem Thema zuwenden, müssen sie offenbar seine Besonderheit behaupten und typischerweise fordern sie dann für das Alter einen Schonraum mit einer asymmetrischen Sprecherposition, weil es jenseits der Hilfebedürftigkeit keinen gemeinsamen Nenner gibt.[1]

---

[1] PARSONS hat den Ausweg gewählt, die Frage der Funktion, an der er festgehalten hat, zu temporalisieren. Er erhoffte sich *zukünftig* einen Beitrag alter Menschen, denen ja nur ein körperlicher Abbau, nicht ein geistiger zu unterstellen sei, weswegen eine alternde Gesellschaft, die ja nicht mehr auf körperliche, sondern eher auf geistige Leistungsfähigkeit angewiesen sei, von ihnen profitieren könne. Vgl. dazu Kap. 2 in diesem Band.

Entstanden ist auf der Grundlage all dieser Überlegungen zum Sinn des Alters eine eigentümlich stabile und als unwandelbar gedachte soziale Rolle des Alters, mit der sich die Betroffenen selbst nicht identifizieren wollen. Wenn man die Beschreibungen von BALTES zusammenfasst, kann man formulieren, dass das Besondere dieser Rolle heute darin besteht, nicht nur Funktionslosigkeit, sondern Unzurechenbarkeit zu pflegen. Wo CUMMING und HENRY davon sprechen, dass „ego changes" im Alter sichtbar werden, die zu „preoccupations with inner states and to the narcissism of the very old" (Cumming & Henry 1961, 212) führen, geht es bei BALTES darum, die Verweigerung zur Auseinandersetzung mit dem Neuen festzuschreiben. Die Betonung von besonderen Motiven, Interessen und zu fördernden Stärken könnte man genauso als Empfehlung in Bezug auf Kinder finden.

Auf die Idee, dass es in diesem Alter vor allem um eine Auseinandersetzung mit dem Tod geht – die wichtigste Annahme von CUMMING und HENRY –, käme man heute nicht mehr.[2] Dass es im Alter um „Gebrechlichkeit, Verwirrung, Hilflosigkeit" (Göckenjan 2000, 25) geht, ist völlig unplausibel, wenn man von 50- bis 70jährigen spricht. Diese für die Gruppe der alten Menschen typische Vermischung von medizinischen Problemen mit Soziallagen behauptet immer wieder eine Besonderheit alter Menschen im Hinblick auf spezifische Gefährdungslagen – interessanterweise sogar der alten Menschen, die sich explizit als nichthilfebedürftig darstellen – und macht doch nur darauf aufmerksam, dass es keine Gemeinsamkeiten gibt, sondern medizinische Probleme, von denen man nicht möchte, dass sie als Altersprobleme bearbeitet würden, also mit dem Index einer nicht so dringenden Behandlungsbedürftigkeit versehen würden.[3] Historisch neu ist, dass nun – im Rahmen der Sparmaßnahmen – auch die Altenrolle als Rolle innerhalb der Gesellschaft gedacht wird, insofern von unterstellter Folgenlosigkeit auf Zurechenbarkeit umgestellt wird. Und – wenn man normative Sätze formulieren wollte – könnte man auch sagen, dass das ein Gewinn ist.

Was damit gemeint ist, wenn man die aktuelle Debatte um Kürzungsmaßnahmen soziologisch als Gewinn für die Alten darstellen möchte, kann man nur sehen,

---

[2] Eigene Studien zur Frage des modernen Umgangs mit dem Tod haben darüber hinaus ergeben, dass nicht die rationale Kalkulation knapper Zeit, sondern die Zurechnung als Erfahrung eine Auseinandersetzung mit dem Tod erzeugt (vgl. Nassehi & Saake 2004).

[3] Vgl. zur Unterscheidung von Pflegebedürftigkeit und Hilfebedürftigkeit im Alter Weber u.a. 1997.

wenn man von der Beobachtung des Alters umstellt auf die Frage danach, wie Menschen überhaupt in einer Gesellschaft ansprechbar gemacht werden können. Die Systemtheorie verwendet hierfür den Begriff der Inklusion: „Gemeint ist ..., dass das Gesellschaftssystem Personen vorsieht und ihnen Plätze zuweist, in deren Rahmen sie erwartungskomplementär handeln können; etwas romantisch könnte man auch sagen: sich als Individuen heimisch fühlen können." (Luhmann 1997, 621) Interessant wird diese Frage nach der Inklusion erst dann, wenn sie nicht mehr von vornherein über eine beispielsweise stratifizierte Gesellschaft schon geregelt ist. Das, was als Individualisierung bezeichnet wird, charakterisiert eine zeitgenössische Form der Inklusion, bei der eine Form gefunden werden muss, anhand derer das Selbst sich selbst identifiziert.[4] Irene WOLL-SCHUMACHERs Theorie der Alterssozialisation[5] (1980) lässt sich eigentlich auch als Theorie der Individualisierung im Alter lesen, was bedeuten würde, dass die Rolle der alten Menschen eine Vorreiterrolle der Individualisierung ist. Aber eben als Rolle der „alten" Menschen! Geht das? Die Paradoxie dieser Rolle besteht darin, dass sie umfassende Zurechenbarkeit zum Thema macht, sie aber dann nur simuliert. Und eben das wird typischerweise als Besonderheit des Alters sichtbar, wenn man mit einem Gesprächspartner rechnet, der nicht weiß, wovon er redet, was man ihm aber nicht zeigen darf. Das passiert laufend, aber es passiert nur den „alten" Menschen in einer erwartbaren, über die Rolle des Alters auf Dauer gestellten Weise.

Sichtbar wird mit dem Ende der Rede von den gesicherten Renten ein Alter, das erstmals auch junge Menschen betrifft, die sich unter diesen Bedingungen jetzt sofort Gedanken darüber machen müssen, welche Folgen ihr gegenwärtiges Handeln für ihre Rente haben wird. Was die Alternsforschung immer eingefordert hat, nämlich Alter als Prozess zu begreifen, ist damit erstmals entstanden. Das Alter ist sozusagen in der Gesellschaft angekommen.

Wenn man in solch einer topologischen Unterscheidung Alter von Gesellschaft trennt, greift man damit auf das PARSONSsche Konzept einer Systemtheorie zurück, das eben – im Unterschied zum LUHMANNschen Konzept – Systeme vorsieht, die eine energetische, materielle Basis haben, weswegen man dann schnell von abnehmenden Kräften auf zunehmende Transzendenz schließen kann.

---

[4] Vgl. zu einer operativen Fassung des Begriffs der Individualisierung Nassehi 2002.

[5] Vgl. dazu Kap. 2 in diesem Band.

Die LUHMANNsche Systemtheorie beginnt mit dem Blick auf Kommunikationen, die die Basis aller gesellschaftlichen Prozesse darstellen. Sichtbar wird dann eine Wirtschaft, die – mit der Umstellung auf das Medium Geld – sich nur noch für Zahlungsvorgänge interessiert – und eben nicht für die Erhaltung einer Gesellschaft. Sichtbar wird eine Politik, die sich nur noch dafür interessiert, Entscheidungen zu binden, also Macht auszuüben – und eben nicht für die rationale Steuerung einer Gesellschaft. Die schöne und plausible Konstruktion einer Gesellschaft, deren Rationalitätspotential sich in kybernetischen Zusammenhängen von steuernden und energieliefernden Anteilen wiederfindet, hat sich bei Luhmann in das Bild sich gegenseitig irritierender, ansonsten eigenlogisch funktionierender Systeme verselbständigt. (Vgl. Saake 2004) Und eben dies ist die große Stunde der alten Menschen.

Während der erste Reflex von sozialpolitisch interessierten Alternsforschern auf diese Sätze nun vermutlich darin besteht, auf alte Menschen hinzuweisen, die bei so einer Funktionsweise der Gesellschaft unberücksichtigt bleiben, müssten sie eigentlich umgekehrt auch sehen, dass sie völlig ausblenden, welche zusätzlichen Inklusionschancen nun sichtbar werden. Eine Wirtschaft, die sich nur für Zahlungen interessiert, hat keine Probleme mit Alter, und eine Politik, die Wähler sucht, auch nicht. Sichtbar wird Alter nun vor allem in Organisationen, z.B. Unternehmen, die sich für flexible Mitarbeiter interessieren. Während die Sozialpolitik versucht, für alte Menschen Sonderkonditionen zu erwirtschaften – vielleicht noch mit der Begründung von BALTES, dass eben alte Menschen nichts Neues lernen könnten – , wird schon deutlich, wie dieser Versuch zu helfen, Hilfebedürftige erzeugt – und unflexible Mitarbeiter. Schon in den Beschreibungen von BALTES hat sich der organisationstypische Zugriff auf alte Menschen niedergeschlagen – als Verweigerung von Flexibilität – , und gerade hier kann man dann sehen, wie stark Altersbilder davon abhängig sind, in welchen Kontexten man alte Menschen sieht.

Bestritten werden soll in solch einer Argumentation nicht, dass es wohlfahrtsstaatliche Aspirationen auf Schonräume geben darf.[6] Zu zeigen ist aber, dass sich zunehmend Kontinuitätsräume von sozialen Rollen auflösen. Armin NASSEHI verwendet für diesen Befund die Diagnose einer „Gesellschaft der Gegenwarten“,

---

[6] Es fällt an dieser Stelle auf, wie schnell die soziologische Rede zu einer programmatischen Rede wird.

um zu verdeutlichen, dass auf dieser „Bühne Gesellschaft eher eine Laienspielschar (spielt), die, zur Echtzeit gezwungen, weder Probe- noch Korrekturmöglichkeiten hat, sondern ihre Struktur gewissermaßen improvisieren muss und dennoch zu Selbststabilisierungen auch im Hinblick auf die Wechselseitigkeit der operativ voneinander unabhängigen Funktionssysteme kommt.“ (Nassehi 2003, 165)[7]

Soziale Rollen werden dabei verflüssigt und damit auch vieles von dem, was für Soziologen so attraktiv ist, nämlich die Orientierung an demonstrativen Asymmetrien, die sich in politisierbare Anklagen auflösen lassen. An der medizinsoziologischen Debatte um die Arzt-Patienten-Rolle lässt sich sehr schön ablesen, was damit gewonnen und was verloren ist. Jemand wie der Chirurg Ferdinand SAUERBRUCH hat noch behauptet, dass die Narkosetechnik das Vertrauensverhältnis zwischen Arzt und Patient beschädige (vgl. Bollinger & Hohl 1981). Heute reicht die paternalistische Autorität des Arztes nicht mehr bis zum Vorzimmer; spätestens dann fragt sich der Patient schon, ob der Arzt wohl recht hatte mit seiner Diagnose.[8] An diesem Beispiel lässt sich schön demonstrieren, dass das eigentliche Proprium von Soziologen eben nicht in dem Kampf um die alten sozialen Rollen bestehen sollte, sondern im Blick auf die neuen Inklusionsverhältnisse und auf die Frage danach, wie sich Selbstbeschreibungen unter der Bedingung einer ‚Gesellschaft der Gegenwarten' (Nassehi) stabilisieren lassen.

Wenn man sich grundsätzlich für Formen, mit deren Hilfe Menschen angesprochen werden können, also für Inklusionspraxen, interessiert, stößt man auf neue Formen, die ganz neue Probleme mit sich bringen. Für die Frage nach dem Umgang mit Alter bedeutet dies einen Wechsel des Beobachtungsschemas von der Romantik der simulierten Zurechenbarkeit im Rahmen der sozialen Rolle auf tatsächliche Zurechenbarkeit. Die Vorteile im Sinne einer Emanzipation liegen auf der Hand. Die Nachteile bestehen aus soziologischer Perspektive darin, dass dies eben auch nur wiederum eine bestimmte Art der Konzeption von Personen ist, die

---

[7] Vielleicht sollte man von der Systemtheorie lieber als *small theory* denn *als grand theory* sprechen, um zu betonen, dass dem systemtheoretischen Konzept eigentlich nur ein Gedanke zugrunde liegt: Der der jeweils nur noch kontextabhängigen Einschränkung von Möglichkeiten.

[8] Dass mit der Ablösung des paternalistischen Modells nicht auch schon die Ablösung des asymmetrischen Verhältnisses zwischen Arzt und Patient verbunden ist, hat etwas damit zu tun, dass zum medizinischen Handeln der Glaube des Patienten an die Richtigkeit medizinischer Hilfeleistung dazuzugehören scheint, „schamanische“ Elemente also keine Überbleibsel einer unaufgeklärten Medizin sind, sondern die Bedingung dafür, dass Medizin helfen kann. (Vgl. dazu ausführlicher Saake 2003)

– konsequent angewendet – nun zu ganz ungewohnten Unterscheidungen führt, bei denen beispielsweise Demenz nicht mehr als körperliche Veränderung bzw. biologischer Alterungsprozess begriffen wird, sondern als Herausforderung an die Kompetenz der Angehörigen und Pflegekräfte, trotz Verwirrtheit eine personale Adressierbarkeit sichtbar zu machen.

Mit FOUCAULT lassen sich solche Entwicklungen als diskursive Produktion des Menschen beschreiben. Wenn sich Soziologen von der Idee der sozialen Rolle und der beobachtbaren Asymmetrie lösen, werden neue Formen der Selbstbeschreibung sichtbar, die wiederum neue Asymmetrien mit sich bringen. Alternsforscher, die weiterhin an der Idee einer Rolle des Alters festhalten, werden diese aktuellen Probleme bei der Suche nach Zurechenbarkeiten nicht bearbeiten können. Und sie werden darüber hinaus selbst zum Problem für ihre Klientel, weil sie Emanzipationsmöglichkeiten verhindern. Üblicherweise wird dieser Zirkel einer professionellen Produktion von Klienten durch das als authentisch geltende Zeugnis von Betroffenen aufgebrochen. Was sich in der Perspektive der Experten als eindeutiges Muster darstellt, wird dann durch den Erfahrungsreichtum einer biographischen Selbstbeschreibung unterwandert. Die Alternsforschung versucht, aus diesem Kreislauf auszubrechen, indem sie differenziertere Kategorien anbietet und darauf hinweist, dass mit der Kategorie ‚Alter' noch nicht viel darüber gesagt ist, wie es sich in diesem Alter leben lässt. All diese Befunde scheinen nicht anzukommen, was nicht nur daran liegt, dass sie nicht medienwirksam aufbereitet werden können. Ein entscheidender Grund für das Versagen der Alternsforschung, das Alter verständlich zu machen, liegt in der speziellen Organisationsform dieser Studien: Sie werden von Jüngeren durchgeführt, die den Älteren helfen wollen.

Dieser Defekt einer am hilfebedürftigen Alter orientierten Alternsforschung hat diese Disziplin von Beginn an begleitet. Mit dem Beginn einer wissenschaftlichen Auseinandersetzung mit dem Alter beginnt auch der Blick auf ein hilfebedürftiges, in Pflegeheimen stattfindendes Alter, das sich ab dem 50. Lebensjahr – egal wie gesund sich jemand fühlt – dem fürsorglichen Blick des Forschers nicht mehr entziehen kann. In der nun schon mittlerweile kleinen Tradition der Alternsforschung sind Argumentationsschleifen entstanden, in denen immer wieder die negativen Seiten in den Vordergrund gerückt werden, um dann nach Potentialen und Ressourcen eines positiven Alters zu suchen. Aber es wird dabei nur immer deutlicher: Es gibt da, wo die Forscher suchen, nichts Positives. Es gibt nur mehr oder weniger erträgliche Formen des Umgangs mit alten Menschen, die wiederum selbst unter einer solchermaßen altersgemäßen Anrede leiden müssen. Wenn man im Gespräch an das Alter seines Gesprächspartners denkt, dann hat man gerade gedacht, dass es Unfug ist, was der andere gerade gesagt hat. Aber man sagt es ihm höflicherweise nicht. Diese Hemmung, die uns die Alternsforschung beibringt, kennen wir selbstverständlich auch aus anderen Situationen, aber nur im Umgang mit alten Menschen gehört sie von vornherein zur Erwartung dazu. Aus dieser Situation gibt es keinen Ausweg, nur ein Mehr an Belehrungen, von denen keiner etwas wissen will, weil das Thema so langweilig ist.

Die Besonderheit dieser speziellen Produktion einer großen Gruppe alter Menschen kann man nur würdigen, wenn man sie mit anderen Gruppen vergleicht. Die soziologische Theorie hat für diesen Anlass den Begriff der Inklusion gebildet, um herauszufinden, wie Menschen in dieser Gesellschaft angesprochen werden. Aus dieser Perspektive gibt es keine Stammbesatzung aus Männern und Frauen, Kindern und Alten, Armen und Reichen, Inländern und Ausländern, sondern nur Inklusionsschablonen, über die Personen sichtbar gemacht werden. Mit Hilfe des Begriffs der Inklusion lässt sich auch zeigen, wie sich Gesellschaften selbst beschreiben, indem sie z.B. Humanität für eine entscheidende Kategorie halten, über die dann alle Formen eines ungebildeten, verwahrlosten Lebens ausgegrenzt werden können. Unsere gegenwärtige Gesellschaft beschreibt sich vorrangig als eine solche der Ungleichheit, und stattet darüber ihre Mitglieder mit einem Bewusstsein der Anspruchsberechtigung aus, die sich aus jeder Form der Abweichung automatisch ergibt. (Vgl. Luhmann 1981b)

Eine typische Karriere einer solchen Inklusionschiffre findet sich unter dem Etikett ‚Frauen'. Die Inklusion der Frauen erfolgte typischerweise über die Unterstellung eines eigenen weiblichen Geschlechtscharakters, von dem die Frauenforscherinnen auch heute noch nicht wissen, ob er ihnen selbst entspricht oder nicht. Klar ist jedenfalls, dass er auf Unterdrückung verweist, wenn er von Männern formuliert wird. Nur die Berücksichtigung einer authentischen weiblichen Perspektive verspricht hier einen Ausweg. Es ist also nicht verwunderlich, wenn auch die Alternsforschung nach dem sucht, was das unterdrückte Alter ausmacht. Im Unterschied zur Inklusion über Geschlecht oder Nationalität oder Rasse gibt es jedoch in Bezug auf das Alter keine Menschen, die sich über dieses Etikett angesprochen fühlen. Alte Menschen wollen einfach nicht als alt angesehen werden.

Während die feministischen Studien nach und nach plausibilisiert haben, dass auch Frauen ganz normale Menschen sind, indem sie Wissenschaftlerinnen sichtbar gemacht haben, gibt es keine *aging studies*, in denen alte Menschen die Gelegenheit haben, Bilder vom Alter zu entwerfen und sie selbst wieder zu zerstören, da sie ihrem Alltag nicht gerecht werden. Ein Blick auf die amerikanische Soziologie vermittelt ein Bild von einer Vielzahl von solcherart organisierten Studienformen, in denen amerikanische Bürger produziert werden: *black studies*, *asian american studies*, *hispanic american studies*, *native american studies, women studies* und der Rest läuft dann unter *cultural studies* oder gar *diversity studies*. Zu allem gibt es Einführungsbücher, die darüber informieren, dass auch Bürger asiatisch-amerikanischer Herkunft Kinder gebären, die zur Schule gehen und danach berufstätig sind oder vielleicht auch kriminell werden. (Vgl. Zhou & Bankston 1998) Man wundert sich ein wenig, warum es in Deutschland noch keine *turkish studies* gibt, in denen eine sozialverträgliche Form der kulturellen Selbstbeschreibung mit Freiräumen ausgestattet werden könnte. Wie sehr die Soziologie, die sich gerne als Wissenschaft der gesellschaftlichen Integration versteht, mit solchen Studienformen Teil dieses Integrationsprogramms ist, sieht man erst, wenn so ein Programm versagt. Als Emanzipationsprogramm ist die Alternsforschung gescheitert.

Damit ist jedoch noch nichts darüber ausgesagt, ob diese negative Diagnose auch für die alten Menschen selbst gilt. Überall dort, wo alte Menschen tun, was alle anderen auch tun, kann man sie nicht sehen, denn man sucht ja nach: Alter. Es ist also kein Wunder, wenn man eine Vielzahl an negativen Stereotypen findet, die sich von einer Welt des Konsums absetzen, denn was soll man schon anderes zeigen, wenn Alter als Inbegriff der Asymmetrie gilt: Hilfebedürftigkeit oder noch schlimmer: Rüstigkeit. Die Kategorie ‚Alter' ist explizit dafür gemacht, eine Bevölkerungsgruppe mit einem Schonraum auszustatten, der sie außerhalb der Gesellschaft platziert. Und in diesem Schonraum darf das Wort Rente möglichst noch nicht einmal mehr angesprochen werden, weil die alten Wähler dann verunsichert werden. Wer von alten Arbeitnehmern redet, kalkuliert ein, dass sich jemand weigert zu lernen, wie ein Computer funktioniert. Von „alten" Menschen kann man nichts erwarten, man kann sie nur – wie Kinder – fördern. Diese – wie die Alternsforscherin Irene WOLL-SCHUMACHER es genannt hat – „Lizenz zur Selbstgesetzlichkeit" ist der Inbegriff all dessen, wofür die Kategorie des Alters gemacht worden ist.

Der soziologische Fachterminus der Inklusion ermöglicht einen Blick auf eine Welt jenseits dieser eingefahrenen Routinen und er findet Menschen, die über unterschiedliche Schablonen – Alter, Geschlecht, Rasse, Behinderung – sichtbar gemacht werden. Er findet authentische Selbstbeschreibungen, die Unterdrückung behaupten und davon die Normalität eines nicht unterdrückten Alltags absetzen. In Bezug auf das Alter ist dieser Ablauf nicht möglich, denn mangels alter Studenten, die sich ihr Etikett neu aneignen könnten, bleibt diese Kategorie eine solche der modernen Fürsorge.

Damit soll nicht behauptet werden, dass eine authentischere Alternsforschung besser wäre, sondern dass die soziologischen Emanzipationserzählungen als Inklusionsangebote fungieren, insofern sie – zunächst ganz schlicht – die Einnahme einer Sprecherposition ermöglichen. Männer können dann nicht mitreden, wenn es um Frauenprobleme geht, und wer nicht selbst behindert ist, wird sich nicht für kompetent halten, über den Alltag eines Behinderten Auskunft zu geben. Wenn man Partizipationschancen auf diese Weise als Chancen zur Einnahme einer Sprecherposition konzipiert, kann man erklären, wie sich mit der Behauptung von Asymmetrien Redeanteile erwirtschaften lassen, aber auch, wieso sich mit zunehmenden Redeanteilen nicht Lösungen, sondern mehr Probleme ergeben. Die theoretische Figur, die hier in Anspruch genommen wird, beginnt mit dem HABERMASschen Konzept einer Begründung von Rationalität über die „Erfahrung der zwanglos einigenden, konsensstiftenden Kraft argumentativer Rede, in der verschiedene Teilnehmer ihre zunächst nur subjektiven Auffassungen überwinden und sich dank der Gemeinsamkeit vernünftig motivierter Überzeugungen gleichzeitig der Einheit der objektiven Welt und der Intersubjektivität ihres Lebenszusammenhangs vergewissern" (Habermas 1978, 605). Mit Niklas LUHMANN wird diese vernunfttheoretische Position jedoch tiefergelegt und auf die empirische Evidenz eingedampft, dass sich mit Kommunikationsmöglichkeiten zunächst einmal vor allem Anschlussmöglichkeiten ergeben. Als besonders erfolgreiches Rezept zur Herstellung von Kommunikationsmöglichkeiten stellt sich aus dieser Perspektive die Behauptung von Asymmetrien heraus. (Vgl. Saake & Nassehi 2004, Saake & Kunz 2006)

Die klassische Anwendung dieser Figur einer vom Partizipationsgedanken geprägten Rede findet sich in der Organisation amerikanischer soziologischer Studiengänge in Zentren für beispielsweise *asian-american studies*. Die Erzählung von der Asymmetrie mündet dabei in die Notwendigkeit, das Thema in eine konsistente Form zu bringen, was typischerweise auf den Versuch einer umfassenden Darstellung des Weiblichen, des Ethnischen und des Marginalisierten hinausläuft – obwohl die verwendeten Theorien die Konstruktion solcher Formen der Typisierung zum Thema haben! Damit liegen dann Beschreibungen vor, die einerseits normalisierend wirken, andererseits eine Besonderheit auch weiterhin behaupten können, obwohl der nächste Anwärter auf eine Inklusionserzählung die gleichen Elemente verwenden könnte. Wer sich betroffen fühlt, kann unproblematisch anschließen, indem er auf Erfahrungswissen rekurriert und damit einen für wissenschaftliche Verhältnisse denkbar schlichten und wenig Bildung voraussetzenden Zugang findet. Die Herstellung symmetrischer Redepositionen scheint unter anderem von einer wissenschaftlichen Praxis der Emanzipation zu profitieren.

Am empirischen Beispiel von Altersthematisierungen lässt sich dieser Zusammenhang der Behauptung einer Besonderheit und vor allem der fehlschlagende Versuch einer wissenschaftlichen Normalisierung dieser Besonderheit beispielhaft aufzeigen. Nicht die alten Menschen, sondern die Alternsforschung selbst verhindert, dass das Inklusionsangebot qua Alter als soziale Rolle sichtbar wird, als Problem von Betroffenen, die sich einer asymmetrischen Sprecherposition entziehen möchten. Weder kann die Alternsforschung sehen, dass es alte Menschen gibt, deren Leben jenseits unterstellter Hilfebedürftigkeiten stattfindet, noch kann sie sehen, dass sie alte Menschen als ‚unzurechnungsfähige Kinder' anspricht. Als Alternative dazu würde es sich anbieten, die Alternsforschung durch Forschungen zum Umgang mit Hilfebedürftigen – nicht nur pflegebedürftigen alten Menschen – zu ersetzen oder alte Menschen im Rahmen von *aging studies* als Zeugen ihrer Lebenssituation zu installieren.

Zu verstehen ist diese Forderung jedoch nicht als normatives Programm einer besseren Alternsforschung oder gar einer besseren Behandlung alter Menschen, sondern als soziologische Studie über die soziologische Verfertigung von Inklusionsadressen, unter anderem auch ‚Alter'. Thema dieses Buches ist folgerichtig die Dekonstruktion von Kommunikationen, in denen ‚Alter' als Thema verwendet wird, und dies sind sowohl wissenschaftliche Theorien als auch alle Sätze, die im Alltag formuliert werden. Resultat dieses Forschungsinteresses ist eine gehäufte Verwendung von Anführungszeichen, eine Einklammerung all dessen, was zunächst als Wissenschaft oder Wahrheit gelten kann, und eine Rekonstruktion der jeweiligen Plausibilitäten, die hiermit erwirtschaftet werden. Fremd wird nun zunächst alles, was vorher so vertraut war: Die Altersphase, die Definition von Alter und die Identität des alten Menschen bezeichnen. Unter diesen Etiketten lassen sich klassische gesellschaftstheoretische Zugänge der Alternsforschung der vergangenen Jahrzehnte versammeln.[9] Je fremder diese Zugänge werden, desto deutlicher wird jedoch auch, wie viel von dem, was Alter ausmacht, bislang im Rahmen der klassischen Konzepte unsichtbar war – weil es nicht als Alter benannt werden konnte. Was machen alte Menschen, wenn sie gerade mal nicht alt sind?

---

[9] Es lohnt sich, diesen klassischen gesellschaftstheoretischen Zugängen etwas Zeit zu widmen, weil sich in ihnen alle Sätze aufgehoben finden, die immer wieder zum Thema Alter formuliert werden: Alter muss einen Sinn haben bzw. es fehlt ihm der Sinn; man wird alt gemacht, weil die Gesellschaft mit alten Menschen nichts anfangen kann; im Alter wird Bilanz gezogen usw. Wer so etwas behaupten will, sollte sich anschauen, welche Gesellschaftskonzepte sich hinter diesen Sätzen verbergen.

2. Das Alter und seine Funktion

Den Soziologen Talcott PARSONS trotz seiner vergleichsweise spärlichen Äußerungen zum hohen Alter an den Anfang dieses Kapitels zu stellen, rechtfertigt sich durch seine theoretische Grundlegung einer Gesellschaftstheorie, die die Integration aller Mitglieder einer Gesellschaft beschreibt. Die – aus der Sicht der klassischen Alternsforschung – *problematische Integration alter Menschen* hat mit dem PARSONSschen Strukturfunktionalismus ein erstes Erklärungsmodell gefunden. Im Folgenden werden nun das PARSONSsche und die sich daran anschließenden strukturfunktionalistisch argumentierenden Alterskonzepte der 60er Jahre vorgestellt. Aufbauend hierauf und in Weiterentwicklung dieser Ansätze ermöglicht das nächste Kapitel dann mit Hilfe einer evolutionstheoretischen Perspektive, die Begrenzungen einer kausalfunktionalistischen Erklärung zu überwinden.

I. Konzepte der 60er Jahre

Den Beginn des Versuchs, eine allgemeine soziologische Theorie zu entwerfen, markiert Talcott PARSONS mit einem Problem. „Seine klassische moderne Formulierung war mit HOBBES' Konzept des 'Naturzustand' gegeben und damit stellte sich die Frage, warum menschliche Gesellschaften angesichts all ihrer Nöte nicht schon längst einem Naturzustand des 'Krieges aller gegen alle' anheimgefallen waren." (Parsons 1975, 53f.) Auch die PARSONS-Rezeption beginnt meist mit dem Hinweis auf den englischen Philosophen und Staatstheoretiker Thomas HOBBES. Die Einordnung in eine jahrhundertealte Tradition philosophischer Bemühungen illustriert überzeugend PARSONS' vorrangiges Interesse an gesellschaftlichem „Equilibrium", ohne ihn voreilig des Konservatismus zu bezichtigen.[1] Die Antwort, die PARSONS auf die Frage nach den Bedingungen von Ordnung formuliert,

[1] Die Behauptung, der Vorwurf des Konservatismus beruhe auf mangelhafter Rezeption des PARSONSschen Werks (vgl. Jensen 1976, 57, Anmerkung 3; Münch 1982, 19ff.), lässt sich nur schwer entkräften angesichts einer Theorie, die ihr Inventar immer wieder umgestellt hat. Vgl. dazu auch Jeffrey C. ALEXANDER (1987, 59), der PARSONS selbst eine ungenaue Rezeption seines eigenen Werks vorwirft. Talcott PARSONS und Robert F. BALES formulieren 1955 in einem Vorwort zu ihrer Sozialisationstheorie eine Begründung für die uneinholbaren Ausmaße der Theorie: „Indeed, it is our experience ... that the relations of interdependence and interpenetration of these problems are so close, that any depth of exploration on the one hand must lead directly into deeper preoccupation with the other." (Parsons & Bales 1955, VI)

basiert auf der Identifikation von Strukturen und Funktionen. Über spezifische Strukturen und deren Funktionen sichert eine Gesellschaft – so PARSONS – ihren Bestand. (Vgl. Parsons 1945, 36ff.) Die Verknüpfung von invarianten Strukturen mit Hilfe von Funktionen stellt eine Methode dar, die von der funktionalistischen Sozialanthropologie eingeführt worden war. Die britischen Ethnologen Bronislaw MALINOWSKI und Alfred R. RADCLIFFE-BROWN kombinierten gesellschaftliche Elemente[2] *zu einem störungs- und konfliktfrei funktionierendem Ganzen.* (Vgl. auch Korte 1995, 177) An die Stelle eines historisierenden Blicks sollte so die Erforschung allgemeiner, zeitlich überdauernder Gesetzmäßigkeiten treten. (Vgl. Radcliffe-Brown 1923, 20ff.)

Die von PARSONS verwendete Analogie zum Organismus erklärt auch sein Interesse an der Idee gesellschaftlichen Gleichgewichts. Brigitte STEINBECK konkretisiert das folgendermaßen: „Beim Organismus wird *die* Wirkung eines Organs als Funktion bezeichnet, die eine Voraussetzung der *gesunden* Verfassung des Organismus erfüllt.“ (Steinbeck 1964, 109) Den Orientierungspunkt für soziale Funktionen stellt bei PARSONS jedoch nicht Gesundheit, sondern ein Kompositum aus einerseits individuellen Motiven und andererseits allgemeinen Normen und Werten dar (s.u.). Den Zusammenhang zwischen Strukturen und Funktionen verdeutlicht er, indem er zwischen „Elementen eines Systems, die für einen bestimmten Zweck als gegeben angenommen werden“, und „ihre[n] Eigenschaften und ihre[n] Beziehungen zu anderen verbundenen Elementen“ (Parsons 1964a, 32) unterscheidet. Die Annahme einer invarianten Struktur impliziert damit immer auch Annahmen über Begründungen für die spezifische Verfassung der Struktur, eben „die Frage nach dem funktionalen Beitrag“ (ebd.). Strukturen lassen sich demzufolge über ihre Funktionen erklären. Die beobachtete Vielfalt an unterschiedlichen Strukturen (Differenzierung) verweist dann auch auf einen Mechanismus, der diese Vielfalt wiederum zusammenführt (Integration).

PARSONS bindet soziologisches Wissen durch diese Methode an „die Logik des Beweises von Kausalbeziehungen“ (ebd., 33). Eine Gesellschaft existiert als Ganzheit, *weil* Funktionen dies sicherstellen. Als Ganzheit repräsentiert sie auf diese Weise auch den Sinnfundus, der die Zusammenführung von Unterschieden

---

[2] MALINOWSKI rekurriert z.B. auf Bedürfnisse und Triebe (vgl. Malinowski [1944] 1965, 75ff.), RADCLIFFE-BROWN dagegen auf Institutionen und Rituale (vgl. Radcliffe-Brown 1931, 58ff.).

zu einer Einheit ermöglicht. Wenn man – wie PARSONS das tut – voraussetzt, dass für den Bestand einer Gesellschaft alle Einzelteile aufeinander abgestimmt sein müssen, also eine gemeinsame (Werte-)Basis vorhanden sein muss, besteht neben der *Möglichkeit* zur Zusammenführung aller Einzelteile auch die *Notwendigkeit* dazu. Unterschiede lassen sich nun im Hinblick auf die Einheit rechtfertigen und werden folgerichtig als notwendige Differenzierungen gefasst.

Die strukturfunktionale Auseinandersetzung mit der Kategorie 'Alter' knüpft – wie im Folgenden zu zeigen sein wird – an genau dieser Stelle an, scheitert aber auch an genau dieser Stelle. Folgt man PARSONS, dann entsteht die Frage nach der Funktion der Lebensphase 'hohes Alter' mit der modernen Differenzierung des Lebenslaufs. Während Lebenslauf und Erwachsensein in einer Leistungsgesellschaft, die den Beruf im Vordergrund sieht, leicht zu verorten sind, stellt hohes Alter aus strukturfunktionalistischer Perspektive zunächst ein Rätsel dar. Shmuel N. EISENSTADT, Helmut SCHELSKY, Rudolf TARTLER und Irene WOLL-SCHUMACHER haben sich der Aufgabe gestellt, dieses Rätsel zu lösen.[3]

Ihre unterschiedlichen Versuche zur Bestimmung der Altersphase, die auf den nächsten Seiten vorgestellt werden, führen auch in die Architektur des Strukturfunktionalismus näher ein. Zunächst jedoch soll der PARSONSsche Zugang noch etwas genauer untersucht werden.

Auf der Suche nach einer gesellschaftlichen Funktion des Alters (Parsons)

Beschreibungsmöglichkeiten von 'hohem Alter' orientieren sich immer wieder an holistischen[4] Gesellschaftstheorien. Die populäre Rede von der Ausgliederung alter Menschen setzt ein Gesellschaftskonzept voraus, das nach Bedingungen von Integration bzw. Desintegration fragt. Auch wenn Talcott PARSONS sicherlich nicht in die Reihe der prominenten Alternsforscher einzureihen ist, muss gerade seinen

[3] Der Auswahl dieser Soziologen könnten sicherlich noch andere, vor allem US-amerikanische Autoren wie Mathilda W. RILEY und Irving ROSOW zugerechnet werden. Die Repräsentativität der Lösungswege ist jedoch auch so gesichert.

[4] JENSEN definiert Holismus wie folgt: „Aus einem holistischen System, beispielsweise einer holistisch interpretierten Theorie, kann man nicht einzelne Teile aussondern und für sich sinnvoll betrachten oder überprüfen. Insbesondere lassen sich holistische Theorien nur als *ganze* testen und daher nur als ganze akzeptieren oder verwerfen." (Jensen 1976, Fn. 45, S. 66) Da PARSONS „immer die ganze Welt auf einmal zum Thema machen muß" (ebd., 49), fällt seine Sozialtheorie mit der Gesellschaftstheorie zusammen.

theoretischen Arbeiten für die Alternsforschung eine besondere Bedeutung zugemessen werden. Über die Verortung des Individuums in der modernen Gesellschaft nach Maßgabe sozialstruktureller Variablen fragt er nach der Funktion von 'Alter', schon bevor sich eine phänomenologische Beschreibung aufdrängt. Nicht demographische Veränderungen der Gesellschaftsstruktur begründen seine Auseinandersetzung mit dem Thema 'Alter', sondern das Ziel, „fundamental building stones" (Parsons 1951, 18) einer das Sozialsystem, die Persönlichkeit und das kulturelle System umfassenden Handlungstheorie zu identifizieren. Die charakteristische Vorgehensweise von PARSONS, „using the society as a 'norm'" (ebd., 19), grenzt sich explizit von *middle range*-Theorien (vgl. Merton 1969, 9) ab und beabsichtigt die Beschreibung von Gesellschaft als einer Ganzheit.

In die Zeit, die als Strukturfunktionalismus vom späteren Systemfunktionalismus abgegrenzt wird (vgl. Wenzel 1990, 22ff.)[5], fällt die erste Auseinandersetzung von PARSONS mit der Kategorie 'Alter'. Handeln wird hierbei als das Resultat des Zusammenwirkens einer Vielzahl von Faktoren verstanden, die sich – sofern sie institutionalisiert sind – zu einer Struktur zusammenfügen. Die drei entscheidenden Bezugspunkte für diese Struktur ergeben sich aus den Begriffen 'Aktor', 'Situation' und 'Orientierung des Aktors auf die Situation'. In dem Buch „The Social System" (1951) ordnet PARSONS alle nur denkbaren Einflussmöglichkeiten auf soziales, d.h. bedeutungsvolles Handeln über diese drei Konstanten. „Reduced to the simplest possible terms, then, a social system consists in a plurality of individual actors interacting with each other in a situation which has at least a physical or environmental aspect, actors who are motivated in terms of a tendency to the 'optimization of gratification' and whose relation to their situations, including each other, is defined and mediated in terms of a system of culturally structured and shared symbols." (Parsons 1951, 5f.) Daraus ergibt sich bekanntlich die für PARSONS' frühe Phase typische Definition der kleinsten Einheit sozialer Systeme, der *action-units*, als Kompositum aus Persönlichkeitssystem, sozialem System und kulturellem System. Strukturen entstehen immer genau dann, wenn sich die Handelnden im Prozess der Interaktion an Erwartungsmustern orientieren und auf diese Weise Rollen, Status, aber auch der Handelnde selbst (als „composite bundle of

[5] Diese Unterscheidung verschiedener Entwicklungsphasen im Werk von PARSONS ist in der Alternsforschung nie zur Kenntnis genommen worden.

statuses and roles", ebd., 26) entstehen. Folgerichtig beschäftigt sich PARSONS damit, Orientierungsmöglichkeiten des Handelns auf ihre unterschiedliche Qualität zu befragen.

Für die Frage nach der Bedeutung der Kategorie 'Alter' lassen sich aus diesen Informationen die zwei entscheidenden Zugangsmöglichkeiten ableiten, die PARSONS für seine Auseinandersetzung mit diesem Thema wählt. Zunächst entscheidet er sich für eine systematische Verortung lebensaltersspezifischer Phänomene im biologischen Organismus als „physical aspect" und damit als „non-action environment" (ebd., 27). Altern gehört demzufolge zu den „problems of the limits of social variability in the structure of social systems which may be imposed by the biological constitution of the relevant population" (ebd., 9). Der zweite Zugang zu dieser Thematik findet sich über die 'pattern variables'. Mit Hilfe von fünf *alternative-pairs* benennt PARSONS qualitative Dimensionen von Orientierungsmöglichkeiten:

I. The Gratification-Discipline Dilemma Affectivity vs. Affective Neutrality
II. The Private vs. Collective Interest Dilemma Self-Orientation vs. Collectivity-Orientation
II. The Choice Between Types of Value-Orientation Standard Universalism vs. Particularism
IV. The Choice Between 'Modalities' of the Social Object *Achievement vs. Ascription*
V. The Definition of Scope of Interest in the Object Specificity vs. Diffuseness

Tabelle 1: Pattern variables nach PARSONS (1951, 67, Herv. I.S.)

Diese alternativen Orientierungsmöglichkeiten reagieren auf Erfordernisse einer arbeitsteiligen, aus unterschiedlichen Teilsystemen bestehenden Gesellschaft. Während es – so PARSONS – im Berufsleben vorrangig darauf ankomme, affektive Neutralität zu zeigen, ein Arzt also z.B. von persönlichen Motiven der Abneigung oder Zuneigung während einer Behandlung abstrahieren müsse, sei die Rolle der Mutter gerade durch ihre affektive Ausrichtung gekennzeichnet. Auch das biologische Lebensalter findet in diesem System von Variablen einen Platz, und zwar als Modalität des sozialen Objekts. „All objects have attributes, they not only *do* this or that, but they *are* such and such. They have attributes of sex, age, intelligence, physical characteristics, statuses in relational systems, e.g., collectivity membership. [...] This may be the criterion for differentiation of treatment and of expectations of his behavior." (Ebd., 64) In Übereinstimmung mit Ralph LINTON, der das Begriffspaar *achievement/ascription* eingeführt hat (vgl. Linton [1945] 1974, 66ff.), ordnet PARSONS Alter, Geschlecht, Ethnizität, aber auch individuelle Eigenschaften wie Intelligenz und Aussehen den askriptiven Kriterien zu. Im Gegensatz zu den leistungsbezogenen Attributen, die vom Einzelnen als Handelndem *erworben* werden müssen, charakterisieren die *zugeschriebenen* Attribute eine Differenzierungsmöglichkeit, die dem Einzelnen als Organismus innewohnt und nicht gewechselt werden kann. (Vgl. Parsons 1951, 94) Die weitere Unterscheidung askriptiver Kriterien in klassifikatorische und relationale untermauert zusätzlich den invarianten Status dieser Kategorien: „The initial allocative criteria ... [of a society, I.S.] are in the nature of the case ascriptive, both classificatory, with respect to age and sex, which presumably (sic!) *cannot* be changed, and relational, with respect to kinship unit membership, which conceivably might." (Ebd., 117) Es lässt sich also zunächst festhalten: Grundsätzlich tritt Lebensalter in diesem Konzept als eine Variable auf, die nicht vom Handelnden beeinflusst werden kann, sondern dem Objekt der Handlung als klassifikatorisches Charakteristikum (vermutlich) unveränderlich innewohnt.

Obwohl Alter als strukturelle Kategorie also außerhalb des Handlungssystems verortet wird, kann sich mit ihr aber auch ein *„quality-complex"* (ebd., 64) – so PARSONS – verbinden, der Erwartungsmuster prägt. Grundlage für einen differenzierenden Umgang mit biologisch unterschiedlich ausgestatteten Objekten der Handlung seien nämlich *Fähigkeiten* zur Übernahme kultureller Muster. Da Handeln neben den *motivational forces* immer auch *value orientation* beinhalte (vgl. ebd., 6ff.), komme der Sozialisation, also dem Lernen, und damit auch den Fähigkeiten des Einzelnen eine besondere Bedeutung zu. „Each individual actor is a biological organism acting in an environment. Both the genetic constitution of the organism and the non-socio-cultural environment set limits to this learning, though these limits are very difficult to specify." (Ebd., 16, vgl. auch 542f.) Mit seiner „analysis of capacity to learn" (ebd., 16) wählt PARSONS einen Bezugspunkt zur Beschreibung des individuellen Aktors, der dem „alte(n) biologische(n) Streit über Vererbung versus Umwelteinflüsse" (Parsons 1975, 31) übergeordnet ist, trotzdem – in seinem verallgemeinernden Bezug auf biologische Grenzen – aber einem Denken verhaftet bleibt, das biologische Attribute reifiziert.

Ein schönes Beispiel für dieses Denkmodell findet sich in einem relativ frühen Text von PARSONS: „Age and Sex in the Social Structure of the United States" (1942). Seine sozialstrukturelle Untersuchung zur Funktion geschlechtlicher und altersspezifischer Differenzierung verdeutlicht weit vor der Entwicklung der *pattern variables* beispielhaft die Grenzen strukturfunktionalistischer Analyse. PARSONS geht es in diesem Aufsatz vor allem um eine Begründung für das Verhalten Jugendlicher, das sich auffallend von den moralischen Werten der Gesellschaft entferne. Um diesen Befund zu erklären, greift er auf zwei Dichotomien zurück: männlich/weiblich und nicht-berufstätig/berufstätig. Während die erste Unterscheidung allgemeine Beobachtungen zu geschlechtsspezifischen Rollen aufgreift, führt er mit der zweiten ein Erklärungsmodell ein, das sich eigentlich auf den Lebenslauf insgesamt beziehen soll. Tatsächlich gelingt es ihm aber nur, Aussagen über Jugendliche und über berufstätige Erwachsene zu treffen. Die kurze Thematisierung der Situation alter, nicht berufstätiger Menschen bleibt unbefriedigend. Die Erklärung für das auffällige Sozialverhalten Jugendlicher, vor allem junger Männer, findet sich in der Sozialisationsfunktion: „There is reason to believe that the youth culture has important positive functions in easing the transition from the security of childhood in the family of orientation to that of full adult in marriage and occupational status." (Parsons 1942, 101) Mit anderen Worten: Weil im Berufsleben von Männern ein Verhalten erwartet werde, das – in seiner Spezialisierung auf ganz bestimmte Fähigkeiten – eine Erfüllung von umfassenderen, die Persönlichkeit des Einzelnen betreffenden Wünschen verhindere, stehe im Mittelpunkt der Jugendzeit ein Verhalten, das als „either on the borderline of parental approval or beyond the pale" (ebd., 93) zu bezeichnen sei. PARSONS führt diese Unterscheidung zwischen Jugend und Erwachsensein in einem Modell gegensätzlicher Orientierungen zusammen: „It is very definitely a rounded humanistic pattern rather than one of competence in the performance of specified functions." (Ebd., 92) Weil das eine nicht ohne das andere denkbar sei, der Wunsch nach Persönlichkeitsentfaltung durch die spätere Spezialisierung gerechtfertigt sei und *vice versa*, ist diese Problematik für ihn hier abgeschlossen.

Selbst wenn man die Legitimierung dieses zirkulären Begründungsmusters, das genau so auch von PARSONS hinsichtlich geschlechtsspezifischer Rollen angewandt wird, über den vorausgesetzten Wertekonsens akzeptiert, bleibt doch die Frage: Wie erklärt PARSONS die „structural isolation" (ebd., 103) alter Menschen? Ohne diesen sehr frühen Aufsatz mit seinem eher essayistischen Stil überstrapazieren zu wollen, drängt sich die Vermutung auf, die sehr undifferenzierte und kurze Auseinandersetzung mit der Altersgruppe 'hohes Alter', die eigentlich auch als 'nicht-berufstätig' einzuordnen wäre, könne einer theoretischen Schwäche geschuldet sein. So präzise, wie in den vorhergehenden Abschnitten Gegensätzlichkeiten benannt und aufeinander zurückgeführt werden, so unbestimmt bleibt die Erklärung für die desolate Situation alter Menschen. „In view of the very great significance of occupational status and its psychological correlates, retirement leaves the older man in a peculiarly functionless situation, cut off from participation in the most important interests and activities of the society." (Ebd., 103) Ohne Arbeit seien alte Menschen ihrer Möglichkeiten, etwas zu leisten, beraubt und müssten sich deshalb zwangsläufig mit einem niedrigen Status arrangieren. Diese *Diagnose des umfassenden Funktionsverlusts qua Ruhestand* mit seinen negativen Konsequenzen findet sich auch in den späteren Schriften PARSONS' wieder. Eine Lösung dieses Problems vermag er jedoch zu diesem Zeitpunkt nicht zu finden. Die für die Jugendlichen typische Kombination der Faktoren 'Konzentration auf persönliche Interessen' und 'nicht-berufstätig' wird von ihm an dieser Stelle nicht angeführt. *Der Versuch, unterschiedliche Lebenslagen mit einem strukturellen Muster von Gegensätzen in eine Gesellschaft als Ganze zu integrieren, verliert bei der Gruppe 'alte Menschen' seine Grundlage.* Offensichtlich ist mit dem 'hohen Alter' eine Lebenslage entstanden, deren Differenzierung im Lebenszyklus nicht über Funktionen erklärt werden kann. Vermutlich verhindert auch die Orientierung an der über das Berufsleben gegebenen Dreiteilung des Lebenszyklus eine produktivere Antwort. Dichotomische Begründungen werden auf diese Weise ausgeschlossen, da sie schon besetzt sind von der Kombination Jugendlicher/Erwachsener.

Innerhalb seiner strukturfunktionalistischen Phase setzt sich PARSONS mit dieser Problematik nicht weiter auseinander. Theorietechnisch hat er eine Vielzahl von Faktoren zur Hand, mit denen sich eine Altersdifferenzierung zwar beschreiben, aber – für das hohe Alter – nicht erklären lässt. Ein Grund hierfür mag in der Wahl der analytischen Kategorien 'achievement/ascription' liegen. Solange eine Erklärung vor allem über unveränderliche biologische Attribute und Leistungsorientierung gewählt wird, erscheint die Lebenslage 'Alter' – dominiert von biologischen Kriterien – als soziales Problem.

Über die Orientierung an einem anderen Schema gelangt PARSONS in seiner späteren Phase zu neuen Einsichten. Die Auseinandersetzung mit dem Thema 'Alter' erhält mit den theoretischen Neuerungen des PARSONSschen Systemfunktionalismus eine veränderte Grundlage. Die Parallelisierung soziologischer Theoriebildung mit Paradigmen biologischer Prozesse begründet die Beobachtung, *eine Gesamtheit kultureller Symbole gewährleiste* – dem Genpool menschlichen Lebens vergleichbar – *die Einheit gesellschaftlicher Differenzierungsprozesse* (vgl. Parsons 1955, 397ff.). „The great biological importance of this apparently has largely to do with variation; it is a mechanism which continually produces *new* combinations.“ (Ebd.) Die Weiterentwicklung dieser Analogie führt ihn zur Annahme eigenständiger Teilsysteme innerhalb der Gesellschaft, die sich alle aufgrund derselben Prinzipien von ihrer Umwelt abgrenzen. PARSONS identifiziert vier Funktionen, die grundlegend für jeden Systembildungsprozess seien:

Die *Adaptation* reguliert den Kontakt zwischen System und Umwelt durch Anpassung an und Nutzung von Umweltbedingungen.

Die *Zielverwirklichung* beschreibt das Bestreben des Systems, eigene spezifische Interessen auf Dauer berücksichtigt zu sehen.

Die *Integration* garantiert Einheit bei sachlichen und zeitlichen Differenzen innerhalb des Systems.

Die *Erhaltung latenter Strukturen* bezeichnet die Fähigkeit des Systems, seine Eigenständigkeit zu benennen und durchzusetzen. (Vgl. z.B. Parsons [1973] 1990, 25ff.)

Instrumentell	konsumatorisch	
Erhaltung latenter Strukturen (**L**atent pattern maintenance)	Integration (**I**ntegration)	Intern
Adaption (**A**daptation)	Zielverwirklichung (**G**oal Attainment)	Extern

Tabelle 2: AGIL-Schema nach PARSONS

Das Zusammenwirken struktureller Variablen wird im Rahmen dieses Modells, das als AGIL-Schema in die Theoriegeschichte eingegangen ist, über jedem System zugrundeliegende Funktionen gesteuert. Die Vorteile einer systemischen Konzeption lassen sich mit Hilfe der beiden Achsen 'intern/extern' und 'instrumentell/konsumatorisch' verdeutlichen. Während das vorherige strukturfunktionale Modell Differenzierungsprozesse nur mit immer wieder neuen Kombinationen der *pattern variables* beschreiben kann, gelingt es der systemfunktionalen Theorie, alle Systeme gleichermaßen charakterisierende Mechanismen ihrer Entstehung zu benennen. Ausgangspunkt ist das Problem des Bestands, das auf der horizontalen Achse (instrumentell/konsumatorisch) in ein Zeitproblem (Gegenwärtigkeit/Zukünftigkeit) und auf der vertikalen Achse (intern/extern) in ein Problem der Differenz von System und Umwelt zerlegt wird.

Mit der PARSONSschen Weiterentwicklung des strukturellen Determinismus zu Handlungssystemen gewinnen selbstreflexive Mechanismen an Bedeutung (vgl. Luhmann 1988, 130),[6] die PARSONS eine dynamischere Argumentation ermöglichen. Unvereinbarkeiten zwischen Teilsystemen müssen nicht mehr über polarisierende *pattern variables* aufgefangen werden; die Differenzierung an sich – ohne inhaltliche Bestimmung – wird als Ermöglichung größerer Freiheiten gesellschaftlicher Evolution begriffen. An die Stelle des strengen Determinismus von Strukturen und Funktionen der früheren Phasen tritt ein neuer Steuerungsmechanismus: die Kybernetik. „Angesichts der Frage der Systemabgrenzungen und anderer As-

[6] LUHMANN legt eine Lesart des seiner Meinung nach für die Bedeutung von PARSONS' theoretischer Arbeit zentralen Handlungssystems nahe, die eine Abschaffung des „begrifflich-deduktiven Theoriearrangements" (Luhmann 1988, 137) und die Umstellung auf Selbstreferenz behauptet.

pekte des Funktionsablaufs im Handlungssystem richtete meine Aufmerksamkeit sich zunehmend auf Probleme der Steuerung. [...] Solche Ideen gründeten im biologischen Denken, wonach lebende Systeme ausdrücklich offene Systeme sind, die mit ihrer Umwelt in beständigem Austausch stehen.“ (Parsons 1975, 30)

In diesem neu entworfenen Zusammenhang von unterschiedlichen Systemen, die alle miteinander in Beziehung stehen, die über einheitliche Mechanismen koordiniert werden und die über unterschiedliche Aufgaben die Stabilität der Gesellschaft sichern, erhält auch der Organismus eine neue Bedeutung. Im Rahmen der sehr abstrakt gewählten Funktionsbestimmungen gewinnen biologische Prozesse eine soziale Qualität. Die Übertragung des AGIL-Schemas auf den Verhaltensorganismus führt zu folgendem Ergebnis:

Adaptation kognitive Fähigkeit (Gehirn)	*Zielverwirklichung* Fähigkeit zur Implementierung (Hände)
Erhaltung latenter Strukturen genetische Basis (Gene)	*Integration* affektive Fähigkeit (erotischer Komplex)

Tabelle 3: Verhaltensorganismus nach PARSONS

In der Hierarchie der nun vier Systeme ‘Kultursystem’, ‘Sozialsystem’, ‘Persönlichkeitssystem’ und ’Verhaltensorganismus’ steht letzteres wegen seines hohen Energieanteils und seiner geringen Informationsdichte an unterer Stelle. Diese Einstufungen orientieren sich an kybernetischen Theorien, die zwischen steuernden und konditionierenden Faktoren unterscheiden. (Vgl. Parsons 1966, 28f.)

Neben der genetischen Basis fällt vor allem die Charakterisierung des Organismus aufgrund unterschiedlicher Fähigkeiten auf. Folgerichtig konzentriert sich PARSONS in seinen späteren Schriften zum hohen Alter auch vorrangig auf eine altersspezifische Beschreibung anhand von Fähigkeiten. Die beiden Aufsätze „The Aging in American Society“ (1962) und „Towards a Healthy Maturity“ (1964) geben darüber nähere Auskunft. Eine Bestandsaufnahme zu Fähigkeiten stellt zunächst wiederum die Bedeutung der Berufstätigkeit innerhalb der amerikanischen Wertestruktur in den Vordergrund. Die Organisation von beruflicher Arbeit auf einen Höhepunkt der Karriere hin impliziere jedoch – so PARSONS – immer auch einen Abstieg. *Peak* und *decline* bedingten einander und seien wiederum charakteristisch für die männliche Rolle. (Vgl. Parsons 1962, 25 u. 30) Die Diskussion um Fähigkeiten einer Bevölkerungsgruppe, die sich im Ruhestand befindet, die also schon alleine aufgrund ihrer Stellung im Berufsleben einen Statusverlust hinzunehmen hat, bedarf deshalb eines zusätzlichen Begriffs: neben individuelle *capacities* werden gesellschaftliche *opportunities* gestellt. Die statischen, wiewohl um einen *quality complex* ergänzten, askriptiven Kriterien der früheren Phase sind einem Wechselspiel von individuellen Fähigkeiten und gesellschaftlichen Chancen gewichen. „What is realistically an opportunity in particular depends on the capacity of the individual to do what the opportunity in turn makes possible." (Parsons 1964b, 238)

PARSONS' Beurteilung der Situation alter Menschen ist jedoch nach wie vor negativ. Während auf der Seite der Fähigkeiten durchaus nicht von einem *generellen* Abbau im Alter gesprochen werden könne, sei die Situation alter Menschen trotzdem davon geprägt. (Vgl. Parsons 1962, 30) Einen Grund für diesen Widerspruch findet er in einem Wertesystem, das „dying in full harness" (ebd., 25) favorisiere, den langsamen biologischen Abbau aber nicht in das Ideal des Aktivismus (vgl. ebd., 24 und 1964b, 241) integrieren könne. PARSONS greift an dieser Stelle nicht auf die „hypothesis of simple denial of death" (Parsons 1962, 27) zurück. Der Möglichkeit zur Verdrängung würde „a general pressure to be clear about the 'facts of life'" (ebd.) entgegenstehen. Stattdessen hält er Apathie für die treffendere Diagnose; eine Apathie, die aus dem Konflikt zwischen gesellschaftlichen Einstellungen zu Altern und Tod und den Motivationen des Einzelnen resultiere. (Vgl. ebd.) Während sich eine z.B. religiöse Erklärung der „ultimate realities"[7] (vgl. Parsons 1966, 8) für den aufgeklärten Amerikaner als problematisch darstelle[8], wisse er

---

[7] „[T]he ultimate reality with which we are ultimately concerned in grappling with what Weber called the 'problems of meaning' – e.g., evil and suffering, the temporal limitations of human life, and the like". (Parsons 1966, 8) Klaus FELDMANN sieht in diesen Formulierungen eine *anthropologische* Fundierung von PARSONS' Religionssoziologie. (Vgl. Feldmann 1995, 150) M.E. handelt es sich jedoch hier nur um Grenzen strukturfunktionaler Erklärungen, die u.a. über die „Natur" des Menschen formuliert werden. Ob dies schon ausreichend ist für eine anthropologische, eine inhaltliche Komponente umfassende Bestimmung, ist zweifelhaft. Insofern PARSONS aber in seinen späteren Schriften die „ultimate reality" zu einem umfassenden System ausbaut („conditio humana", Parsons 1978), erübrigt sich eine genauere Einordnung. Da PARSONS Systeme über menschliches Handeln erklärt, lässt sich keine Trennung von 'menschlichen Attributen' und Strukturfunktionalismus plausibilisieren; anthropologische Begrenzungen werden nicht als eine Qualität *sui generis* eingeführt. (Vgl. Brandt 1993, 231ff.)

[8] Vgl. zur Problematik „eines religiösen Kollektivbewusstseins in einer säkularen Gesellschaft" bei PARSONS Feldmann 1995, 151f.

doch gleichzeitig um die Tatsache des Sterbens. (Vgl. Parsons 1962, 35) Für seine weitere Beschäftigung mit Altern hat das Thema 'Tod und Sterben' jedoch keine übermäßige Bedeutung, da für alte Menschen genau wie für junge zunächst die Organisation des täglichen Lebens die wichtigste Aufgabe sei. „[P]ersons who are knowingly approaching death, in general, do so relatively without fear." (Parsons 1964b, 24)

Nachdem die Nähe zum Tod als Charakteristikum einer Altersphase abgelehnt worden ist – und damit auch der klassische Weg für eine positive Bewertung dieser Phase als Vorbereitung auf den Tod abgeschnitten ist –, bleibt einzig und allein die Konstatierung eines Dilemmas übrig: „Do either of two relatively simple versions of the American attitude suffice here, namely the ideal of going on without change until arbitrarily cut off and the practice of being socially declared, through retirement, to be no longer useful because of incapacity for further achievement?" (Parsons 1962, 25) Die Bilanz von Fähigkeiten und Möglichkeiten ist eindeutig negativ.

Eine Konsequenz dieses Widerspruchs sieht PARSONS in der Häufung von Krankheiten im hohen Alter. Da Funktionslosigkeit im allgemeinen innerhalb des amerikanischen Wertesystems als negativ angesehen werde und nur bei Krankheit Akzeptanz fände, sei es wahrscheinlich, dass alte Menschen Krankheiten zur Legitimation ihrer Untätigkeit benutzten. „If it is the broad societal verdict upon older people that they are 'useless', then the obvious way to legitimize their status is to *be* useless through the incapacitation of illness." (Parsons 1964b, 253) Diese Argumentation verdeutlicht sehr schön die Freiheitsgrade, die PARSONS mit dem Systemfunktionalismus gewonnen hat: Ein in Bezug auf die ganze Gesellschaft eher dysfunktionales Verhalten (bewusstes Krankwerden) übernimmt innerhalb des einzelnen Systems (Verhaltensorganismus) eine integrative Funktion.

PARSONS geht aber noch weiter in seiner Argumentation, wenn er versucht, Wege aus dem Dilemma aufzuzeigen. Natürlich steht auch weiterhin das Modell einer weitgehend integrierten Gesellschaft im Vordergrund. Es bedarf jedoch eines neuen Mechanismus, um Integration bei immer weitergehender funktionaler Differenzierung zu gewährleisten. Das Prinzip des *normative upgrading* bietet hierfür die Lösung.

Auf der Grundlage des systemfunktionalen Paradigmas räumt PARSONS den eigenständigen Abgrenzungsmechanismen der Teilsysteme zunehmend mehr Bedeutung ein. Seine Analyse einzelner Teilsysteme folgt daher stärker einer phänomenologischen Beschreibung und fragt erst dann nach der Funktion dieses Systems für die gesamte Gesellschaft. Die solchermaßen theoretische Einbeziehung auch von sozialem Wandel relativiert Ralf DAHRENDORFs Kritik am statischen Charakter des Strukturfunktionalismus (vgl. Dahrendorf 1967, 237ff.). Niklas LUHMANN fasst die theorieimmanenten Möglichkeiten zusammen: „Gefordert war nur, daß es sich, wenn um Änderungen, dann um sich aus der Struktur ergebende Änderungen, und wenn um Konflikte, dann um sich aus der Struktur ergebende Konflikte handeln müsse." (Luhmann 1988, 127)

PARSONS wählt diesen strukturdeterminierten Zugang auch bei seiner späteren Auseinandersetzung mit der Altersproblematik. Den ersten Schritt stellt dabei die Beschreibung des Alters als eigenständige Lebensphase im gesamten Lebenszyklus dar. „The aspect of immediate concern ... is differentiation with respect to the life cycle." (Parsons 1964b, 244) Die Entstehung dieser Altersgruppe sieht PARSONS in der Industrialisierung begründet. Mit der Einführung organisierter Arbeit sei ein Beschäftigungsmuster entstanden, das – zum Nachteil der alten Arbeiter – ein generelles Ende der Beschäftigung bei einem bestimmten Alter vorsehe. (Vgl. ebd., 250) Das *retirement-pattern* ist also Resultat eines Differenzierungsprozesses, bei dem spezielle Funktionen, nämlich die Arbeitskraft jüngerer Menschen, für spezielle Aufgaben in Anspruch genommen werden. Die Arbeit werde nicht mehr – wie vorher – von allen Menschen erledigt, sondern von denen, die dazu besonders geeignet seien. Diese Entwicklung bezeichnet PARSONS als *adaptive upgrading.* „Standardhebung durch Anpassung ist der Prozeß, durch den ein größeres Spektrum von Hilfsmitteln sozialen Einheiten verfügbar gemacht wird, so daß ihr Funktionieren von einigen, insbesondere sozialen Beschränkungen, denen ihre Vorgänger unterlagen, befreit werden kann." (Parsons [1971] 1972, 41) Ähnliche Prozesse des *adaptive upgrading* untersucht PARSONS am Beispiel der Trennung von Produktion und Haushalt. Während hierbei jedoch mit der Berufstätigkeit des Mannes auch die häusliche Spezialisierung der Frau entstanden sei, lasse sich für die alten Menschen keine eigenständige Funktion erkennen. *Die Gruppe der alten Menschen ist damit – folgt man PARSONS – als ein Nebenprodukt der Arbeitsteilung entstanden.*

Den entscheidenden Ansatzpunkt für die Suche nach Funktionen dieser Altersgruppe stellt die Definition des Verhaltensorganismus über Fähigkeiten dar.

Wie bereits beschrieben, lehnt PARSONS die generelle Diagnose vom Abbau im Alter ab. Zu den individuell möglicherweise noch vorhandenen Fähigkeiten komme aber – unter Einbeziehung des sozialen Wandels – noch eine weitere Komponente hinzu, die funktionale Dominanz kognitiver Fähigkeiten in modernen Gesellschaften. „In sociological terms, the importance of these capacities may be related to the *upgrading* aspect of the development of the society. With its general process of social growth and differentiation, bigger and more difficult things are continually being undertaken which, for increasing numbers of individuals, call into play their higher capacities along the lines which have been indicated." (Parsons 1964b, 243) Inwieweit diese intellektuellen Fähigkeiten, die sich von physischen Fähigkeiten durch ihren im Lebenslauf späteren Leistungshöhepunkt unterscheiden (vgl. ebd., 243), zum Tragen kämen, sei damit nur noch abhängig von persönlichen und biologischen Bedingungen, nicht aber mehr von der gesellschaftlichen Ablehnung von 'hohem Alter'. Die Vernachlässigung der Fähigkeiten alter Menschen stelle sich unter diesen Bedingungen als Verschwendung von Ressourcen heraus. (Vgl. ebd., 240)

Dieser optimistischen Einschätzung zum gesellschaftlichen Umgang mit menschlichen Fähigkeiten widerspricht laut PARSONS auch nicht die für das amerikanische Wertesystem charakteristische Idealisierung von Jugend. Im Gegenteil, dieser Befund untermauert seine These von der evolutionär veränderten Bedeutung von Fähigkeiten. Der gegenwärtige Jugendkult verweist demnach symbolisch auf 'Pionierzeiten' der Gesellschaft, in denen notwendigerweise physische Fähigkeiten für den Aufbau wichtiger gewesen seien als intellektuelle. (Vgl. ebd., 242) „But the basic emphasis is on the point that, the more sophisticated the culture, the higher the level of intellectually defined technical competence, of responsibility and the like, the more it seems likely that people past their physical 'prime' will have capacities of the first importance for the society." (Ebd., 243)

Die für das PARSONSsche Denken charakteristische Kombination aus Evolution und Fortschritt findet in diesem prekären Fall von Altersdifferenzierung ihre theoretische Absicherung mit dem Mechanismus des *normative upgrading*. An Differenzierungsprozesse schließt sich demzufolge immer eine Phase der Wertegeneralisierung an, um Spezialisierungen wieder an die Einheit der Gesellschaft zurückzubinden. Der moderne Umgang mit Geld, Recht und Macht sei diesem Prinzip zu verdanken (vgl. Parsons [1971] 1972, 41f). Die für alte Menschen entscheidenden Veränderungen in der Wertestruktur betreffen – wie schon ausgeführt – vor allem den gesellschaftlichen Umgang mit kognitiven Ressourcen. Den veränderten gesellschaftlichen Bedarf indiziert nach PARSONS auch die mit Elaine CUMMING und William E. HENRY als *disengagement* bezeichnete Form von Lebensgestaltung im Alter.[9] Für den weitgehenden Rückzug alter Menschen aus aktiven Rollen ist – so PARSONS – die für die moderne Gesellschaft typische Form von Individualisierung verantwortlich: *institutionalized individualism.* Im Mittelpunkt dieses Individualisierungstheorems steht ein moralisches Paradox: Das menschliche Bedürfnis nach Persönlichkeitsentfaltung – frei von funktionalen Bezügen – soll respektiert werden. Gleichzeitig greift die Gesellschaft mit normativen Regulierungen in das Leben des Einzelnen ein. (Vgl. Parsons 1964c, 159f.; [1973] 1990, 63f.) Im Rückgriff auf seine frühe 'voluntaristische Phase' und seine DURKHEIM-Rezeption geht PARSONS wiederum vom Ideal der integrierten Gesellschaft aus, betont jedoch – im Unterschied zur Akzentuierung von positiven (Freiheit) und negativen (Kontrolle) Seiten dieses Phänomens – für den Fall der Gruppe 'alte Menschen', dass Individualisierungsprozesse[10] mit einer umfassenderen Inklusion größerer Bevölkerungsanteile auch mehr Chancen zur Emanzipation böten. „[I]n the idea of relative freedom from the involvements and obligations of earlier stages of the life cycle“ (Parsons 1962, 32) sieht PARSONS eine neue Möglichkeit, die Lebensgestaltung im Alter positiv zu akzentuieren. Die Verlagerung der Interessen und Pflichten vom Aktivismus des Berufstätigen hin zu „advisory and fiduciary capacities after retirement“ (ebd., 33) sei bereits bei alten Menschen mit hohem Status häufig anzutreffen und werde sich – den Ungleichzeitigkeiten von Differenzierungsprozessen Rechnung tragend – zeitversetzt in der gesamten Bevölkerung durchsetzen. (Vgl. ebd.)

Die Rettung aus dem Dilemma einer funktionslosen Differenzierung des Lebenszyklus wird also auf zwei Wegen vorbereitet. Während auf der einen Seite eine fortschrittliche Gesellschaft zunehmend auf spezielle Fähigkeiten alter Men-

---

[9] PARSONS bezieht sich auf die berühmte Studie von Elaine CUMMING und William E. HENRY: Growing Old: The Process of Disengagement (1961).

[10] Individualisierungsprozessen liegen bei PARSONS immer gemeinsam geteilte Werte zugrunde. (Vgl. Parsons 1990a, 11f.) Ihre Bedeutung liegt im Strukturfunktionalismus nicht so sehr im Bausatzcharakter „biographischer Kombinationsmöglichkeiten“ (Beck 1986, 217), die der „Außensteuerung“ (ebd., 212) durch Institutionen ausgeliefert sind, sondern – im Gegenteil – in der institutionell gestützten Erweiterung von „Fähigkeiten ..., jene Werte zu verwirklichen, denen sie verpflichtet sind“ (Parsons 1990a, 11).

schen zurückgreifen müsse, werden alte Menschen – denen die positive Seite des Musters *institutionalized individualism* zugute kommt – freigesetzt aus den Verpflichtungen des Berufslebens. Auf diese Weise ließe sich eine Lebensphase des hohen Alters denken, die mit „positive functional significance, both for the individual and for the society" (ebd., 28) ausgestattet sei. Das zentrale Problem des „Alternsforschers" PARSONS, nämlich die Funktionslosigkeit im Alter, wäre damit behoben: *Mit der Differenzierung wird – so seine Hoffnung – eine zukünftige funktionale Beschreibung von hohem Alter vorbereitet.* Diese Schlussfolgerung ist theorietechnisch konsequent, verlagert jedoch die Beweisführung in die Ungewissheit der Zukunft.

Die nun im Folgenden vorgestellten Interpreten des Strukturfunktionalismus ignorieren diesen Befund und setzen wieder bei den Anfängen Parsonianischer Gesellschaftstheorie an. Ich beginne mit dem sehr früh – noch in den 50er Jahren entwickelten – Konzept von Shmuel N. EISENSTADT.

Alter tradiert Wissen (Eisenstadt)

Die Prägung der jugendsoziologischen Forschung durch Shmuel N. EISENSTADTS Buch „From Generation to Generation – Age Groups and Social Structure" (1956) ist unumstritten (vgl. Plake 1993, 110ff.). Weniger intensiv war die Auseinandersetzung mit diesem Klassiker innerhalb der Alternsforschung; zum Teil sicherlich auch deshalb, weil EISENSTADT selbst den Schwerpunkt seiner Analyse auf Jugendgruppen legt. Trotzdem bildet natürlich die Frage nach der Bedeutung von Altersdifferenzierungen innerhalb einer Gesellschaft auch für die Beschäftigung mit dem 'hohen Alter' die entscheidende Grundlage.

EISENSTADT greift für seine Analyse vor allem auf zwei theoretische Vorgaben des „frühen" PARSONS zurück. Er erklärt Gesellschaft als einen Zusammenhang aus Persönlichkeit, kulturellem System und sozialer Struktur (vgl. Eisenstadt 1966, 16ff.) und bezieht sich für die konkrete sozialstrukturelle Einordnung auf die PARSONSschen *pattern variables*. Die Dreiteilung der Gesellschaft gewinnt jedoch bei EISENSTADT in Bezug auf die Altersdifferenzierung eine neue Gewichtung, die sich – wie es sich bei dieser Thematik auch schon beim 'frühen' PARSONS zeigen ließ (vgl. Parsons 1942) – vorrangig auf biologische Entwicklungsprozesse bezieht. Als Schüler des Psychologen Erik H. ERIKSON übernimmt EISENSTADT dessen Theorie der Persönlichkeitsentwicklung, die auf acht Stufen des Lebensalters unterschiedliche Grade der „Reifung" beschreibt. Dabei findet sich z.B. das hohe Alter als letzte Stufe vor die Aufgabe gestellt, „Ich-Integrität gegen Verzweiflung" (Erikson [1950] 1965, 262) zu entwickeln.

Die Kombination von biologischen und kulturellen Einflüssen zu Altersstufen (Erikson [1950] 1965, 241ff.) birgt für EISENSTADT die entscheidenden Bedingungen für sozialstrukturelle Gemeinsamkeiten und Unterschiede. „Die stufenweise Entwicklung und Entfaltung von Kräften und Fähigkeiten ist nicht nur eine universale, biologisch bedingte und unvermeidbare Tatsache. Obwohl die grundlegenden biologischen Vorgänge sich wahrscheinlich in allen menschlichen Gesellschaften mehr oder weniger ähneln, variiert ihre kulturelle Bedeutung – zumindest in Einzelheiten – von einer Gesellschaft zur anderen, und alle Gesellschaften müssen sich mit den Problemen auseinandersetzen, die aus der Tatsache des Alters folgen." (Eisenstadt 1966, 13)[11]

In der Folge dieser Prämissen gelangt EISENSTADT zu einer Bestimmung des „Wesens" von Altersstufen. Die Notwendigkeit einer zeitlichen Strukturierung von Lebensaltern ergibt sich – so EISENSTADT – über die Rolle des Einzelnen als „Übermittler oder Empfänger des kulturellen und sozialen Erbes" (vgl. ebd., 17). *Hohes Alter lässt sich in diesem Prozess des Tradierens von Wissen als Endpunkt eines Kontinuums unterschiedlicher Reifegrade bestimmen.* Im Gegensatz zu PARSONS geht EISENSTADT nicht von einem kurvenförmigen Ablauf des menschlichen Lebens aus, sondern von einem stufenweisen Anstieg. Hohes Alter bedeutet demgemäß nicht Abbau, sondern beinhaltet – als Inbegriff der gereiften Persönlichkeit – den Höhepunkt der menschlichen Entwicklung. Die altersspezifischen Rollenerwartungen gestalten sich entsprechend über eine hierarchische Struktur: „Man kann sie in drei Hauptkategorien unterteilen: die Fähigkeit, Autoritätspersonen zu gehorchen; die Fähigkeit, mit gleichen zu kooperieren; die Bereitschaft, Verantwortung und Autorität gegenüber anderen auf sich zu nehmen." (Eisenstadt

[11] Biologische Determinanten werden einerseits psychoanalytisch, andererseits auch anthropologisch aufgegriffen. Max SCHELERS Beschreibung des Menschen als „weltoffenes" Wesen (vgl. Scheler 1966, 36ff.) relativiert die Bedeutung angeborener biologischer Eigenschaften und begründet die Notwendigkeit, über soziale Institutionen, vor allem Rollen, die „Lücke" zwischen Instinkt und äußerem Zwang zu schließen. Dem Einfluss PARSONS' ist schließlich die Konzentration der soziologischen Analyse auf Bestandsprobleme der Gesellschaft zu verdanken. (Vgl. Eisenstadt 1966, 17) Im Vordergrund steht dabei nicht so sehr die Abgrenzung einzelner Systeme, sondern vielmehr die Bindung des Fortdauerns der Gesellschaft an die Generationenabfolge.

1966, 21) Diese drei Dispositionen sind nicht – wie bei PARSONS – abhängig von der sozialstrukturellen Verortung, z.B. im Berufsleben, sondern ergeben sich einzig und allein mit der Stellung im Generationengefüge. Während bei PARSONS Sozialstruktur und biologische Variablen miteinander verflochten sind[12], dominiert bei EISENSTADT eine stärkere Gewichtung der biologischen Determinante 'Alter'.

Die mit dem Stufenmodell verbundenen Konsequenzen fasst EISENSTADT mit den beiden Kategorien 'Diffusität' und 'Komplementarität' zusammen. Die erste der beiden Kategorien leitet sich aus dem PARSONSschen Orientierungsmuster 'Diffusität – Spezifität' ab. (Vgl. Tabelle 1) Wie schon bei PARSONS wird sie auch von EISENSTADT benutzt, um Rollenerwartungen zu beschreiben, die sich auf die gesamte Persönlichkeit, nicht so sehr auf spezielle Fähigkeiten beziehen. Als „symbolischer, manchmal sogar als ritueller Ausdruck eines allgemeineren Verhaltensmusters" (ebd., 14) sind die Altersstufen für eine grundlegende Persönlichkeitsbildung zuständig, auf der aufbauend spezielle Rollen übernommen werden können. Paradigmatisch wird hier also eine 'Wesensbestimmung' der einzelnen Altersstufen durchgeführt, denen vor jeder kulturellen Überformung immer schon eine eigene Qualität zukommt. Mit der zweiten Kategorie 'Komplementarität' wird eine Zuordnung von Altersstufen beschrieben. Die unterschiedlichen Altersstufen lassen sich demzufolge auf eine übergreifende Gemeinsamkeit zurückführen. Mit anderen Worten: Das Prinzip der Persönlichkeitsentwicklung bestimmt sich immer über die Stellung des Einzelnen im Prozess der Tradierung von Wissen. Ein Kind, das lernt, lernt auch, wie man jemandem etwas beibringt. Altersstufen haben EISENSTADT zufolge immer nur eine Bedeutung im Verhältnis zu den anderen Stufen. Er entfaltet hier einen Gedanken, der auch für ERIKSONs Entwicklungstheorie charakteristisch ist. Unterschiedliche Entwicklungsschritte gründen demnach in einem gemeinsamen Kern, der schon alle Anlagen für den Reifungsprozess der Ich-Identität enthält (vgl. Erikson [1950] 1965, 214ff.). Nur über den Entwurf des „ganzen Menschen" lassen sich einzelne Seiten seiner Persönlichkeit erklären.

Im weiteren Verlauf seiner Argumentation baut EISENSTADT auf dieser klassifikatorischen Bestimmung biologisch determinierter Altersdifferenzierung auf, konzentriert sich nun aber auf eine funktionale Erklärung. Aus dieser Perspektive

---

[12] Vgl. z.B. den Essay „Age and Sex in the Social Structure of the United States" (Parsons 1946, 89), den EISENSTADT gekannt haben wird.

müssen sich alle Beobachtungen auf ihre Bedeutung für die Bestandserhaltung befragen lassen. Während die Diffusität der Altersstufen solidarisches Handeln gewährleistet, d.h. den Wertekonsens der Gesellschaft sichert (vgl. ebd., 20), ermöglicht Komplementarität die Kontinuität individueller und sozialer Entwicklung (vgl. ebd.). Die Operationalisierung der Bestandserhaltung des Systems u.a. über die Kontinuierung von Wissen lässt sich sehr schön an der „besonderen" Stellung alter Menschen ablesen. „Daß man die Achtung, die man älteren Menschen, d.h. dem 'Alter' schuldet, so stark betont, ist ... eine grundlegende Vorbedingung für die Aufrechterhaltung der sozialen Kontinuität." (Ebd., 22) In seinem Bestreben, die Notwendigkeit zur Tradierung von Wissen nicht nur sozial, sondern auch biologisch und anthropologisch zu begründen, unterscheidet sich EISENSTADT von PARSONS. Die Qualifizierung von Wissen ergibt sich bei ihm nicht über das Argument der Funktionalität, sondern über das der persönlichen Reife. Erst in einem zweiten Schritt begründet er dann, dass persönliche Entwicklung auch gesellschaftliche Funktionen übernimmt. Mit der Diagnose, dass alte Menschen als Wissensvermittler einen besonderen Status haben, illustriert er seine Präferenz für eine den Menschen in den Mittelpunkt der Analyse positionierende Soziologie. Diese von PARSONS abweichende Akzentuierung des Strukturfunktionalismus lässt sich auch in seinen späteren modernisierungstheoretischen Arbeiten wiederfinden. Zunächst soll jedoch die Grundlegung dieser Arbeiten, EISENSTADTs Spezialisierung auf Fragen des Vergleichs und Wandels von Gesellschaften, über seine Auseinandersetzung mit unterschiedlichen Formen von Altersdifferenzierung nachgezeichnet werden.

Nachdem EISENSTADT die Abfolge von Altersgruppen über seine anthropologisch-biologische Beschreibung menschlicher Entwicklung begründet hat, geht es ihm beim Vergleich unterschiedlicher Gesellschaften um den Nachweis funktionaler Zusammenhänge zwischen Altersgruppen und Sozialstruktur. Die vergleichende Studie verschiedener Gesellschaften – „primitiver, historischer und moderner" (ebd., 7) – bleibt auch in seinen späteren Arbeiten die entscheidende Methode, um sich der Modernisierungsproblematik, „dem zentralen Leitmotiv seines Werks" (Plake & Schulz 1993, 26), zu nähern. Ein Ergebnis seines Vergleichs besteht in der Beobachtung, dass Altersgruppen – im Gegensatz zu Altersstufen – nicht in allen Gesellschaften existieren. Im Zentrum seiner Untersuchung steht die These, „daß Altersgruppen in den

Gesellschaften entstehen, in denen die Familie (oder die Verwandtschaftseinheit) nicht die wichtigste Einheit der sozialen und wirtschaftlichen Arbeitsteilung bildet und in der das Individuum verschiedene allgemeine Rollendispositionen erwerben und erlernen muß, die nicht innerhalb der Familie erlernt werden können." (Ebd., 280) Dabei unterscheidet EISENSTADT im Rückgriff auf die PARSONSschen *pattern variables* zwischen Rollenerwartungen, die auf diffusen, zugeschriebenen und partikularistischen Wertmustern aufbauen, und solchen, die Universalismus und Leistungs- und Spezifitätsorientierungen in den Vordergrund stellen. Immer dann, wenn Mitglieder der Gesellschaft Rollen übernehmen, deren Wertorientierung von der innerhalb der Familie gelernten abweicht, entsteht die Notwendigkeit, diese neue, zum Familiensystem in Spannung stehende Rolle zu integrieren. Denn – so EISENSTADTs psychosoziale Prämissen der Identitätsentwicklung – die Reife des Einzelnen und sein Status (= Altersstufe) sind an die Entwicklung der gesamten Persönlichkeit, nicht einzelner Fähigkeiten gebunden. (Vgl. ebd., 46) Insofern sich nicht gesellschaftliche Komplexität in den Handlungsvollzügen des Familien- und Verwandtschaftssystems erschöpft, bedarf es also der Kompensation durch Altersgruppen.

EISENSTADT identifiziert zwei Fälle, in denen diese Situation eintritt:

1. Gesellschaften, in denen Differenzierungen wie z.B. politische Macht oder Kriegsführung an Altersstufen gebunden sind (Beispiel: die sudanesischen *Nuer* und die kenianischen *Nandi*).

Gesellschaftlicher Status wird dabei über die Mitgliedschaft in einer Altersklasse zugewiesen. Die gesellschaftliche Verortung des Einzelnen anhand von universalen Kategorien der Mitgliedschaft ist in diesem Fall mit der askriptiven Kategorie 'Alter' kombiniert. Diese, von der Persönlichkeit des Einzelnen abstrahierenden Rollenzuweisungen, die zu Konkurrenz und Feindseligkeit führen können, werden durch Altersgruppen, in denen Solidarität und Gleichheit im Vordergrund stehen, unterstützt und so in die Gesellschaft als Ganze integriert.

2. Gesellschaften, in denen Differenzierungen wie z.B. Berufstätigkeit an Leistungen gebunden sind (moderne Gesellschaften).

Der Einzelne wird hierbei im Lauf seiner Entwicklung mit Wertorientierungen konfrontiert, die nicht mit denen seiner Familie übereinstimmen. Gesellschaftlicher Status, also volle Mitgliedschaft, ist in diesen Fällen an die Entwicklung einer korporativen Solidarität gebunden. Die Vorbereitung dieser „kollektiven Identität" (ebd., 34) ist Aufgabe von formalen und informellen Altersgruppen, die nicht universal sind, sondern sich nur auf die Jugendphase beziehen. In diesen Altersgruppen üben Jugendliche diffuse Rollen ein, die die Ablösung von der Familie erleichtern und die Ausdehnung solidarischer Orientierungen auf das abstraktere Bezugssystem Gesellschaft ermöglichen. „In universalistischen Leistungsgesellschaften ... kann ein Einzelner nicht den vollen Status erreichen, wenn er sein Verhalten bei der Arbeit nur nach den zugeschriebenen partikularistischen Kriterien des Familienlebens ausrichtet; ein solches Verhalten würde sich als Spannungsmoment im sozialen System erweisen." (Ebd., 37) Altersgruppen stellen demnach einen Verbindungsbereich zwischen Familie und anderen institutionellen Bereichen der Gesellschaft dar. Sie verleihen eine erweiterte Identität, die mit den Erwartungen der Gesellschaft übereinstimmt. Jugend sei in der modernen Gesellschaft – so EISENSTADT – jedoch keine Altersgruppe, die eine integrative Funktion erfülle; sie bereite lediglich vor. Als Bereich der „sekundären Institutionalisierung" (ebd., 335) gewähre sie Freiheiten außerhalb gesellschaftlicher Notwendigkeiten.

In EISENSTADTs Analysen dominiert zunächst die strukturfunktionalistische Prämisse der Bestandserhaltung. Auch EISENSTADT konzipiert „society as a 'norm'" (Parsons 1951, 64). Im Gegensatz zu PARSONS konkretisiert er jedoch diese Norm am Maßstab der menschlichen Entwicklung. Den Konvergenzpunkt zwischen anthropologisch-biologischen Entwicklungstheorien und Strukturfunktionalismus bildet die 'Reife'. Nur weil EISENSTADT auch den 'Menschen als Norm' einführt, gelingt es ihm, dem hohen Alter eine besondere Stellung auch noch in der modernen Gesellschaft zuzusprechen. Da er menschliche Entwicklung über komplementäre Altersstufen erklärt, bindet er das hohe Alter an die Rolle des Vermittlers von Wissen. Er räumt ein, dass mit zunehmender Bedeutung eines universalistischen Leistungserwerbs auch die Bedeutung von askriptiven Kriterien und damit auch des Lebensalters allgemein abnehme. Aber: „Wenn dabei auch die Ausdrücklichkeit des Alterskriteriums im Prozeß der Rollenzuordnung in den allgemeinen Gesellschaftsbereichen nachgelassen hat und wenn sie auch für mehrere Bereiche und Organisationen nicht gilt, so verursacht das doch keine wesentliche Minderung des Respekts gegenüber Älteren. Alter und Seniorität zählen noch sehr viel, wenn auch auf eine mehr allgemeine und diffuse Weise und nicht mehr als ein spezifisches Kriterium der Rollenzuordnung." (Eisenstadt 1965, 228)

Mit dieser für die moderne Gesellschaft nur noch „relativen Bedeutung des Alterskriteriums“ (ebd., 230) rettet sich EISENSTADT aus der – durch die strukturfunktionalistische Perspektive verursachten – Misere. In Bezug auf die Jugendgruppen gelingt ihm eine funktionale Beschreibung, die sowohl Gesellschaft als auch Persönlichkeit berücksichtigt. Er diagnostiziert: „Hier (in modernen Gesellschaften, I.S.) konzentriert sich die Übermittlung des sozialen Erbes mehr oder weniger auf die Entwicklung einer autonomen Persönlichkeit ohne eine sehr präzise Rollenvorschrift.“ Denn: „In einem solchen System liegt die Hauptbetonung auf der Aufrechterhaltung der grundlegenden Wahlregeln und der allgemeinen Identifikationssymbole der Gesellschaft. Ein solches System hängt notwendigerweise mehr von der vollen psychologischen Reife und Autonomie seiner Mitglieder ab als von irgendeiner detaillierten Rollenvorschrift.“ (Ebd., 335)

Für alle anderen Altersgruppen gibt es im Anschluss an diese „‘psychologische’ Vorbereitung“ (ebd.) keinen Bedarf mehr an institutionalisierten Altersgruppen, wiewohl Altersstufen selbst noch vorhanden sind. Seniorität existiert nur noch auf der diffusen, die Persönlichkeit betreffenden Ebene. Strukturfunktional lässt sich eine besondere Stellung alter Menschen damit nur noch über den Umweg eines normativen Menschenbildes rechtfertigen. Demzufolge wird der Bestand der Gesellschaft über die Integration ‘reifer‘ Menschen gesichert, die sich wechselseitig in den Altersstufen bestätigen. Symptomatisch für die schwache Argumentation EISENSTADTs an dieser Stelle ist, dass er nur noch von „Respekt gegenüber Älteren“ (ebd., 228), aber nicht mehr von der über einen Wissensvorsprung legitimierten Autorität der alten Menschen selbst spricht. Zunehmende universalistische Leistungsorientierungen beinhalten bei EISENSTADT – im Gegensatz zu PARSONS – keine problematischen Konsequenzen für das hohe Alter. Als Schlussfolgerung ließe sich festhalten: Alte Menschen repräsentieren als reife Persönlichkeit die Einheit der Gesellschaft.

Inwieweit bei EISENSTADT die Leugnung einer ‘Altersproblematik’, die sich einem strukturfunktionalistischen Denken entsprechend hat ergeben müssen, der statischen Gesellschaftstheorie geschuldet ist, lässt sich nur vermuten. 1956 identifiziert er Jugendgruppen als einen der „wichtigsten Mittelpunkte“ (ebd., 298; vgl. auch 318ff.) sozialen Wandels. Die Erforschung der Bedingungen, unter denen sozialer Wandel stattfindet, bleibt auch in seinen späteren Untersuchungen zentrales Thema, allerdings mit einer veränderten Bewertung der integrativen Komponente des Strukturfunktionalismus. Diese Entwicklung bezeichnet er als einen „Übergang von einem relativ geschlossenen zu einem offenen systemischen Ansatz – einem Ansatz, der das Gewicht auf die relative Autonomie der verschiedenen organisationellen Systeme legt“ (Eisenstadt 1979, 32). Mit der Berücksichtigung von „systemic tendencies“ (Eisenstadt 1993, 8) entdeckt sich seiner Untersuchung von Revolutionen und Transformationen auch eine größere Vielfalt von Prozessen sozialen Wandels. Als Grundlage dieses Differenzierungsprozesses verortet er „Symbolstrukturen“ (ebd., 8), die sich gesellschaftsübergreifend als Konfliktlinien durch einzelne Teilsysteme ziehen. Institutionen lassen sich demzufolge nicht mehr als Resultat geteilter Erwartungsmuster beschreiben. „Es gibt in jeder institutionellen Ordnung eine *Vielheit von Akteuren* – Individuen und Gruppen –, die eine unterschiedliche Kontrolle über natürliche und gesellschaftliche Ressourcen ausüben und sich diese Kontrolle streitig machen.“ (Eisenstadt 1979, 19, Herv. I.S.) Codes und Programme bündeln die unterschiedlichen kulturellen Orientierungen und werden deshalb zum Fixpunkt für EISENSTADTs soziologische Analyse. (Vgl. ebd., 19ff.)[13]

Wie auch immer man diese Entwicklung interpretiert, es lässt sich eine Tendenz zur Abschwächung strukturfunktionalistischer Theorievorgaben zugunsten von existentiellen und kollektiven Symboldimensionen konstatieren. (Vgl. Eisenstadt 1993) „Human creativity and freedom, the autonomy of human agency“ (ebd., 22) bezeichnen – so EISENSTADT im Jahr 1993 – Dimensionen menschlichen Handelns, die sicherlich mehr Flexibilität individuellen Handelns ermöglichen, als dies zur Zeit seiner Abfassung der Altersgruppenstudie möglich war. Eine Vielfalt von Normen ist an die Stelle des ganzheitlichen Modells der Persönlichkeitsentwicklung getreten. Vermutlich würden sich ihm heute alte Menschen unter diesen Bedingungen als *eine* Gruppe von vielen im Kampf um die Anerkennung ihrer Interessen darstellen. Altersspezifisch wären diese Interessen dabei nur in ihrer Bindung an existentielle Sinndimensionen, z.B. die Nähe zum Tod. Die Interpretation von EISENSTADTs Jugendstudie gewinnt jedoch durch die Einbeziehung der späteren Literatur vor allem eine Bestätigung im Hinblick auf die – für EISEN-

---

[13] Udo GRÜN vermutet in dieser Zentrierung des EISENSTADTschen Strukturfunktionalismus auf „die anthropologische Dimension der Kultur“ (Grün 1993, 50) den Einfluss Martin BUBERs auf seinen ehemaligen Schüler.

STADT typische – Dominanz anthropologischer Dimensionen. Die Behauptung eines Bereichs gesellschaftlichen Lebens außerhalb des strukturfunktionalistischen Erklärungsmodells ist bei ihm nicht nur der Altersproblematik geschuldet. Eine ähnliche Ergänzung des Strukturfunktionalismus um eine Kategorie des „Menschlichen" kann bei der folgenden Nachzeichnung von Helmut SCHELSKYs Auseinandersetzung mit den „Paradoxien des Alters" beobachtet werden.

Alter sollte Freiheit ermöglichen (Schelsky)

Helmut SCHELSKY beschäftigt sich 1959 mit den „Paradoxien des Alters in der modernen Gesellschaft", um mit diesem Aufsatz auch das hohe Alter in die Reihe der „biologischen Grundbefindlichkeiten" (Schelsky 1959, 199) einzubeziehen, die bereits – wie etwa schon Geschlecht, Ethnizität und Aussehen – einer soziologischen Neubestimmung unterzogen worden seien. Die thematische Fokussierung der Soziologie auf den Menschen ist seiner Ansicht nach bereits von der Psychoanalyse, der funktionalistischen Ethnologie und der philosophischen Anthropologie vorbereitet worden, erkläre sich jedoch insgesamt über die Entstehung der Industriegesellschaft und den damit einhergehenden „sozialen Strukturumbruch" (ebd., 199). SCHELSKY bezieht sich mit dieser Argumentation vor allem auf die mit dem Individualisierungsprozess verbundenen negativen Konsequenzen. „In der 'Natur' des Menschen, wie wir sie als konstant und unverrückbar zu sehen gewohnt waren, steckt in Wirklichkeit die Konstanz einer ganz bestimmten sozialen Grundverfassung, die zwar die enorme Epoche von Beginn der bäuerlichen Seßhaftigkeit und des Hirtennomadentums bis zum 19. Jahrhundert, also drei bis sechs Jahrtausende (sic!), umfaßt, aber eben doch historisch und regional begrenzt ist und heute in ihren Grundstrukturen umbricht." (Ebd., 199) Vor dem Hintergrund einer schon fast als ewig zu bezeichnenden 'Konstanz' sozialer Verortung finde demzufolge ein Prozess der Neubewertung statt, der sich auch im „Gegenstandsbereich der Soziologie als Krisenwissenschaft" (ebd., 200) niederschlage.

Trotz gesellschaftlichen Wandels bleibt 'Alter' jedoch bei SCHELSKY eine vorsoziale Kategorie, die – wie er es am Beispiel der Jugend illustriert – „zwar kein soziales Gebilde darstellt, aber als eine Verhaltensform angesehen werden muß, die in allen ihren Zuständen, leiblich, seelisch und geistig, sozial mitbestimmt ist" (Schelsky 1963, 13). Ähnlich wie PARSONS und EISENSTADT wählt auch SCHELSKY eine Perspektive, die mit der klassischen Verbindung von „Leib, Seele und Geist" eine holistische Betrachtungsweise postuliert. Die mit dieser Vorgehensweise verbundenen Konsequenzen liegen auf der Hand: „In dieser Verschmelzung der Wissenschaft vom Menschen zu einer allgemeinen anthropologischen Verhaltensforschung sind die alten Wissensdisziplinen und ihre Gegenstände nicht mehr exakt trennbar, was der Wirklichkeit des von ihnen zu erkennenden Menschen entspricht, aber zugleich die wissenschaftliche Aussage darüber außerordentlich erschwert." (Ebd., 13)[14]

Mit der soziologischen Analyse der Situation alter Menschen beschränkt sich SCHELSKY jedoch zunächst auf sozialstrukturelle Kategorien, die ihren Ursprung im Strukturfunktionalismus nicht verleugnen können. Vor dem Hintergrund der 'Industriegesellschaft' identifiziert SCHELSKY drei, den Alternsprozess entscheidend beeinflussende gesellschaftliche Bereiche: Familie, Arbeit und Freizeit. In allen dreien ist – so SCHELSKY – ein Funktionsverlust der alten Menschen zu diagnostizieren. Die *familiäre Situation* charakterisiert er anhand der TARTLERschen Formel „Innere Nähe bei äußerer Distanz" und bezieht sich damit auf eine bei alten Menschen zu beobachtende Tendenz, getrennt als „Altenfamilie" von der „Eltern-Kinder-Familie" (ebd., 206) zu leben, mit dieser aber in engem Kontakt zu stehen. SCHELSKY stellt diesem „neuen Tatbestand der Familie in den Generationen" (ebd.) ein heute nur noch als idealisiert zu bezeichnendes Familienleben einer traditionalen Gesellschaft gegenüber, wenn er davon spricht, dass – zwar aufgrund von materiellen Interessen – immerhin von einer „hohen und selbstverständlichen Vorsorge und Fürsorge für den alten Menschen in ihrem Schoß" (ebd., 201) ausgegangen werden könne.

Berufstätigkeit und Freizeit verknüpft SCHELSKY – der strukturfunktionalistischen Tradition entsprechend – zu komplementären Bereichen. Wenn alte Menschen mit der Ausgliederung aus der Arbeitswelt auf „eines der wichtigsten Medien der Umwelt- und Personstabilität" (ebd., 211) verzichteten, verliere auch der Freizeitbereich seine kompensatorische Funktion. (Vgl. ebd., 216ff.) Im Rahmen

---

[14] Vgl. zum Begriff der „Verschmelzung" LUHMANNs Kritik an dieser und ähnlichen Metaphern (1981a, 210). Die mit der „Verschmelzung" verbundenen Probleme für Analysen sind charakteristisch für alle strukturfunktionalistischen Versuche zur „ganzheitlichen" Rekonstruktion von Wirklichkeit. Harald WENZEL bezeichnet den „Analytischen Realismus" von PARSONS als die „Kehrseite des organischen Charakters komplexer Ganzheiten und der damit einhergehenden emergenten Eigenschaften" (1986, 15).

dieser Bestandsaufnahme stellt SCHELSKY dem strukturell bedingten, umfassenden Funktionsverlust Altersbilder entgegen, die genau das Gegenteil behaupten. So sei in der Familie trotz „Generationsnivellierung der Erfahrungs- und Verhaltensmöglichkeit“ (ebd., 208) noch von „Altersweisheit“ (ebd.) die Rede, im Berufsleben werde trotz des „umfassenden Umweltentzugs“ (ebd., 212) das Ideal eines „gesicherten Alters“ (ebd., 213) propagiert und die ununterbrochene Freizeit im Alter werde mit dem Bild des „schöpferischen Alters“ (ebd., 218) verklärt. SCHELSKY fasst diese Gegensätze zwischen strukturellen Möglichkeiten und Idealen als *Paradoxien der modernen Gesellschaft* zusammen.

Eine Begründung dieser Paradoxien entlehnt er jedoch nicht nur der strukturfunktionalistischen Analyse. Diese „Kluft, die heute zwischen Altersvorstellungen und Altersbild einerseits und Altersrealität andererseits klafft“ (ebd.), werde durch sowohl strukturelle als auch normative Bedingungen des menschlichen Lebens gestützt. Neben der funktionalistischen Analyse der gesellschaftlichen Situation alter Menschen findet bei SCHELSKY auch immer eine idealistische Betrachtungsweise ihre Berechtigung. Obwohl er sich nach den Erfahrungen des zweiten Weltkrieges gegen das „idealistische Denken“ wendet, „das den Boden einer unmittelbaren und sicheren Welterfahrung, auf den es sich in seiner Entstehung hatte stützen können, inzwischen unter den Füßen verloren“ (Schelsky 1965, 8) habe, und er sich deshalb in dem Buch „Auf der Suche nach Wirklichkeit“ (1965) auf eben derselben Suche befindet, kann er doch nicht seine Wurzeln im Idealismus verleugnen. Der von Wolfgang LIPP als „lebensphilosophische ... Gesamthaltung“ (Lipp 1986, 85) bezeichnete Akzent bei der Bestimmung des Alters führt zu einer „anthropologisch-soziologische[n] Grundformel“ (Schelsky 1959, 210), die das „Bedürfnis nach Lebenskontinuität bei teilweiser Funktionsentlastung“ (ebd.) beinhaltet. Lebenskontinuität verweist bei SCHELSKY jedoch nicht auf eine rein formale Bestimmung von Aktivitäten, sondern auf die „besondere Lebens-Chance in der Besinnung auf das Überdauernde und den Alltagsaufgaben des Lebenskampfes Enthobene“ (ebd.). Diese vergleichsweise pathetische Formulierung begründet sich in einer an der „Person“ orientierten Argumentation, die immer wieder den Gegensatz von „Freiheit und Sachzwang“ (Baier 1977, 7ff.) thematisiert. (Vgl. Rendtorff 1977; Prisching 1985) SCHELSKY entwirft darauf aufbauend: „Wir sind hiermit wieder bei dem Appell an die Freiheit des Individuums, das altersgemäße (sic!) Leben zu verwirklichen – oder zu verfehlen. Aber in dieser Mahnung leuchtet doch der Widerspruch auf, daß wir einerseits das Alter als den Lebenserfolg der Person strikte als privat, als endgültiges 'Privatisieren', ansehen und so ein 'Hände weg' von aller Organisation des Lebensabends fordern möchten, auf der anderen Seite aber ein universaler Drang zur Organisation der Freizeit für Alte ... zu den wohl unvermeidlichen Entwicklungstrends unserer Gesellschaft gehört ... ." (Schelsky 1959, 217)

Die Kombination der Begriffe „Lebensabend" und „Person" zu einem „altersgemäßen Leben" verdeutlicht, in welcher Weise SCHELSKY neben die strukturfunktionalistische Deskription die normative Programmatik stellt. Im Gegensatz zu PARSONS und EISENSTADT kann er im Strukturfunktionalismus selbst keine anthropologische Dimension entdecken. Erst mit Hilfe der Kategorie „Person" werden auf das Leben des Einzelnen bezogene Elemente über einen getrennten Erklärungsstrang eingeführt, nun jedoch nicht mehr organizistisch analogisiert, sondern lebensphilosophisch. (Vgl. Schelsky 1963, 12ff.) Die Beschreibung des hohen Alters als „Lebensabend" stimmt zwar mit den bisherigen funktionalistischen Modellen überein, akzentuiert jedoch stärker die Vorstellung von der Freiheit des Einzelnen, dem Leben selbst innewohnende Bedürfnisse nach Sinnfindung zu berücksichtigen. Das Charakteristische an SCHELSKYs Diagnose zur Situation alter Menschen ist nun, dass er die mangelnde Berücksichtigung dieses Bedürfnisses innerhalb der Gesellschaft beklagt. Mit kulturkritischer Attitüde, die sich u.a. seiner Nähe zu seinem Leipziger Lehrer Hans FREYER verdankt, setzt er sich mit dem Einfluss einer Gesellschaft auseinander, die – wie z.B. im Alter mit dem Instrument der Alterssicherung – über Institutionen das Handeln der Person einschränkt. Wenige Jahre später wird er formulieren, Wissenschaft und Technik würden „das Bedürfnis nach Bewahrung und Rettung des 'ganzen Menschen' mit seiner wissenschaftlich nicht faßbaren und manipulierbaren seelischen Tiefe unvermeidlich hervorrufen" (Schelsky 1961, 40). In eben dieser Entwicklung macht er einen „konstitutionellen, d.h. in der allgemeinen Verfassung der Gesellschaft begründeten, Altersnotstand" (Schelsky 1959, 210) aus. *Der alte Mensch steht – so Schelsky – als Persönlichkeit mit seinen Bedürfnissen der gegebenen Sozialstruktur gegenüber, und zwar nicht nur aufgrund nicht genutzter Fähigkeiten (wie bei Parsons), sondern grundsätzlich als Mensch, dessen 'Leben' anderen Gesetzlichkeiten folge als die Gesellschaft.*

In einer längeren Auseinandersetzung mit funktionalistischen Erklärungsmodellen stellt SCHELSKY 1970 neben den systemfunktionalen Ansatz einen anthropologischen und einen personfunktionalen Ansatz. Ausgangspunkt ist bei allen drei Ansätzen eine unterschiedliche Akzentuierung von „Leitideen“ (Schelsky 1970, 48), die am ‘Bestand’ orientiert seien und aufgrund dieses Zieles auch immer eine normative Komponente hätten. Wo systemfunktionale Erklärungen vom ‘Ganzen’ her dächten und folgerichtig universalistisch angelegt seien, würden personfunktionale Ansätze vom „Grundgedanken der Freiheit der Person“, der „größtmögliche(n) freie(n) Selbstbestimmung des Individuums“ (ebd., 48) ausgehen und seien entsprechend individualistisch geprägt. Den Weg zu dieser am Menschen orientierten Erklärung findet SCHELSKY über die funktionale Ethnologie. Während PARSONS für die Entwicklung des Strukturfunktionalismus vor allem auf RADCLIFFE-BROWN und dessen Orientierung an gesellschaftlichen Zusammenhängen zurückgreift, entscheidet sich SCHELSKY für den anderen prominenten Vertreter des frühen Funktionalismus: Bronislaw MALINOWSKI und dessen Betonung des Menschlichen und seiner Natur als Ausgangspunkt der Analyse. Da ihm jedoch die Beschränkung MALINOWSKIs auf „permanent vital sequences“ (Malinowski [1944] 1965, 75ff.) in ihrer biologischen Fundierung zu kurz gegriffen erscheint, erweitert SCHELSKY diese Perspektive um „‘Ideen’, menschliche Vorstellungen, Bewußtsein und Denken“ (Schelsky 1970, 49) und positioniert das Erklärungsmodell individuellen Handelns neben dem universalistischen systemischen Modell. In ihrer Komplementarität ergäben beide letztlich das Ganze. (Vgl. ebd., 42)

SCHELSKYs Versuche, auf dieser Basis soziologisches Wissen zu reformulieren, münden in der „Transzendentalen Theorie“, deren Transzendenz sich nicht auf Außerweltliches bezieht, sondern die Grenzen der Soziologie erweitern soll. (Vgl. Krawietz 1985) Als transzendental gelten ihm z.B. jene anthropologischen Elemente, die er bereits früher als vorsoziale Strukturierung der Wirklichkeit vorausgesetzt hat. Auch wenn diese Überlegungen zu einem späteren Zeitpunkt als der Abfassung seiner Studie zum hohen Alter entstanden sind, illustrieren sie doch die spezifische Wendung, die SCHELSKY mit seiner Konzentration auf den Begriff des ‘Menschen’ der ‘Altersproblematik’ gegeben hat. Deutlich sichtbar wird in dieser Argumentation auch der starke Einfluss der PARSONSschen Theorie auf die gesamte Soziologie der 50er/60er Jahre, aber auch der ständige Versuch, den abstrakten Systemgedanken in seiner Bedeutung einzuschränken.

Alter sollte Kontinuität ermöglichen (Tartler)

Die unter dem Titel „Das Alter in der modernen Gesellschaft“ (1961) bekannt gewordene Studie Rudolf TARTLERs gehört sicherlich mit zu den entscheidenden Versuchen der Nachkriegszeit, die Bedeutung der Kategorie ‘Alter’ exakt zu bestimmen. Im Gegensatz zu der fast zeitgleich begonnenen Untersuchung der Bonner Forschungsgruppe um Hans THOMAE (vgl. Kap. 4) interessiert sich jedoch TARTLER für eine grundsätzliche Revision des Alters-Begriffs. Zunächst soll dabei der „präsumptive Hintergrund fast aller Altersforschung“ (Tartler 1961, 18) in Frage gestellt werden: „Erklärt man nämlich die Änderungen gewisser Verhaltensweisen und Haltungen des Menschen in den höheren Lebensjahren mit ‘altersspezifischen Eigenschaften’, dann interpretiert man diese als Folge des Alterns und kann somit das Phänomen ‘Alter’ nicht anders als einen bloßen bio-psychischen Entwicklungsvorgang verstehen.“ (Ebd., 18) Alter soll also nicht mit Alter erklärt werden.

Die Motivation für die Erstellung und Sichtung von 206 Altersmonographien und zusätzlichen 80 Interviews speziell mit Bewohnern von Altenheimen beschafft aber auch eine auf den Zusammenhang von Modernisierung und Altersdifferenzierung bezogene These: *Der vor dem Hintergrund der Industriegesellschaft hergeleitete Individualisierungsprozess müsste eigentlich – so* TARTLER *– „zur Auflösung des Alters als soziale[m] Gebilde“* (ebd., 18) *führen.* Dass nach wie vor Stereotypen zum ‘hohen Alter’ anzutreffen seien, müsse von sozialstrukturellen Erfordernissen her erklärt werden. Der Erforschung derjenigen gesellschaftlichen Strukturen, die auf ‘Alter’ zurückgreifen, widmet sich deshalb seine Untersuchung.

Genauso wie SCHELSKY, dessen Artikel auf den empirischen Daten von TARTLER aufbaut, greift auch TARTLER auf die drei Dimensionen ‘Familie’, ‘Beruf’ und ‘Freizeit’ zurück. Ausgangspunkt von SCHELSKYs und TARTLERs strukturfunktionalistischer Zeitdiagnose ist der mit industriellen Produktionsformen einhergehende Strukturwandel der Familie. Während sich jedoch SCHELSKYs Stellungnahmen vorrangig auf allgemeine Zusammenhänge von Strukturen und Altersbildern beziehen, analysiert TARTLER konkrete Phänomene, die er unter programmatischen Überschriften zusammenfasst: „Ausgliederung und Vereinsamung – die falsche Gleichung“ und „Innere Nähe durch äußere Distanz – die neue Harmonie zwischen Alter und Familie“. Er wendet sich – aufbauend auf seinen monographischen Daten – radikal gegen Stereotypisierungen, die im Alleinleben von alten Menschen die Ursache für einen Funktionsverlust ausmachen. Stattdessen müsse umgekehrt der Trend zum Getrenntleben von alten Eltern und erwachsenen Kindern als Folge eines strukturellen Wandels angesehen werden, der alte Menschen ihrer altersspezifischen Funktionen beraube und deshalb auch altersheterogene Wohnformen verhindere. TARTLER greift zur Erklärung dieses Zusammenhangs auf die bereits von PARSONS beschriebene veränderte Bedeutung von askriptiven Merkmalen zurück, die durch die Dominanz der an Leistung orientierten funktionalen Differenzierung entsteht. Moderne Auffassungen zu Erziehungsfunktion und Traditionsvermittlung führt TARTLER auf Prozesse der „Generationsnivellierung" zurück. Demzufolge erfüllen alte Menschen nur noch in besonderen Fällen familiäre Funktionen: „In der Regel üben jedoch diese alten Menschen diese Funktionen nicht auf Grund eines altersspezifischen Sozialprestiges aus, vielmehr gründet sich die Legitimität ihrer Funktionsausübung gerade auf ihre altersunspezifische individuelle Leistungsfähigkeit." (Ebd., 55)

In diesem Zusammenhang entsteht eine für die heutige Alternsforschung sehr ungewöhnliche Interpretation[15] zur Beziehung von Altersdiskriminierung und funktionaler Differenzierung. Während SCHELSKY die *Paradoxien des Alters* in der Differenz von funktionalen Sachzwängen und personalen Freiheitsbedürfnissen sieht, erklärt TARTLER genau diesen Zusammenhang von Funktion und Person in umgekehrter Weise als ein Zuviel an Person und ein Zuwenig an Funktion. Der Rückgriff auf das Alter des Gegenübers verursacht demnach in funktionalen Bezügen eine „unangemessene Intimisierung des Umganges mit älteren Menschen" (ebd., 40). Um den Unterschied zu SCHELSKY noch einmal zu verdeutlichen: Nicht Bedürfnisse der 'Person' müssen laut TARTLER geschützt werden, sondern gerade der Rekurs auf die 'Person' beeinträchtigt die Freiheit alter Menschen. Zur Begründung dieses Zusammenhangs führt TARTLER den Begriff der „Funktionsdoppelbödigkeit" (ebd., 39) ein. „Damit ist der Tatbestand gemeint, daß unter dem offiziellen und nach außen hin allein sichtbar werdenden sachlichen Funktionsschema ein diesem oftmals völlig gegensätzliches zweites, internes, nirgends formal festgelegtes, dennoch aber institutionalisiertes und vom jeweiligen System

[15] Ungewöhnlich ist diese Interpretation deshalb, weil die moderne Suche nach Identität, die in der Alternsforschung in inhaltlicher und theoretischer Hinsicht alle nur denkbaren Freiheiten genießt, funktionale Limitierungen als Sachzwänge kritisiert und eben nicht zum Ausgangspunkt von Identitätskonzepten macht.

eingearbeitetes und einkalkuliertes Funktionsgefüge liegt, das als Komplementärstruktur die optimale Funktionsleistung erst garantiert." (Ebd.) Die Argumentation über Komplementarität ist innerhalb des Strukturfunktionalismus nicht unbekannt. Die PARSONSschen *pattern variables* legitimieren sich über ihre wechselseitige Bedingtheit[16], aber auch EISENSTADTs Begründung der Generationsabfolge greift darauf zurück. TARTLER benutzt diesen Begriff, um funktionsfremde Anteile in Interaktionen zu erklären. Rollenverhalten tritt demnach häufig in Kombination mit „subkutane(r) Intimität" (ebd.) auf und verweist so auf die vormals zusammenhängenden Lebensräume der Arbeit und der Familie. Die Annahme eines Wirkens beider Anteile in jeder Handlung stellt jedoch eine Interpretation des Strukturfunktionalismus dar, die erst mit den folgenden, „Rollenkonflikte" problematisierenden interaktionistischen Rollentheorien gefasst wird. (Vgl. Kassel 1978, 115ff.) Während bei PARSONS personale (Internalisierung) und soziale (Institutionalisierung) Elemente in ihrer Trennung funktionalisiert werden, steht bei TARTLER die Funktionalität der Kombination im Vordergrund: Allem Handeln wird ein zugrundeliegender Mechanismus der Entdifferenzierung zugeschrieben. Auch hier lassen sich mit dem Rückgriff auf eine Einheit von Sachlichkeit und Persönlichkeit ganzheitliche Tendenzen identifizieren. Indem TARTLER das Bild der „Funktionsdoppelbödigkeit" verwendet, kompensiert er die mangelnde theoretische Begründung des Mechanismus durch die Suggestivkraft des Bildes. Im Gegensatz zur normativen Setzung eines geordneten gesellschaftlichen Ganzen (PARSONS) kann TARTLER seine paradoxe[17], für alte Menschen nachteilige Beobachtung nicht normativ, sondern nur über die Einführung eines auf Komplementarität beruhenden Mechanismus begründen. Das diesem Mechanismus inhärente Konfliktpotential ist evident. TARTLERs Konzept der Funktionsdoppelbödigkeit imaginiert einen strukturfunktionalen Zusammenhang, der aufgrund seiner Kombination, nicht seiner Differenzierung interessiert. *Die Notwendigkeit zur Rückführung differenzierter Bestandteile auf eine Ganzheit wird dadurch nicht funktional im Hinblick auf eine*

---

[16] PARSONS benutzt für diesen Zusammenhang den Begriff „binary fission" (Parsons 1955, 396) und vermutet in binärer Teilung „the most 'economical' way of taking any given step from relative simplicity to a higher level of complexity" (ebd.).

[17] Nicht SCHELSKYs allgemeine Paradoxie (= strukturell erzeugte Altersbilder verweisen auf ein besseres Alter, das jedoch an eben diesen Strukturen scheitert.) wird hier wieder aufgegriffen. TARTLER verortet seine Paradoxie auf dem Boden konkreter Handlungen. Nicht Ziele, sondern Operationen stehen hier im Vordergrund.

Norm erklärt (Bestandsfunktionalismus), sondern schlicht vorausgesetzt. Eine Metapher ersetzt die theoretische Begründung.

Diese Vorgehensweise stellt sicherlich ein schönes Beispiel für die Mängel vieler strukturfunktionalistisch orientierter Erklärungen dar. Die Begründung qua Funktionalität produziert Gesetzmäßigkeiten, die mehr über verfügbare Theorieelemente aussagen als über die Notwendigkeit der Verknüpfung. Generalisierende Begründungen schließen von einzelnen aktualisierten Referenzen auf Strukturen und unterwerfen andere Möglichkeiten diesem Muster[18]. Beide, SCHELSKY und TARTLER, kommen mit strukturfunktionalistischen Erklärungen zu völlig unterschiedlichen Ergebnissen. Während SCHELSKY Personalität durch (System-) Funktionen gefährdet sieht, fordert TARTLER den Schutz der Personalität durch die Aufrechterhaltung von Funktionen. Funktionen sind so zu selbständigen Bestandteilen einer Umwelt geworden und müssen sich nicht mehr über ihren Bezug zum Ganzen erklären. Während PARSONS das mit diesen funktionalen Erfordernissen verbundene Konfliktpotential als Dysfunktion mit der Einbeziehung evolutionären Wandels integriert, formulieren SCHELSKY und TARTLER Gesellschaftskritik. Sie verlassen den Boden holistischer Theoriebildung, verlieren damit aber auch die theoretische Begründung von Funktionalität. Funktionalität wird mit „Sachlichkeit und Personneutralität" (ebd., 39) ineinsgesetzt und der „Intimität" (ebd.) gegenübergestellt. Sowohl PARSONS als auch EISENSTADT identifizieren Funktionalität noch als einen die Sozialstruktur und die Persönlichkeit übergreifenden Mechanismus; bei SCHELSKY und TARTLER ist Funktionalität zu einem nicht hinterfragten Prinzip geronnen. Diese Umgangsweise mit dem theoretischen Inventar des Strukturfunktionalismus ist sicherlich auch mit ausschlaggebend für die gesellschaftskritische Rezeption des Funktionsbegriffs der nächsten Generation der Alternsforscher gewesen. (Vgl. Kap. 3)

TARTLERS weitere Argumentation verwendet den verkürzten Funktions-Begriff für seine anthropologisch orientierte Beschreibung des alten Menschen. Im Mittelpunkt der Argumentation steht – wie schon bei SCHELSKY – die Charakterisierung der modernen Gesellschaft als Berufsgesellschaft. Mit Rückgriff auf Ar-

---

[18] LUHMANN kritisiert, PARSONS' Funktionsbegriff suggeriere die Existenz „determinierter Systeme", in denen bestimmte Ursachen bestimmte Wirkungen zeitigten, was jedoch im sozialen Leben nicht vorkomme. (Luhmann 1972a, 12) Vgl. für den LUHMANNschen Gegenbegriff 'Komplexität' Kap. 3.

nold GEHLEN schreibt TARTLER dem Beruf eine Entlastungsfunktion zu. Die Einengung auf ein spezialisiertes Handlungsfeld werde demzufolge zwar als Belastung empfunden, trage aber „zur Erleichterung der Existenzbewältigung wesentlich" (ebd., 86) bei. „Die außerordentliche Bedeutung dieser 'Umweltstabilisierung' für die menschliche Existenz liegt nun darin, daß der aufgebaute 'Außenhalt' auf die Innenstabilisierung des Menschen zurückwirkt." (Ebd., 87)[19] Der gleiche Zusammenhang wird von TARTLER auch am Beispiel familiärer Beziehungen illustriert, in denen nicht „menschliche Nähe" (ebd., 82) im Vordergrund stehen solle, sondern die funktionale Einordnung auch des alten Menschen. „Wo dem einzelnen innerhalb der Intimgruppe keine soziale Rolle und Funktion gegeben ist, durch die die menschlichen Intimbeziehungen reguliert und standardisiert werden, muß es zur dauernden gegenseitigen innerlichen Überbeanspruchung kommen." (Ebd., 83)

Mit der *Kontinuität*[20] *der Lebensgestaltung* und der *Notwendigkeit zur Lebensvorsorge* vermeint TARTLER die entscheidenden zwei anthropologischen Konstanten menschlichen Lebens allgemein, nicht des 'hohen Alters' speziell, zu bestimmen. (Vgl. ebd., 87ff.) Bezogen auf die Situation der alten Menschen resultiert daraus zunächst ein Plädoyer für die Aufrechterhaltung von beruflicher Tätigkeit auch im Alter. In den Ergebnissen seiner Untersuchung findet TARTLER eine Bestätigung seiner Hypothese. Während selbständig Beschäftigte, bei denen „Berufstätigkeit und persönliches Interesse weitgehend zusammenfallen" (ebd., 108), eine berufliche Weiterbeschäftigung im Alter gerne nutzten, stehe den Unselbständigen diese Möglichkeit nicht offen; sie seien einem umfassenden Funktionsverlust ausgesetzt. (Vgl. ebd., 118) Folgerichtig fordert TARTLER die Einführung einer flexiblen Altersgrenze.

Aufgrund seiner programmatischen Ergebnisse sind TARTLERs Forschungen unter dem Etikett 'Aktivierungstheorie' bekannt geworden. Nicht mehr *disengagement* im Alter steht im Vordergrund – so hatte es noch die Untersuchung von CUMMING und HENRY (1961) nahegelegt –, sondern die *Aufrechterhaltung von*

---

[19] Der Einfluss von David RIESMANs Untersuchung zum Zusammenhang von Gesellschaftsformen und Charaktertypen ist unübersehbar. (Vgl. Riesman [1950] 1961) TARTLER übernimmt bei seiner Typisierung von Rentnern auch RIESMANs Unterscheidung von Autonomen, Angepassten und Anomalen (vgl. Tartler 1961, 154ff., Riesman 1954, 484-491).

[20] Für die Wahl dieses Begriffs zeichnen u.a. auch Untersuchungen des Psychiaters Hans BÜRGER-PRINZ zur Gefährdung der Persönlichkeit durch Veränderungen der persönlichen Umwelt verantwortlich. (Vgl. Tartler 1961, 87)

Aktivität. An die Stelle des „traditionellen Altersvollzugs" (ebd., 95) müsse der „Verzicht auf eine definitive Altersrolle bei Fortführung der beruflichen Funktionen" (ebd.) treten. Die „Altersnivellierung" (ebd.) habe die Altersrolle überflüssig gemacht.

Eine Einordnung TARTLERS in die Alternsforschung hat hauptsächlich anhand seiner eher programmatischen sozialwissenschaftlichen Forderungen stattgefunden. Der entscheidende Aspekt seiner soziologischen Arbeit, nämlich die konsequente Negation altersspezifischer Charakteristika, ist dagegen völlig vernachlässigt worden. Noch SCHELSKY behauptet ein anthropologisch fundiertes altersspezifisches Bedürfnis nach „teilweiser Funktionsentlastung" (Schelsky 1959, 210), und PARSONS und EISENSTADT sind durch die Verwendung von 'Altersstufen' auch an eine Bestimmung des 'hohen Alters' gebunden. TARTLER ist für lange Zeit der einzige Alternsforscher, der die Kategorie selbst in Frage gestellt hat.[21] Die Vernachlässigung dieses Versuchs zur theoretischen Neubestimmung durch die weitere Alternsforschung ist auffällig. Mit dem Namen der Disziplin scheint immer auch schon das Forschungsobjekt als Standort kategorialer Bestimmung gerechtfertigt zu sein.

Alter sollte zur Persönlichkeitsentfaltung genutzt werden (Woll-Schumacher)

Im Gegensatz zu diesen letzteren Versuchen zur Bestimmung der Altersphase akzentuiert Irene WOLL-SCHUMACHER 1980 mit ihrer Forderung nach „Desozialisation" den Strukturfunktionalismus wieder als holistische Theorie. Mit der Gesellschaft als Ganzer benennt sie den Rahmen für die Verortung alter Menschen. Grundlage ihrer Argumentation ist die Annahme einer *gesellschaftlichen Notwendigkeit zur Desintegration alter Menschen*. Selbst bei PARSONS findet sich diese Diagnose in ihrem konkreten Bezug auf alte Menschen nur sehr viel abgeschwächter wieder, wenn er sich mit „the allocation of personnel" (Parsons [1951] 1966) oder dem Tod (vgl. Parsons 1962) auseinandersetzt. WOLL-SCHUMACHER formuliert dagegen sehr direkt: „Plötzliche, nicht geregelte Ausfälle durch Altersdefizite oder Tod würden die gesellschaftliche Stabilität gefährden und hätten bei großer Häufung den Zusammenbruch des Systems zur Folge." (Woll-Schumacher 1980,

---

[21] Dass er selbst diese Kategorie trotzdem inhaltlich füllt, ist mehr dem Untersuchungsdesign als den theoretischen Prämissen geschuldet: Wer nach Alter fragt, bekommt Beschreibungen von Alter. Altersbilder werden auf genau diese Weise erzeugt. (Vgl. Kap. 3)

V) Sie wendet sich damit explizit gegen theoretische und praktische Versuche, alte Menschen wieder in die Gesellschaft zu integrieren. Die „gesellschaftliche Entfremdung" alter Menschen müsse als „Preis der Sozialisation von jüngeren" (ebd., 36) begriffen werden. Resultat dieser Desintegration sei jedoch ein „Sozialisationsvakuum am Ende des Lebenszyklus" (ebd.), da alte Menschen – im Gegensatz zu Jugendlichen und Erwachsenen – die Abgabe von Rollen nicht durch die Übernahme neuer Rollen kompensieren könnten. Neben diese gesellschaftlichen Notwendigkeiten platziert WOLL-SCHUMACHER einen moralischen Anspruch zur weitergehenden Sozialisation, in diesem Falle zu einer Desozialisation. Als „kulturellem Gebilde" „dürfte es sich (unserer Gesellschaft) verbieten, Menschen sozialer Desintegration zu überantworten, ohne sie bei der personalen Adaption dieses Zustands desozialisatorisch zu unterstützen" (ebd., Vf.).

Der Rückgriff auf PARSONS ist eindeutig, wenn auch – wie im Folgenden zu zeigen sein wird – die Rezeption seiner Schriften eher selektiv ist. Aufbauend auf einem Konzept von komplementären Altersstufen, das EISENSTADT entlehnt ist, formuliert WOLL-SCHUMACHER: „Altersstufen fügen den biologischen Prozess des Heranwachsens, Reifens und Sterbens in ein soziales Ordnungssystem ein." (Ebd., 3) Die Statik ihrer apodiktisch formulierten Prämissen verdeutlichen ihre Ausführungen zur Sozialisation von Jugendlichen und Erwachsenen. Während die ersteren noch keine Mitglieder der Gesellschaft seien, nähmen die zweiteren einen den kulturellen Regeln folgenden Status ein. Mitgliedschaft sei nur möglich, „wenn der einzelne in der spezifischen Art handelt, wie es für sein Alter, Geschlecht und Status sozial festgelegt ist" (ebd., 14). „Niemandem ist es erlaubt, die gesellschaftlich definierten Alterspositionen nach seinen individuellen Wünschen einzunehmen." (Ebd., 3)

Aufbauend auf der Dreigliederung des Lebenslaufs charakterisiert WOLL-SCHUMACHER das 'hohe Alter' als eine der Jugend sehr ähnliche Phase. Beide Male würde „keine Erziehungsverantwortung, keine berufliche Vollbeschäftigung und keine militärische Verteidigung" (ebd., 3)[22] erwartet. Im Gegensatz zu den Jugendlichen werde der Status der Alten jedoch nicht durch gesellschaftliche

---

[22] WOLL-SCHUMACHER konzediert geschlechtsspezifische Differenzen, die sie jedoch über die Trennung der Funktionsbereiche Beruf und Familie erklärt und im Weiteren wegen der Orientierung des Strukturfunktionalismus am Berufsleben vernachlässigt. (Vgl. ebd., 60ff.)

Strukturen wie Rollen, Institutionen und Werte gestützt, so dass sich Alterssozialisation „weitgehend in individuell induzierter Form“ (ebd., 13) vollzöge. Für die Übernahme neuer Rollen mangele es an *Motivation*, da diese keinen sozialen Gewinn versprächen, außerdem an *Wissen* über Rollenerwartungen, nicht so sehr jedoch an *Fähigkeiten*, die nur durch den biologischen Abbau eingeschränkt würden. (Vgl. ebd., 27ff.) Mit dem Ziel, diese Defizite auszugleichen und eine Anleitung zur Distanzierung von der Gesellschaft „nach kulturgebundenen Leitideen vom 'glücklichen Alter'“ (ebd., VI) zu geben, entwirft Woll-Schumacher Prinzipien einer Desozialisation im Alter.

Auch bei Woll-Schumacher bildet Komplementarität ein Stützkorsett für theoretische Zusammenhänge. Zwischen Geburt und Tod siedelt sie sozialisatorische Prozesse an, deren umgekehrt proportionale Gewichtung sich in einer zu einem Höhepunkt aufsteigenden und dann wieder abfallenden Lebenskurve abbilden lässt.

1. Ziel	Existenzerhaltung der Gesellschaft	
	Geburt — Lebenszyklus — Tod	
2. Mittel (und Unterziel)	Integration	Desintegration
3. Mittel (und Unterziel)	Sozialisation	Desozialisation
4. Mittel	positive Normen, Rollen	negative Normen, Rollen

Tabelle 4: Sozialisation nach Woll-Schumacher (1980, 107)

Während in der Kindheit Prozesse der Sozialisation überwiegen, erleben Erwachsene – so Woll-Schumacher – eine Kombination aus sozialisatorischen und desozialisatorischen Elementen. Als alt kann nach diesem Schema jemand eingestuft werden, der vorrangig Desozialisation erfährt. (Vgl. ebd., 84) Die Argumentation über einen sich wechselseitig bedingenden Mechanismus verwandelt die klassische Sozialisationstheorie in eine Abfolge zunehmenden Statusgewinns und ergänzt sie um eine negative Seite: die Desozialisation. Grundlage hierfür ist wiederum die Positionierung von Lebensaltersstufen im Hinblick auf einen Reifungsprozess, der diesmal jedoch – im Unterschied zur Argumentation Eisenstadts – seinen Höhepunkt im Erwachsenenalter findet; das hohe Alter wird nur durch Sterbeprozesse charakterisiert. (Vgl. ebd., 3) Auf diesem Weg ist eine strukturfunktionale Beschreibung von Altern entstanden, die nicht über anthropologische Konstanten (EISENSTADT) oder über autonome (SCHELSKY) oder heteronome (TARTLER) Personalität zentriert wird, stattdessen aber einer übergeordneten Moral bedarf. WOLL-SCHUMACHERS „Bestreben, der 'Menschlichkeit' und 'Humanität' einen besonderen Platz einzuräumen, deshalb auch den Betagten ein 'glückliches Leben' zu gewähren" (ebd., 89), verdeutlicht in seiner Wortwahl jedoch eher definitorische Hilflosigkeit als eine strukturfunktional begründete Notwendigkeit. Bei PARSONS führt der Weg zu einer Neubestimmung der Altersphase über Fähigkeiten, also Funktionen, die alte Menschen für die Bestandserhaltung der Gesellschaft unverzichtbar werden lassen. WOLL-SCHUMACHER dagegen erklärt sozialisierte Funktionslosigkeit zum gesellschaftlichen Ziel und vernachlässigt dabei, dass Prozesse der Wertgeneralisierung an Differenzierungen anschließen, diese aber nicht erzeugen können. (Vgl. Parsons 1966, 28) Nicht das Bedürfnis, einzelnen gesellschaftlichen Gruppen ein „glückliches Leben" zu bereiten, sondern umgekehrt die Notwendigkeit, deviantes Verhalten zu integrieren, erzeugt – laut PARSONS – gesellschaftlichen Wandel. Solange jedoch funktionslose alte Menschen durch z.B. Rebellion oder gesteigerte Hilfebedürftigkeit nicht den Bestand der Gesellschaft gefährden, gibt es keine (strukturfunktionale) Begründung für altersspezifische Integrationsbemühungen.[23]

WOLL-SCHUMACHER ergänzt das Konzept einer normativ integrierten Gesellschaft um eine idealistische Komponente. Über diesen Sonderweg gelangt sie zu einer Beschreibung der Situation alter Menschen, die – außerhalb der Gesellschaft stehend – neue soziale Freiheiten[24] genießen. Im Auseinanderfallen von sozialen und personalen Funktionen der Altersdesozialisation erkennt sie das Proprium des hohen Alters. „Dabei umfaßt Desozialisation sowohl die Aneignung von Verhaltensmustern, die ein weitgehend individuell bestimmtes Handeln im Abseits gesell-

---

[23] Auch wenn Jeffrey C. ALEXANDER an PARSONS selbst eine Neigung beobachtet, gesellschaftliche Ordnung auf kulturelle Vermittlung zurückzuführen, „an equation that reinforced his tendency to reduce his multidimensional position to a more idealistic one" (Alexander 1987, 56), verbietet sich hier die Herstellung eines kausalen Bezugs zwischen Kultur und Altersdesozialisation.

[24] WOLL-SCHUMACHER begeht nicht den Fehler, von 'Freizeit' zu sprechen, deren Sinn sich in einer Leistungsgesellschaft nur über Arbeit, also nicht über Ruhestand ergeben kann. (Vgl. Woll-Schumacher 1980, 87) SCHELSKY und TARTLER bauen – im Gegensatz dazu – ihre Kritik am Ruhestandsmodell über genau dieses Freizeitideal auf.

schaftlicher Aufgabenstellung vermitteln, als auch die Herausbildung einer Persönlichkeit, die auf soziale Anleitung und institutionelle Stützen verzichten kann." (Woll-Schumacher 1980, 65) Jenseits von positiven Rollenvorschriften und allgemeinverbindlichen Normen eröffnet der soziale Rückzug neue Möglichkeiten: „eine vom gesamtgesellschaftlichen Bezug gelöste Lebensweise", „Rückzug auf sich selbst", „eine relativ freie Persönlichkeitsgestaltung", „Lizenz für Selbstgesetzlichkeit" und „Individualität und Selbstbezogenheit" (ebd., 85f.). Am Ende des Lebens steht eine kategoriale Trennung von Gesellschaft und Persönlichkeit.[25]

Manifestationen der Altersdesozialisation sieht WOLL-SCHUMACHER in drei Formen der Lebensführung. Im *eudämonistischen* Konzept dominiert die personale Leistung und rechtfertigt den Verlust von Funktionen. „Wird nämlich das eigene Glück Zweck und Ziel der Existenz, lösen sich Menschen relativ leicht aus ihrer sozialen Verwurzelung." (Ebd., 90) Aber auch *aktivistische* Orientierungen erfüllen diese Kompensationsfunktion. Alte Menschen können neue Funktionen in Positionen übernehmen, in denen das „Risiko – physiologischer Abbau und Tod – kalkulierbar bleibt" (ebd., 94). Ein weitaus größerer Freiraum ist mit der Zugehörigkeit zu einer *Subkultur* verbunden, in der alte Menschen „weitreichende Desintegration in einer Enklave sozialer Integration überspielen" (ebd., 98) können.

Die Attraktivität des rollentheoretischen Ansatzes von WOLL-SCHUMACHER ist sicherlich zu weiten Teilen der Begründung einer fast räumlichen Trennung zwischen Gesellschaft und alten Menschen zu verdanken. Durch die Abkoppelung personaler Freiheiten von sozialen Zwängen gelangt sie zu einer Bestimmung der Altersphase, die frei ist von – wie auch immer begründeten – Determinanten. Die auf dieser Grundlage mögliche Beschreibung einer Vielfalt von Alternsprozessen erwirtschaftet dem Desozialisationskonzept Plausibilität aufgrund seiner Nähe zum Individualisierungstheorem. Der Preis für diesen Gewinn besteht jedoch in der theorietechnisch unsauberen Implementation des Strukturfunktionalismus. Nicht das theoretische Inventar, sondern der Wille zur Bestimmung der Altersphase steht am Beginn des Desozialisationskonzepts.

---

[25] PARSONS selbst hat – auch wenn er altersspezifische Freiheiten des *institutionalized individualism* konstatiert – die Annahme, es gäbe eine altersspezifische Lebensweise, abgelehnt. Genau wie alle anderen Menschen beschäftigten sich alte Menschen auch weiterhin mit alltäglichen Sorgen: „The same basic interlocking of considerations of task or obligation with those of self-interest which applies at other age-levels seems also to be present here." (Parsons 1964b, 242)

Grenzen des Funktionsansatzes

Strukturfunktionalistische Theorieelemente haben für eine Beschreibung von hohem Alter eine breite Anwendung gefunden. Allen Auseinandersetzungen liegt eine gemeinsame Diagnose zugrunde: *Mit der Durchsetzung beruflicher Spezialisierung ist eine funktionslose Altersphase entstanden, die sich nur noch über ihre Stellung im biologischen Entwicklungsprozess kennzeichnen lässt.* Abgesehen von EISENSTADTs Analyse, die sich nur mittelbar mit dem 'hohen Alter' beschäftigt, resultiert aus diesem Umstand immer auch gleichzeitig eine Einordnung als Dilemma, Paradoxie, Altersnotsituation oder Problem. Auswege oder Lösungen lassen sich jedoch nie innerhalb des Strukturfunktionalismus formulieren, sondern bedürfen immer eines zweiten „Standbeins". EISENSTADT, SCHELSKY, TARTLER und WOLL-SCHUMACHER bewegen sich außerhalb der strukturfunktionalistischen Argumentation, wenn sie eine inhaltliche Beschreibung des Alters versuchen.

Einen klassischen Weg, um über den Strukturfunktionalismus hinauszukommen, bietet dabei vor allem die *Dreiteilung des Lebenslaufs*. EISENSTADT ordnet der letzten Phase zunächst die Pflicht zur Vermittlung von Traditionen zu und erkennt auf diese Weise auch einen besonderen Status alter Menschen. WOLL-SCHUMACHER unterscheidet nach „Heranwachsen, Reifen und Sterben" (Woll-Schumacher 1980, 3) und negiert eben diesen besonderen Status. Gerade von 'Reife' wird in strukturfunktionalistisch orientierten Texten viel gesprochen, ohne dass Eindeutigkeit über die Kriterien zu ihrer Bestimmung besteht. Ob die der Biologie entstammende Metapher das Ende der Jugendzeit, die Phase der Berufstätigkeit als Erwachsener oder das hohes Alter bezeichnet, immer attestiert sie eine gelungene Entwicklung. Parallel zur Bestimmung gesellschaftlicher Prozesse über die Einheit der Gesellschaft findet damit eine Einordnung biologischer Prozesse über die Norm 'Mensch' statt. In beiden Fällen erfordern diese Normen eine Beschreibung der einzelnen Elemente über eine Ganzheit, für die der Organismus als Vorbild dient. Nachdem auf diese Weise das 'hohe Alter' ins Blickfeld gerückt ist, muss es auch – zumindest theoretisch – integriert werden. Während EISENSTADT die konsequente Problematisierung vermeidet, wenn er vom „Recht auf Respekt" spricht, gewinnt WOLL-SCHUMACHER ihre Einsichten über einen zweifelhaften Kulturbegriff, der Hilfeleistung für eine Gruppe funktionsloser Menschen eher erhofft denn funktional erklärt.

Grundlage dieser beiden theoretischen Versuche zum Alter wie auch derer von PARSONS, SCHELSKY und TARTLER sind immer theoretische „Provisorien" (Luhmann 1981, 210). Dualität, Komplementarität, Funktionsdoppelbödigkeit und Verschmelzung beenden durch ihre „bildhafte Evidenz" (ebd.) die Analyse: Wo ein Traditionsempfänger ist, muss auch ein Traditionsvermittler sein; wo von Wachstum die Rede ist, muss auch vom Tod gesprochen werden, sachliche Bezüge werden durch persönliche ergänzt oder funktionale Zwänge persönlichen Freiheiten gegenübergestellt. Die Existenz der einen Seite impliziert immer schon die Notwendigkeit der anderen und produziert auf diese Weise Ganzheiten. Zu welchen Problemen dies führen kann, hatte PARSONS vermutlich schon sehr früh bei der Abfassung seines Artikels „Age and Sex in the Social Structure of the United States" (1942) erkannt. So überzeugend seine Analyse zur Jugendkultur scheint, so unbrauchbar sind seine Anmerkungen zum hohen Alter. Die Dichotomie ‘Jugendlicher/Erwachsener’ mit den Attributen ‘Gesamtpersönlichkeit/Spezialisierung’ hat bereits mögliche andere Seiten der Kategorie ‘Alter’ belegt, so dass sich keine fruchtbare Dichotomie mehr bilden lässt. Solange PARSONS auf der Bedeutung von askriptiven Merkmalen für eine funktionale Bestimmung von Lebensaltern beharrt, bleibt er undeutlich in seinen Ausführungen.

Dieses Dilemma wird von SCHELSKY und TARTLER auf einer ganz ähnlichen Ebene im Rahmen einer *dualistisch konzipierten Handlungstheorie* aufgegriffen. Neben eine eingeschränkte strukturfunktionalistische Gesellschaftstheorie sind selbständige, der Persönlichkeit zuordenbare Residuen getreten, die sich einer direkten funktionalen Bestimmung über die Gesellschaft als Ganze[26] entziehen. Dass genau diese Persönlichkeit sowohl als autonome bei der Bestimmung menschlicher Freiheit (SCHELSKY) als auch als heteronome in der Gefährdung des Einzelnen (TARTLER) herhalten muss, scheint eher auf die je nach Bedarf manipulierbare Variabilität des auf diese Weise erweiterten Strukturfunktionalismus hinzuweisen, als Vertrauen in die theoretische Analyse zu rechtfertigen.

Mit dem Ziel, der ganzheitlichen Beschreibung von Gesellschaft noch eine Komponente hinzuzufügen, sind Menschenbilder und Persönlichkeitstheorien

---

[26] Für TARTLER gilt dies nur eingeschränkt, da er über die „Funktionsdoppelbödigkeit" einen Zusammenhang zwischen funktionalen sachlichen und den eher dysfunktionalen persönlichen Handlungselementen behauptet und auf diese Weise die persönlichen Anteile funktionalisiert.

entstanden, die die theoretische „Sackgasse“ mit Kontingenz versorgen. Offensichtlich sprengt der Versuch, hohes Alter funktional zu bestimmen, die Möglichkeiten des Strukturfunktionalismus. Bis auf PARSONS in seiner späteren Auseinandersetzung mit diesem Thema und TARTLER mit seiner kategorialen Neubestimmung tendieren alle Autoren zu einer Ergänzung der Theorie mit dem Ziel, altersspezifische Charakteristika zu benennen. Der Gedanke, dass auf diese Weise die Kategorie ‘Alter’ erzeugt wird, drängt sich auf und wird bestätigt, wenn man sich die zunehmend normative Akzentuierung in der Beschreibung der Altersphase vergegenwärtigt. Während der PARSONSsche Strukturfunktionalismus wohl individuelle Interessen und Bedürfnisse kennt und auch geneigt ist, Freiheiten im Alter zu konstatieren, formulieren EISENSTADT, SCHELSKY und WOLL-SCHUMACHER grundsätzliche Ziele menschlicher Entwicklung. Was bei PARSONS als „ultimate reality“ (Parsons 1966, 8) – zu diesem Zeitpunkt noch[27] – eine Grenze der Gesellschaft darstellt, wird von den anderen über ‘den Menschen’ in die Theorie integriert und dem hohen Alter als Aufgabe gestellt. Auf diese Weise sind gleich zwei Probleme gelöst: Die Lebensphase ‘Alter’ kann bestimmt werden, und der Gesellschaft als umfassendem (totalitären) Funktionszusammenhang wird gleichzeitig ein Korrektiv gegenübergestellt.

Im Vergleich mit diesen Alternstheorien, die von der Existenz der Altersphase auf eine Kategorie ‘Alter’ schließen, wirkt PARSONS’ Orientierung an dem Schema *capacities/opportunities* sehr viel konsequenter. Anstatt über theoretische Ergänzungen imaginiert er eine Lösung der ‘Altersproblematik’ über gesellschaftlichen Wandel. Die Hinzunahme der Zeitdimension ermöglicht ihm, weitgehend von der Kategorie ‘Alter’ zu abstrahieren: Wie jeder andere ‘Verhaltensorganismus’ zeichnet sich – PARSONS zufolge – auch derjenige alter Menschen durch Fähigkeiten aus; Fähigkeiten allerdings, für die noch nicht die Zeit gekommen ist. Die Temporalisierung der Problematik ermöglicht ihre Lösung. Eine an Ganzheiten orientierte Perspektive muss also nicht unbedingt auf einem rein am biologischen Alter orientierten Konzept aufbauen, aber auch sie versagt bei der Frage, welche Funktion alte Menschen im Hinblick auf die Gesellschaft als Ganze haben. Ähnlich

[27] In seiner letzten größeren Veröffentlichung formuliert PARSONS auf der Basis der „ultimate realities“ unter dem Titel „conditio humana“ ein eigenständiges System. (Vgl. Parsons 1978) Trotzdem bleibt er jedoch auch hier den zentralen Prinzipien des ‘AGIL-Schemas’ verpflichtet und führt keine eigenständige anthropologische Dimension ein. (Vgl. Brandt 1993, 231)

hilflos stellt sich TARTLERs Versuch dar, von der Kategorie 'Alter' losgelöst eine Kontinuität der Lebensvollzüge und die Einführung der flexiblen Altersgrenze zu fordern. Programmatik dient hier als Kompensation der Mängel funktionaler Differenzierung. Die funktionale Bestimmung des 'hohen Alters' misslingt in allen genannten Fällen, da die Gesellschaft als Ganze keinen Bedarf an alten Menschen formuliert. Neben dieser Gesellschaftstheorie angesiedelte Konstanten bieten dagegen eine Vielfalt an Beschreibungsmöglichkeiten an und laden die Kategorie 'Alter' normativ auf.

II. Evolution: Die Entstehung der Altersphase

Während sich im vorangegangenen Kapitel als dominante Thematisierung von 'Alter' die Voraussetzung einer funktionslosen 'Altersphase' herausgestellt hat, soll nun die Entstehung der Altersphase selbst auf ihre historischen Wurzeln hin befragt werden. PARSONS und die in seiner Tradition stehende Alternsforschung haben – als aus der Dreiteilung des Lebenslaufs resultierende Bestimmung von 'hohem Alter' – das Konzept der Altersphase als ahistorisches Charakteristikum gesellschaftlicher Strukturen eingeführt. Mit den demographischen Umbrüchen der vergangenen Jahrzehnte hat die 'Altersphase' eine Prominenz erlangt, die jedoch ihre Bindung an historische Entwicklungen nicht verleugnen kann. Der Kollektivsingular 'Alter', wie er uns heute vertraut ist, ist eine spezifisch moderne, genauer: neuzeitliche Erfindung, die ein Ausmaß an Generalisierung kennt, wie es vorher kaum möglich war. Die Nachzeichnung der gesellschaftsstrukturellen Ermöglichung von solchen 'Altersschablonen' verdeutlicht die Vielfalt historischer Umgangsweisen mit dem 'hohen Alter' und die spezifisch moderne Verknüpfung des Themas ‚Alter' mit der Sinnfrage.

Die von PARSONS, EISENSTADT, SCHELSKY, TARTLER und WOLL-SCHUMACHER vorausgesetzte 'Altersphase' wird nun auf ihre Entstehung im Verlauf soziokultureller Evolution überprüft. Der empirische Befund einer Vielzahl von strukturfunktionalistischen Forschungen, die nach dem Sinn des Alters fragen, lässt sich als Charakteristikum der modernen Auseinandersetzung mit dem Thema 'Alter' betrachten. Warum diese Frage die Alternsforschung und – wie zu zeigen sein wird – auch die grundsätzliche Thematisierung von Alter begeleitet, soll auf den folgenden Seiten verdeutlicht werden.

Nach einer Einführung in historische Studien zum Thema 'Alter', werden – grob unterteilt – drei Gesellschaftsformen unterschieden und auf ihren Umgang mit alten Menschen befragt: die segmentäre Gesellschaft, die stratifizierte Gesellschaft und die funktional differenzierte Gesellschaft. In einem Resümee wird anschließend eine Antwort darauf versucht, warum nach dem Sinn des Alters gefragt wird.

Das Interesse der Alternsforschung an historischen Gesellschaften begründet sich zumeist über den Wunsch, Vorstellungen über ein goldenes Zeitalter für alte Menschen zu widerlegen. David J. KERTZER resümiert: „The recent history of old age has, indeed, largely been written as just such a series of attempts at myth slaying." (Kertzer 1995, 303) Zu diesen Mythen, die die historische Forschung am liebsten alle beseitigen möchte, gehören laut Pat THANE die Überlegungen, Alter sei ein modernes Phänomen, nur wenige Menschen seien früher alt geworden, sie wären früher mit mehr Achtung behandelt worden, Ruhestand sei ein modernes Phänomen, alte Menschen seien früher von ihren Familien gut versorgt worden und wohlfahrtsstaatliche Einrichtungen seien eine moderne Erfindung. (Vgl. Thane 1993, 18) Tatsächlich nehmen viele Veröffentlichungen zur historischen Alternsforschung für sich in Anspruch, das Phänomen des Alterns aus modernisierungstheoretischen Begründungszusammenhängen zu befreien, um es anschließend in einem neuen, ahistorischen Licht präsentieren zu können. (Vgl. Laslett 1995, 136) David TROYANSKI hat in einem Überblicksartikel zur historischen Alternsforschung auf Gründe und Konsequenzen dieser Vorgehensweise aufmerksam gemacht: „Rejection of master narratives, whether of 'modernization' and degradation for elderly populations, or of 'revisionism' and unmitigated progress toward retirement and the welfare state, has yielded a new emphasis on continuity." (Troyanski 1996, 233) An die Stelle der umfassenden strukturellen Umbrüche und Epochenschwellen ist die Wahrnehmung von diskontinuierlich verlaufenden, kleinräumigen Veränderungen getreten, in deren Kontrast Altersphänomene nun umgekehrt als die immer Gleichen identifiziert werden. Mit welchem Zeitraum auch immer sich die neuere historische Gerontologie auseinandergesetzt hat, ihre Forschungen fasst sie mit der Konstatierung einer über alle Epochen charakteristischen „ambiguity" zusammen. Georges MINOIS relativiert mit diesem Etikett so manche drastische Formulierung von Simone de BEAUVOIR (vgl. Minois 1989, 11), und W. Andrew ACHENBAUM begründet hierüber folgerichtig eine humanistische Ausrichtung der Gerontologie: „In contemporary literature in the East, no less than in the West, it seems that the aged's uncertain and fluid status is conveyed in all its ambiguousness and dynamism." (Achenbaum 1989, XVIII) Die Auseinandersetzung mit „old age's paradoxical nature" (ebd., XIX, vgl. auch Thane 1993, 22) ist zum Konvergenzpunkt der modernen historischen Alternsforschung geworden, die eigentlich nur noch Daten sammelt, um auf zwar unterschiedliche, aber überdauernde Möglichkeiten und Gefährdungen menschlichen Lebens hinzuweisen.[1]

[1] Franz BÖLSKER-SCHLICHT identifiziert sicherlich zu Recht drei Faktoren, die den Alternsprozess zu allen Zeiten bestimmen: „a. Arbeitskraft und Arbeitsleistung, b. Bedürfnisse und Bedürfnisbefriedigung (Konsum), c. ökonomisch-soziale Kompetenz (Besitz und/oder professionelle Kenntnisse und Fertigkeiten)" (Bölsker-Schlicht 1988, 60). Diese Faktoren bestimmen jedoch nicht nur das Leben alter Men-

Diese Form der Anthropologisierung von Alternsphänomenen ist jedoch selbst eine historisch neue Zugangsweise zum Thema. Wenn sich Simone de BEAUVOIR 1970 mit dem 'Alter' auseinandersetzt, verleidet ihr der unpolitische Charakter des „Altersproblems" beinahe die Lust an der Arbeit. Eigentlich – so BEAUVOIR – könne man gar keine „Geschichte des Alters" schreiben, da sich diese Kategorie nicht als geschichtlich variabel herausgestellt habe. Im Gegensatz zur Frau und zum Arbeiter habe „der Greis als soziale Kategorie nie in den Lauf der Welt eingegriffen. Solange er leistungsfähig bleibt, ist er in die Gemeinschaft integriert und unterscheidet sich nicht von ihr, ... verliert er jedoch seine Fähigkeiten, erscheint er als ein *anderes*; er wird dann, in weit stärkerem Maße als die Frau, bloßes Objekt." (Beauvoir 1972, 75) Das immer gleiche Phänomen der Ausgrenzung des nutzlosen alten Menschen sieht sie als ein Indiz eines unabänderlichen, hoffnungslosen geschichtlichen Verlaufs. „Wie wir gesehen haben, wird ihm (dem Greis, I.S.) sein Status aufgezwungen: es kann bei ihm also nie irgendeine Evolution geben. Man sagt, das Negerproblem sei ein Problem der Weißen; das der Frau ein Problem des Mannes: doch die Frau ringt um ihre Gleichberechtigung, die Neger kämpfen gegen die Unterdrückung; die Alten aber verfügen über keine einzige Waffe, und ihr Problem ist allein ein Problem der aktiven Erwachsenen." Diese für die 70er Jahre charakteristische Problembeschreibung ist auf die Benennung von Verursachern angewiesen. In dem speziellen Fall des hohen Alters verliert sie ihre Plausibilität, da nur die große Gruppe der Nicht-Alten als Übeltäter benannt werden kann. Das würde allerdings das einfache, auf konkrete Agenten angewiesene Kausalschema überstrapazieren.

Im Gegensatz zu diesen anthropologisierenden Mythen der historischen Alternsforschung vom immer gleichen Leid mit einigen wenigen Chancen auf eine respektvolle Behandlung wird in diesem Kapitel ein soziologischer Zugang zum Thema gewählt. Was sich der historischen Alternsforschung als Kontinuität darstellt, erscheint vor der Folie der gesellschaftlichen Evolution als ein die jeweiligen Grenzen der Gesellschaft reflektierendes Phänomen. *Ohne Zweifel muss jeder Mensch altern; aber nicht nur der Zeitraum, der ihm zugestanden wird, kann*

---

schen, sondern auch aller anderen. Alle Menschen unterscheiden sich hinsichtlich dieser Bedingungen und für alle ist die mangelhafte Ausstattung mit Arbeitskraft, Konsummöglichkeiten und Besitz problematisch. Viel interessanter als diese „sozial-ökonomischen Aspekte" (ebd., 36) sind m.E. Umgangsweisen mit Alters*unterschieden*, – und nicht mit Alters*problemen*, in denen die Unterscheidung von Altersgruppen immer schon vorausgesetzt wird.

variieren, auch die gesellschaftliche Deutung dieser biologischen Veränderung differiert.

Wenn ich mich im Folgenden mit Studien zu einfachen und historischen Gesellschaften auseinandersetze, folge ich den evolutionstheoretischen Prämissen von Niklas LUHMANN. Sein Versuch, grobe Kriterien eines gesellschaftlichen Entwicklungsverlaufs zu benennen, ist u.a. in der Auseinandersetzung mit Talcott PARSONS' Systemtheorie, speziell dem Kausalfunktionalismus entstanden. Wie eingangs schon angedeutet, möchte ich in diesem Kapitel der „Sackgasse" der funktionalistischen Bestimmung der Altersphase einen „Ausweg" eröffnen. Die Frage: Hat Alter einen Sinn? ist auch für dieses Kapitel leitend. Jedoch interessiert nun weniger, welche Funktion den alten Menschen zuzurechnen ist, sondern vielmehr *wie* diese theoretische und auch populäre Beobachtung einer Altersphase – und ihrer Funktionslosigkeit – entstanden ist.

Das gesellschaftstheoretische Instrumentarium für dieses Vorhaben ist von LUHMANN entwickelt worden, um die normative Limitierung von PARSONS' Gesellschaftsanalyse[2] zugunsten einer Annahme kontingenter Zusammenhänge, für die eben nicht invariante Systeme vorausgesetzt werden müssen, aufzuheben. An die Stelle kausaler mechanistischer Beziehungen, bei denen bestimmte Ursachen bestimmte Wirkungen haben, tritt die Beobachtung von Problemlösungen. Die Wirkung wird so zur Ursache, das Problem selbst wird zum Motiv. Wichtiger als die kausale Beziehung ist damit die „Feststellung der funktionalen Äquivalenz mehrerer möglicher Ursachen unter dem Gesichtspunkt einer problematischen Wirkung." (Luhmann 1972, 14) Auf diese Weise lässt sich nun auch beobachten, dass ein Problem ganz unterschiedliche Lösungen mobilisieren kann: Säuglingssterblichkeit kann beispielsweise als Hinweis auf die Nähe von Kindern zu Ahnen entproblematisiert werden, sie kann mit allgemeinem Desinteresse an noch nicht zweijährigen Kindern beantwortet werden, aber sie kann auch – mit großem gefühlsmäßigem Aufwand – als familiärer Verlust eingeordnet werden. Solche im historischen Verlauf bekannten Variationen können auch *innerhalb* einer Gesellschaft auftreten. LUHMANN illustriert am Beispiel der zeitlichen Relationierung von Elementen die Entstehung von Strukturen. Erst im Vergleich mit anderen Möglichkeiten gewinnen aktualisierte Verknüpfungen den Status einer Problemlösung.

---

[2] Zur Erinnerung: PARSONS unterstellte eine über das Ziel der Bestandserhaltung mit einem normativen Zentrum ausgestattete Gesellschaft, in der Funktionen aus Strukturen abgeleitet werden.

Eine Struktur entsteht durch eben diese Auswahl, die den zeitlichen Anschluss eines Elements an das andere ermöglicht. Sie ist also kein schon vorgegebenes Muster, das durch seine Alternativlosigkeit charakterisiert wird. (Vgl. Luhmann 1984, 383ff.) So, wie sich Strukturen mit der Auswahl an Möglichkeiten ändern können, ändern sich auch Gesellschaftsstrukturen, wenn neue Problemlösungen möglich und opportun erscheinen.

Diese sehr vage bleibende Beschreibung gesellschaftlicher Evolution ist der Schwierigkeit geschuldet, Strukturveränderungen komplexer Systeme in einer genauen zeitlichen Abfolge der Elemente zu fassen. Nur durch einen Beobachter können Strukturen identifiziert werden, deren Plausibilisierung sich aus einer anderen Perspektive wiederum verbietet. Reinhart KOSELLECK weist darauf hin, dass in der Geschichtsschreibung aus eben diesem Grund der 'Zufall' eine historische Kategorie darstellt. „Der Zufall ist, temporal gesprochen, eine reine Gegenwartskategorie. Weder aus dem Erwartungshorizont für die Zukunft ist er ableitbar, es sei denn als dessen plötzliche Durchbrechung; noch als Ergebnis vergangener Gründe ist er erfahrbar: wäre er das, so wäre er schon kein Zufall mehr. [...] Deshalb ist die Kategorie noch nicht ungeschichtlich. [...] Wo immer der Zufall historiographisch bemüht wird, indiziert er eine mangelhafte Konsistenz der Vorgegebenheiten und eine Inkommensurabilität ihrer Folgen. Gerade darin kann das spezifische Geschichtliche enthalten sein." (Koselleck 1979, 158f.) Erst vor dem Hintergrund historiographisch beobachteter Strukturen werden Brüche sichtbar, die dann zu neuen Strukturbildungsprozessen stimulieren. Die Kontingenz gesellschaftlicher Entwicklung wird so für einen kurzen Moment sichtbar, um gleich darauf wieder im Strom einer linearen Geschichtsschreibung zu verschwinden.

Einen Versuch, geschichtliche Verläufe nachzuzeichnen, ohne sich auf das Glatteis sozialgeschichtlicher Daten[3] begeben zu müssen, stellt KOSELLECKS begriffsgeschichtliche Interpretation epochaler Veränderungen von der Neuzeit bis zur modernen Gesellschaft dar. Seine Beobachtung: „Seitdem die Gesellschaft in

---

[3] Ein ganz typisches Problem sozialgeschichtlicher Forschungen zum Thema 'Alter' ergibt sich z.B. durch die noch ungeklärte Sachlage der familiären Unterstützung alter Menschen. Während LASLETT von der Dominanz einer vormodernen Kernfamilie ausgeht und eine der modernen Gesellschaft ähnliche Vielfalt familiärer Strukturen in traditionalen Gesellschaften vermutet (vgl. Laslett 1995a, 47), relativiert KERTZER diese Diagnose und beschränkt sie auf England. Er fordert eine komplexere Analyse, die Kernfamilien und Stammfamilien nicht an Neolokalität oder Nonneolokalität bindet, sondern stattdessen den Fall des Zusammenziehens im Alter, ein „reincorporation system", vorsieht. (Vgl. Kertzer 1995, 377)

die industrielle Bewegung geraten ist, liefert die politische Semantik der daraufbezogenen Begriffe einen Verständnisschlüssel, ohne den die Phänomene der Vergangenheit heute nicht begriffen werden können." (Ebd., 113) Ganz ähnlich geht auch LUHMANN vor, wenn er Evolution als zumeist ungleichzeitige Veränderung von Gesellschaftsstruktur und Semantik beschreibt. (Vgl. Luhmann 1980b, 13ff.; Nassehi 1993, 320ff.) Was als Motor der Entwicklung fungiert, kann sowohl sozialstrukturelle Hintergründe haben als auch auf neue Möglichkeiten der kommunikativen Bewältigung hinweisen. Die eine Seite kann somit nicht über die andere erklärt werden, beide stehen aber in einem Verhältnis der gegenseitigen Steigerung zueinander. (Vgl. Luhmann 1980b, 21ff.)

Wenn im Folgenden drei Etappen gesellschaftlicher Evolution unterschieden werden, wird damit ein vergleichsweise grobes Raster für einen großen Zeitraum gewählt. Mein Interesse an einer historischen Untersuchung zur Stellung alter Menschen in unterschiedlichen Gesellschaften konzentriert sich nicht auf eine detaillierte Diskussion sozialgeschichtlicher Daten, sondern vielmehr auf allgemeine Zusammenhänge zwischen gesellschaftlichen Strukturen und – soweit der Gegenwart überliefert – dem jeweiligen semantischen Apparat. Im Gegensatz zu dem oben erwähnten anthropologisierenden Zugang eröffnet das soziologische Interesse an Differenzierungsprozessen eine Perspektive auf unterschiedliche Erklärungsmuster von Alternsverläufen in unterschiedlich komplexen Gesellschaften. Der Leser wird zunächst mit der archaischen Gesellschaft, ihren charakteristischen Strukturen und dem daran gebundenen Altersbild vertraut gemacht. Daran anschließend werde ich einen Überblick über Hochkulturen am Beispiel der griechischen und römischen Antike und des europäischen Mittelalters geben und mit einer Analyse der Lebensaltersstufen Altersbilder dieser Gesellschaften nachzeichnen. Die Zusammenfassung von Neuzeit und moderner Gesellschaft im vierten Kapitel begründet sich über die ungleichzeitige, vergangene und gegenwärtige Einflüsse aufgreifende Altersphasenbeschreibung der modernen Gesellschaft.

Segmentäre Gesellschaft: Die Grauhaarigen

Über die Stellung alter Menschen in einfachen Gesellschaften existieren widersprüchliche Behauptungen. Der Versuch, aus den Organisationsprinzipien dieser Gesellschaften eine einheitliche Beschreibung von hohem Alter abzuleiten, scheitert an der Vielfalt von Stämmen, Familien und Clans. Was auch immer man als

Charakteristikum einfacher Gesellschaften zugrunde legt, die empirische Untersuchung legt weitere Differenzierungen nahe. So rückt z.B. Georges MINOIS' Zusammenfassung dieser Gesellschaften als schriftlose Kulturen Oralität in den Vordergrund der Analyse und bereitet damit den Weg für die Behauptung einer prominenten Position alter Menschen in einfachen Gesellschaften aufgrund ihres lebenslänglich vermehrten Wissens. (Vgl. Minois 1989, 12) Eine genauere Untersuchung zur Stellung alter Menschen in einfachen Gesellschaften widerlegt jedoch diese Verallgemeinerung. (Vgl. Simmons 1970, 50ff.) Stattdessen muss vermutlich eher von einer fast beliebigen Vielfalt an Umgangsweisen mit hohem Alter in eben diesen Stämmen, Familien und Clans ausgegangen werden. Ebenso geht es Leo W. SIMMONS mit seiner Unterscheidung von Sammlern, Jägern und Fischern, Ackerbauern und Hirten. Auch wenn sich allgemeine Veränderungen im Altersstatus parallel zu zunehmender gesellschaftlicher Differenzierung beobachten lassen, scheut SIMMONS doch vor einer grundsätzlichen Verallgemeinerung zurück, um die Varietät einfacher Gesellschaften im Umgang mit hohem Alter nicht zu verdecken. (Vgl. ebd., 18f.)

Am ehesten tragen LUHMANNs Analysen zur soziokulturellen Evolution, also zum Wechsel von segmentärer über die stratifikatorische bis hin zur funktionalen Differenzierung, zu einer Begründung für diese Vielfalt bei (vgl. Luhmann 1972b, 145ff.). *Kopräsenz* und *Kolokalität* (vgl. Nassehi 1993, 260) lassen sich demzufolge als entscheidende Charakteristika einer Gesellschaftsform benennen, die vorrangig segmentär differenziert ist, also aus mehreren Familien, Dörfern oder ähnlichen überschaubaren Gemeinschaften besteht. Bernhard GIESEN formuliert konkret: „Handeln ist hier an die Lokalität und die konkrete Situation gebunden und wird mit Hilfe des 'Vorhandenen' und im Hinblick auf die 'Anwesenden', auf das Gegenüber, verfertigt. Nicht allgemeine Regeln, sondern die jeweilige Situation bilden den Bezugsrahmen und die Grundlage von Kommunikation." (Giesen 1991, 26; vgl. Giesen 1980, 130)[4] Mit der Differenzierung einer Gesellschaft in gleiche Teile ist eine Lebensweise verbunden, die kaum eine Perspektivendifferenz zwischen ihren einzelnen Mitgliedern kennt. Eine Grundlage für regelmäßige Abweichungen von den täglichen Aufgaben stellen vor allem biologische Unterschie-

---

[4] Die über diese Interaktionsnähe entstandene Limitierung der Handlungsmöglichkeiten in einfachen Gesellschaften ist verantwortlich für das Etikett 'primitive Gesellschaft', das bis in die 80er Jahre das Forschungsfeld umgrenzt hat.

de dar. Die Menschen der einfachen Gesellschaften unterscheiden sich als Kinder, Männer/Frauen und alte Menschen, die sich jedoch alle kennen. Die Folgen, die mit dieser geringen Größe und Übersichtlichkeit der Lebensgestaltung verbunden sind, werden von LUHMANN mit den Begriffen Transparenz und Reziprozität zusammengefasst. (Vgl. Luhmann 1975b, 136ff.) Die Lebenslagen der anderen sind bekannt und im Allgemeinen kann jeder damit rechnen, einmal in eine ähnliche Situation zu kommen wie der andere. Für den Ausgleich von Hilfebedarf folgt daraus: Man hilft sich gegenseitig.

Die Grenzen dieses gegenseitigen Verpflichtungsverhältnisses fallen mit den Grenzen der Gesellschaft zusammen: Der Transparenz der Lebenslagen steht die Intransparenz der umgebenden Natur gegenüber. Mit dem Ausmaß der Bedrohung der Lebensbedingungen durch die Umwelt verändern sich auch die Kapazitäten, mehr als das eigene Leben zu erhalten. Folgerichtig werden einfache Gesellschaften nach Vegetationsverhältnissen und Klimastufen und daran angepasste Techniken des Nahrungserwerbs unterschieden. (Vgl. Simmons 1970, 10f.; Giesen 1980, 130ff.) Leo W. SIMMONS differenziert 1945 in seiner grundlegenden Studie „The Role of the Aged in Primitive Society" klassisch zwischen Sammlern, Jägern/Fischern, Ackerbauern und Hirten in kalten, gemäßigten, warmen und trockenen Zonen. Seine Untersuchung von 72 historischen und zeitgenössischen Volksstämmen in Nord-, Mittel- und Südamerika, in Ozeanien, Australien, Afrika, Asien und Europa (die früheren *Lappen*, *Norweger* und *Albanier*) basiert auf der strukturfunktionalen Annahme eines Zusammenspiels von unpersönlichen und persönlichen Faktoren, die den Status alter Menschen in einfachen Gesellschaften bestimmen. Mit Ralph LINTONS Definition des Rollenbegriffs formuliert SIMMONS: „The purpose is to study the ways in which various primitive societies have ascribed positions of security and prestige to the aged, and in what ways old people have been able to achieve such stakes through personal initiative." (Simmons 1970, V) Wie sich im Folgenden zeigen wird, ist die Unterscheidung von erworbenen und zugeschriebenen Attributen zu eng gefasst, um die vorgefundenen Ergebnisse zu erklären. Vor allem die Einbeziehung der klimatischen Verhältnisse für die Erklärung unterschiedlicher Umgangsweisen mit alten Menschen verweist auf kleinformatigere, eher an situationale als an überdauernde Lebensbedingungen gebundene Entscheidungsstrukturen. Dennoch ermöglicht SIMMONS' Zusammenstellung von Forschungsergebnissen einen differenzierten Zugang zu der in vieler Hinsicht ungeklärten Situation alter Menschen in einfachen Gesellschaften. Seine Studie stellt Ergebnisse zu acht Themenkomplexen[5] zusammen und verschafft so dem Leser einen Überblick über die z.T. je nach Handlungskontext variierenden Regelungen, die in einfachen Gesellschaften an hohes Alter gebunden sind. Im Folgenden sollen nur wenige der Ergebnisse zusammengefasst vorgestellt werden.[6]

Schon die Frage nach der *Nahrungsversorgung* offenbart die Probleme, die bei der Erforschung einfacher Gesellschaften mit einem spezialisierten Zugriff über Alter, vor allem Altersrollen, verbunden sind. SIMMONS identifiziert Gebräuche geregelter Nahrungsverteilung, die sich auf alle Bedürftigen, nicht speziell auf alte Menschen beziehen. (Vgl. ebd., 32) Gerade für alte Menschen stellen sich allerdings diese Regelungen als sehr entscheidend heraus. Eine Begründung für das Phänomen der Nahrungsmittelverteilung an Bedürftige sieht SIMMONS im Überlebenswillen bedrohter Gesellschaften. Seinen Ergebnissen zufolge zeichnen sich vor allem Stämme, die in sehr kalten oder sehr heißen Gegenden leben und sich vorrangig als Sammler und Fischer ernähren, durch diesen Brauch aus. Mit der Entwicklung von zuverlässigeren Techniken des Nahrungserwerbs und vermehrten Möglichkeiten zur Vorratshaltung verschwindet dieser Brauch. SIMMONS fasst zusammen: „It would seem, then, that with more complex cultural development society has tended to rely less upon communal food sharing both in general and with the aged, and has regulated its distribution on the basis of other factors than need.“ (Ebd., 34) Dieser Befund widerspricht der allgemeinen Vorstellung eines umgekehrt proportionalen Verhältnisses von gefährlichen Lebensbedingungen und Vernachlässigung alter Menschen wie ihn z.B. Simone de BEAUVOIR und Georges MINOIS nahe legen (vgl. Beauvoir 1972, 68; Minois 1989, 9), demzufolge sich mit dem Ausmaß der Gefahr die Lebensbedingungen alter Menschen verschlechtern.

Die Beobachtung eines komplexen Zusammenspiels nicht nur von erworbenen und zugeschriebenen Attributen, sondern vor allem von Umweltbedingungen und Techniken des Nahrungserwerbs, legt eine Beschreibung von hohem Alter

---

[5] SIMMONS gliedert seine Arbeit in folgende Titel: I. The Assurance of Food, II. Property Rights, III. Prestige, IV. General Activities, V. Political and Civil Activities, VI. The Use of Knowledge, Magic, and Religion, VII. The Functions of the Family, VIII. Reactions to Death. Vgl. Simmons 1970, VII.

[6] Ob das von SIMMONS' vorgelegte Datenmaterial einer detaillierten Sekundäranalyse standhalten würde, kann im Rahmen dieser Arbeit nicht beurteilt werden. Weniger die Generalisierungen selbst, zu denen sich auch SIMMONS nur unter Einschränkungen durchringt, als der Blick auf die Hindernisse, die sich dem Versuch zu generalisieren entgegenstellen, sollen im Vordergrund der folgenden Analyse stehen.

nahe, die weniger nach einer positiven Bestimmung von Alter fragt, sondern stattdessen nach den Möglichkeiten einer Gesellschaft, altersbedingte biologische Abbauerscheinungen zu kompensieren. Wenn SIMMONS beobachtet, dass sich mit der Entwicklung von akephalen Gesellschaften der Sammler zu patriarchal dominierten Hirtenvölkern ein Niedergang dieser Sitte der Nahrungsverteilung und eine allmähliche Umstellung auf „organized charity" (Simmons 1970, 35) finden lässt, verdeutlicht dieser Zusammenhang sehr schön, wie sich mit den Organisationsprinzipien der Gesellschaft auch Alternativen der Lebenshaltung verändern. Je unabhängiger Menschen in einfachen Gesellschaften von den täglichen Risiken des Nahrungserwerbs werden, desto mehr entstehen Freiräume für Spezialisierungen und desto stärker können sich Lebensperspektiven auseinanderentwickeln. Wenn aber der Hunger des anderen nicht mehr als eine Bedürfnislage erscheint, in die man selbst auch kommen kann, verliert die Verpflichtung zum Helfen ihre Grundlage und bedarf der Organisation. (Vgl. Luhmann 1972b, 155)

Auch die Frage nach *Besitzrechten* verdeutlicht, dass weniger das Alter selbst als vielmehr gesellschaftliche Möglichkeiten zur Kompensation bzw. zur Instrumentalisierung von hohem Alter im Vordergrund stehen. Neben ausgeprägten partiarchalen Rechten auf Besitz in weiterentwickelten viehbesitzenden Gesellschaften lassen sich fast überall „Einkünfte" alter Menschen durch kleinere Dienste beobachten, die im Falle des Medizinmannes und des Regenmachers sogar zu lukrativen Einkommen führen können. Während jedoch das Beispiel der alten Frau bei den *Labrador Eskimos*, die im Tausch für das Trocknen von Stiefeln Nahrung erhält, den eher alltäglichen Fall repräsentiert, werden Sakralrollen nur von einigen wenigen, zumeist älteren Männern übernommen und sind an spezifische Kenntnisse gebunden. (Vgl. Simmons 1970, 36f.) Die Kompensation einer eingeschränkten Arbeitsfähigkeit mit Hilfe von kleineren Diensten, die weniger Kraft verlangen, erlaubt also auch im hohen Alter eine Selbständigkeit, die der der anderen Erwachsenen sehr ähnlich ist und kaum die Annahme spezifischer Altersregelungen in Bezug auf Besitzrechte gestattet. Erst die Möglichkeit zur Vorratshaltung führt zur Herrschaft der alten Väter, die mit umfassenden Verfügungsrechten über Besitz und Familie ausgestattet sind. Alten Frauen stehen solche Besitzrechte – laut SIMMONS – fast nie zur Verfügung. (Vgl. ebd., 47)

Besonders vielfältig stellen sich die Regelungen in Bezug auf *Prestige* im Alter dar. Die fehlende Übereinstimmung im kulturellen Vergleich führt SIMMONS dazu, die Annahme einer instinktiven Achtung alter Menschen abzulehnen und stattdessen den unterschiedlichen Möglichkeiten sozialer Disziplinierung nachzugehen. Als solche betrachtet er: „general respect for the aged, social taboos favorable to old age, glorification of the aged in legends and stories, and deification of them in religion." (Ebd., 50) Eine entscheidende Grenze für eine solche Sonderbehandlung besteht jedoch in fast allen Fällen zwischen dem alten Menschen, der mit besonderem Wissen und Fähigkeiten ausgestattet ist, und dem *sehr* alten Menschen, der über eben diese Spezialkenntnisse nicht oder nicht mehr verfügt.[7] SIMMONS vermutet, dass grundsätzlich Respekt gegenüber alten Menschen in allen einfachen Gesellschaften eingefordert wurde. (Vgl. ebd., 79) Gerade seine differenzierte Analyse der Lebensverhältnisse alter Menschen, in der immer wieder Beispiele für eine „respektlose" Behandlung alter Menschen gefunden werden (vgl. ebd., 173ff.), wirft jedoch die Frage nach den Konsequenzen einer solchen Norm auf. Im Gegensatz zu schriftlichen Gesellschaften ist dabei weniger ein Auseinanderklaffen von literarischen Repräsentationen und tatsächlichen Lebensbedingungen interessant. Vielmehr scheint die Zusammenschau dieser sich widersprechenden Beobachtungen auf eine eher konkret-situational (vgl. Giesen 1991, 26) organisierte Lebensführung hinzudeuten, die keine Notwendigkeit zu universalisierenden abstrakten Altersbildern kennt.

Auch die Forschungsergebnisse von SIMMONS zu *allgemeinen Aktivitäten, politischen und zivilen Aktivitäten, Sakralrollen, familiären Funktionen* und dem *Umgang mit Tod* bestätigen die Diagnose einer aus heutiger Perspektive zersplitterten Altersschablone: *In diesen Gesellschaften existierte offensichtlich kein einheitliches Altersbild.* Sogar die wenigen alten Menschen, die z.B. über Sakralrollen in den Genus von altersspezifischen Privilegien kamen, mussten den Verlust dieser Sonderstellung fürchten, wenn sich die erwarteten Resultate ihrer magischen Handlungen nicht einstellten. (Vgl. Simmons 1970, 230f.) Entscheidende Begründungen für dieses vermeintliche Desinteresse am persönlichen Schicksal des alten Menschen liefert eine kurze Betrachtung der mythischen Seinsauslegung in einfachen Gesellschaften. Leopold ROSENMAYR spricht von einer „kosmologisch-magischen

[7] Die begrenzte Gültigkeit von privilegierenden Regelungen für alte Menschen verdeutlicht auch die Beobachtung von SIMMONS, dass weniger hohes Alter selbst, als speziell Wissen für eine besondere Stellung auch in einfachen Gesellschaften qualifiziert. Auch junge Menschen mit ungewöhnlichen Erfahrungen können in den Kreis „weiser alter Männer" aufgenommen werden. (Vgl. Simmons 1970, 137)

Weltsicht“ (Rosenmayr 1983, 49), um die für einfache Gesellschaften charakteristische Verbindung von täglichem Handeln und sinnhafter Erklärung zu erläutern. Kosmologisch nennt er „eine Vorstellung, *die Sichtbares mit Unsichtbarem zu einer Einheit verbindet* und diese Einheit in einem *kreislaufartigen Prozeß* durch Wiederholung vergegenwärtigt.“ Als magisch gelten ihm die Fähigkeit und das verfügbare Wissen, „wodurch die Kräfte, die Sichtbares und Unsichtbares verbinden, für bestimmte Handlungen und Strategien, sowohl heilende als auch schädigende, aufbauende und zerstörende, eingesetzt werden.“ (Ebd., 49) Armin NASSEHI weist darauf hin, dass diese kosmologische Verbindung von Natur und Kultur in einfachen Gesellschaften nicht im Sinne einer Überbautheorie verstanden werden kann, denn: reale und mythische Zeit fallen zusammen. (Vgl. Nassehi 1993, 269) Klassische Beispiele zur Illustration dieses Weltverständnisses stellen Vegetationskulte dar, in denen jahreszeitliche Veränderungen der Natur als Phasen der Welterschaffung unterschieden werden.

Für unsere Frage nach der Stellung der alten Menschen ist diese Einbindung der konkret-situationalen Handlungsebene in eine mythische Kontextur von entscheidender Bedeutung. Der Lebenslauf des Einzelnen wird mit Hilfe zyklischer Regelmäßigkeiten erklärt. ROSENMAYR benennt den Zusammenhang von Geburt, Altern, Sterben und Wiedergeburt als den eines umgekehrt proportionalen Verhältnisses von physischer und spiritueller Kraft.

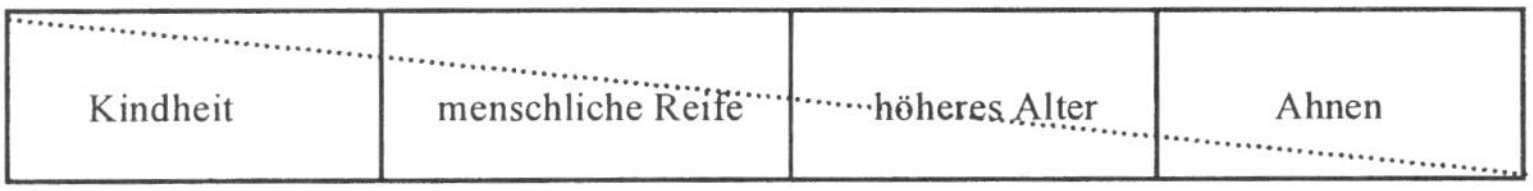

Hohe physische Wachstumskraft; geringe Geistigkeit	Gleichgewicht von physischer und geistiger Kraft	Übergewicht des Geistigen	Symbolische Anwesenheit des Geistigen; „sterbliche Überreste“

Abbildung 1: Altern als kosmologischer Ablauf nach ROSENMAYR (1983, 52)

Die Annahme spiritueller Kräfte in alten Menschen erklärt ihre zwiespältige Behandlung als einerseits Träger böser Geister und andererseits Sprachrohr der Ahnen. SIMMONS hat in seiner bewusst Verallgemeinerungen vermeidenden Zusammenstellung von Beispielen zum Umgang mit alten Menschen diese, nur auf den ersten Blick widersprüchliche Einordnung von Altersphänomenen illustriert. Ein *Hopi*-Indianer begründet eine Kette von unglücklichen Ereignissen in seinem

Leben mit der Kraft von Hexen (*Bowakas*), die in alten Menschen wirken. „They have tried to make me a member of their evil society; they have led others to suspect me of mischief; and they have caused the greatest sorrows of my life. A clan grandmother caused my death, and, later when I returned to life, she nearly ruined my back. An old-maid witch got a crush on me and shot poison lizard tails into my feet, because I would not make love with her. My wife's uncle killed my children one by one. Then because of an angry and foolish remark that I made, I could have no more children. When my old grandfather turned out to be a witch, shot poison arrows into my loins and ruined my private parts, it did not seem possible for me to stand it." (Simmson 1970, 147f.) Meist sind es Frauen, denen solche gefährlichen Kräfte zugeschrieben werden. Bei den *Ainu* (Japan) gab es z.B. den Brauch, die Hütten alter Frauen nach ihrem Tod abzubrennen, damit diese nicht wiederkehren können, um ihren Nachkommen zu schaden. (Vgl. ebd., 161f.) Vermutete man umgekehrt die Geister der Ahnen in den alten Menschen, nutzte man ihren Rat in allen Lebenslagen. (Vgl. ebd., 131ff.)

SIMMONS erklärt diese außergewöhnliche Position alter Menschen aus der Konfrontation einfacher Gesellschaften mit einer gefährlichen und unkontrollierbaren Umwelt. „The vast majority of preliterate people, when faced with crises, have turned to their elders for help and guidance. And the old people have not hesitated to give counsel and aid. [...] At least they have made an attempt, and then have explained with confidence how matters might have been worse but for their intervention. It can be no great surprise that so many old people with their vigor ebbing and their days numbered, should have grasped eagerly such opportunities to render service to their fellows and at the same time enhance their own security and prestige." (Ebd., 163f.) Diese Argumentation stützt die eingangs gewählte Perspektive zur Erforschung einfacher Gesellschaften. Es sind nicht so sehr die internen Übereinstimmungen einfacher Gesellschaften, die die Stellung alter Menschen erklären. Entscheidender ist die Konstitution dieser Gesellschaftsformen innerhalb einer mehr oder weniger bedrohlichen Umwelt. LUHMANN beschreibt dieses Charakteristikum wie folgt: „Der Schwerpunkt archaischen Bewußtseinslebens liegt demnach in seiner risikoreichen und möglichkeitsarmen laufenden Gegenwart, die sehr rasch in dunkle und unbestimmte Zeithorizonte des Vergangenen abschattet und kaum Zukunft hat, denn nur in der Gegenwart gibt es Leben und Kommunikation. Erst von da aus wird jene auffällige Bevorzugung symbolischer Mittel verständlich, die die Gegenwart gegen den bedrohlichen Einbruch anderer Möglichkeiten abschirmen." (Luhmann 1972b, 152) Die *Auffälligkeit des hohen Alters* wird in diesem Rahmen in eine Größe verändert, die diese Gefahr erhöht oder verringert. Hilfebedürftige alte Menschen, die nicht mehr gehen können, können in einer nomadisierenden Gesellschaft die Lebensbedingungen aller Gesellschaftsmitglieder bedrohen. Vor diesem Hintergrund begründen sich die vielen Berichte über Gebräuche der Altentötung. (Vgl. Simmons 1970, 232ff.) Werden diesen alten Menschen jedoch magische Fähigkeiten zugesprochen, verbietet sich die Vernachlässigung alter Menschen von selbst.

Eine ähnlich charakteristische Reaktionsform auf Alternsprozesse stellt die oben beschriebene Kompensation von Abbauprozessen dar. Alte Menschen, die nicht mehr Jagen können, übernehmen stattdessen Tätigkeiten, die weniger Kraft und Mobilität verlangen wie z.B. Hausarbeit, Kleidung instandhalten und Leder gerben (vgl. ebd., 83). Umgekehrt können alte Menschen aber auch als Verursacher von Gefahren eingeschätzt werden, wenn sie nämlich böse Geister beherbergen und so das Leben ihrer Angehörigen gefährden. Wann immer es den alten Menschen dieser Gesellschaften gelingt, sich die Angst ihrer Angehörigen „zunutzen" zu machen, können sie sich damit eine respektable Position verschaffen. Die Kombination aus Wissen um Gefahren und magischer Beherrschung der Umwelt sichert ihnen einen entscheidenden Einflussbereich trotz abnehmender Kräfte. Ein Angehöriger der *Labrador Eskimos* beschreibt diesen Zusammenhang, wenn er nach der Stellung alter Menschen befragt wird: „We do not all understand the hidden things, but we believe the people who say they do. We believe our *Angakut* (Medicine man), our magicians, and we believe them because we wish to live long, and because we do not want to expose ourselves to the danger of famine and starvation. We believe, in order to make our lives and our food secure. If we did not believe the magicians, the animals we hunt would make themselves invisible to us; if we did not follow their advice, we should fall ill and die." (Ebd., 144)

Meine zusammenfassende Darstellung der Situation alter Menschen in einfachen Gesellschaften im Hinblick auf Gefährdungspotentiale bricht mit der gängigen Behauptung umfassender kultureller Integration in eben diesen Gesellschaften. So macht z.B. ROSENMAYR die Einheit der Weltauslegung zum Anfangspunkt seiner Analyse und kommt folgerichtig zu dem Ergebnis, dass die moderne Gesellschaft aufgrund des Fehlens eben dieser Einheit für alte Menschen problematisch geworden sei. „Erst aus der Schilderung der engen Verbindung zwischen *Altenpositionen und Kultur* in kosmologisch-magisch bestimmten Gesellschaften werden grundlegende Positionsprobleme der älteren Menschen in den sogenannten hochentwickelten, rationalisierten Gesellschaften der Gegenwart deutlich. In diesen heute oft als 'modernisiert' etikettierten Gesellschaften *fehlt* der innerlich garantierte Zusammenhang zwischen zentralen Kulturwerten und der Stellung und Geltung der Alten." (Rosenmayr 1983, 50) Meine Interpretation legt stattdessen nahe, dass weniger die vorausgesetzte Integration auf kultureller Basis als vielmehr die Alternativlosigkeit dieser Gesellschaften im Umgang mit Gefährdungen dem Handeln eine allgemeingültige sinnhafte Basis verschafft. Die vordringliche Orientierung an elementaren Lebensbedürfnissen garantiert Transparenz und Reziprozität der Lebenslagen und lässt kaum Zeit für Abweichungen, die nebeneinander unterschiedliche Sinnressourcen aktualisieren könnten. *Wie alte Menschen in einfachen Gesellschaften leben, hängt damit nicht so sehr von einer allem vorausgehenden, kulturell verbindlichen Anerkennung alter Menschen ab, sondern eher von den Potentialen eben dieser alten Menschen, sich in einer spezifischen Situation als 'Modulator von Gefahren' zu verorten.* Die Einschränkung dieser Potentiale durch die jeweiligen Lebensbedingungen und kulturellen Bindungen dieser Gesellschaften begründet eine Vielfalt von Alternsverläufen, die eindeutige Etikettierungen verbietet.

Dieser für den Forscher eher unangenehmen Unordnung des Datenmaterials entziehen sich Ethnologen und Alternsforscher gerne, indem sie einen Spezialfall einfacher Gesellschaften, die Altersklassen- oder Generationsklassengesellschaft, in den Vordergrund der Analyse stellen. ROSENMAYRs Beschreibung einer „kulturell integrierten" Gesellschaft wählt die *Massai* (Ostafrika), um eine altersgestufte Gesellschaftsorganisation nach dem Anciennitätsprinzip darzustellen. Die *Massai* durchlaufen verschiedene Altersstufen und haben entsprechend ihrem Status als noch nicht initiierter Junge, Krieger oder Älterer bzw. noch nicht initiiertes Mädchen, jung verheiratete Frau und alte Frau unterschiedliche Rechte und Pflichten. Jedes Mitglied des Stammes gehört einer Kohorte an. (Vgl. Fosbrooke 1978, 84) Harald K. MÜLLER grenzt hiervon den Spezialfall der Generationsklassen ab. Bei den *Toposa* (Südost-Sudan) und den *Turkana* (Nordwest-Kenia) ist jeder Mann Mitglied einer Generationsklasse, die auf die seines Vaters folgt. Dadurch ergibt sich der kuriose Fall, dass spätgeborene Kinder, die mit einer jungen Frau gezeugt worden sind, der gleichen Klasse zugeordnet werden, wie die ersten, z.T. 40 Jahre früher geborenen. (Vgl. Müller 1990, 36ff.) Aufgrund dieser großen Unterschiede in den Generationsklassen kann jedoch bei weitem nicht von einer so überzeugenden altersgegliederten Ordnung des Stammeslebens ausgegangen werden, wie sie Altersklassengesellschaften im allgemeinen zugeschrieben wird. Weniger die Klasse, sondern vielmehr außerhalb der Klasse gelegene Statuszuweisungen (Spezialisierungen) begründen individuelle Positionen. Eine ähnliche Auflösung der Bedeutung von Generations- und Altersklassen, nun aber durch verwandtschaftliche Bindungen, beschreibt Thomas ZITELMANN am Beispiel der *Borana-Oromo* (Südäthiopien und Nord-Kenia). MÜLLER und ZITELMANN wenden sich beide gegen die klassische Beschreibung altersgegliederter einfacher Gesellschaften über eben dieses Merkmal der Altersgliederung.[8]

Offensichtlich sprengt die Vielfalt möglicher Alters- bzw. Generationsdifferenzierungen in Kombination mit verwandtschaftlichen oder sonstigen sozialen/politischen Organisationsformen den Rahmen, den auch Shmuel N. EISENSTADT 1966 mit der schon erwähnten Altersgruppenstudie gesetzt hat. EISENSTADT unterscheidet zwischen segmentären Gesellschaften, die autark als Familie oder Abstammungsgemeinschaft leben, und solchen, die darüber hinausgehende Spezialisierungen etwa als Krieger oder als Politiker kennen. Während bei ersteren nur in seltenen Fällen Alterklassen zu finden sind[9], benötigen letztere die Altersklassengliederung, um die partikularistische Sozialisation der Familie durch eine universalistische zu ersetzen.[10] Der Status des Einzelnen wird folgerichtig nicht mehr durch die Familie, sondern durch Aufgaben, die prinzipiell von allen Mitgliedern der Gesellschaft nacheinander übernommen werden können, bestimmt. Ein genauerer Blick auf die von EISENSTADT beschriebenen altersgegliederten Gesellschaften verdeutlicht jedoch auch, dass soziale Differenzierungen nicht automatisch Alters-

---

[8] MÜLLER vermutet eine Begründung für die Undifferenziertheit der klassischen Altersgruppenforschung darin, „daß die Entdeckung von Alters- und Generationsklassen für die damaligen Ethnographen eine willkommene Möglichkeit war, diesen Ethnien eine beschreibbare sozio-politische Organisationsform zuzuordnen." (Müller 1990, 34) Um eine solche Überbewertung der Altersgliederung zu verhindern, weisen MÜLLER und ELWERT auf die dynamischen, sich durch gesellschaftliche Krisen oder äußere Einflüsse verändernden Alterssysteme hin. (Vgl. ebd.; Elwert 1990, 103f.)

[9] Altersklassen spielen in familialistischen Gesellschaften nur eine Rolle, soweit in ihnen den jüngeren Mitgliedern über Beschränkungen der Status der Reife vorenthalten wird. (Vgl. Eisenstadt 1966, 257)

[10] Wolfgang VOGES verwendet für diese Unterschiede die Begriffe altersheterogen (Zusammenleben aller Altersstufen) und altershomogen (Zusammenleben zwischen Angehörigen einer Altersstufe). (Vgl. Voges 1983, 7)

gliederungen nach sich ziehen müssen, sondern umgekehrt Altersunterschiede für soziale Differenzierungen benutzt werden. SIMMONS, der bei seiner Studie die ostafrikanischen Altersklassengesellschaften ausgeklammert hat, bezieht sich nur ausnahmsweise auf die *Pukapukan* (Bahamas), um eine auffällige Form der Instrumentalisierung des hohen Alters zu demonstrieren: „The population of approximately six hundred was divided into rather sharply defined age grades with the old gray-haired men (*tupele*) constituting a governing body. They were promoted to the office on the basis of age, relieved of physical labor, provided with food from the common stock, and placed in control of the distribution of food. Consequently the choicest diet was often reserved for them, such as the belly fats and internal organs of turtles. In fact, these delicacies were tabooed to younger people on the grounds *that they caused sickness and grey hair*." (Simmons 1970, 31, Hervorhebung, I.S.) Für unsere Frage nach der Stellung alter Menschen ist weniger interessant, ob die alten *Pukapukan* die jüngeren mehr oder weniger bewusst getäuscht haben. Entscheidend ist vielmehr, *dass die Auffälligkeit des grauen Haars einen Begründungszusammenhang eröffnet, der für alle einsichtig ist*. Die Begegnung mit einem alten Menschen vermittelt Informationen (graue Haare), die für die gesellschaftliche Organisation (fettes Essen können nur Grauhaarige vertragen) genutzt werden. In dieser Altersklassengesellschaft bedarf es keiner besonderen Leistung im Alter, um in den Genuss von Privilegien zu kommen.

Wie oben beschrieben, ist jedoch Alter in einfachen Gesellschaften nicht automatisch mit Ansehen assoziiert, sondern kann auch einer deutlichen Abwertung unterliegen. Bernhard GIESEN ermöglicht uns, dieses Phänomen zu erhellen. Einfachen Gesellschaften schreibt er sogenannte Inklusionscodes zu, die die Frage nach der sozialen Zugehörigkeit regeln.[11] „[E]r (der Inklusionscode, I.S.) muß in einer bestimmten Situation eine Diskriminierung anhand deutlich feststellbarer Merkmale wie körperliche Kennzeichen, Sprache oder Kleidung erlauben. [...] Inklusionscodes ermöglichen es, den gemeinsamen situativen Bezugsrahmen von der lebensweltlichen Verortung abzulösen, ohne daß er jedesmal für den Interaktionsprozeß neu konstruiert werden müßte." (Giesen 1991, 179) Nicht hohes Alter, sondern vielmehr die Auffälligkeit z.B. des grauen Haares stellt in einfachen Gesellschaften die Weichen für eine besondere Behandlung alter Menschen, ohne die

---

[11] Wie eingangs schon erwähnt, können einfache Gesellschaften, die auf gemeinsamer Anwesenheit an einem konkreten Ort beruhen, als Interaktionssysteme beschrieben werden. (Vgl. Luhmann 1975a, 13)

qualitative Ausgestaltung dieser Behandlung vorzugeben. *Großes Ansehen im Alter findet sich auf diese Weise direkt neben der völligen Vernachlässigung.*[12]

Die Instrumentalisierung körperlicher Veränderungen für Zwecke der Gesellschaftsorganisation stellt in einfachen Gesellschaften Anschlussmöglichkeiten für vielfältige Alterspositionen bereit. Von einer allgemein verbreiteten Altenverehrung zu sprechen, bei der die Altentötung die bedauerliche Ausnahme darstellt (vgl. Rosenmayr 1983, 59), verbietet sich unter diesen Bedingungen. ROSENMAYR leitet seine Auseinandersetzung mit diesem Thema durch eine kleine Geschichte ein, die die relative Willkür interaktionsnaher Differenzierungen anhand äußerer Merkmale bestätigt. Bei der Einreise nach Mali für einen Forschungsaufenthalt ärgert er sich über komplizierte Formalitäten: „Da riß mir die Geduld, und ich fuhr den Polizisten am Schalter an, indem ich auf meine weißen Schläfen deutete: 'Ich dachte, in Afrika wird das Alter geehrt, und nun sehe ich, daß das nicht stimmt.' Der Mann sah mich sehr verblüfft an, beugte sich dann vor, um tatsächlich meine Schläfen anzuschauen – was durchaus dem Beobachtungsverhalten traditioneller Gesellschaften entspricht. Dann packte er meine Papiere zusammen, suchte in irgendeinem Hinterzimmer den Vorgesetzten zur Unterschrift, und in wenigen Minuten hatte ich – sogar ohne Trinkgeld – alle notwendigen Bewilligungen." (Rosenmayr 1983, 47) Ganz abgesehen davon, dass der malische Polizist sicherlich nicht mehr als Mitglied einer einfachen Gesellschaft durchgehen kann, illustriert dieses Beispiel sehr schön, dass von solchen äußerlichen Kennzeichen Gebrauch gemacht werden kann, wenn mit ihnen konkrete Erwartungen verbunden werden. Graue Haare stellen kein für einfache Gesellschaften allgemeinverbindliches Kennzeichen einer besonderen Wertigkeit des Trägers dar, stattdessen können grauhaarigen Menschen situationsspezifisch besondere Eigenschaften zugeschrieben werden. Auch wenn dies natürlich für die Mitglieder dieser Gesellschaften nicht sichtbar ist, der Forscher sollte diesen Attributionsvorgang berücksichtigen. Der Naturalisierung der Altersgliederung durch die Mitglieder der einfachen Gesellschaft schließt sich sonst die Naturalisierung der Altenverehrung durch die Ethnologen und Alternsforscher an.

---

[12] ROSENMAYR beschreibt dieses Phänomen im Rückgriff auf de BEAUVOIR als Zeichen für die „immer wieder durchschlagende Rücksichtslosigkeit des Menschen gegenüber dem Mitmenschen" (Rosenmayr 1983, 59) Aufgrund seiner Hypostasierung der 'kulturellen Integration' erscheinen ihm vernachlässigte alte Menschen als Indikator fehlender Werte. Dass er zwei Seiten derselben Medaille beobachtet, bleibt ihm aufgrund des normativen Zugangs verborgen.

Wie wenig ein normativer Zugang zum Thema über die Lebensverhältnisse auszusagen vermag, lässt sich auch anhand eines anderen Beispiels verdeutlichen, bei dem die eingangs eingeführte Dimension 'Gefahr' wieder zum Tragen kommt. ROSENMAYR, aber auch SIMMONS weisen darauf hin, dass die Verehrung alter Menschen aufgrund ihrer Weisheit auch eine Gefahr für das Leben darstellen konnte, wenn nämlich die Angehörigen in den Besitz der geheiligten Knochen gelangen wollten. ROSENMAYR beschreibt: „In manchen afrikanischen Stämmen werden die Schädel oder meist die schalenförmigen Schädeldecken Verstorbener mit Ahnenstatus verehrt, teils auch als sakrale Trinkgefäße verwendet. Von den Schädeln der berühmten Ahnen geht Kraft aus, die Lebenskraft ihrer Erfahrung." Er ergänzt lapidar: „Manche Alten wurden auch getötet, damit man sich ihrer Weisheit bemächtigen könne." (Rosenmayr 1983, 53) SIMMONS schildert ganz ähnliche Fälle, in denen alte Menschen, unabhängig von ihrer sozialen Stellung, geopfert werden. (Vgl. Simmons 1970, 224ff.) Die – so SIMMONS (vgl. ebd., 239) – weitverbreitete Sitte der Altentötung macht darauf aufmerksam, wie gefährdet das Leben alter Menschen in einfachen Gesellschaften war. Doch im speziellen Fall der Altentötung aus Gründen der Altenverehrung (s.o.) spricht ROSENMAYR nicht von der „Rücksichtslosigkeit" dieser Handlung (Rosenmayr 1983, 59). Diese Stellungnahme reserviert er für das – „paradoxerweise" (ebd.) – gleichzeitige Vorkommen von Altenherrschaft und Altentötung und verdeutlicht so beispielhaft, wie wenig man den Lebensverhältnissen einer Gesellschaft, die der Willkür einer bedrohlichen Natur ausgesetzt ist, gerecht werden kann, wenn das Kriterium der kulturellen Integration die Auswertungen leitet. Dann klingt paradox, was sich, wenn man stattdessen zunächst die Fähigkeit zu überleben als Orientierungspunkt wählt, beide Male dem übergeordneten Interesse an Sicherheit verdankt.

Zusammenfassend lässt sich festhalten: *Die Lebensbedingungen alter Menschen in einfachen Gesellschaften stellen sich so vielfältig dar, dass es kaum möglich ist, allgemeinverbindliche Charakteristika zu identifizieren.* Der klassische Zugriff der Alternsforschung auf dieses Thema vermag dieser Vielfalt nicht gerecht zu werden. Entweder werden dabei – wie bei ROSENMAYR – idealisierte Beschreibungen in den Vordergrund gerückt, oder die Konstatierung von Ambiguitäten gerinnt zu ahistorischen anthropologischen Konstanten. MINOIS formuliert – in der Tradition von DE BEAUVOIR – beispielhaft: „The problem of the ambiguity of old age has thus been with us since the stage of primitive society; it was the source both of wisdom and of infirmity, of experience and of decrepitude, of prestige and of suffering. Old people were respected or despised, honoured or put to death according to circumstance." (Minois 1989, 11)

Aussagekräftiger scheint mir statt einer generalisierenden Behauptung von Altersbildern eine Betrachtung der *Möglichkeiten* zu sein, die sich in einfachen Gesellschaften für den Umgang mit alten Menschen eröffneten. Dabei treten zwei Aspekte in den Vordergrund: die Auffälligkeit der äußeren Veränderung (z.B. graue Haare) und die Begrenzung der Lebensbedingungen über eine gefahrvolle Umwelt. Während einerseits – je nach Familie oder Stamm – eine unkontrollierbare Umwelt das tägliche Leben bis zur Überlebensfähigkeit bedroht, bietet sich andererseits 'Grauhaarigkeit' als Steuerungsinstrument an. Ob alte Menschen angesehen waren oder nicht, ob sie gut gelebt haben oder nicht, ist nicht genauso beliebig wie in jeder anderen Gesellschaftsform, sondern gebunden an die konkreten täglichen Gefahren, die sich mit Hilfe der Älteren verringern ließen oder durch sie gesteigert werden konnten. Sowohl magische Kräfte als auch zunehmende Hilfebedürftigkeit werden vor dem Hintergrund einer magischen Weltbeschreibung mit konkreten Lebensbedingungen verknüpft.[13] So kann es vorkommen, dass in der einen Gesellschaft hilfebedürftige alte Menschen aufgrund ihrer Nähe zu den Ahnen bis zum Tod gepflegt werden, obwohl das gesamte Leben des Stammes dadurch belastet wird, während sich eine wohlhabendere Gesellschaft alter Menschen bei den ersten Anzeichen von Hinfälligkeit entledigt, um sich vor bösen Geistern zu schützen. Selbst SIMMONS' Versuche, vorgefundene Unterschiede immer wieder an die Techniken des Nahrungserwerbs und eine damit verbundene Systematik von einfacheren und weiter entwickelten Gesellschaften zu binden, werden von solchen Befunden durchkreuzt. (Vgl. Simmons 1970, 33f., 102f., 215f.) Auch wenn sich Korrelationen zwischen klimatischen Bedingungen, technischen Möglichkeiten und spezifischen Umgangsformen mit alten Menschen beschreiben lassen, deutet doch das grundsätzliche Fehlen allgemeiner Altersbilder eher auf eine strukturell bedingte Varietät als auf Kontinuität hin. Eben diesen Befund erklärt LUHMANN zum Kennzeichen einfacher Gesellschaften. „Archaische Gesellschaften sind das große Experimentierfeld der gesellschaftlichen Evolution und entwickeln unabhängig voneinander, gleichsam versuchsweise, für eine be-

---

[13] GIESEN formuliert deshalb: „Die 'Normen' einfacher Gesellschaften sind Regeln praktischen Handelns." (Giesen 1991, 28f.)

grenzte Zahl von Strukturproblemen eine Vielzahl verschiedenartiger funktional äquivalenter Lösungen." (Luhmann 1975b, 137)

Als entscheidendes Charakteristikum der einfachen Gesellschaften gilt hier deshalb die Limitierung der Handlungsmöglichkeiten in einer mehr oder weniger gefahrvollen Umwelt über die Befriedigung elementarer Bedürfnisse. Vor genau diesem Hintergrund gewinnt z.B. graues Haar seine Bedeutung. *Alter gerinnt als Inklusionscode zu einer Eigenschaft, über die die Unsicherheit des täglichen Lebens kontrolliert werden kann.* Die vielfältigen Rollen der alten Menschen als Schamane oder Medizinmann, als Hexe, Haushaltshilfe oder Handwerker, aber auch als Opfer der Altentötung, als Oberhaupt der Familie oder als vernachlässigter Greis begründen sich über diesen Zusammenhang. Hohes Alter in einfachen Gesellschaften ist nicht ausreichend beschrieben, wenn man es als vieldeutig kennzeichnet. Solche Ambiguitäten entstehen als Reflexe auf die Grenzen der Gesellschaft, hier: einer Interaktionsgesellschaft.

Stratifizierte Gesellschaft: Die Lebensaltersstufen

Mit dem Begriff 'Hochkulturen' werden so unterschiedliche Gesellschaften wie die griechische und römische Antike und das europäische Mittelalter zusammengefasst. Allen gemeinsam ist die Organisation gesellschaftlichen Lebens über Schichten wie z.B. Bauern, Ritter, Klerus und Adel (frühes europäisches Mittelalter). Schon die Etiketten dieser Schichten deuten darauf hin, dass mit der Zugehörigkeit zu einer dieser Schichten auch ein spezifischer Aufgabenzuschnitt verbunden ist. Die Entwicklung von der segmentären Differenzierung der einfachen Gesellschaften zur stratifikatorischen Differenzierung der Hochkulturen führt zu einer Form der Arbeitsteilung, mit der neben der Schichtzugehörigkeit auch unterschiedliche Perspektiven entstehen. Die verlorene Transparenz der Lebensweisen wird jedoch durch eine die ganze Gesellschaft umfassende Grundsymbolik ersetzt. Zwar kennt der Bauer nicht die höfische Etikette, aber er weiß, dass dieser Mangel über seine Stellung als 'einfacher' Bauer begründet ist. Die Differenzierung der Gesellschaft in Schichten wird über die hierarchische Ordnung dieser Schichten in oben und unten erklärt. Mit der Zugehörigkeit zu Schichten sind Rechte und Pflichten verbunden, die eine alternativlose soziale Position vermitteln, aber auch den Kontakt zu anderen Mitgliedern der Gesellschaft regeln. Diese für Hochkulturen charakteristische *Rangordnung* soll auch im Folgenden zum Ausgangspunkt der historischen

Analyse gemacht werden. Für unsere Frage nach der Stellung alter Menschen in stratifizierten Gesellschaften lassen sich drei entscheidende Konsequenzen dieses Ordnungsverhältnisses benennen.

1. Das hohe Alter sieht je nach Schicht unterschiedlich aus.
2. In gebildeten Oberschichten entstehen normative Beschreibungen von Lebensläufen.
3. Diese Beschreibungen wählen die Form von Rangordnungen: *Lebensaltersstufen.*

Der auffälligste Unterschied zu segmentären Gesellschaften besteht in der Möglichkeit zur schriftlichen Fixierung von normativen Beschreibungen und damit vor allem in der Möglichkeit zum Vergleich. Während einfache Gesellschaften Alter häufig mit Tod und der Nähe zu den Ahnen verbinden, wird in hochkultivierten Gesellschaften eine Position für alte Menschen im Vergleich mit den jungen Menschen, aber auch mit anderen Altersstufen gesucht. Die Wahl der Orientierungspunkte für eine solche Rangordnung (z.B. 7 Planeten, 4 Jahreszeiten usw.) verdeutlicht die Vorgehensweise antiker und mittelalterlicher „Altersforscher“: Der Makrokosmos findet sich im Mikrokosmos wieder.

Im Folgenden werden zunächst die wenigen Daten zum Leben alter Menschen zusammengefasst, die aus der griechischen und römischen Antike und aus dem europäischen Mittelalter überliefert sind, um daran anschließend die unterschiedlichen Modelle der Lebensaltersstufen darzustellen.

Alternsverläufe in Hochkulturen

Aus der Zeit nach dem Zerfall des Römischen Reiches bis zum 14. Jahrhundert ist nur wenig bekannt über die Art und Weise, wie Menschen gealtert sind. Die vordringliche Frage von historischen Analysen – vor allem in Bezug auf das frühe Mittelalter – ist deshalb zumeist: „Were there old people during the early middle ages?“ (Minois 1989, 144) Die Gründe für diese Vermutung, es habe eventuell gar keine alten Menschen gegeben, werden aus den gefährlichen Lebensbedingungen abgeleitet. Während einerseits wahrscheinlich nicht viele Menschen Kriege und Krankheiten[14] überlebt haben, werden andererseits die harten Lebensbedingungen

---

[14] Peter BORSCHEID fasst als tödliche Krankheiten noch des späten Mittelalters zusammen: „Malaria, Pest, Blattern, Lepra, Syphilis, Typhus, Ruhr und Diphtherie“ (Borscheid 1987, 21)

schon 30jährige zu alten Menschen gemacht haben, so dass von einer Altersphase im Sinne des uns bekannten höheren Alters wohl kaum gesprochen werden kann. Im Gegensatz zum Hellenismus und zur römischen Kaiserzeit sind nur wenige Daten über das Todesalter mittelalterlicher Menschen bekannt.

Georges MINOIS orientiert sich an Diogenes LAERTIUS' Aufstellung zum Leben griechischer Lehrer von der antiken Philosophie bis zum Neuplatonismus[15]. ARISTOTELES stirbt demzufolge mit 62 Jahren als einer der jüngeren, wogegen PYTHAGORAS mit 90 und PLATON mit 80 die ältesten Philosophen repräsentieren. Laut Diogenes LAERTIUS waren die 71 Jahre, die EPIKUR gelebt hat, für einen Lehrer kein ungewöhnliches Alter und das Verzeichnis der Todesarten vermittelt darüber hinaus den Eindruck, als sei auch der regelmäßige Besuch von sportlichen Wettkämpfen im Alter eine normale Freizeitbeschäftigung. MINOIS fasst zusammen: „Most of these venerable persons remained active until last; they watched the games, travelled by chariot, pleaded in court, took part in banquets and several died from excess of wine." (Minois 1989, 54)

Aus der Zeit des römischen Kaiserreiches ist zwar nicht eine solche Lebenslaufbeschreibung erhalten, dafür aber eine umfassende Auswertung von Epigraphen von J.C. RUSSEL (1958). Demzufolge sind von 4575 Männern[16] 344 60 Jahre und älter geworden, 200 lebten auch mit 70 Jahren noch. Von 3490 Frauen lebten nur 138 mit 60 Jahren noch und 75 mit 70 Jahren. MINOIS vermutet, dass diese Anzahl alter Menschen im späten römischen Kaiserreich größer ist als zur Zeit des Hellenismus. Eine Bevölkerung, die zu 7,5% aus älteren Männern (über 60 Jahre) bestand, ähnelt in ihrem Altersaufbau schon sehr stark dem neuzeitlichen England. (Vgl. Laslett 1995, 116) Die großen Unterschiede in der Lebenserwartung von Männern und Frauen erklärt MINOIS über die mit Geburten verbundenen Risiken. Auffällig ist darüber hinaus aber vor allem der Kontrast zwischen italienischen Städten und den Provinzen: Fast immer werden in ländlichen Gegenden höhere Altersangaben gefunden als in Städten. Sicherlich zeichnet für diesen Befund zu weiten Teilen die Ungenauigkeit der Quellen verantwortlich. Aber auch für das späte Mittelalter lassen sich ähnliche Unterschiede beobachten, die jedoch – je

[15] Auch MINOIS weist darauf hin, wie zweifelhaft in vieler Hinsicht die Angaben dieser im 3. Jahrhundert n. Chr. entstandenen Lebensbeschreibungen sind. Immerhin lassen sich daraus jedoch Anhaltspunkte für sowohl ungefähre Altersbestimmungen als auch Todesarten finden. (Vgl. Minois 1989, 55ff.)

[16] Die Stichprobe differenziert zwischen italienischen Gebieten und den Provinzen Afrika, Asien, Narbonne, Ägypten und Spanien.

nach klimatischen Bedingungen und (Kriegs)Zustand des Landstrichs – auch umgekehrt aussehen konnten (vgl. Borscheid 1987, 19).

Während also für die Epochen Hellenismus und spätes römisches Kaiserreich die Frage nach der Existenz alter Menschen mit ja beantwortet werden kann, nehmen die Ungenauigkeiten in der historischen Alternsforschung zu, wenn man sich dem christianisierten Europa nähert. MINOIS vermutet, dass zwar unter den widrigen Umständen von Armut, Krieg und Krankheit nur wenige Menschen alt geworden sind, dennoch den meisten hohes Alter bekannt war, da vor allem Bischöfe, seltener Könige und Herrscher, ein hohes Alter erreicht haben. Die als Heilige bekannten Kirchenlehrer wie JOHANNES CHRYSOSTOMOS, AUGUSTINUS und BENEDIKT VON NURSIA sind alle über 60 Jahre alt geworden. MINOIS geht davon aus, dass sich schon die Korrespondenz des AUGUSTINUS vorrangig an ältere Männer gerichtet haben wird. (Vgl. Minois 1989, 150f.)

Auf die Bedeutung der Klöster für die Ermöglichung alternativer Modelle der Lebensführung ist bereits mehrfach hingewiesen worden. (Vgl. Nassehi 1993, 299) Auch für unsere Frage nach Alternsverläufen stellen sie einen entscheidenden Bezugspunkt dar. Nicht nur sind Angehörige des Klerikerstandes vermutlich älter geworden als Ritter und Herrscher und vor allem Bauern. Klöster stellen auch erste Formen von Altersversorgung zur Verfügung. Ab dem 11. Jahrhundert suchten Bischöfe und Könige Zuflucht in Abteien, in denen sie ihre letzten, meist nur noch wenigen Jahre verbrachten. (Vgl. Minois 1989, 167)

Genaue Angaben zum Alter werfen hier – wie auch schon vorher – immer die Frage nach der Genauigkeit auf. Die Beobachtung, dass „biblische" Altersangaben einen symbolischen Wert haben, aber auch die weitverbreitete Praxis, auf- oder abzurunden und zu schätzen, scheinen eine andere als die uns bekannte chronologische Zählung zu dokumentieren. Zu recht warnt MINOIS jedoch davor, von einer allgemeinen Unwissenheit in Bezug auf das eigene Alter auszugehen. Das Modell der eher symbolischen Bearbeitung von Alter in theologischen und wissenschaftlichen Zusammenhängen lässt sich nicht auf das Leben der Bauern und Handwerker übertragen. NASSEHI hat darauf hingewiesen, dass nicht so sehr die eschatologische Heilsgeschichte, sondern vielmehr die tägliche Handlungsroutine für Zeitvorstellungen verantwortlich zeichnet. (Vgl. Nassehi 1993, 292ff.) MINOIS illustriert anhand des mittelalterlichen „Altersbeweises", dass trotz symbolischer Nutzung sehr wohl genaue Altersangaben bekannt waren. „On 1 October 1304, several, generally elderly, witnesses came to Skipton in Craven to give evidence concerning the date of birth of a certain John Tempest, in an inheritance case. Each one used his personal references, with astonishing precision: William de Marton (aged 60) 'recollects the day and year because on the day of the exaltation of the Holy Cross following a son Patrick was born to himself who was 21 at that last feast'. William de Cestrunt (aged 50) also recalled the date, because his own mother was married again on the St Martin's Day following the birth of John Tempest, which was 21 years ago; John de Kygheley's (age given 60) grand-daughter Alice was born to him on that day; Henry de Aula (age given 40) recollected that his father married again on the following day of the Decollation of St John the Baptist; Robert Buck, then 41 years old, was still smarting over his particular point of recall: on the morrow of the Nativity of St John the Baptist next before the said birth, he was so badly beaten by his school-master that he left school for home, this took place, as he well remembered, 21 years ago. Robert Forbraz (age given 50) had crossed to France that year, Elias de Stretton (age given 70) had become a widower; Adam de Brochton (age given 65) had been John Tempest's godfather; Robert de Bradley (age given 80) had that year been engaged in a lawsuit over some land; Richard de Bradley (age given 60) had had a son, as had Henry de Marton; William de Brigham, aged 44, had entered the service of Sir William de Paterton. They were all formally agreed; it happened 21 years ago.“ (Minois 1989, 173)

An diesem 'Altersbeweis' lässt sich beispielhaft der mittelalterliche Umgang mit Altersmarkierungen verdeutlichen. Alle Zeugen benutzen eigene Erlebnisse, um sich in ihrer Vergangenheit zurechtzufinden. Trotzdem konvergieren im Rückblick alle Erinnerungen an dem einen Punkt, der Geburt von John Tempest. Möglich ist dies u.a. wegen der gemeinsamen Orientierung an kirchlichen Feiertagen. Die indexikale, also an der eigenen Person orientierte Bestimmung von Zeit operiert zwar mit individuell unterschiedlichen, relativen Zeitmarkierungen, ist jedoch durch die Einbettung in den kirchlichen Rhythmus durchaus zu einer genauen, absoluten Altersbestimmung in der Lage. Davon unbeeinflusst bleiben die eigenen Altersangaben, die aufgerundet angegeben werden. Chronologische Altersbestimmungen sind also durchaus geläufig, werden jedoch nur bei Bedarf verwendet. Im Gegensatz zur modernen Gesellschaft gab es im 14. Jahrhundert bei weitem keinen so großen Bedarf an genauen Altersangaben. Für den täglichen Gebrauch reichten ungefähre Schätzungen.[17]

Je näher wir dem späten Mittelalter kommen, desto mehr erfahren wir über die Lebensgestaltung alter Menschen[18] und desto mehr rückt auch die Frage nach der Altersabsicherung in den Vordergrund. Peter BORSCHEID hat Unterschiede zwischen Adeligen und Rittern (a), Pfarrern (b), Bürgern (c), Bauern (d) und Handwerkern (e) festgehalten.

a) Die Lebensverhältnisse von *Reichsfürsten, Grafen* und *Herren, Rittern* und *landständischen Edelleuten* hingen vermutlich zu einem großen Anteil von Kriegszügen und der damit verbundenen Vermehrung bzw. Beschädigung ihres Eigentums ab. Dienste an Fürstenhöfen versprachen aus dieser Unsicherheit einen Ausweg, der jedoch oft an der permanenten Finanznot der Fürsten sein Ende fand. BORSCHEID vermutet, dass nur wenige Ritter ein hohes Alter erreichten; viele starben vermutlich auf dem Schlachtfeld. Eine Altersabsicherung über die Teilnahme am höfischen Leben war dagegen schon eher möglich. (Vgl. Borscheid 1987, 40ff.) Nur dem schon von Max WEBER beschriebenen ostelbischen Adel gelang es, sich über eine professionalisierte Verwaltung von Landwirtschaft eine größere Selbständigkeit und auch eine besondere Position im Alter zu verschaffen. (Vgl. Weber 1988 [1894], 471ff.)

b) Eine ganz andere Form der Altersabsicherung lässt sich bei *evangelischen Pfarrern*[19] des 16. Jahrhunderts beobachten. BORSCHEID fasst zusammen: „Die ersten Versuche zu einer Lösung der Altersversorgung orientierten sich zunächst an den Ordnungsmodellen des kirchlichen Ämterwesens. Der alt und dienstunfähig

---

[17] Ob dabei auf- oder abgerundet wurde, lässt sich nicht eindeutig beantworten. MINOIS widerspricht Georges DUBY, der bei älteren Menschen eine Tendenz zum Aufrunden vermutet. Ein Vergleich unterschiedlicher Altersbeweise bei Vasallen englischer Könige in der Zeit zwischen 1250 und 1450 ergab eher eine Tendenz zum Abrunden. (Vgl. Minois 1989, 172f.)

[18] Wenn MINOIS vermutet, dass sich entscheidende Unterschiede im Alternsverlauf zwischen den Ständen erst im späten Mittelalter, nicht jedoch in der griechischen bzw. römischen Antike finden lassen, lässt er sich wahrscheinlich von der Tatsache irreleiten, dass in dieser Epoche erstmalig auch Informationen zum Leben der „einfachen Leute" vorhanden sind. (Vgl. Minois 1989, 156f.) Von den wenigen Altersschilderungen der Philosophen, Dramatiker und Poeten auf ein einheitliches Altersbild zu schließen, scheint mir etwas voreilig zu sein. Darauf weist auch Thomas M. FAULKNER hin, der der Erforschung des griechischen und römischen Altersbildes eine Konfundierung von „literary representations" und „social realities" vorwirft: „Historical models of old age offer not self-contained systems of classification but windows on the social and conceptual systems that circumscribe the culture." (Faulkner 1994, 113)

[19] In den reformierten Gebieten stellte sich die Situation der Pfarrer, die nicht evangelisch werden wollten, durchweg als katastrophal dar. (Vgl. Borscheid 1987, 43)

gewordene Beamte erhielt einen jüngeren als Helfer, der ihn in seinen Amtspflichten entlastete, und mit dem er sich nach vorhergehendem Vertrag die Einkünfte teilte.“ (Borscheid 1987, 43) Entweder ernährte die Pfarrei den alten und den jungen Pfarrer, oder die nächst wohnenden Pfarrer wurden gehalten, den alten Kollegen zu unterstützen. Diese regional unterschiedlichen Vorschriften zur Alterssicherung von Pfarrern weisen jedoch vorrangig darauf hin, dass es im 16. Jahrhundert noch keine erwartbare Regelung zur Versorgung im Alter gab.

c) Von Stadt zu Stadt unterschiedlich stellt sich auch die Altersversorgung für *städtische Bedienstete* dar. Ein Brunnenmeister, ein städtischer Steinmetzmeister oder auch ein Bürgermeisterknecht konnten im Falle der Arbeitsunfähigkeit in den Besitz einer regelmäßigen Unterstützung gelangen und erhielten so eine knapp die Existenz sichernde Rente. Auch *Lehrer*, die zum Teil über Schulgeld finanziert wurden, hatten keinen geregelten Anspruch auf ein Ruhegehalt und waren stattdessen der Willkür ihrer Vorgesetzten ausgeliefert. Vermutlich stiegen mit dem Ansehen des Lehrers auch die Chancen auf eine Alterssicherung. (Vgl. Borscheid 1987, 47) Dieses Ruhegehalt war jedoch – wie bei den vorher genannten Berufen auch – nur für den Fall der Altersschwäche, also der Arbeitsunfähigkeit vorgesehen, und wurde nicht grundsätzlich ab einem bestimmten Alter zuerkannt.

d) Einen weitaus größeren Bevölkerungsanteil als Adelige, Pfarrer, Beamte und Lehrer stellten die *Bauern* dar. Für diesen Stand wird immer wieder das ‘Altenteil’ als typische Form der Altersversorgung überliefert. „Der Bauer übertrug Haus und Felder und damit auch seine Hausherrenstellung an seinen Nachfolger, in der Regel an einen seiner Söhne, und handelte im Gegenzug für sich und seine mit ins Ausgedinge gehenden Angehörigen eine ausreichende Versorgung und Wohlverhalten aus. Dazu gehörten Vereinbarungen über Wohnrecht, Lebensmittel- und Holzlieferungen ebenso wie der Anspruch auf einen bestimmten Sitzplatz, die Pflege im Krankheitsfall oder Ehrfurcht und Liebe seitens der Kinder.“ (Borscheid 1987, 48) Borscheid weist jedoch auch darauf hin, dass nur für die kleine Anzahl reicher Höfe eine solche Regelung, die meist zugunsten des alten Bauern getroffen wurde, überhaupt möglich war. Die meisten Höfe waren zu arm, um zwei Familien zu ernähren, ganz zu schweigen von der Bezahlung eines Schriftgelehrten zur Aufsetzung des Vertrags. Arme Bauern arbeiteten demzufolge, so lange sie eben konnten. Die moderne idyllisierende Beschreibung der traditionellen Großfamilie wird bekanntermaßen von den spätmittelalterlichen Beschreibungen des Lebens im 'ganzen Haus' widerlegt. (Vgl. ebd. 1987, 52) Solange alte Bauern noch arbeiten konnten, waren sie selbst für die Sicherung ihres Lebens verantwortlich. Mit der Arbeitsunfähigkeit stellte sich die Angewiesenheit auf die Arbeitskraft der Kinder in vieler Hinsicht als Problem dar.

e) Wie abhängig der Alternsverlauf vom jeweiligen Stand ist, zeigt sich auch im Fall der *Handwerker*. Im Gegensatz zu den Bauern waren sie nicht so sehr auf die Arbeitskraft ihrer Kinder angewiesen, konnten diesen auch kaum etwas vererben und lebten deshalb viel seltener mit erwachsenen Kindern zusammen. Bei zunehmender Arbeitsunfähigkeit verlegten sich Handwerker nicht selten auf einen Nebenberuf: „Weber und Glöckner, Seiler und Botenläufer, Schneider und Nachtwächter, Metzger und Wirt" (Borscheid 1987, 61) oder ernährten sich im extremen Fall als 'Tagelöhner'. Mit den Zünften entstanden erste Hilfseinrichtungen, die verarmten Handwerkern oder verwitweten Handwerkersfrauen eine Unterstützung zukommen ließen.

Diese Zusammenstellung, die die detaillierten Ausführungen von BORSCHEID stark verkürzt, soll weniger über die Lebensverhältnisse informieren, als auf die mit ständischer Zugehörigkeit variierende Alterssituation aufmerksam machen. Auch wenn es nicht ganz unproblematisch ist, für eine relativ große Epoche eine überzeugende Schilderung der Lebensverhältnisse abzuliefern, so lassen sich doch unbezweifelbare Differenzen zwischen den Ständen konstatieren. Die prekären Lebensverhältnisse besonders der unteren Schichten lenken den Blickwinkel auf eine, den einfachen Gesellschaften mit ihrer ständigen Bedrohung durch die Umwelt, sehr ähnlichen Altersbeschreibung. Im Gegensatz zu diesen einfachen Gesellschaften steht den alten Menschen der Hochkulturen jedoch nur noch eingeschränkt die interaktionsnahe positive Instrumentalisierung des hohen Alters zur Verfügung. Altern bedeutet für den größten Teil der mittelalterlichen Bevölkerung schlicht eine Einschränkung der Möglichkeiten. Ein Ausgleich lässt sich allenfalls über Besitz oder traditionelle Verfügungsgewalt herstellen

Zusammenfassend lässt sich formulieren: *Die Auffälligkeit des hohen Alters wird in stratifizierten Gesellschaften stärker in Bezug auf die Lebensverhältnisse des eigenen Standes hin beobachtet.* Eine Abweichung davon verspricht nicht mehr, wie in einer kosmologisch-magisch erklärten Welt, einen Hinweis auf andere Fähigkeiten (Priester, Schamane), sondern rückt vor allem die Frage nach der ständischen Verortung alter Menschen in den Vordergrund. So wie das andere Leben der Bauern im Vergleich zu den Rittern seine Berechtigung findet, wird hohes Alter im Vergleich zu den anderen Altersstufen erklärt.

Eingangs ist schon einmal erwähnt worden, dass für Verallgemeinerungen zum Leben alter Menschen im Mittelalter kaum genug Informationen vorhanden sind. In dieser Zusammenstellung kommt es deshalb auch weniger darauf an, möglichst exakt eben solche Lebensbedingungen zu schildern, sondern vielmehr nach grundsätzlichen Limitierungen Ausschau zu halten. Entscheidende Grenzen lassen sich für den Fall der Hochkultur mit der Zugehörigkeit zu dem eigenen Stand benennen. *Das Leben des einzelnen alten Menschen verläuft in den Grenzen der gesellschaftlichen Konventionen zu einem standesgemäßen Leben und wird vor diesem Hintergrund sichtbar.* Sichtbar werden dabei vor allem die Schwächen der alten Menschen. Alter ist damit nicht mehr ein Phänomen, das grundsätzlich auf seinen Nutzen überprüft werden kann; Alter repräsentiert vielmehr den Fall des mehr oder weniger eingeschränkten standesspezifischen Lebens. Die Altersschablone des europäischen Mittelalters stellt also eine Mehrzahl von Altersbildern zur Verfügung, die – je nach Stand – unterschiedliche Einschränkungen und Freiheiten gewähren.

Eine Konsequenz dieser Zurückgeworfenheit alter Menschen auf den eigenen Stand besteht in dem zunehmenden Interesse an Altersstufenordnungen. Alte und junge Menschen werden miteinander verglichen und mit Normen konfrontiert, die die Unterscheidung in Altersstufen in die Form einer Rangordnung bringen. Im Folgenden werden einige der prominenten Lebensaltersstufenmodelle vorgestellt.

Altersstufenmodelle in Hochkulturen

Aus der griechischen Antike, dem römischen Kaiserreich und dem europäischen Mittelalter ist eine Vielzahl an Stufenmodellen überliefert. Allen gemeinsam ist die Charakterisierung der Altersphasen anhand von typischen Eigenschaften, unterschiedlich sind die Referenzsysteme, über die man glaubte, Auskunft über Altersunterschiede zu bekommen (z.B. Planeten, Jahreszeiten, Temperamente ...), und dementsprechend auch die Einteilungsmechanismen. Die dominanten Modelle differenzieren zwischen sieben, vier und drei Altersstufen.

Solon (640-560)	**Pythagoras (570-480)**	**Hippokrates (460-377)**	**Platon (428-348)**	**Aristoteles (384-322)**
Aufteilung in 10 Siebenjahresphasen (Hepdomadentheorie)	Aufteilung in vier Phasen in Anlehnung an die Jahreszeiten	Aufteilung in vier Phasen nach - den vier Elementen mit ihren stofflichen Eigenschaften - den vier Körpersäften - den vier Temperamenten	Aufteilung in drei Stufen lebenslanger Entwicklung	Aufteilung in drei Stufen
7 Jahre unmündiges Kind 14 Jahre Jüngling 21 Jahre Jüngling (mit Bartwuchs) 28 Jahre Mann 35 Jahre Vater 42 Jahre Denker 49 Jahre Höhepunkt 56 Jahre Höhepunkt 63 Jahre geistiger/körperlicher Abbau 70 Jahre Tod	0-20 Jahre Kindheit – Frühling 20-40 Jahre Adoleszenz – Sommer 40-60 Jahre reife Jugend – Herbst 60-80 Jahre Alter – Winter	Kind Luft, feucht/warm Blut, Sanguinik Jugendlicher Erde, warm/trocken Melancholie, schwarze Galle Mann Feuer, trocken/kalt Cholerik, gelbe Galle Greis Wasser, kalt/feucht Phlegma, Schleim	Jugend Überschwang, Leidenschaftlichkeit, Hitzigkeit, Eigensinn Mann Festigkeit, Zuverlässigkeit Greis Vernunft, Einsicht, Erfahrung, Weitblick	Jugend Wachstum Gehorcht körperlichen Bedürfnissen, großmütig, voll Hoffnung, tollkühn Mittleres Alter Stillstand Maßvoll, spannungsvoll, tapfer Alter Niedergang Zögerlich, unentschieden, am Nutzen orientiert, feige

Tabelle 5: Lebensaltersstufenmodelle der griechischen Antike

Eins der ersten Lebensaltersstufenmodelle stammt von SOLON (640-560 v.Chr.), der in den „Fragmenten" einen Zusammenhang zwischen einem geordneten Rechtssystem (Eunomie) und einer glücklichen Lebensordnung (Eukosmie) herstellt. Laut der zugrundeliegenden Hepdomadenlehre besteht der Lebenslauf aus sieben Stufen (vgl. Tabelle 5). Auf die Kindheit folgen zwei Phasen der Jugend, bis dass mit 28 Jahren – auf dem Höhepunkt physischer Leistungsfähigkeit – das Heldenalter erreicht wird. Dann folgt die Zeit der Familiengründung und wiederum sieben Jahre später entwickeln sich die geistigen Fähigkeiten so weit, dass man von Gesetztheit sprechen kann. Der Höhepunkt der geistigen Leistungsfähigkeit liegt zwischen 49 und 63 Jahren: „Sind es sieben mal sieben, erreicht sein Geist erst die Höhe, ebenso zeigt er sich auch, während noch vierzehn vergehen." (Solon, zit. n. Rosenmayr 1978, 34) Die dann noch folgenden sieben Jahre werden schon überschattet von nachlassenden Fähigkeiten und im 70. Lebensjahr tritt dann – „wahrlich zu Unrecht wär's, meint er (der Greis, I.S.), es sei noch zu früh" (ebd.) – der Tod ein. Seinen Höhepunkt fand diese Theorie mit der Entstehung der griechischen Stadtstaaten und dem Interesse an einer systematischen Ausbildung der Jugendlichen. Der späte Höhepunkt im Lebensverlauf begründete frühe Ansätze zu einem lebenslangen Lernen. (Vgl. Rosenmayr 1983, 81)

Eine weitere klassische Vorlage wurde von PYTHAGORAS (570-480 v.Chr.) geliefert. Er unterteilt das menschliche Leben in vier Stufen. In Schritten von 20 Jahren folgen Kindheit, Adoleszenz, Jugend und Alter aufeinander. (Vgl. Minois 1989, 56) Auffällig hieran ist vor allem die ausgedehnte „Jugendphase" von der Geburt bis zum 60. Lebensjahr und der direkte Anschluss des Alters ohne eine vermittelnde Zeit z.B. die der „Reife". Auffällig ist dies vor allem deshalb, weil PYTHAGORAS seine Einteilung am Wechsel der Jahreszeiten orientiert hat und so der Herbst mit Jugend kombiniert wird. Über die Gründe für diese Einteilung kann hier nur spekuliert werden. Wichtiger ist es in diesem Zusammenhang, auf die – trotz alle Referenzsysteme – *Beliebigkeit der Zuordnung* hinzuweisen.[20] In den Epochen, von denen hier gesprochen wird, existierten zu allen Zeiten unterschiedliche Stufenmodelle nebeneinander, die dadurch – quasi arbeitsteilig – die Vielfalt an Alternsverläufen abdecken konnten.

[20] Auch SOLON entscheidet sich, als er selber älter wird, das allgemeine Todesdatum vom 70. auf das 80. Lebensjahr zu verlegen. Wie oben schon erwähnt, ist SOLON 80 Jahre alt geworden. (Vgl. Rosenmayr 1978, 34)

PYTHAGORAS' Muster ist von den Verfassern der Hippokrateischen Schriften (Corpus Hippocrateum) wieder aufgegriffen worden. In der Schule des HIPPOKRATES (460-377), die bis in die Zeit nach dem 3. Jahrhundert v.Chr. reichte, dominierte ein Bild des Menschen als leiblich-seelische Ganzheit, die als Mikrokosmos Teil des Weltganzen, des Makrokosmos, ist. (Vgl. Capelle 1955, 27) Hinter den folgenden beispielhaften Formulierungen wird der Autor HIPPOKRATES selbst vermutet: „Mit zunehmendem Alter, am Abend des Lebens, wird das Feuer im Menschen schwächer und schließlich tritt mit dem Erlöschen desselben der Tod ein. Aber nichts geht dabei unter, nichts vom Feuer, nichts vom Wasser, Leben und Tod sind nur ein Auf und Ab des Seins, wie ein Tag und eine Nacht im Kosmos. Auf die Nacht folgt wieder ein Tag. Es wird immer so bleiben." (Kapferer 1934, Buch 6, 78f.) HIPPOKRATES parallelisiert seine Vierer-Einteilung mit den vier Elementen (Luft, Erde, Feuer und Wasser), den vier Temperamenten (Sanguiniker, Melancholiker, Choleriker und Phlegmatiker) und den vier Körpersäften (Blut, schwarze Galle, gelbe Galle und Schleim). Entwicklung folgt aus unterschiedlichen Kombinationen[21] der Säfte mit entsprechenden veränderten Stoffqualitäten: Das Kind ist vorrangig warm und feucht, der Jugendliche ist warm und trocken, der Mann ist kalt und trocken und der Greis schließlich ist kalt und feucht. Einen Höhepunkt oder einen Idealzustand gibt es bei diesem Modell nicht. Ideal ist immer das richtige (gesunde) Mischungsverhältnis der jeweiligen Altersstufe. Als Theorie der Physiologen ist dieses Modell der Elemente, Temperamente und Körpersäfte bis ins 19. Jahrhundert hinein rezipiert und weiterentwickelt worden.

PLATON (vermutlich 428-348) lässt in der *Politeia* Kephalos sagen: „Je schwächer die sinnlichen Genüsse werden, umso stärker wird mein Verlangen und meine Freude am Gedankenaustausch." (Platon, zit. n. Beauvoir 1972, 93) Im Gegensatz zu HIPPOKRATES identifiziert er eine ideale Altersstufe, und zwar das hohe Alter. Im Rahmen einer Dreiteilung in Jugend, Mannesalter und hohes Alter beobachtet er eine Abnahme der körperlichen Kräfte, aber auch eine gleichzeitige Zunahme der geistigen Fähigkeiten. Während die Jugend noch von Leidenschaften dominiert wird, kultiviert der Mann bereits Zuverlässigkeit. Erst der Greis erreicht jedoch Einsicht und Weitblick aufgrund seiner Erfahrung. Im Verlauf der stetigen

---

[21] Die entscheidende Neuerung des hippokratischen biologischen Verständnisses besteht in der Annahme, dass der Mensch immer schon alle Säfte und alle Elemente enthält, also nicht eine grundsätzliche Veränderung durch den (unerklärlichen) Austausch eines Elements durch ein anderes durchmacht, sondern sich nur das Mischungsverhältnis ändert. (Vgl. Kapferer 1934, Buch 7, 9)

Weiterentwicklung der Persönlichkeit gelangen nur alte Menschen zur Anschauung der 'Idee des Schönen'. (Vgl. Rosenmayr 1978, 38f.)

Ganz anders wird diese Dreiteilung von ARISTOTELES (384-322) verwendet. In seiner *Rhetorik* identifiziert er das mittlere Alter als das bessere. Die Jugend stellt sich ihm als zu leichtsinnig dar, die Alten sind feige und nur das mittlere Alter verspricht Tapferkeit. Auf dem Höhepunkt zwischen Wachstum und Niedergang bereitet der Stillstand dieser mittleren Phase den Boden für eine gleichermaßen maßvolle und spannungsvolle Lebensgestaltung. Auf den physischen Höhepunkt mit 35 Jahren folgt mit 49 Jahren der geistige Höhepunkt. Die daraus abgeleitete Schlussfolgerung, der ideale Herrscher dürfe weder zu jung noch zu alt sein, ist vor allem in mittelalterlichen Schriften wieder aufgegriffen worden. (Vgl. Cole & Winkler 1988, 39)

Unter dem Einfluss von PYTHAGORAS' Zahlenlehre, derzufolge die Zahl sieben die Vollkommenheit des Kosmos repräsentiert, greift PTOLEMÄUS (100-160) im *Tetrabiblios* die Hepdomadentheorie noch einmal auf und verbindet sie mit astrologischen Beobachtungen. Der 'wandelbare Mond' wird nun abgelöst von dem 'geschäftigen Merkur', auf diesen folgt die 'lustvolle Venus', dann die 'Sonne als König und Herrscher'. Auf diesen Höhepunkt im mittleren Alter folgt zunächst der 'unruhestiftende Mars', dann aber der 'segensreiche Jupiter' und leitet damit eine Phase der Besonnenheit, der Würde und des Anstands ein. Zum Schluss beendet der 'langsame Saturn' das menschliche Leben. Ab dem 12. Jahrhundert ist dieses planetarische Lebensaltersmodell erneut zu Ruhm gelangt. Auch SHAKESPEARE hat es in *Wie es Euch gefällt* weiterverwendet.

Bevor ich nun zur römischen Antike und zum Mittelalter übergehe, soll eine kurze *Zwischenbilanz* gezogen werden. Es liegen siebenstufige, vierstufige und dreistufige Modelle vor, die von ihren jeweiligen Vorläufern aufgegriffen und weiterentwickelt worden sind. Die Ergebnisse dieser Modelle verlagern den Höhepunkt ganz unterschiedlich auf die Mitte oder das Ende des Lebens. Die Gründe dafür lassen sich in den jeweiligen theoretischen Zugängen finden. Für unsere Auswertung interessiert aber nicht so sehr der philosophische Hintergrund, sondern die eher oberflächliche Beobachtung, *dass* mit Altersstufenmodellen gearbeitet wird und dass diese Modelle eine solche *Vielfalt von Alternsverläufen* imaginieren. Ein weiteres Charakteristikum dieser für Hochkulturen typischen Bearbeitung von Differenzen lässt sich in dem Rekurs auf alte Modelle erkennen. SOLON, PYTHA-

GORAS, HIPPOKRATES, PLATON, ARISTOTELES und PTOLEMÄUS[22] werden immer wieder als Experten für die Erklärung von Altersstufen benannt und beeinflussen ihre „gerontologischen" Nachfolger. Über Jahrhunderte hinweg wird damit das Wissen über Altern an Theorien gebunden, die z.T. mehr über ihre jeweiligen Referenzsysteme als über vorgefundene Phänomene aussagen. *Nicht das Altern selbst steht im Vordergrund, sondern die Spiegelung fundamentaler Ideen in den Etappen menschlichen Lebens.*

Aus der Zeit der römischen Geschichte sind kaum Altersstufenmodelle bekannt. Das prominenteste Beispiel stammt sicherlich von CICERO (106-43), der in seiner Schrift *Cato maior de senectute* – selbst schon im Alter von 60 Jahren – eine Vierteilung zugrunde gelegt hat. (Vgl. Tabelle 6) Unter dem Einfluss der griechischen Stoa spricht er dem Greisenalter die Fähigkeit zur Weisheit zu. Im Gegensatz zur kraftlosen Kindheit, zur ausschweifenden Jugend und zum ernsten mittleren Alter bietet die Konfrontation mit Krankheit und Schmerz im hohen Alter Gelegenheit zur Bewährung. Ab dem 9. Jahrhundert ist dieser Text in mittelalterlichen Bibliotheken nachweisbar und wird später genutzt, um vor humanistischem Hintergrund ein positives Altersbild zu zeichnen. (Vgl. Sprandel 1993, 34)

Die nun folgenden Alternsmodelle stehen unter dem Einfluss der christlichen Lehre. Mit dem Toleranzedikt KONSTANTINS (313 n.Chr.) verschiebt sich das Interesse vom Diesseits auf ein an die Erwartung der Wiederkehr Christi gebundenes Jenseits. ROSENMAYR identifiziert an dieser Stelle einen Bruch zwischen der „antik-aufgeklärten und stoischen Konsequenz einer immanenten Daseinsvorstellung einerseits und einem Erneuerungs- und Verjüngungsideal, das sich über die immanenten Prozesse und Strukturen hinwegsetzt" andererseits. (Rosenmayr 1978, 51) Für die Frage nach Alterspositionen bedeutet dies, dass nicht so sehr die Frage nach einem idealen Alter im Vordergrund steht, sondern vielmehr die grundsätzliche Überwindung lebensaltersspezifischer Beschränkungen durch die Erlösung. Als ideales Alter wird fast immer das Alter Christi bei seinem Tod angesehen.

[22] Natürlich ist hiermit nur eine Auswahl genannt. Altersstufenmodelle sind in mehr oder weniger expliziter Form auch von anderen Philosophen entwickelt worden. Die oben aufgeführten Modelle repräsentieren typische Beispiele.

Cicero (106-43)	**Ptolemäus (100-160)**	**Augustinus (354-430)**	**Isidor von Sevilla (560-636)**	**Bartholomäus Anglicus (13. Jhdt.)**
Einteilung in vier Stufen	Einteilung in sieben planetarisch bestimmte Lebensalter	Einteilung in sechs Altersstufen	Einteilung in sieben Altersstufen	Einteilung in sieben Altersstufen
Kindheit (pueritia) Kraftlosigkeit Jugend (adolescentia) Ausschweifung Mittleres Alter (constans aetas) Ernst Greisenalter (senectus) Weisheit	1-4 Jahre wandelbarer Mond 5-14 Jahre geschäftiger Merkur 15-22 Jahre lustvolle Venus 23-41 Jahre die Sonne als König und Herrscher 42-56 Jahre unruhestiftender Mars 57-68 Jahre segensreicher Jupiter (Besonnenheit, Würde, Anstand) 69-Tod langsamer Saturn	Säuglingszeit Kindheit Adoleszenz Jugend (ca. 30-50 Jahre) Reife Hohes Alter	1-7 Jahre Kindheit bis 14 Jahre pueritia bis 28 Jahre Adoleszenz bis 50 Jahre Jugend bis 70 Jahre Reife ab 70 Jahren hohes Alter kurz vor dem Tod senies	bis 7 Jahre Kindheit bis 14 Jahre pueritia bis 28 Jahre Adoleszenz 45-50 Jahre Jugend bis 60 Jahre senectute bis 70 Jahre hohes Alter bis zum Tod senium

Tabelle 6: Lebensaltersstufenmodelle von der römischen Antike bis zum Mittelalter

Diese Symbolisierung des Erlösungsgedankens über das Alter bereitet jedoch gleichzeitig auch den Weg für einen diesseitigen Ausweg: Der mittelalterliche Mystiker MEISTER ECKHARD (1260-1328) ersetzt das Erwartungsdenken durch ein Erfüllungsdenken, demzufolge der Mensch sich über seine mit Gott verbundenen Seelenkräfte, die nicht altern, verjüngen kann. (Vgl. Rosenmayr 1978, 48) Bevor MEISTER ECKHARD diese Theorie entwickeln konnte, etablierte sich jedoch eine Tradition der negativen Beschreibung von hohem Alter. AUGUSTINUS (354-430) ließ zunächst sieben Altersstufen – den sieben Schöpfungstagen entsprechend – aufeinander folgen, verkürzte dann jedoch dieses Modell auf sechs Stufen, deren letzte 60 Jahre umfasst, und verortete das 4./5. Jahrhundert als sechstes Lebensalter der Menschheit. Typisch für seine frühmittelalterliche Beschreibung von Lebensverläufen ist die Ausdifferenzierung der Jugendphase in vier Stufen: Säuglingszeit, Kindheit, Adoleszenz und Jugend, auf die dann, vermutlich mit 50 Jahren, die Zeit der Reife und die Zeit des Alters folgt.

Ganz ähnlich beendet der Bischof und Kirchenlehrer ISIDOR VON SEVILLA (560-636) die Jugend mit dem 50. Lebensjahr. Unter dem Einfluss von PYTHAGORAS belebt er jedoch das Siebenerschema wieder und identifiziert ab dem 70. Lebensjahr zwei Phasen des hohen Alters.

Im 13. Jahrhundert wird ISIDOR VON SEVILLAS Modell von BARTHOLOMÄUS ANGLICUS in der Enzyklopädie *De Proprietatibus Rerum* noch einmal mit fast gleicher Abfolge wiederbelebt. Ein wichtiger Unterschied zu seinen Vorgängern besteht zunächst in der stärkeren Differenzierung zwischen Stufen des hohen Alters. Nicht nur die Jugendzeit, sondern auch das Alter wird in mehrere Phasen (senecte, hohes Alter, senium) geteilt. Außerdem folgt auf die Jugend nun ohne Übergang das Alter. MINOIS vermutet hinter diesem unvermittelten Bruch eine mittelalterliche Orientierung an Extremen: „Far from considering old age as a rarity, it was given a vital place, and was made to begin at around 50 years, thus following directly on youth. We have grown used to this characteristically medieval idea of contrasts, which left no room for the average; one was either young or old, young so long as one retained one's physical strength, old as soon as it started to decline." (Minois 1989, 160)

An die schriftlichen Abhandlungen zum Alternsverlauf schließen sich zeitgleich variationsreiche bildliche Darstellungen der Lebensaltersstufen als Treppe an. Ab dem 15. Jahrhundert veranschaulichen allegorische Darstellungen gängige

Konzeptionen des Alternsverlaufs. Tierattribute tragen zur Verständlichkeit bei: Löwe, Fuchs und Wolf repräsentieren zumeist das mittlere Alter, Hund oder Katze, Esel und Gans das hohe Alter. (Vgl. Schleier 1994, 60)

Thomas COLE und Mary G. WINKLER weisen darauf hin, dass diese schriftlichen und bildlichen Darstellungsformen zu weiten Teilen einer gelehrten Minderheit vorbehalten blieben. Doch auch für die bäuerliche Bevölkerung des 15. und 16. Jahrhunderts lassen sich ähnliche Repräsentationen benennen wie sie z.B. in diesem volkstümlichen Spruch zum Ausdruck kommen:

10. Jahr – ein Kind,
20. Jahr – ein Jüngling,
30. Jahr – ein Mann,
40. Jahr – Stillstan,
50. Jahr – Wohlgetan,
60. Jahr – Abgan,
70. Jahr – dein Seel bewar,
80. Jahr – der Welt Narr,
90. Jahr – der Kinder Spott,
100. Jahr – nun gnad dir Gott. (Vgl. Cole & Winkler 1988, 40)

Ähnlich wie in der Zusammenfassung zur Untersuchung einfacher Gesellschaften lässt sich auch am Ende dieses Kapitels das Fundament näher bestimmen, auf dem Altersbeschreibungen entstanden sind. Die entscheidenden sozialstrukturellen Grenzen stellen ständische Regelungen zum guten Leben und damit auch zum Altern dar. Während für weite Teile der mittelalterlichen Bevölkerung an eine Alterssicherung bei Arbeitsunfähigkeit nicht zu denken war und diese dadurch im Alter nicht selten zu Almosenempfängern wurden, beschäftigte sich eine (gebildete) Minderheit u.a. mit der Erklärung von Altersunterschieden. Im Gegensatz zur griechischen und römischen Antike verliert das hohe Alter mit der Christianisierung seine Bedeutung und wird fast durchgängig als Abstieg eingeordnet. *Über alle Unterschiede hinweg, bleibt jedoch festzuhalten, dass der Wunsch, Altersdifferenzen in eine Rangordnung zu bringen, verbindendes Element der hochkulturellen*

„Altersforschung" ist. Dieser Blick auf Unterschiede begründet sich durch die Erfahrung ständischer Unterschiede. „Die Komplexitätsschranken dieses Differenzierungstyps liegen in der Notwendigkeit der Hierarchisierung der Ungleichheit. Jedes Teilsystem kann sich zwar dadurch, dass es sich selbst einer Hierarchie zuordnet, auf das Gesamtsystem beziehen; es kennt seinen Platz im Ganzen: Zugleich muss es dabei jedoch seine innergesellschaftliche Umwelt im Verhältnis zu sich selbst als ungleich definieren, und zwar an Hand von übergreifenden Rangkriterien." (Luhmann 1980b, 26)

Mit der vordringlichen Zuordnung des Einzelnen zu einem Stand verschiebt sich die Perspektive von einem innen/außen der einfachen Gesellschaft zu einem oben/unten der hochkultivierten Gesellschaft. Jede Handlung, jede Beobachtung rechtfertigt sich über diese Einordnung und rückt die eigene Lebenswelt in den Vordergrund. Mit der Konzentration auf die eigenen Rechte und Pflichten innerhalb dieser arbeitsteiligen Gesellschaft werden auch Unterschiede bzw. Abweichungen im Lebensverlauf beobachtbar und: miteinander verknüpfbar. Das Kleinkind steht nun nicht mehr in Verbindung zu den beschützenden Ahnen, sondern dient als Vergleichsmöglichkeit zum Alter. Parallelen zwischen hilfebedürftigen Kindern und alten Menschen werden auf diese Weise sichtbar. Schriftlich und bildlich fixierte Altersbilder der Hochkulturen orientieren sich weniger an Phänomenen des Alterns als an den jeweiligen Referenzsystemen. *Das auffällige Alter wird in Modellen über Lebensaltersstufen als Differenz verständlich und vertraut.* Eben diese Vorgehensweise benennt NASSEHI als Charakteristikum von stratifizierten Gesellschaften, deren Legitimation von einer religiösen Grundsymbolik geleistet wird. „Das Ganze wird dadurch vertraut, daß das Unvertraute, d.h. Kontingenzen, Unbestimmbares, Unbekanntes etc. durch Handhabung der Differenz vertraut gemacht werden." (Nassehi 1993, 281) Die Stufenmodelle der Hochkulturen erfüllen für das hohe Alter exakt die gleiche Funktion wie Religion für die ständische Differenzierung: *Sie weisen dem Alter einen Ort zu, begründen seine Auffälligkeit und normalisieren den Unterschied zu anderen Altersstufen.* Als alt galten vermutlich alle, für die sich eine Beschreibung anhand der Altersstufenetiketten anbot. Wer nicht durch diese sichtbar gemachten Unterschiede zu anderen Altersgruppen auffiel und nicht in eine der vielen Altersschablonen passte, dürfte sich einer ähnlichen „Freiheit" der Lebensgestaltung erfreut haben wie alle anderen Standesangehörigen, die eben auch nicht alt waren.

Funktional differenzierte Gesellschaft: Alter hat Zukunft[23]

In historischen Untersuchungen wird gewöhnlich zwischen das Mittelalter und die Zeit der modernen Gesellschaft die Epoche der Neuzeit gesetzt, die — mit der Reformation eröffnet — mit dem Beginn des 16. Jahrhunderts datiert wird. Auch hier soll den Besonderheiten dieser Epoche Rechnung getragen werden. Im Folgenden werde ich zu zeigen versuchen, dass die gegenwärtige Sicht auf „Die Alten“ von zwei Begleitphänomenen der modernen Gesellschaft geprägt ist: dem Beginn der standesübergreifenden Kommunikation und der demographischen Transition. Während ersteres noch der Epoche der Neuzeit zuzurechnen ist, ist letzteres schon eindeutig in einer funktional differenzierten Gesellschaft zu platzieren und gewinnt unter eben diesen Vorzeichen seine besondere Prekarität. Zunächst zur neuzeitlichen Ablösung des Stufenmodells.

Wie schon in den Ausführungen zu mittelalterlichen Altersschablonen folge ich auch diesmal zunächst den brillanten Studien von Peter BORSCHEID zur Geschichte des Alters. Seine Untersuchung der Zeit von 1350 bis 1820 zerfällt in zwei Abschnitte, die entscheidende Zäsur ist mit dem Ende des Dreißigjährigen Krieges gegeben. Während BORSCHEID die Zeit des späten Mittelalters und der frühen Neuzeit unter dem Titel „Alter als Fluch“ zusammenfasst, steht die folgende Epoche unter dem Titel „Alter als Autorität“. Diese Kontrastierung führt den Leser auf die Fährte von „Alterskonjunkturen“ (Borscheid 1993), vernachlässigt dabei jedoch, dass niemals vor dem Dreißigjährigen Krieg von einer solchen Übereinstimmung im Altersbild ausgegangen werden kann. Die Analyse der Lebensstufenmodelle konnte verdeutlichen, wie offen eine stratifizierte Gesellschaft für unterschiedliche Altersbilder ist, solange diese in eine gesamte Ordnung des Lebenslaufs und der Gesellschaft eingebettet sind.[24] Aus diesem Grund werden die Ergebnisse der BORSCHEIDschen Studien in dieser Arbeit zwei unterschiedlichen Zeitepochen – und zwei unterschiedlichen Kapiteln – zugeordnet.

---

[23] Diese Überschrift ist einer Veröffentlichung von Hans Ulrich KLOSE entlehnt: Altern hat Zukunft (1993). Vgl. mit ähnlichem Titel Hoppe & Wulf 1996: Altern braucht Zukunft; Brauchbar & Heer 1995: Zukunft Alter.

[24] Dass die Lebensverhältnisse vermutlich zu weiten Teilen nur einen erschreckend elenden Alternsverlauf gestatteten, kann dieses Ergebnis nicht widerlegen. Die direkte Interpretation dieses Befunds aus heutiger Perspektive legt moderne Maßstäbe an und verlängert heutige Gesellschaftskritik in die Vergangenheit. Stattdessen wähle ich hier den Umweg über eine begriffsgeschichtliche Analyse und parallelisiere semantische Neuerungen mit strukturellen Veränderungen der Gesellschaft.

BORSCHEID bewegt sich auf dem richtigen Weg, wenn er für die Zeit nach dem Dreißigjährigen Krieg einen entscheidenden Wandel identifiziert. Sich langsam verbessernde Lebensbedingungen verdrängen die rauen Sitten der Kriegszeiten und stimulieren Bemühungen zur „Versittlichung des Lebens". Der Staatstheoretiker Samuel PUFENDORF (1632-1694) entwirft 1672 eine Pflichtenlehre, die „Achtung gegenüber dem Mitmenschen, Demut und Dankbarkeit" (Borscheid 1987, 108) fordert. Mit dem Pflichtenbegriff gewinnt die Gesellschaft des 17. Jahrhunderts eine fortschrittsorientierte Perspektive, die – anstelle einer vorgegebenen Ordnung – den Menschen zum Maß aller Dinge setzt. Die Entstehung anthropologischer Beschreibungen zu dieser Zeit wird begleitet von einem umfassenderen Einbezug der unteren Schichten in wirtschaftliche, politische und religiöse Entscheidungen. Noch lange nicht kann von einer Inklusion aller gesprochen werden, aber zunehmend gewinnt vor allem das Bürgertum an Bedeutung. Reinhart KOSELLECK spricht von Demokratisierung, Verzeitlichung, Ideologisierbarkeit und Politisierung, um damit verbundene Veränderungen im Bedeutungsgehalt von Begriffen dieser Epoche zusammenzufassen. (Vgl. Koselleck 1972, XVIff.)

Für unsere Frage nach der Stellung der alten Menschen in dieser Gesellschaft ist vor allem der neue, positive und relativ umfassende Altersbegriff von Interesse. In Moralischen Wochenschriften („Der Greis"), „Hausväterliteratur", aber auch bei Totengesängen und Leichenpredigten und in höfischen Rangordnungen wird hohes Alter als verehrungswürdiges Verdienst angesehen, als Belohnung für ein tugendhaftes Leben. Der bayerische Barockprediger Christoph SELHAMER formuliert 1701: „Insgemein halt man eben das, was alt ist, für das Best: Also wird vil 100. mal das alte herfürgestrichen, das Neue verworffen. Alter Glaub ist der beste Glaub. Alte Bücher halt man für die beste Bücher. Alte Leut seynd recht gescheite Leut. Alt Gelt ist das beste Gelt. Alter Wein ist der beste Wein." (Selhamer 1701, zit. n. Borscheid 1987, 117) Diese Betonung des wertvollen hohen Alters stellt zu weiten Teilen einen Reflex auf das Modell absolutistischer Staatsführung dar. Ebenso wie der Herrscher ist auch der Familienvater, der sich um seine Angehörigen und Untergebenen sorgt, nur Gott verpflichtet. Der Zugewinn an umfassender Autorität betrifft jedoch nur die alten Männer, so dass diese Epoche genauer als die Zeit der Väter charakterisiert werden kann. Die *Aufklärung* trägt ihren Teil dazu bei, die „vernünftigen alten Männer" gegen die „gefühlsgeleiteten Jungen" zu profilieren, bereitet jedoch auch den Weg für die anschließende Entmachtung der

„Väter“. Mitte des 18. Jahrhunderts lässt sich eine erste Rezession in bezug auf den Altersstatus beobachten. Die Orientierung am Forschrittsgedanken, am lebenslangen Lernen hat die Tradition zurückgedrängt und die Jungen in den Vordergrund gerückt. Im *Sturm und Drang* findet eine Neubewertung der Stereotypen Alter=Vernunft und Jugend=Gefühl statt. Johann Gottfried HERDER (1744-1803) schreibt schließlich: „Der Greis ist ein Schwätzer und Philosoph in Worten. Seine Erfahrungen, matt, weitläufig, ohne Bestimmtheit in Lehren vorgetragen, werden loci communes ... . Neuen Eindrücken ist die Seele kaum mehr offen: sie ist verschlossen ... .“ (Herder 1967, zit. n. Borscheid 1987, 138) Ab diesem Zeitpunkt könnte man Philippe ARIÈS' *Geschichte der Kindheit* folgen, um sich über den Ansehensverlust der alten Menschen bzw. der alten Männer zu informieren. (Vgl. Ariès 1983) BORSCHEID betont, dass – vor allem im Bürgertum – noch lange die patriarchale Stellung der Väter erhalten geblieben ist. Im Gegensatz zur Zeit vom Ende des 17. und Beginn des 18. Jahrhunderts findet diese Position jedoch nicht mehr uneingeschränkte Akzeptanz in der wissenschaftlichen und belletristischen Literatur und Kunst.

Hans-Joachim VON KONDRATOWITZ hat sich mit begriffsgeschichtlichen Veränderungen im 18. bis zur Mitte des 19. Jahrhunderts beschäftigt und greift dabei das Thema der Lebensaltersstufen wieder auf. Während in der bildenden Kunst vorrangig das Motiv der Treppe dominierte, meist in 10 Stufen aufgeteilt und mit dem 50. Jahr auf dem höchsten Punkt (vgl. Conrad 1994, 25ff.), bemühen sich enzyklopädische Auseinandersetzungen mit dem Alter um eine entwicklungsgeschichtliche Darstellung. VON KONDRATOWITZ vermutet hinter dieser Veränderung eine Reaktion auf die vielfältigen, naturwissenschaftlich gewonnenen empirischen Daten, die sich nicht mehr in die traditionellen Muster fügen lassen. Die Beschreibungen von Alternsverläufen folgen nun der Logik eines zeitlichen Nacheinander und lösen das eher räumliche Nebeneinander der Altersstufen ab. (Vgl. von Kondratowitz 1983, 387) Während im 18. Jahrhundert zunächst noch das alte Muster mit naturgeschichtlich-klassifikatorischen Bezugspunkten dominiert, in dem alten Menschen zumeist hohes Ansehen zugestanden wird, lässt sich am Anfang des 19. Jahrhunderts eine zunehmende Flexibilisierung beobachten. Anstelle der schematischen Klassifizierungen prägen variable Alternsverläufe, die allerdings nur noch dem gesunden alten Menschen Kompetenzen zuerkennen, die Lexikoneintragungen. Die auffällige Reduktion auf biologische Verlaufsmuster in der Mitte des 19.

Jahrhunderts rechnet VON KONDRATOWITZ vor allem der zunehmenden Fülle an Stichwörtern in Lexika und Handbüchern und dem Zwang zur Komprimierung zu. (Vgl. Kondratowitz 1983, 391)

Ein schönes Beispiel für das von VON KONDRATOWITZ beschriebene Interesse an flexibilisierten, individuell unterschiedlichen Alternsverläufen hat Christoph CONRAD gefunden: „Während die Stufenpyramide, die der schwäbische Pflasterpächter und Zolleinnehmer Johann MACHAUF 1843 zeichnete, das konventionelle Auf und Ab der Lebenstreppen nachbildete, vertrug sich die Abfolge der für ihn wichtigen Ereignisse seines Lebens überhaupt nicht mit einem vorgefertigten Schema. In Anlehnung an die populären Verse solcher Bilder schrieb Machauf: 'Mit 7 Jahr ein Kind, mit 12 Jahr ein Schreinerjung, mit 16 Jahr in die Fremde, mit 20 Jahr ein Legionist, mit 24 Jahr bei den Schützen, mit 38 Jahr in der Fremde, mit 41 Jahr vermählt, mit 42 Jahr ein Landwehrkorporal, mit 46 Jahr ein Malergehilf, mit 49 Jahr Pächter'. Der Höhepunkt seiner beruflichen Karriere, auf den er stolz mit einem Geldsack von 736 Gulden in der Hand hinwies, rutschte unter dem Zwang des bildlichen Schemas auf die unterste rechte Stufe, wo es sonst der Senilität entgegengeht.“ (Conrad 1994, 26) CONRAD betont, dass MACHAUF mit diesem verunglückten Versuch zur Individualisierung der Lebenstreppe wahrscheinlich eher neue Freiheiten auf dem Boden der Sicherheit der alten Strukturen gesucht hat. (Vgl. ebd.) Neben der „ungeordneten“ Abfolge fällt auch der fehlende Abstieg des Alters auf: MACHAUFs Beschreibung endet mit der Position als Pächter.

Die bisherigen Ergebnisse sollen zunächst zusammengefasst werden. Die Veränderungen, die wir in Bezug auf das hohe Alter beobachten konnten, werden begleitet von gesellschaftsstrukturellen Veränderungen. Die ständische Ordnung wird konfrontiert mit Entscheidungsstrukturen, die funktionalen Bezugspunkten folgen: Revolutionen stimulieren das Interesse an Macht, ein umfangreiches Warenangebot sucht sich seine Käufer auch in fremden Ländern und die bürgerliche Familie erreicht ihren Höhepunkt als normatives Modell des Privatlebens. Die langsame Auflösung ständischer Verbindlichkeiten befreit auch die statische Altersgliederung des Mittelalters aus ihrer vorgegebenen Rangordnung und ermöglicht die Kombination mit neuen Themen wie z.B. familiäre Autorität[25]. Väterliche

---

[25] Heidi ROSENBAUM weist darauf hin, dass vor dem 18. Jahrhundert noch vom 'ganzen Haus' gesprochen wurde und erst später das Konzept der Familie in den Sprachgebrauch Eingang fand. (Vgl. Rosenbaum 1980, 21)

Macht gilt wie absolutistische Herrschaft von nun an für alle Untertanen, über alle Standesgrenzen hinweg. Mit der Profilierung der bürgerlichen Familie verliert jedoch das hohe Alter schon im nächsten Schritt sein neugewonnenes Ansehen. Die Kinder monopolisieren den Lernbegriff, und die alten Menschen müssen ihre traditionellen Rechte schließlich dem familiären Gefühlsleben unterordnen. Aber auch in dieser abgewerteten Position erscheinen sie der neuzeitlichen Gesellschaft noch als *eine* Gruppe 'alte Menschen'. KOSELLECK identifiziert als Charakteristikum dieser „Sattelzeit" den Gebrauch von Kollektivsingularen: „aus den konkreten 'Geschichten' wird die 'Geschichte an sich', aus den sachbezogenen einzelnen Fortschritten wird der 'Fortschritt selber', aus den Freiheiten ständischer Vorrechte wird die allen gemeinsame 'Freiheit'" (Koselleck 1972, XVII) Auch die alten Menschen werden mit dem Gebrauch des Begriffs 'Alter' in so einer „Leer- und Blindformel" (ebd.) eingeordnet. Im Gegensatz zur mittelalterlichen Beschreibung werden nicht mehr Eigenschaften verschiedener Altersgruppen miteinander kontrastiert: *Alt und Jung werden zwar noch miteinander verglichen wie in einer klassisch stratifizierten Gesellschaft, dieser Vergleich findet nun aber in Bezug auf die Bedeutung der Altersgruppen für die gesellschaftliche Entwicklung statt.* Die vorgegebene Menge an zu vergebenden Charakteristika von Planeten, Jahreszeiten, Temperamenten und Tieren verliert ihren Rahmen und wird nur noch in künstlerischen Darstellungen verwendet. An die Stelle von Rangordnungen treten Zukunftsbezüge, über die einzelne Altersgruppen instrumentalisiert werden, gegen andere ausgespielt und bei Übersättigung durch andere ersetzt werden. Nur in diesem Zusammenhang ist BORSCHEID rechtzugeben, wenn er das Wort „Alterskonjunkturen" benutzt. Solche generalisierenden Alterskonjunkturen sind in Hochkulturen noch nicht möglich. Erst die moderne Gesellschaft ermöglicht homogenisierende Zusammenfassungen[26].

Eine Verschärfung erfährt diese moderne Umgangsweise mit dem hohen Alter mit der *demographischen Transition.* Schon oft ist die Zunahme des Anteils alter Menschen an der Bevölkerungspyramide als Ursache für die moderne problemorientierte Beschreibung des Alters angeführt worden. Ein genauer Blick auf

---

[26] Das Interesse an solchen anthropologischen Konstanten muss stattdessen umgekehrt als Produkt der neuzeitlichen Gesellschaft verstanden werden. Die 'Unterbestimmtheit der menschlichen Natur' als anthropologisches Problem korrespondiert mit den sozialstrukturellen Erfordernissen nach Beteiligungsmöglichkeiten für alle, ohne ständische, religiöse oder nationale Bestimmung. (Vgl. Luhmann 1980c, 169ff.)

dieses Phänomen konkretisiert den Sachverhalt. Der britische Soziologe Peter LASLETT hat sich vor allem auf Forschungen zur historischen Demographie konzentriert und dabei einen „säkularen Wandel" (Laslett 1995, 103ff.) identifiziert. Große Unterschiede in Bezug auf die Lebenserwartung zwischen dem 19. und dem 20. Jahrhundert bringt er in die Form zweier Ebenen. „Von einem an der Oberfläche unebenen, aber im Prinzip waagerechten Niveau, das von den 1890ern in die ferne, unbegrenzbare Vergangenheit zurückreicht, scheinen wir fast an die Spitze eines ungewöhnlichen steilen Hangs aufgestiegen zu sein, und wir sind dabei, auf einer sehr viel höheren Ebene zu landen. Diesen jähen Anstieg werden wir den *säkularen Wandel im Altern* nennen, wobei ‘säkular' den langfristigen und dauerhaften Charakter dieses unumkehrbaren Wandels verdeutlichen soll." (Ebd., 114)

In seiner Erforschung dieses Wandels kann LASLETT auf demographische Daten zum England der letzten 450 Jahre zurückgreifen. Dabei hat sich herausgestellt, dass – wie LASLETT selbst in dem oben angeführten Zitat schon betont hat – die Lebenserwartung vor 1890 nicht immer gleich hoch war und auch nicht stetig angestiegen ist, sondern z.B. 1590 höher war als 1790, die nächsthöchste Lebenserwartung dann jedoch 1640, 1690 und 1740 erreicht wurde. (Vgl. ebd., 125) Da trotzdem das Niveau nicht dauerhaft verändert wurde und erst ab dem Ende des 19. Jahrhunderts der Anteil der über 60jährigen anstieg, spricht man von einer Rektangularisierung der Überlebenskurve.[27]

Diese für die moderne Gesellschaft als charakteristisch bezeichnete demographische Entwicklung wird von LASLETT auf ihre Entstehung untersucht. Etwas hilflos kommt er dabei zu dem Ergebnis, die Bevölkerung sei durch Zufall gealtert (vgl. ebd., 100). Als entscheidenden Faktor benennt er die sinkende Geburtenrate, an die sich etwas später eine sinkende Sterberate anschloss. Nicht die sinkende Mortalität identifiziert er jedoch als Grund für die demographische Transition, sondern vielmehr die sinkende Natalität. „Der Rückgang im relativen Anteil der Jüngeren läßt den relativen Anteil der Alten steigen, und eine verringerte Sterblichkeit hat nur geringe oder gar keine Auswirkungen auf dieses Verhältnis. Das ist so, weil bessere Überlebenschancen gewöhnlich den jüngeren Altersgruppen im Durchschnitt mehr zugute kommen als den Älteren ... ." (Ebd., 94) Mit anderen

[27] LASLETT weist darauf hin, dass diese Bezeichnung eigentlich irreführend ist, da sie nur für den Fall gilt, dass alle am Punkt der höchsten Lebenserwartung sterben. Tatsächlich müsse aber weiterhin von einer Zunahme unheilbarer Krankheiten ausgegangen werden, die zu unterschiedlichen Sterbezeiten führe. (Vgl. Laslett 1995, 110f.)

Worten: Erst aufgrund der niedrigen Geburtenrate erscheint der Anteil der Älteren ungewöhnlich hoch. Auf der Suche nach dem Grund für diese sinkende Geburtenrate macht LASLETT den Zufall als Verursacher aus und illustriert damit sehr schön, wie schwierig es ist, Begründungen für historische Veränderungen zu finden. Gründe für das von LASLETT beschriebene Phänomen lassen sich sicher auch in der 'Emanzipation' der Frauen vermuten. LASLETT hat jedoch recht, wenn er von einem eindeutigen Verursachungsprinzip absieht. Die so entstandene Lücke wird in den meisten Fällen mit dem Begriff 'Modernisierung' gefüllt, aber auch damit ist nur eine sehr grobe Begründung geliefert. LASLETT betont: „Die steigende Lebenserwartung wird von denen, die dieser unglücklichen Konvention [= Altern mit Modernisierung zu erklären, I.S.] folgen, häufig so betrachtet, als sei sie selbst ein Zeichen für Modernisierung. Aber wie bereits betont, die Industrialisierung setzte in England hundert Jahre vor dem Anfang des säkularen Wandels des Alterns ein." (Ebd., 136)

Auch ohne eine plausible Erklärung dieses Befunds müssen wir uns heute jedoch mit den Folgen dieses 'säkularen Wandels' auseinandersetzen. LASLETT spricht von einem „Dritten Alter", das so entstanden sei, und von einem „Vierten Alter" gefolgt werde.

Erstes Alter	Zeit der Abhängigkeit, Sozialisation, Unreife und Erziehung
Zweites Alter	Zeit der Unabhängigkeit, Reife, Verantwortung des Verdienens und Sparens
Drittes Alter	Zeit der persönlichen Erfüllung
Viertes Alter	Zeit der unabänderlichen Abhängigkeit, der Altersschwäche und des Todes

Tabelle 7: Alterstufen nach LASLETT (1995, 35)

Nicht jeder durchläuft – so LASLETT – diese Phasen. Wichtig sei an dieser Einteilung vor allem die Abgrenzung des positiven Dritten Alters vom negativen Vierten Alter. Nur die undifferenzierte Umgangsweise mit beiden Lebensphasen sei für die grundsätzliche Problematisierung des hohen Alters verantwortlich und stehe einer produktiven Nutzung der aktiven Zeit im Ruhestand im Weg. (Vgl. ebd., 35ff.) Ähnlich wie der Historiker Arthur E. IMHOF[28] kommt auch LASLETT zu dem Ergebnis, diese historisch neue Phase müsse entsprechend mit neuen Sinnangeboten gefüllt werden. Er hofft, „daß wir diese große Herausforderung jetzt annehmen, und zwar im positiven Sinne, und daß wir sie als einmalige Chance begreifen, denn tatsächlich bedeutet die Gegenwart so vieler alter Menschen eine ungeheure Bereicherung." (Ebd., 23)

Genau diese Überlegung führt nun wieder zurück an den Ausgangspunkt dieser Ausführungen. LASLETT vermutet in den alten Menschen eine „Bereicherung" seines Lebens. Ganz ähnlich verlief die neuzeitliche Auseinandersetzung mit diesem Thema. Hohes Alter wurde als Kollektivsingular mit einer Aufgabe bedacht. Der Unterschied zur modernen Alternsforschung besteht einzig und allein in der heutigen Unentschlossenheit darüber, worin denn diese Aufgabe wohl bestehen könnte. Der in diesem Zusammenhang typische Rückgriff auf das idealisierte Bild des alten Menschen in der traditionellen Familie stellt den deutlichsten Zusammenhang zur neuzeitlichen Generalisierung des Alters her. Ich möchte diesen Zusammenhang in der folgenden These formulieren: *Der moderne problematisierende Zugang zu 'den Alten' verdankt sich der Auffälligkeit dieser Personengruppe durch die demographische Transition und dem eher vormodernen Interesse an einer Funktionalisierung dieser Gruppe.* Während die pathetische Vermutung von gesellschaftlichen Entwicklungspotentialen in Kindern, Frauen und Arbeitern zunehmend anachronistisch erscheint, werden alte Menschen nach wie vor nicht nur als homogene Gruppe beobachtet, sondern auch noch mit einer Funktion belegt. Selbst wenn man Individualisierung nicht als entscheidende Inklusionschiffre der modernen Gesellschaft akzeptieren möchte, mutet dieser missionarische Zugang zum Thema doch etwas altertümlich an. Während sämtliche gesellschaftlichen Projekte (Fortschritt, Nationalismus, Sozialismus) ihre Attraktivität[29] verloren haben, soll hohes Alter auf einen zugrunde gelegten Sinn bezogen werden. Die Individualisierung des Lebenslaufs auch im hohen Alter wird über diesem Funktionali-

[28] Vgl. IMHOFs Einleitung zu „Die gewonnenen Jahre" (1981). Seine historische Analyse soll betroffen machen: „Man denke nur an den geringen Einsatz vieler von uns in bezug auf eine aktive Altersvorsorge. Je älter wir nun werden, umso früher müßten wir eigentlich mit einer auf die zusätzlichen Lebensjahre bewußt zugeschnittenen Lebensführung beginnen." (Imhof 1981, 24)

[29] Dass nach wie vor Nationalismus ein großes Problem der modernen Gesellschaft darstellt, kann nicht darüber hinwegtäuschen, dass dieses Programm seine umfassende Gültigkeit verloren hat.

sierungsversuch hintangestellt. Es scheint fast so, als biete die Gruppe der alten Menschen in ihrer demographischen Besonderheit eine Chance zur stellvertretenden Problematisierung der Sinnlosigkeit des individuellen Lebens. Noch bevor man das Leben dieser alten Menschen kennt, weiß man, dass sie ein Problem haben. Damit baut die moderne Alternsforschung bei der Beschreibung der Situation alter Menschen auf dem Boden der neuzeitlichen Verallgemeinerung auf und vergibt ihre Chancen zu einer individualisierten Altersbestimmung, die in den Grenzen der modernen Gesellschaft möglich wäre.

Von den Charakteristika der modernen Gesellschaft zu sprechen, bot sich bislang nicht an, da die moderne Altersbeschreibung – mit einem *time-lag* versehen – nur sehr begrenzt auf eben diese Diagnose zu reagieren scheint. Kennzeichnend für die moderne Gesellschaft ist ihre Ausdifferenzierung anhand von Funktionen, die einander nebengeordnete Teilsysteme (Politik, Wirtschaft, Recht, Wissenschaft, Religion, Familie ...) organisieren. An die Stelle der Zugehörigkeit zu einem Stand ist nun die gesellschaftsstrukturelle Außenstellung des Einzelnen getreten (vgl. Nassehi 1997, 117f.). Diese als Herauslösung des einzelnen aus traditionalen Bindungen bekannte Entwicklung und seine Inanspruchnahme für Handlungsfreiheiten und Entscheidungszwänge (vgl. Beck 1986, 205ff.) wird mit dem Etikett 'Individualisierung' belegt und legt eine eben nicht mehr generalisierbare Symbolik zugrunde. Die klassische Thematisierung dieses Befundes erfolgt unter dem Etikett 'Sinnverlust'. Wie bereits erwähnt, ist diese Diagnose jedoch nur möglich, wenn man eine über Integration und normative Generalisierung entworfene Gesellschaft voraussetzt. In den Analysen von PARSONS, EISENSTADT, SCHELSKY, TARTLER und WOLL-SCHUMACHER wird dies versucht. Das Scheitern dieser Erklärungsmodelle begründet meine Orientierung an einer Gesellschaftstheorie, die nicht an normativer Einbindung, sondern an Thematisierungsmöglichkeiten von Alter interessiert ist. An dieser Stelle kann zunächst der empirische Befund von Sinndefizit-Artikulationen als Legitimation für die Anwendung eines dezentrierten, nicht integrationistisch angelegten Gesellschaftsmodells gelten. Konkretisierungen von Inklusions- und Exklusionsbereich stehen im Zentrum der nächsten Kapitel.

Zum Schluss soll doch noch auf ein drittes, die Formierung der modernen Altersphase begleitendes Moment hingewiesen werden: auf den Ruhestand. Christoph CONRAD hat die Zeit von 1830 bis 1930 auf ihren Beitrag zur Konstruktion des Ruhestands untersucht und dabei eine Verschiebung der Zuständigkeit von privaten Netzen in Kombination mit ersten staatlichen Sicherungsinstrumenten zu primär verrechtlichten Ansprüchen festgestellt. (Vgl. Conrad 1994, 402ff.) Mit Martin KOHLIS Analysen zum Lebenslaufregime (vgl. Kap. 4) kann die Entstehung des an eine Altersgrenze gebundenen Ruhestands als ein Resultat der modernen Chronologisierung des Lebenslaufs eingeordnet werden. Als zeitliche Markierung trägt auch die Altersgrenze zu einer Formierung der Altersphase bei. Im Rahmen dieser Arbeit soll diesem klassischen Argument jedoch nur ein begrenzter Raum zuerkannt werden. Die Erklärung der Altersphase über den Ruhestand ist m.E. zu oberflächlich. Ruhestandsregelungen *reagieren* auf die Wahrnehmung von Altersphasen und verstärken damit homogenisierende Einflüsse. Sie als „Konstrukteur“ zu bezeichnen, würde vernachlässigen, dass ihnen zuvor ein Prozess der politischen Profilierung „der Alten“ vorausgehen muss, um überhaupt sozialplanerische Bemühungen zu rechtfertigen. CONRADS Wahl des Titels seines Buches stützt diese Einschätzung: „Der Titel ‘Vom Greis zum Rentner’ bezeichnet in zugespitzter Form den Übergang von einer vorwiegend diskursiven und normativen Behandlung der Lebensalter zu der hauptsächlich sozialpolitischen und institutionellen Prägung, wie sie ihren Höhepunkt im modernen Wohlfahrtsstaat findet.“ (Conrad 1994, 16) Erst im Vergleich unterschiedlicher Gesellschaftsformen im Verlauf der gesellschaftlichen Evolution kann man diese Gewichtung von Altersphase und Ruhestand verstehen. *Weder ist mit der modernen Gesellschaft erst das ‘Alter’ entstanden, noch hat der Ruhestand die Altersphase erzeugt.* Hohes Alter hat es – wie die vorhergehenden Kapitel zeigen – in allen Gesellschaften gegeben, es ist jedoch mit jeweils unterschiedlichen Sinnbezügen ausgestattet worden. Eine Verplanung des hohen Alters durch die Berentung war erst möglich, nachdem hohes Alter durch seine politische Instrumentalisierung in der Neuzeit als eine homogene Phase sichtbar wurde.[30]

Zusammenfassend lässt sich festhalten: Diese Sichtbarkeit „der Alten“, die sich zuerst ganz unbeeinflusst von der demographischen Transition und den Ruhestandsregelungen einstellte, charakterisiert auch noch die moderne Gesellschaft. Als Altersschablone ist uns ein Zugang zum Thema ‘Alter’ bekannt, demzufolge

---

[30] KONDRATOWITZ führt in seiner Analyse zur stationären Unterbringung alter Menschen ein ähnliches Beispiel für die Formierung des Alters im institutionellen Zugriff an. Im Vergleich zu mittelalterlichen „Alterssicherungen“ konstatiert er: „Gegenüber einer solch forcierten Vielfalt der Überlebenssicherung produziert die Etablierung des Altenheims eine *Vereinheitlichung*, ja geradezu eine soziale *Standardisierung von Lebensformen.*“ (Kondratowitz 1988, 104)

alle Menschen ab einem bestimmten Alter untereinander über die Kategorie 'Alter' verglichen werden können. Dies ist ein historisch neuer Befund. Die in den letzten Jahren mit dem demographischen Wandel zahlenmäßig größer gewordene Gruppe 'alte Menschen' ist damit zwar sichtbar, aber nicht als einheitliche Gruppe bestimmbar. Gerade die Heterogenität 'der Alten' prädestiniert sie für die Diagnose des Sinnbedarfs. Während es einfachen und hochkulturellen Gesellschaften noch möglich war, Auffälligkeiten zu legitimieren, gelingt dies in der modernen Gesellschaft nicht mehr. Zusätzlich wird die Vermutung eines Sinnbedarfs durch die demographische Akzentuierung dieses Problems noch forciert und bereitet so den Boden für eine Vielfalt an politischer, soziologischer und populärwissenschaftlicher Ratgeberliteratur. Die Altersphase erscheint nun als Repräsentantin gesamtgesellschaftlicher Sinndefizite.

3. Das Alter und seine Definition

Wenn Jürgen HOHMEIER 1978 den Definitionsansatz für die Alternsforschung nutzt und „Alter als Stigma“ beschreibt, ist damit neben der strukturfunktionalen Erklärung eine völlig neue Perspektive entstanden. Die Vielzahl an „sozialen Problemen“, die der Funktionalismus sichtbar gemacht hatte (vgl. Karstedt 1975, 173ff.), wird in den 70er Jahren[1] auf der Basis einer gemeinsamen Theorie zusammengeführt. Hinter diesem Vorgehen steckte die Vermutung, dass das, was der Strukturfunktionalismus als abnorme Persönlichkeitsstruktur oder fehlgelaufene Sozialisation behandelt, als Abweichung nicht zufällig neben dem, was als „normal“ angesehen wird, steht, sondern in der Definition des „Normalen“ begründet ist. Das „Ätiologische Erklärungsmodell“ sollte deshalb durch eine Theorie ersetzt werden, die nicht nach Ursachen abweichenden Verhaltens fragt, sondern nach Konstitutionsprozessen. (Vgl. Bohle 1987; Keckeisen 1974, 24) Mit diesem Ziel führt der HOHMEIERsche Stigmatisierungsansatz unterschiedliche theoretische Konstrukte zusammen. Er beginnt zunächst mit einer Diagnose der Situation alter Menschen: Ähnlich wie Arbeitslosigkeit und Armut führe hohes Alter zur Randständigkeit. (Vgl. Hohmeier 1978, 10). Im folgenden Kapitel wird diese Argumentation genauer beleuchtet, um im Anschluss daran auf inklusionstheoretischer Basis eine neues Fundament zu erhalten.

I. Konzepte der 70er Jahre

Die Beschreibung von alten Menschen als Randgruppe entwirft ein neues Bild der Gesellschaft. Während PARSONS eine hierarchische, nach Status gestufte Gesellschaft annimmt, deren Ungleichheiten durch Leistung[2] legitimiert werden, prägt

---

[1] Schon in den 60er Jahren beendeten konflikttheoretische Ansätze die Dominanz des Strukturfunktionalismus. ALEXANDER spricht für die US-amerikanische Soziologie von der „anti-Parsonian-movement of the 1960s“ (Alexander 1987, 257). Der Höhepunkt deutscher gesellschaftskritischer Forschung ist jedoch mit der Neugründung von Universitäten und dem Zuwachs an Sozialpädagogik-Professuren in den 70er Jahren anzusiedeln (vgl. Klima 1979, 244ff.)

[2] PARSONS konzediert, dass Leistung natürlich nicht das einzige Kriterium zur Statuszuweisung darstellt. Die *Möglichkeit*, Fähigkeiten *einzusetzen*, ist als ebenso wichtig anzusehen. (Vgl. Parsons 1964b, 238) Ein typisches Beispiel für eine problematische Kombination aus Fähigkeiten und Möglichkeiten stellt eben das hohe Alter dar.

nun das Modell einer Gesellschaft mit einem Zentrum und einer Peripherie die soziologische Diskussion. Desintegration erscheint nicht mehr nur als eine Möglichkeit, sondern als Normalfall. Die gleichen Strukturen, von denen die meisten Mitglieder der Gesellschaft profitieren, stellen demzufolge für einige wenige, eben Randgruppen, nahezu unüberwindbare Hindernisse dar. Die Ursache für die Benachteiligung wird in individuellen und gesellschaftlichen Funktionen vermutet. Die Soziologie der 70er Jahre ersetzt die normative Begründung gesellschaftlicher Einheit von PARSONS durch eine machttheoretische: Gesellschaftliche Strukturen werden durch Herrschaft aufrechterhalten. 'Systemstabilisierung', 'Leistungsgesellschaft' und die 'Schichtvariable' spannen in ihrer negativen Akzentuierung einen neuen Bedeutungshorizont auf, der zur Problematisierung von Ungleichheit führt. Aufgabe der Soziologie ist nun nicht mehr die Beschreibung, sondern die Veränderung der Gesellschaft: „An die Stelle des Sollzustandes eines selbstgeregelten Systems tritt der antizipierte Endzustand eines Bildungsprozesses." (Habermas 1967, 193)

Neben dieser von den Begrifflichkeiten 'Macht' und 'Herrschaft' geprägten makrotheoretischen Ebene greift der Stigmatisierungsansatz aber auch auf eine eher mikrotheoretische Ebene zurück: Devianz wird demzufolge über Definitionsprozesse erklärt, die in Interaktionen entstehen. Der Stigma-Begriff von Erving GOFFMAN stand Pate für den HOHMEIERschen Ansatz, der GOFFMANs Beschreibung um den *prozessualen Ablauf der Stigmatisierung* ergänzt. HOHMEIER hat sich damit für eine Variante des Symbolischen Interaktionismus entschieden, die die individualistische Handlungskonzeption[3] um strukturelle Variablen ergänzt. Die Benennung der Organisation als Rahmen von Interaktion ermöglicht GOFFMAN einen Nachweis asymmetrisierender Handlungen auf der konkreten Ebene von *face to face*-Beziehungen: Immer dann, wenn zwei Menschen ihre Erwartungen aufeinander abstimmen, werde im jeweils *gegebenen Rahmen* eine Definition erzeugt. Ordnung resultiert demzufolge aus der interaktionistischen – nicht gesellschaftli-

[3] ALEXANDER unterscheidet den Symbolischen Interaktionismus in zwei Ansätze, die das individualistische Dilemma, „a choice between the indeterminacy of residual categories and the randomness of pure contingency" (Alexander 1979, 223), unterschiedlich aufgreifen. Während BLUMER mit seiner MEAD-Rezeption Interaktion als eine Konfrontation von zwei Individuen beschreibt, sieht GOFFMAN in der Interaktion auch Anteile (Rahmen), die über die *face to face*-Beziehung hinausgehende Strukturierungen erzeugen.

chen – Notwendigkeit, individuelle Identität herzustellen. (Vgl. Bohnsack 1992, 41f.)

HOHMEIER verknüpft diese beiden Theorieanteile, das gesellschaftskritische Marginalisierungstheorem (Makroebene) und das interaktionistische Stigmatisierungsmodell (Mikroebene), auf der Mesoebene, der Ebene der Organisation. Dem Definitionsansatz stehen demzufolge drei Analyseebenen zur Verfügung: Gesellschaft, Interaktion und Organisation. In Organisationen lassen sich am eindeutigsten asymmetrische Etikettierungsprozesse nachweisen. Die interaktionistisch geprägte Kriminalsoziologie nutzt z.B. Aktenmaterial, um Karrieren devianten Verhaltens nachzuzeichnen. (Vgl. Sack 1968) Hilfe-Organisationen produzieren demzufolge genau das, was sie eigentlich beseitigen sollen. In gesellschaftskritischer Attitüde wird dieses Phänomen der 'Leistungsgesellschaft' zugerechnet: Als verlängerter Arm des Zentrums kontrollieren Organisationen Randgruppen und legitimieren deren abweichenden Status. (Vgl. Offe [1972] 1980, 130) HOHMEIER identifiziert den Zugriff durch Organisationen als Entstehungsort von Abweichung und begründet das Phänomen funktional im Hinblick auf individuelle und gesellschaftliche Motive.

Problematisch an diesem Erklärungsmodell ist die Vermittlung zwischen den beiden Theorieanteilen 'Gesellschaftskritik' und 'Symbolischer Interaktionismus': Folgen soziale Prozesse allgemeinen strukturellen Bedingungen (dem Ziel der Systemstabilisierung) oder werden die entscheidenden Weichen in der Interaktion gestellt? Auf welche Weise wird das Ziel, Kontrolle auszuüben, in die konkrete Hilfeleistung übersetzt? Diese Fragen können von devianzsoziologischen Ansätzen nicht beantwortet werden. Auch HOHMEIER spricht von Klärungsbedarf in dieser Hinsicht. (Vgl. Hohmeier 1975, 20f.; Albrecht 1975, 92; Karstedt 1975, 190) Die Vorzüge der Stigma-Theorie zur Erklärung des 'problematischen' Alters liegen sicherlich in dem Nachvollzug interaktionistischer Definitionsprozesse. Auch die Einbettung dieses Phänomens in den Rahmen der Organisation ermöglicht über diese Limitierung eine neue Perspektive. Der Rückbezug dieser beiden Ebenen, Interaktion und Organisation, auf ein Gesellschaftsbild mit Zentrum und Peripherie schränkt jedoch diesen Gewinn wieder ein. Die Grobheit der gesellschaftstheoretischen Analyse steht dann in keinem Verhältnis mehr zur Detailliertheit der Organisations- und Interaktionsanalyse.

Die Gliederung dieses Kapitels berücksichtigt die unterschiedlichen Ebenen: *Gesellschaft, Interaktion, Organisation.* Nachdem zunächst mit Hilfe des Begriffs 'Randgruppe' die gesellschaftstheoretische Einordnung nachgezeichnet wird, folgt die Darstellung des Stigmatisierungsansatzes in seinem theoretischen Umfeld. Vorzüge und Nachteile des HOHMEIERschen Erklärungsansatzes lassen sich am besten am Beispiel von Etikettierungsprozessen in Hilfe-Organisationen darstellen. Abschließend wird der Definitionsansatz auf seine Konsequenzen für die Bestimmung des Alters in der modernen Gesellschaft überprüft.

Gesellschaft: Alter wird marginalisiert (Hohmeier)

Den Hintergrund für die Beschreibung der Gruppe alter Menschen als Randgruppe stellt eine – im Vergleich zum Strukturfunktionalismus – veränderte gesellschaftliche Situation dar. Die Politisierung der Soziologie in den 60er Jahren (vgl. Alexander 1979, 117; Neidhart 1976, 431) hat die Kritik an Herrschaftsstrukturen in den Mittelpunkt gerückt und Minderheiten und Unterprivilegierte zum Zentrum revolutionären Wandels erklärt. Als in den 70er Jahren sozialdemokratische Programme zur Sozialplanung die eher traditionelle Sozialhilfe ablösten, entstand auch ein größerer Bedarf an wissenschaftlichem Personal, das sich genau diesem Thema widmete. Soziologische Forschung wurde von Sozialpädagogen auf Beschreibungsmöglichkeiten von „sozialen Problemen“ überprüft. (Vgl. Klima 1979, 244f.) Im Gegensatz zur lange Zeit dominanten Praxis, einzelne Problembereiche gesondert zu erforschen mit dem Ziel, sie spezialisierten Organisationen zugänglich zu machen, betrachtete man nun das Vorhandensein von „Problemgruppen“ als Indikator gesellschaftlicher Missstände. (Vgl. Karstedt 1975, 181ff.) Die soziologisierte Kulturkritik benannte mit ihnen „Opfer des Arbeitsmarktes“[4].

Die theoretische Herleitung des Phänomens „Randgruppe“ erweist sich jedoch als arbiträr: Zunächst muss man genauer benennen, was im Zentrum einer Gesellschaft steht, um dann den Rand definieren zu können. 'Leistung' und 'Konsum' gelten als die entscheidenden Charakteristika einer 'spätkapitalistischen' Gesellschaft. Ob von Ralf DAHRENDORF („Soziale Klassen und Klassenkonflikt in

[4] So lautet der Titel eines Buches von Claus OFFE und dem Projekt Arbeitsmarktpolitik (1977), das mit dem Ausschluss vom Arbeitsmarkt verbundene Prozesse der Desintegration beschreibt. Claus OFFE und Karl HINRICH sprechen unpräzise von „physischen oder zwingenden (sic!) kulturellen Gründen (Stigmatisierung)“ (Offe & Hinrich 1977, 34), die für Arbeitsmarktrisiken prädestinieren.

der industriellen Gesellschaft" 1957), Jürgen HABERMAS („Strukturwandel der Öffentlichkeit" 1962) oder Claus OFFE („Strukturprobleme des kapitalistischen Staates" 1972) analysiert, immer zeichnet die Gesellschaft ein Klassengegensatz aus, der die vielfältigen Institutionen von "Massendemokratie und Wohlfahrtsstaat" (Treibel 1994, 53) in den Verdacht der 'Systemstabilisierung' bringt. „Die Analyse und Kritik der adaptiven Selbsttransformationen des Systems, die uns heute in Gestalt planifikatorischer und technokratischer Steuerungstechniken, sozialdemokratischer Reformpolitik, wohlfahrtsstaatlicher Daseinsvorsorge, pluralistischer oder korporativistischer Organisation des Klassenkompromisses, rüstungsintensiver Technologiepolitik, multinationaler Großunternehmen und bürokratisierter Interessengruppen überall vertraut sind, muss deshalb die Analyse von Klassenkonflikt und ökonomischer Krise ergänzen." (Offe [1972] 1980, 25) Totalitäre Autoritätsstrukturen verhindern demzufolge die Emanzipation unmündig gehaltener Bürger.[5]

Der Rahmen, der von dieser Gesellschaftskritik aufgespannt wird, ist – wie das obige Zitat verdeutlicht – sehr allgemein und setzt schlichtweg alles dem Verdacht aus, Herrschaftsstrukturen aufrechtzuerhalten. Umso wichtiger ist es den Verfechtern dieser Kritik, konkrete 'Opfer' benennen zu können und mit ihnen Agenten sozialen Wandels auszumachen. All diejenigen, die zentrale gesellschaftliche Normen und Werte nicht teilen, werden zu potentiellen Auslösern von Konflikten. (Vgl. Karstedt 1975, 171f.) Um Randgruppen identifizieren zu können, muss man also zunächst die 'Kerngesellschaft' bestimmen und kann dann ergänzen, wer nicht dazugehört. Eine Aufstellung von Alfred KÖGLER verdeutlicht dieses Vorgehen. Er identifiziert als Problemgruppen des Jahres 1973: „Jugendliche; Alte; kinderreiche Familien; ausländische Arbeitnehmer; Behinderte; Anstaltsbevölkerung, insb. im Strafvollzug; weibliche Arbeitnehmer; ältere Arbeitnehmer; Drogen- und Rauschmittelabhängige; sozial Gefährdete; Obdachlose; Nichtseßhafte; Heimarbeiter; Aussiedler; Kriegsopfer; Vertriebene und Kriegssachgeschädigte; geschiedene Ehegatten; Opfer von Straftaten; Künstler; aus der Landwirtschaft ausscheidende Arbeitnehmer; ungelernte Arbeitnehmer; Bewohner von strukturschwachen Gebieten." (Kögler 1976, 15)

---

[5] Vgl. auch Herrmann KORTE zum Thema „Soziologie als angewandte Aufklärung" 1994, 46ff.

Die kritische Auseinandersetzung mit solchen Listen forderte jedoch schon sehr früh, genauere Kriterien anzulegen. In einer ersten Zusammenfassung zum Thema 'Randgruppen' schlug Friedrich FÜRSTENBERG folgende Definition vor: „Derartige lose oder fester organisierte Zusammenschlüsse von Personen, die durch ein niedriges Niveau der Anerkennung allgemein verbindlicher soziokultureller Werte und Normen und der Teilhabe an ihren Verwirklichungen sowie am Sozialleben überhaupt gekennzeichnet sind, sollen als *soziale Randgruppen* bezeichnet werden." (Fürstenberg 1965, 237) Neben der Organisationsform lenkt FÜRSTENBERG vor allem den Blick auf Desintegrationsprozesse. In strukturfunktionaler Tradition sieht er hierarchische Differenzierungen von funktionalen Differenzierungen (Beruf, Familie, Freizeit) abgelöst, die nicht jedem offen stehen. Nicht nur die Akzeptanz des gemeinsamen Wertehorizonts ist deshalb seiner Meinung nach wichtiges Kriterium, sondern vielmehr die konkrete Überprüfung der Möglichkeiten jedes Einzelnen, an den zentralen gesellschaftlichen Teilbereichen zu partizipieren. Ist ein Ausschluss aus einem dieser Bereiche mit einer umfassenden Isolation verbunden, rechtfertigt dies das Etikett 'Randgruppe'. FÜRSTENBERG verweist damit erstmals auf strukturelle Ursachen für Desintegration. Typisch erscheint ihm deshalb der Fall der alten Menschen, die „keine Bindungen an die Arbeitswelt und die Familie mehr" (ebd., 235) besitzen. Die „Verkürzung des Erlebnishorizonts" (ebd.), die mit Desintegration verbunden sei, könne an ihnen beispielhaft verdeutlicht werden. Beispielhaft für die soziologische Bearbeitung des Themas ist jedoch auch der generalisierende Zugriff auf die 1965 schon sehr große Gruppe von Menschen.

Dieser sehr frühen Auseinandersetzung mit dem Thema folgen weitere, die sich jedoch nun nicht mehr nur für „die Stellung im sozialen Beziehungsgefüge" (ebd., 237) interessieren, sondern vor allem für Machtstrukturen. (Vgl. Kartstedt 1975, 181) Während noch FÜRSTENBERG davor warnt, eine 'Kerngesellschaft' und eine Orientierung des Einzelnen daran anzunehmen (vgl. Fürstenberg 1965, 237), gehen machtorientierte Ansätze wieder zunehmend von einem über Werte bestimmbaren Zentrum aus. Susanne KARSTEDT gelangt in einem Aufsatz zur soziologischen Theorie der Randgruppe zu einer Definition, laut der es sich bei Randgruppen um Gruppierungen handelt, „deren Werte, Normen, Verhalten und/oder äußere Erscheinung von den herrschenden Gruppen, bzw. der Mehrheit, als Bedrohung des gültigen normativen Systems, des gesellschaftlichen Wertekonsensus sowie der eigenen Legitimierungsansprüche und sozialen Ressourcen angesehen werden, weil die Randgruppenangehörigen den gesellschaftlichen Standards entweder nicht genügen können oder diese durch ihre normative Orientierung in Frage stellen und bekämpfen.“ (Karstedt 1975, 182) Die Komplexität dieser Definition (wie auch der von FÜRSTENBERG) macht – aus heutiger Perspektive – auf die Probleme aufmerksam, die mit einer Zusammenfassung von so unterschiedlichen Gruppen wie den oben erwähnten verbunden sind. Manche von ihnen sind freiwillig organisiert (Jugendgruppen, Vertriebene), andere wiederum finden sich eher unfreiwillig zusammen (Strafgefangene) und wiederum andere sind kaum als eine Gruppe zu identifizieren (ungelernte Arbeitnehmer, weibliche Arbeitnehmer). Allen gemeinsam sei jedoch – so KARSTEDT – die Distanz zum Wertezentrum, und darüber erkläre sich auch – machttheoretischen Ansätzen zufolge –, warum es diesen Menschen schlechter gehe als anderen: Als „Bedrohung“ des Wertekonsens werden sie aus relevanten gesellschaftlichen Teilbereichen ausgeschlossen. (Vgl. ebd.) Begründet wird diese Ungleichheit durch die Unfähigkeit (gewollt oder auch nicht gewollt), dem Leistungsprinzip zu entsprechen und zur Erzeugung und Konsumption von Gebrauchswerten (vgl. Offe [1972] 1980, 59) beizutragen. *Mit dieser marxistischen Wendung des Arbeitsbegriffs ersetzt das anthropologisch generierte, normative Bild des nicht entfremdeten Menschen die vormalige Orientierung an einem strukturfunktional begründeten normativen Gesellschaftsbild.* Der Wert der Arbeit bestimmt sich nicht über gesellschaftliches Interesse an Ordnung, sondern über Emanzipationsbedürfnisse des Einzelnen. „Entfremdete Arbeit“ und der Ausschluss von der Arbeitswelt stellen demzufolge die entscheidenden Repressionstechniken der spätkapitalistischen Gesellschaft dar. (Vgl. ebd., 58ff.)

Für die Analyse des HOHMEIERschen Ansatzes ist diese kurze soziologiegeschichtliche Einordnung sicherlich verpflichtend, obwohl HOHMEIER selbst auf diesen gesellschaftstheoretischen Diskurs nur sehr oberflächlich zurückgreift. 1978, als er zusammen mit Hans-Joachim POHL das Buch „Alter als Stigma oder wie man alt gemacht wird“ herausgibt, liegt die „heiße Phase der Studentenbewegung“ schon weit zurück; marxistisches Gedankengut ist zu einem festen Bestandteil soziologischer Analyse geworden, ohne dass es im einzelnen auf seine Genese befragt werden müsste. Wenn HOHMEIER von „gesellschaftlichen Funktionen“ (Hohmeier 1975, 19) spricht, haben sich die Konnotationen dieser Begrifflichkeiten im Vergleich zur strukturfunktionalen Analyse gewandelt. In jedem sozialen

Kontakt lässt sich nun der Einfluss „machtstrukturierter Kommunikation" (Bohnsack 1992, 44) identifizieren. Mit seiner Erklärung für das Phänomen, „Alt gemacht zu werden", greift HOHMEIER diese Begründungsmuster auf. Er beginnt mit einer Benennung der Kriterien, die eine Einordnung als 'Randgruppe' rechtfertigen. Neben der eingeschränkten gesellschaftlichen Integration und damit verbundener räumlicher und psychischer Isolation spielt vor allem die Stereotypisierung und Diskriminierung alter Menschen eine entscheidende Rolle.[6] (Vgl. Hohmeier 1978, 10) Zurückgeführt wird diese Beobachtung auf die Funktionsprinzipien der „Leistungsgesellschaft" (ebd., 16). „'Alter', wie das Stereotyp es sieht, steht zu Werten wie Leistung, Erfolg, Flexibilität, Gesundheit, Genuß und Autonomie in einem Gegensatz ... ." (Ebd.) In ihrer Abweichung von der Norm der jungen Erwachsenen verbleibt alten Menschen nur noch eine negativ akzentuierte Altenrolle.

Wie oben schon angedeutet, ist die Beziehung zwischen der Definition des 'Zentrums' und des 'Randes' nicht ganz unproblematisch. Gibt es einen 'Kern' der Gesellschaft? Und vor allem: Gibt es eine rationale Orientierung an diesem 'Kern'? (Vgl. Fürstenberg 1965, 237) Wie lässt sich ein so vielfältiger 'Rand' diesem 'Kern' zuordnen? HOHMEIER wählt einen typischen Lösungsweg. Mit Hilfe des Altersstereotyps kann er (definierte) Attribute alter Menschen benennen und von diesen wiederum rückschließen auf zentrale Werte. Für HOHMEIER „liegt es auf der Hand, daß gerade das Altersstereotyp in zentralen gesellschaftlichen Werten und Normen verankert ist" (Hohmeier 1978, 15). Was 'Rand' ist und was 'Zentrum', bestimmt sich also gegenseitig; der Definition von Randgruppen, aber auch von Randgruppen-Listen wird auf diese Weise der oben beschriebene Freiraum eröffnet.[7]

---

[6] Für die Gruppe der alten Menschen hat KÖGLER eine Einordnung als Randgruppe vor einem allgemeineren Horizont versucht. Er attestiert ihnen den Status einer Randgruppe, allerdings mit Einschränkungen: „Insgesamt ist die Zuordnung des Begriffs 'ältere Menschen' zu der Lebensphase der über 65jährigen fragwürdig. Ihre generelle Einstufung als Randgruppe ist höchst problematisch und rechtfertigt sich nur daraus, daß bei den über 65jährigen ein hoher Anteil von einkommensmäßig und situativ in der Wohnsituation, der Infrastrukturversorgung usw. benachteiligten Personen festzustellen ist." (Kögler 1976, XVIII) Die entscheidende Qualität im Definitionsprozess verdankt sich wohl eher dem Befund der Diskriminierung, wie er von HOHMEIER in den Vordergrund gestellt wird.

[7] Ganz ähnlich argumentiert auch Jean-Pierre JUNKER, dessen Essay „Alter als Exil. Zur gesellschaftlichen Ausgrenzung alter Menschen" (1973) von HOHMEIER gelobt wird. JUNKERs These lautet, „daß die Ausgrenzung der Alten zum System gehört und es deshalb kennzeichnet" (Junker 1973, 9). Die Werte der Leistungs- und Konsumgesellschaft seien „unverträglich ... mit dem Alter, oder vielmehr mit den Unwerten, die man in dieser Gesellschaft mit dem Alter assoziiert" (ebd., 34). Ihm reicht der Hinweis

Die Plausibilität des Marginalisierungstheorems ergibt sich aber in den 70er Jahren auch über Veränderungen des Arbeitsmarktes. In den Jahren nach der ersten großen Wirtschaftskrise der Nachkriegszeit 1966/67 ist die Erwerbsquote rückläufig, so dass Mitte der 70er Jahre Arbeitslosigkeit zu einem dominanten Thema der Sozialpolitik wird. Arbeitslos sind in diesen Jahren zunehmend ältere Arbeitnehmer und auch ein Kündigungsschutz für diese Gruppe wird häufig durch vorzeitige Entlassung umgangen. Die Einführung der flexiblen Altersgrenze 1972, die mittlerweile wieder abgeschafft worden ist, entspricht sowohl den Bedürfnissen vieler Arbeitnehmer, aber auch vieler Arbeitgeber. Thema der Alternsforschung ist somit nicht mehr die Isolation alter Menschen durch Ruhestand und Hilfebedürftigkeit, sondern ihre Diskriminierung mit den entsprechenden Folgen. In dem Aufsatz von Hans-Joachim POHL „Zur Ausgliederung älterer Arbeitnehmer aus dem Berufsleben" wird diese Entwicklung wiederum auf die Werte der Industriegesellschaft zurückgeführt, die ältere Arbeitnehmer als solche mit minderer Leistungsfähigkeit erscheinen lassen. (Vgl. Pohl 1978, 85)

HOHMEIER greift mit seinem Erklärungsansatz diese Überlegungen auf und erhält folgende Diagnose: Die Diskriminierung anhand von zentralen gesellschaftlichen Werten führt zu einer umfassenden Desintegration alter Menschen. (Vgl. Hohmeier 1978, 12) Seine Kritik an der generalisierenden Tendenz dieses Stereotyps illustriert die charakteristischen Schwächen des Argumentationsstils dieser und ähnlicher 'systemkritischer' Etikettierungsansätze. Während zunächst von der 'Definitionsmacht' der Leistungsgesellschaft ausgegangen wird und Möglichkeiten zur Entstigmatisierung und zu einem positiven Altern sichtbar werden (vgl. ebd., 29), wird an anderer Stelle auf die „Schichtvariable" (ebd., 28) hingewiesen; Generalisierungen orientieren sich demnach einseitig an den ärmsten alten Menschen und vernachlässigen individuelle und soziale Unterschiede. (Vgl. ebd., 16) HOHMEIER baut also auf zwei Beobachtungen auf: 'Alte Menschen sind marginalisiert'[8] und: 'Von den ärmsten der Alten wird unzulässig auf alle alten Menschen geschlossen.' Die Ursache für beide Missstände werden dann allgemein in 'gesamt-

---

auf die Gegensätzlichkeit beider Seiten (Leistungsgesellschaft und hohes Alter); eine genauere Bestimmung scheint überflüssig.

[8] Er begründet die 'problematische' Lage: „Schließlich wird die Situation alter Menschen auch in unserer Gesellschaft in zunehmendem Maße als 'soziales Problem' gesehen, dessen Bewältigung sowohl sozialpolitische wie auf den einzelnen gerichtete sozialfürsorgerische Maßnahmen notwendig macht." (Hohmeier, 1978, 10f.) Hilfeleistung dient rekursiv zur Begründung von Hilfebedürftigkeit!

gesellschaftlichen' Machtstrukturen gesehen, die sowohl für Definitionsprozesse als auch für materielle Defizite (Armut) verantwortlich gemacht werden. Genau diese Zusammenfassung ist jedoch logisch inkonsistent. Entweder gibt es schichtspezifische Unterschiede zwischen alten Menschen *oder* 'hohes Alter' insgesamt ist ein Negativ-Wert der Industriegesellschaft. Für alle anderen Beobachtungen hätte es ausgereicht, von Generalisierungen und Stereotypisierungen zu sprechen.

Die gesellschaftskritische Erklärung von Marginalisierungsprozessen ergänzt die soziologische Analyse um eine neue Dimension, in der es eben nicht mehr um problematische Lebenslagen, sondern um strukturell erzeugte Benachteiligungen geht. Die Inanspruchnahme der 'Leistungsgesellschaft' für diese Begründung ermöglicht die Zusammenführung vielfältiger Problematiken über einen 'Kern', der sich wechselseitig über den 'Rand' bestimmt. Aus dieser Perspektive findet jedes Problem (das der Definition und auch das der Schichtabhängigkeit) seine Ursache in einer im Ganzen negativ bestimmten Gesellschaft.[9] Undifferenziertheit ist nicht nur gesellschaftlichen Definitionsprozessen vorzuwerfen, sondern in dieser Hinsicht vor allem der theoretischen Argumentation.

Interaktion: Alter wird stigmatisiert (Goffman)

Der Stigma-Ansatz wird in der Devianzforschung genauso wie interaktionistische Ansätze immer in seiner Abgrenzung zum ätiologischen Paradigma verortet. Es soll nicht mehr um *Ursachen* abweichenden Verhaltens gehen, stattdessen werden *Prozesse* der Benennung untersucht. (Vgl. Opp 1974, 179ff.; Meyer & Weber 1981, 54ff.; Friedrich 1986, 10ff.) Manfred BRUSTEN und Jürgen HOHMEIER gehen im Vorwort einer dreibändigen Auseinandersetzung mit theoretischen Hintergründen und praktischen Konsequenzen des Stigma-Ansatzes von folgender Definition aus: „Als 'Stigmatisierung' werden soziale Prozesse bezeichnet, die durch 'Zuschreibungen' bestimmter – meist negativ bewerteter – Eigenschaften ('Stigmata') bedingt sind oder in denen stigmatisierende, d.h. diskreditierende und bloßstellende 'Etikettierungen' eine wichtige Rolle spielen, und die in der Regel zur sozialen

---

[9] Diese Inkonsistenz der Argumentation wird auf der theoriekritischen Ebene der Auseinandersetzung mit Devianzforschung als Idealismus kritisiert, „womit gemeint ist, daß fälschlicherweise dem Bewußtsein oder dem prozessual-interaktiven Inkraftsetzen gesellschaftlicher Realität gegenüber objektiven, materiellen Faktoren ein Primat eingeräumt wird". (Vgl. Bohle 1987, 8) Marxistische Kritik am *labeling approach* schließt hier an. (Vgl. Werkentin u.a. 1972) Die zusammenfassende Diskussion des Stigma-Ansatzes greift dieses Problem noch einmal auf.

Ausgliederung und Isolierung der stigmatisierten Personengruppe führen." (Brusten & Hohmeier 1975, 1f.) Im Unterschied zu Erving GOFFMAN, von dem der Begriff des Stigmas übernommen worden ist (vgl. Goffman [1963] 1970), geht es den Autoren nicht um eine *Benennung* auffälliger Kennzeichen, sondern um den *Umgang* mit diesen Kennzeichen.

GOFFMANs Gebrauch des Stigma-Begriffs ist in vieler Hinsicht nicht so weitreichend wie der von HOHMEIER; er ist aber auch nicht auf eine Nutzung für gesellschaftskritische Zwecke angelegt. Wenn GOFFMAN von Stigmata spricht, beschreibt er lediglich mögliche – in vielen Fällen sogar wahrscheinliche – Bezugspunkte für die Entwicklung sozialer Identität. Der Umgang mit 'Symbolen' als Zeichen für soziale Information ist demzufolge charakteristisch für *jede* Interaktion. Immer gehe es darum, Erwartungen zu formulieren, die persönliche Eigenschaften genauso wie strukturelle Merkmale umfassen. (Vgl. ebd., 10) In seinen „Begrifflichen Vorklärungen" führt GOFFMAN in diesen Zusammenhang knapp ein: „Die Gesellschaft schafft die Mittel zur Kategorisierung von Personen und den kompletten Satz von Attributen, die man für die Mitglieder jeder dieser Kategorien als gewöhnlich und natürlich empfindet. Die sozialen Einrichtungen etablieren die Personenkategorien, die man dort vermutlich antreffen wird. Die Routine sozialen Verkehrs in bestehenden Einrichtungen erlaubt es uns, mit antizipierten Anderen ohne besondere Aufmerksamkeit oder Gedanken umzugehen. Wenn ein Fremder uns vor Augen tritt, dürfte uns der erste Anblick befähigen, seine Kategorie und seine Eigenschaften, seine 'soziale Identität' zu antizipieren ... " (Ebd.) Die Apodiktik dieser Formulierungen kann über die Ungeklärtheit des Ursprungs der genannten 'Kategorien' nicht hinwegtäuschen. Sowohl GOFFMANs Tendenz, „theory talk" zu vermeiden (vgl. Hettlage & Lenz 1991, 16), als auch sein vorrangiges Interesse an prozessualen Kategorien der Interaktion sind für diese Verkürzungen verantwortlich. Trotzdem vermitteln diese Sätze mit ihrem sehr alltagsnahen Anknüpfungspunkt („Wenn ein Fremder uns vor Augen tritt ...") eben gerade diese Normalität[10] von Definitionsprozessen. Ein Zeichen wird zum Stigma, wenn sich Erwartungen mit ihm verbinden, die in unerwünschter Weise von der Normalität abweichen. (Vgl. Goffman [1963] 1970, 13) GOFFMAN unterscheidet zwischen

---

[10] Als „naturalistische Forschung" stellt Karl LENZ GOFFMANs Methode, „Wissen aus Empirie zu akkumulieren" (Lenz 1991, 52), in die Nähe der „Grounded Theory" von Barney GLASER und Anselm F. STRAUSS (vgl. ebd.).

sichtbaren und nicht-sichtbaren Stigmata und diskreditierten und diskreditierbaren Menschen. Während die einen (Diskreditierte mit sichtbarem Stigma) bei jedem sozialen Kontakt auf kontingente Verknüpfungen ihres Stigmas mit anderen Attributen gefasst sein müssen, bleibt den anderen (Diskreditierbare mit nicht-sichtbarem Stigma) die Möglichkeit, im Sinne eines „Stigma-Managements" (ebd., 68) die Verarbeitung von Informationen durch Täuschen oder Geheimhalten zu steuern. Wiederum weist GOFFMAN darauf hin, dass es sich bei diesen Praktiken um Charakteristika *aller* Interaktionen handelt. „Stigma-Management ist ein Ableger von etwas Fundamentalem in der Gesellschaft: dem Stereotypisieren oder 'Profilieren' unserer normativen Erwartungen in bezug auf Verhalten und Charakter." (Ebd.)

Es wäre also nicht konsequent, für diese „fundamentalen" Techniken einen gesonderten theoretischen Zugriff zu formulieren, nur weil der Bezugspunkt über ein Stigma gegeben ist. GOFFMANs Generalisierung findet aber nicht nur auf einer anderen Ebene statt als bei HOHMEIER, sie wird auch situativ unterbrochen. Sein Vergleich von Interaktionen deckt *unterschiedliche* Techniken der Stigmatisierten selbst, aber auch der 'Normalen' im Umgang mit Stigmatisierten auf. Nicht immer könne dabei – so GOFFMAN – von einem Einfluss des negativen Kennzeichens ausgegangen werden. Angehörige, mit dem Stigma Vertraute, können es übersehen; in manchen Situationen könne es gar nicht wahrgenommen werden, weil die Begegnung zu kurzfristig oder auf anderes fokussiert sei. GOFFMAN weist ausdrücklich darauf hin, dass Stigmata nicht immer wirksam sind, dass es vielmehr wichtig sei, auf „*verschiedenartige* Strukturen ..., in denen Kontakt vorkommt und stabilisiert wird" (ebd., 72, Herv. I.S.), zu achten. Die Vielfalt an Umgangsweisen mit Stigmata, die GOFFMAN zusammenstellt, ist erstaunlich. Als beeinflussende Faktoren identifiziert er den Status des Gegenübers, die Gewöhnung der anderen aber auch die eigene Erfahrung im Umgang mit der Andersartigkeit. *Relationalität* und *Kontingenz* benennt er als die entscheidenden Merkmale seines Stigma-Begriffs. (Vgl. ebd., 11, 25) Nur in der jeweiligen *face to face*-Beziehung gewinnt ein Zeichen eine negative Qualität, deren genaues Ausmaß wiederum von den Verknüpfungen abhängig ist.[11]

[11] Vgl. dazu auch die Auseinandersetzung von Armin NASSEHI mit dem MEADschen Zeitbegriff. Die Auflösung von Wirklichkeit in Ereignispräsenzen und die „induktionslogische Konstitution" (Nassehi 1993, 115) eines emergenten Ordnungsniveaus führen zu einer Konzeption von „Sukzession als opera-

Diesem sehr beweglichen Stigma-Begriff gegenüber erscheint der von HOHMEIER genutzte Ansatz eher statisch. Im Gegensatz zu der situationsabhängigen Flexibilität postuliert er ein Modell überdauernder Stabilität. Das Ende des *Stigmatisierungsprozesses* markiert eine „Altenrolle", ein „relativ geschlossenes Bedeutungssystem ..., innerhalb dessen alle Erscheinungen als 'altersbedingt' interpretiert werden können" (Hohmeier 1975, 19). Den Weg dahin bereiten drei Schritte: 1. Generalisierung, 2. Pathologisierung, 3. Selbsttypisierung. (Vgl. ebd., 13f.) Von vorhandenen biologischen Merkmalen (z.B. graue Haare, langsamer Gang) wird auf Alter geschlossen. Dieser *master status* wird in einem nächsten Schritt „durch den monokausalen Rekurs auf biologische Prozesse als Abweichung von einer Norm – entweder der des Erwachsenen oder der des 'normalen' alten Menschen" (ebd., 13) als Krankheit negativ akzentuiert und wird dann nach und nach in das Selbstbild übernommen. HOHMEIER greift auf eine Analyse von Vern L. BENGTSON und Joseph A. KUYPERS zurück, um diesen Ablauf zu konkretisieren. (Vgl. Tabelle 8)

Die Kombination dieses Prozesses mit Zeitmarken ergänzt die interaktionistische Analyse um eine neue Qualität: *„Konditionierungen" und wiederholte „Heranführungen" verweisen auf eine determinierende Temporalstruktur.* Den organisationsspezifischen 'Karriere'-Modellen sehr ähnlich (vgl. Sack 1968) wird eine Struktur altersdifferenzierender Erwartungen beschrieben, die Alter erzeugt. Das Bild einer Gesellschaft, die keinen Bedarf an alten Menschen hat und deren Älterwerden anleitet, findet sich eher undeutlich im Hintergrund formuliert; der Akzent liegt auf den Jahrzehnte umfassenden Prozessen der Typisierung. Die Ergänzung des interaktionistischen Typisierungsprozesses um die chronologisch fixierte 'Alterskarriere' stellt HOHMEIERS Beitrag zur Alternsforschung dar.

---

tive(m) Geschehen, d.h. als aus sich selbst konstituierte Sequenz von Ereignissen mit sich stets wandelnden ereignishaften Gegenwarten" (ebd., 114). Die MEADsche Sozialität wird von NASSEHI als „Temporalkategorie" (ebd., 116) gefasst, nicht als determinierende Struktur und nicht als determiniert durch intentionales Bewusstsein. (Vgl. ebd., 122) Symbole als „zeitfeste Sinnspeicher" (ebd., 129) erzeugen zwar eine Struktur, die aber einzig und allein die Vermittlung von unterschiedlichen Perspektiven gewährleistet und eben keine kausalen Handlungszusammenhänge erklärt. (Vgl. ebd., 136) Diese *essentials* des 'Symbolischen Interaktionismus' verdeutlichen, wie wenig eine strukturell begründende (HOHMEIER) oder über Bewusstsein auflösende (KECKEISEN) Devianztheorie noch mit interaktionistischen Ansätzen zu tun hat. Sicherlich sind GOFFMANS Arbeiten nicht mit MEADS theoretischen Ausführungen gleichzusetzen. GOFFMANS Wahl der Begriffe Kontingenz und Relationalität legt aber eine Parallelisierung nahe.

1	Auf Grund biologisch-altersbedingter Merkmale (Haare, Gesicht, Gang etc.) wird ein Individuum für Typisierungen 'verwundbar'.	um 50. Lebensjahr
2	Es erfolgt eine Etikettierung gemäß dem Altersstereotyp, in dessen Rahmen vielfältige Eigenschaften als 'alt' oder 'alternd' gedeutet werden.	
3	Über Hinweisreize und Erwartungen wird das Individuum an die Altenrolle herangeführt, deren Übernahme aber zunächst noch mit dem Hinweis auf eigene Interpretationen zurückgewiesen wird.	um 55. Lebensjahr
4	Durch verstärkten Umweltdruck und durch Konditionierungsprozesse beim Individuum selbst wird die Rolle teilweise übernommen und ins Selbstkonzept integriert, Veränderungen werden zunehmend dem eigenen 'Alter' zugeschrieben.	um 60. Lebensjahr
5	Rollen werden aufgegeben, bis dahin vorhandene Fähigkeiten verlernt, weil sie infolge der neuen Verhaltensorientierung nicht mehr benötigt werden.	um 65. Lebensjahr
6	Das Lernen der Altenrolle ist weitgehend abgeschlossen und das Individuum identifiziert sich mit ihr; es zieht sich aus den sozialen Beziehungen zurück und verhält sich zumeist konform mit der Altenrolle seiner sozialen Schicht.	um 70. Lebensjahr

Tabelle 8: Stigmatisierung im Alter nach HOHMEIER (1975, 21f.)

Das Modell von KUYPERS und BENGTSON – auf das sich HOHMEIER bezieht – kennt diese Dimension nicht. In ihrer Analyse von „Social competence and breakdown" (1973) gehen sie von einem spiralförmigen Verlauf aus:

„ (1) An elderly individual, whose self-concept may already be vulnerable because of role loss or negative stereotypes concerning aging, experiences a health related crisis; this leads to

(2) labeling of the older person as dependent by the social environment ...;

(3) atrophy of previous competency skills occurs; and

(4) the individual adopts the self-concept of sick, inadequate, or incompetent. This leads to further vulnerability, *and the negative cycle occurs again*, with further consequences to social and psychological competence.“ (Passuth & Bengtson 1988, 342, Herv. I.S.)

Auch BENGTSON und KUYPERS gehen von einer Verschlechterung der Situation durch Wiederholung aus (vgl. ebd.); die Wiederholung selbst bedingt sich jedoch durch einen Kreislauf von Fremd- und Selbsttypisierungen und eben nicht durch allgemeine gesellschaftliche Altersstufen.

Ähnlich wie im Umgang mit GOFFMANs Forschungen nutzt HOHMEIER auch das Modell von KUYPERS und BENGTSON in veränderter Weise. Der Rahmen der Interaktion wird gesprengt, um zeitlich überdauernde Strukturen beschreiben zu können. Was durch eine Fokussierung von Interaktionen in den Blick gerät (Stigma und Typisierungsprozesse), wird in interaktionsübergeordneten Zusammenhängen interpretiert. Auf diese Weise verlieren Beobachtungen der Interaktionsanalyse ihre situative Bedingtheit. Es ist dann nicht mehr die Emergenz von Interaktionen, die den Rekurs auf Stigmata ermöglicht (oder auch nahelegt), stattdessen dienen Interaktionen der Durchsetzung gesellschaftlicher Erwartungen. *Wo sich GOFFMAN, aber auch KUPERS und BENGTSON darüber wundern, wie Interaktionen Erwartungen erzeugen und Normen aktivieren, legt HOHMEIER einen übergeordneten Zusammenhang zugrunde und fügt Forschungsergebnisse in die Logik der 'Leistungsgesellschaft'.*

Der Versuch, diesen Zusammenhang zu konkretisieren und Stigmatisierungen funktional zu begründen, stellt sich als sehr schwierig heraus. HOHMEIER vermutet in seinem Aufsatz „Stigmatisierung als sozialer Definitionsprozeß“ (1975) individuelle und gesellschaftliche Einflüsse. Als Orientierungsfunktion und Identitätsstrategie führen Stigmatisierungen abweichenden Verhaltens zur Stabilisierung des

„bedrohte(n) seelische(n) Gleichgewicht(s)“ (Hohmeier 1975, 11). Der Gesellschaft dienen sie durch die Benennung von ‘Sündenböcken’ zur Systemstabilisierung, zur Ablenkung vom Klassenantagonismus, zur Belohnung der Normkonformität der ‘Normalen’ und als Herrschaftsfunktion zur „Unterdrückung solcher Gruppen ..., deren wirtschaftliche oder politische Konkurrenz *man* zu verhindern wünscht oder die *man* aus anderen Gründen von der Teilhabe an der Gesellschaft ausschließen will“ (ebd., 12, Herv. I.S.). An anderer Stelle benennt er diese gesellschaftliche Dimension als „Interessen globaler gesellschaftlicher Institutionen“ (ebd., 21).

Auch wenn sich die Frage nach den Triebkräften hinter dem geheimnisvollen „man“ (ebd., 12, s.o.) aufdrängt, soll es hier nicht um eine Kritik kritischer Gesellschaftstheorie gehen. Vielmehr ist es wichtig aufzuzeigen, dass HOHMEIER mit seiner Argumentation unterschiedliche Theorieelemente miteinander kombiniert, die sich in dieser Kombination widersprechen. Entweder entstehen Stigmata in Interaktionen[12] oder durch gesellschaftliche Strukturen. Letztere Begründung widerspricht auch der Distanzierung des Definitionsansatzes vom ätiologischen Paradigma. Es sollte eben nicht mehr um die Benennung von Ursachen gehen, sondern um Konstruktionen vielfältiger Abweichungsmöglichkeiten in Abhängigkeit von unterschiedlichen Normen. Das schlagende Argument der Typisierungsansätze ist ja gerade ihre Beschreibung von *relationalen Selektionen* und nicht von *substantiellen Determinierungen.*

Organisation: Alter wird etikettiert (Sack)

Die Verbindung der theoretischen Ansätze, Gesellschaftskritik und Symbolischer Interaktionismus, stellt sich auf der Ebene der ‘institutionellen Stigmatisierung’ als weniger problematisch heraus. Der Plausibilität dieser Beschreibungen verdankt sich sicherlich die Prominenz des HOHMEIERschen Stigma-Ansatzes. Undeutliche gesellschaftskritische Implikationen werden hier durch konkrete organisationsspe-

---

[12] Dass diese Stigmata auch auf gesellschaftliche Normen zurückgreifen, wenn sie ‘Normalität’ benennen, wurde bereits oben mit einem Zitat von GOFFMAN beschrieben. Auch die mangelnde Verknüpfung von Gesellschaft und Interaktion wurde bereits oben als Schwäche des Symbolischen Interaktionismus bezeichnet. Dennoch verbietet es sich, mit unter spezifischen Prämissen (Interaktionsanalyse) entstandenen Ergebnissen (Typisierungen) in einem anderen Rahmen (Gesellschaftskritik) einen anderen Zusammenhang zu begründen (Alter als negativer Wert der Leistungsgesellschaft), wenn beide Rahmen sich gegenseitig ausschließen.

zifische Strukturierungen ersetzt. Im Stigmatisierungsprozess selbst werden Organisationen vorrangig am Ende der 'Alters-Karriere' verortet: Als Ersatz für familiäre Hilfe übernehmen Altenheime Aufgaben der Versorgung bei Hilfebedürftigkeit. HOHMEIER charakterisiert Organisationen im Rückgriff auf die kritische Auseinandersetzung der Etikettierungstheorie mit der organisierten Erzeugung von Devianz. Der Benennung von Hilfebedürftigkeit folgt demzufolge auch die Kontrolle des Hilfebedürftigen. (Vgl. Peters 1989, 9ff.) Am Beispiel von Heimordnungen führt HOHMEIER aus: „Es darf angenommen werden, daß die in den Hausordnungen sichtbare Orientierung an der traditionellen Altenrolle [= Passivität, Dankbarkeit, Bescheidenheit der Ansprüche und Zurückgezogenheit, I.S.] deshalb so durchgängig und verbreitet ist, weil gerade ein Bild vom alten Menschen, das diesen im Rahmen eines generellen Abbaus psychischer und sozialer Kompetenz sieht, den Interessen des Altenheimpersonals entgegenkommen muß. Dies ist deshalb der Fall, weil das konventionelle Altenbild die Sozialisation des Heimbewohners in die Abhängigenrolle unterstützt, die Regelung aller Lebensvollzüge nach den in Krankenhäusern geltenden Prinzipien fördert und damit Routine, reibungsloses Funktionieren sowie Distanz zu den Bewohnern erleichtert und weil es zum anderen eine Quelle für die Legitimation des institutionellen Handelns im Sinne von Bewahrung und Versorgung darstellt." (Hohmeier 1978, 24) Die Verfestigung der Altenrolle verdankt sich laut HOHMEIER neben temporalen Limitierungen (Alternsstufen) diesem institutionellen Zugriff. (Vgl. ebd.)

Mit dem Wechsel des Interpretationsrahmens von Gesellschaft zu Organisation gewinnt auch die Behauptung einer Kontrollfunktion einiges an Plausibilität. Die von HOHMEIER beschriebenen Elemente pflegerischen Handelns zeichnen ein Bild stationärer Altenpflege, das sicherlich für die 70er Jahre (und natürlich die Zeit vorher) charakteristisch ist. Die „Satt-und-Sauber-Pflege" als einer der unkompliziertesten Pflegestile hatte ein Bild von alten Menschen erzeugt, das weitgehend von individuellen Eigenschaften absah und eine Uniformität defizitärer Alternsverläufe nahe legte. (Vgl. Strauch 1978, 102ff.)

Unter dem Titel „Asyle" hat GOFFMAN 1961 diese Beobachtung zum Gegenstand einer Analyse gemacht. Als „totale Institutionen" (Goffman [1961] 1973, 16) gelten ihm solche Einrichtungen, deren Klienten sich sowohl räumlichen als auch zeitlichen Anordnungen hinsichtlich ihrer Lebensvollzüge (Spielen, Schlafen, Arbeiten an einem Ort) und Tagesabläufe unterwerfen müssen. (Vgl. Goffman

[1961] 1972, 17) Konsequenzen dieser für die moderne Gesellschaft ungewöhnlichen Form der Entdifferenzierung sieht er in der Betonung überwachender Tätigkeiten auf Seiten des Personals mit dem Ziel der Unterwerfung der Insassen: „In einer totalen Institution ... werden die Aktivitäten eines Menschen bis ins kleinste vom Personal reguliert und beurteilt; das Leben des Insassen wird dauernd durch sanktionierende Interaktionen von oben unterbrochen ... . Jede Bestimmung raubt dem einzelnen eine Möglichkeit, seine Bedürfnisse und Ziele nach seinen persönlichen Gegebenheiten auszugleichen, und setzt sein Verhalten weiteren Sanktionen aus.“ (Ebd., 45) GOFFMAN identifiziert in dem Rahmen ‘Organisation’ strukturelle Variablen, die die Interaktion beeinflussen. Die „bürokratische Organisation ganzer Gruppen von Menschen“ (ebd., 18) synchronisiert eine Vielzahl von Lebensvollzügen und erzeugt damit eine institutionsspezifische Uniformität. In seiner Auseinandersetzung mit „The moral career of the mental patient“ (1969a) und „The effects of inmate status“ (1969b) rekonstruiert er den Vorgang der Anpassung eines psychisch Kranken an die neue Umgebung ‘psychiatrische Klinik’. Der Verlauf dieser Karriere wird jedoch – so GOFFMAN – eben nicht durch eine spezifische Funktion der Klinik (Kontrolle) oder ein gesellschaftliches Interesse (Ausgliederung) bestimmt, ganz zu schweigen von individuellen Problemen der Abweichung (psychische Erkrankung), sondern vielmehr durch ein unglückliches Zusammenspiel von zufälligen Faktoren. „Career contingencies“ (Goffman 1969a, 95) wie z.B. der Verlust des Arbeitsplatzes, das Ende der Beziehung und ein Umfeld, das diese Probleme nicht bearbeiten kann, lassen die Einweisung als Lösung erscheinen. Genauso seien Zufälle dafür verantwortlich, dass der Betroffene sich tatsächlich zu einer Behandlung bereit erkläre, die im Grunde genommen seinen Zustand noch verschlimmere: Mit dem Eintritt in die Organisation wird er durchgängig als psychisch Kranker angesprochen; ein Etikett, das sehr grundsätzlich die Normalität seines Trägers in Frage stellt. Schließlich hänge auch die Entlassung des Patienten wiederum von kontingenten Entscheidungszusammenhängen ab: Gibt es einen Arbeitsplatz, eine Wohnung, Angehörige? GOFFMAN fasst diese Beobachtung zusammen: „However, in the degree that the ‘mentally ill’ outside the hospitals numerically approach or surpass those inside hospitals one could say that mental patients distinctively suffer not from mental illness, but from contingencies.“ (Ebd., 93)

Auf der anderen Seite dieser Willkür findet sich laut GOFFMAN „the circuit of agents" (ebd., 93): die nächsten Angehörigen (die sich mit dem Arzt „verbünden"), „Kläger" (die die Einweisung vorschlagen), Vermittler (die den Kontakt zur Klinik herstellen) und schließlich die Anstaltsleitung und das Personal. Als offizielle Seite der Karriere repräsentieren sie eine externe Perspektive; ihnen allen gemeinsam ist eine Orientierung auf den Patienten als psychisch Krankem. Damit verbundene Effekte der Hospitalisierung erklärt GOFFMAN zusammenfassend „not merely out of its possessor's interactions with significant others, but also out of the arrangements that are evolved in an organisation for its members." (Goffman 1969b, 194) Bedingungen der Organisation sind vor allem für die negativen Seiten der Behandlung, die Einschränkung der persönlichen Freiräume, verantwortlich. Im konkreten Kontext der „totalen Institution" dominieren Interventionen in die alltäglichen Lebensvollzüge des einzelnen, die kontrollierenden Übergriffen gleichkommen. An anderer Stelle spricht GOFFMAN von „frames" (Goffman 1974), die unterschiedliche Limitierungen der Interaktion mit sich ziehen. In diesem Sinne verwendet er auch hier den Bezugsrahmen 'Organisation'. Mit dem Wissen um allgemeine Erwartungen in einem spezifischen Kontext entsteht eine entsprechend „gefärbte" Interaktion. Genau diesem Phänomen spürt GOFFMAN mit seinen detaillierten Interaktionsanalysen nach und eröffnet dem Leser so einen Blick auf das *Zusammenspiel von persönlichen Kontingenzen und offiziellen Konstanten.* Einflüsse der Organisation werden von ihm also zugestanden, jedoch nur auf der Ebene der Interaktion verortet. Interessen an der Behandlung psychisch Kranker vermutet er eher bei Angehörigen bzw. „Klägern", die unter der problematischen Beziehung zu dem Betroffenen leiden, als bei wie auch immer bezeichneten gesamtgesellschaftlichen Agenten. Als Begrenzung kontingenter Interaktionen *ermöglicht* die Organisation deviantes Verhalten, sie *verursacht* es jedoch nicht. Dass letztlich in „totalen Institutionen" immer auch Devianz entsteht, kann damit innerhalb dieser Argumentation nicht über interaktionsübergreifende Strukturen erklärt werden. (Vgl. Goffman [1982] 1994, 75) Wohl aber lässt sich ein kontrollierendes Element als Bestandteil des Rahmens 'Organisation' identifizieren.

Mit der Beobachtung von kontrollierenden Elementen in der Beziehung zwischen Helfer und Hilfebedürftigem hat ein neues Paradigma in der Devianzsoziologie Fuß gefasst. Die aus den USA stammende[13], in Deutschland von Fritz SACK[14] eingeführte „neue" Devianzsoziologie bewährte sich zunächst auf dem Gebiet der Kriminologie. Auf der Basis von Statistiken zu kriminellem Verhalten bei nicht strafrechtlich erfassten Menschen bestreitet SACK die Möglichkeit, abweichendes Verhalten nur über die Kenntnis des Verbrechers bestimmen zu können. Tatsächlich mache sich regelmäßig ein weitaus größerer Teil der Bevölkerung strafbar („etwa 80-90% (haben) irgendwann einmal irgendetwas getan, das Gesetze unter Strafe stellen" (Sack 1968, 463), ohne rechtlich belangt zu werden. Die positive Definition „Wer gegen ein Strafgesetz verstößt, ist ein Verbrecher" wird von ihm deshalb als unzureichend betrachtet. Stattdessen geraten Prozesse der Definition von Verbrechen und Verbrechern durch juristische Institutionen in den Blick. „Die entscheidende wissenschaftliche Frage ... besteht darin, wie man sich den Prozeß des Herausfilterns der letztlich 'kriminellen Population', d.h. derjenigen, gegen die schließlich 'im Namen des Volkes' ein Urteil gesprochen wird, vorzustellen hat." (Sack 1968, 463f.) Prinzipiell könnte dies nach dem Zufallsprinzip passieren, aber SACK geht aufgrund von soziologischen Untersuchungen zur Schicht- und Familienabhängigkeit von Verbrechen davon aus, „daß dieser Selektionsprozeß nach bestimmten Regelmäßigkeiten abläuft, daß sich soziologische Gesetzmäßigkeiten nachweisen lassen, die hier im Spiele sind" (ebd., 464). Er lenkt die Aufmerksamkeit auf organisationsspezifische Tendenzen, eine Handlung so zu rekonstruieren, dass sie sich der Struktur und Logik juristischer Entscheidungen fügt. Wenn Kriminelle wesentlich aus Unterschichten und zerrütteten Familien stammen, liege das daran, dass abweichendes Verhalten bei diesen Gruppen kriminalisiert werde; in anderen Schichten und Familien gäbe es laut Statistik genauso viele Normverstöße, die jedoch nicht zu einem Bestandteil der typischen kriminellen 'Karriere' würden.

---

[13] Howard S. BECKER wird als einer der „Urväter" des *labeling approach* in der Devianzsoziologie bezeichnet (vgl. Meyer & Weber 1981, 55). Sein 1963 erschienenes Buch „The Outsider" erklärt die Entstehung abweichenden Verhaltens von Drogengebrauchern über interaktionistische Prozesse. (Vgl. Becker [1963] 1973) Als weitere „Väter" gelten: Frank TANNEBAUM, Edwin H. LEMERT, Kai T. ERIKSON, John J. KITSUE, Aaron V. CIRCOUREL, Erving GOFFMAN und Harold GARFINKEL. (Vgl. Opp 1974, 180)

[14] Fritz SACK wird als Vertreter des „radikalen *labeling approach*" gehandelt, demzufolge alle Abweichung auf Interpretation beruht. (Vgl. Sack 1968, 465) Karl Dieter OPP bestreitet dies und unterstellt „faktische Ereignisse" (Opp 1974, 207), anhand derer ein Verhalten als eindeutig abweichend zu benennen sei. Niklas LUHMANN löst diese Problematik auf, indem er Abweichung/Konformität vor dem Hintergrund eines normativen Erwartungskontextes platziert. (Vgl. Luhmann 1984, 439f.) Die eindeutige Identifikation von Abweichung ist demzufolge möglich, bleibt jedoch immer beobachterabhängig.

(Vgl. ebd., 473) Auch SACK dient letztlich ein marxistisch-orientiertes Gesellschaftsbild zur Einordnung dieser Phänomene als Bestandteile von Klassenjustiz und Klassengesetzgebung. (Vgl. Meyer & Weber 1981, 63) Das Prozessmodell fokussiert jedoch explizit die Kategorie 'Organisation' als Bezugsrahmen für Definitionsleistungen.[15] SACK erklärt die Verursachung von Devianz über den kontrollierenden Zugriff der Organisation als strukturellem Faktor, der Erwartungen bindet, *indem* er von Interaktionen abstrahiert[16].

HOHMEIER vernachlässigt eben diese Kategorie als eigenständige Analyseebene. Aufbauend auf seiner Gesellschaftskritik unterstellt er ein unmittelbares Interesse der 'Leistungsgesellschaft' an kontrollierender Einflussnahme. Um die Durchsetzung von Stigmatisierungen zu erklären, wendet er die Frage nach der Kontrolle in die Frage nach der „Macht, über die Stigmatisierer und Stigmatisierte verfügen. Stigmatisierungen sind gegen Gruppen, die über wenig Macht verfügen, leichter durchzusetzen als gegen Gruppen mit großer Macht." (Hohmeier 1975, 9) *Das Interesse eines 'Systems' an der Durchsetzung von Normen, die den einen nützen, den anderen schaden, führt demzufolge zu repressiven Mechanismen allgemein innerhalb der Gesellschaft und konkret in Organisationen, die als 'verlängerter Arm' der Gesellschaft fungieren.* (Vgl. Hohmeier 1978, 15) Anstatt zunächst nach Konditionierungen durch die Organisation zu fragen, wählt HOHMEIER den direkten Weg und behauptet ein gesellschaftliches Interesse zur defizitären Pflege.

Zusammenfassend lässt sich festhalten: Der Rekurs auf die Organisation 'Altenheim' begründet sich zunächst als Verweis auf nur eine der möglichen Analyseebenen (Gesellschaft, Organisation, Interaktion), übernimmt aber letztlich die Beweislast für alle, wenn es um die Frage der konkreten Durchsetzung von Stigmatisierungen geht. Was sich in gesamtgesellschaftlichen Zusammenhängen nur vage

---

[15] Wolfgang KECKEISEN spricht diesen 'Karriere'-Modellen eben diesen Definitionscharakter ab, da sie „von dem inkriminierten Ereignis nicht nur buchstäblich durch einen Augenblick, sondern durch raumzeitliche wie soziale Distanz getrennt" (Keckeisen 1974, 49) seien. Definitionen würden aber die „Situation(en) des 'labeling' *und* die Situation(en) des 'devianten Ereignisses'" (ebd., 48) bestimmen. In der Kritik an der mangelnden Berücksichtigung der interaktionistischen Komponente ist KECKEISEN sicher zuzustimmen. Wenn er jedoch Kontrolle über die Bindung von Interaktionen an intentionales Bewusstsein erklärt, vergibt auch er die entscheidenden Möglichkeiten zur Bestimmung von Emergenz über Interaktionen.

[16] Vgl. dazu die Ausführungen von SACK zu Jugendgerichtsprozessen, in denen über den Tathergang in der Verhandlung selbst keine Einigung erreicht werden kann, weswegen die richterliche Rekonstruktion juristische Evidenzen produzieren muss. (Vgl. Sack 1968, 466)

formulieren ließ, in Interaktionen fast völlig aus dem Blick geriet, gewinnt nun mit Hilfe der Kategorie 'Organisation' Profil. Im Gegensatz zu SACKs Analyse verliert jedoch HOHMEIERs Ansatz mit diesem Kollaps der Ebenen die entscheidenden Argumente. Die kritisierte Pflege alter Menschen erklärt er nicht in ihrer Abhängigkeit von den Bedingungen der Organisation, sondern von der spezifischen Organisations*form*. (Vgl. Hohmeier 1978, 24) Durch dieses Vorgehen wird die Plausibilität der Beobachtung einer kontrollierenden institutionellen Hilfeleistung auf das gleiche undurchsichtige Prinzip eines gesellschaftlichen „man" zurückgeführt, das schon für die Marginalisierung und Stigmatisierung alter Menschen verantwortlich sein sollte.

Grenzen des Definitionsansatzes

Die für die 70er Jahre charakteristische Argumentationsfigur der machtausübenden und herrschaftssichernden Marginalisierung will asymmetrische Verhältnisse in der Gesellschaft als Ganzer, in Interaktionen und in Organisationen begründen. In der Auseinandersetzung um die Frage nach der Altersdifferenzierung in modernen Gesellschaften eröffnet HOHMEIERS Stigma-Ansatz damit eine Perspektive, die biologische Determinismen radikal leugnet. Nicht 'hohes Alter' selbst erzeuge altersdifferenzierende Erwartungen, sondern eine Gesellschaft, deren zentrale Werte unvereinbar mit 'Alter' seien. Die Utopie einer emanzipierten Gesellschaft eröffnet den Blick auf ein Altern, das im besten Fall auf diese Kategorie nicht mehr zurückgreifen muss. Mit anderen Worten: „Alter läßt sich entstigmatisieren." (Hohmeier 1978, 29) Während noch der strukturfunktionale Theorierahmen von einer spezifischen Funktion alter Menschen in jeder Gesellschaft ausging, führt HOHMEIER die Entstehung dieser Altersgruppe mit ihren negativen Attributen auf eine spezifische Gesellschaftsform zurück. Eine Veränderung der Gesellschaft führt demzufolge nicht zu einer positiven Funktionsbestimmung des 'hohen Alters', sondern zu einem nicht mehr über Leistungen und Repressionen bestimmten Leben von alten und jungen Menschen.

Genauer wird dieses Positivbild von HOHMEIER nicht bestimmt. Dieser Mangel ist charakteristisch für gesellschaftskritische Ansätze. Ebenso wie die Definition von 'Rand' und 'Kern' bedingen sich auch gesellschaftskritische Diagnose und Utopie. Was werden soll, lässt sich ableiten aus dem, was ist, und *vice versa*. Die Analyse transportiert Bedeutungen auf beiden Ebenen und rechtfertigt auf diese

Weise ihre Diffusität. Auf diese zirkuläre Argumentation macht auch Walter SCHULZ aufmerksam, wenn er formuliert: „Sie [die kritische Soziologie, I.S.] deckt die Widersprüche dieser [gesellschaftlichen, I.S.] Situation auf und bemißt (sic!) sie an dem Entwurf einer repressionsfreien Gesellschaft, deren Glieder durch ein emanzipiertes Bewußtsein bestimmt sind.“ (Schulz 1993, 159) Unpräzise, generalisierende Aussagen der soziologischen Gesellschaftskritik verdanken sich eben diesem Vorgehen. Auch HOHMEIERS Analyse muss vor dem Hintergrund dieser Theorietradition gelesen werden.

Die Kritik am Stigma-Konzept von HOHMEIER lässt sich zusammenfassend als eine Kritik am reduktionistischen Umgang mit den drei Ebenen ‘Gesellschaft’, ‘Interaktion’ und ‘Organisation’ benennen. Selbst wenn man die gesellschaftskritische Diagnose von ‘Kern’ und ‘Rand’ mittragen würde, erzeugt die Auflösung von ’Interaktion’ und ‘Organisation’ in ihre gesellschaftliche Determinanz mehr neue Fragen, als dass sie Antworten liefert. Die nachträgliche gesellschaftskritische Einordnung von nicht nur interaktionsspezifischen, sondern auch organisationsspezifischen Konditionierungen[17] entwertet deren Plausibilität und entzieht sowohl der Diagnose als auch der Utopie den Boden. Weder die gesellschaftliche Definition eines negativen Alters noch die Emanzipation von diesem Stereotyp lässt sich unter diesen Bedingungen operationalisieren.

[17] PETERS benennt als Manko der Devianzsoziologie die Erweiterung interaktionistischer Ansätze um machttheoretische und anthropologische Annahmen. (Vgl. Peters 1989, 186) Auch die Kritik an den Karrieremodellen, die „von dem inkriminierten Ereignis nicht nur buchstäblich durch einen Augenblick, sondern durch raumzeitliche wie soziale Distanz getrennt“ (Keckeisen 1974, 49) sind, und deshalb wohl kaum das Etikett ‘interaktionistisch’ verdienen, berechtigt zu der Annahme eines eigenständigen Rahmens ‘Organisation’.

II. Im Inklusionsbereich: Altersbilder

Ausgangspunkt vieler Alternsforschung war und ist zumeist die Negierung eines alten Altersbildes und die Erzeugung eines neuen Altersbildes. Die Liste der daraus abgeleiteten Etikettierungen ist lang: das *disengaged* Alter, das aktive Alter, das junge Alter, das alte Alter, das neue Alter, das produktive Alter, das kompetente Alter, das Alter mit Potentialen, das weibliche Alter usw. Im Gegensatz zur Jugendforschung, die sich heute vorrangig mit differenten Jugend*kulturen* beschäftigt (vgl. Zinnecker & Silbereisen 1996; Ferchoff, Sander & Vollbrecht (Hg.) 1995; Bendit, Mauger & Wolffersdorff (Hg.) 1993), hat sich die Alternsforschung immer noch ihr statisches Interesse an einer großräumigen Bewertung von Alternsprozessen qua Alters*bildern* bewahrt. Mit dem Begriff des Bildes nimmt diese Art von Forschung eine Zwischenstellung ein zwischen klassischer Vorurteilsforschung und einem differenzierenden soziokulturellen Ansatz. Nicht die Generierung von konkreten Stereotypen gegenüber alten Menschen, aber auch nicht die Auseinanderentwicklung von Lebensperspektiven alter Menschen selbst steht im Mittelpunkt. Stattdessen geht es vielmehr um eine diffuse Verortung der Altersproblematik zwischen diskriminierender Produktion von Seiten der Gesellschaft und eigenständiger Konstruktion des Einzelnen. Fremd- und Selbstbild werden dabei klassisch unterschieden (vgl. Lehr 1977, 251ff.; Tews 1979, 21f.) oder – im Gefolge von Stigmatisierungstheorien – aufeinander reduziert (vgl. Hohmeier 1978, 15) und auf determinierende Sozialstrukturen zurückgeführt.

Der letztgenannte Ansatz, der Definitionsansatz von HOHMEIER, wird in diesem Kapitel weiterentwickelt. Mit seiner Unterscheidung von *Gesellschaft, Organisation* und *Interaktion* hat HOHMEIER auf die drei entscheidenden Ebenen der Erzeugung von Altersbildern hingewiesen. Im Rahmen dieses Kapitels sollen Altersdiskriminierungen jedoch nicht generalisiert, sondern über ihren jeweiligen Entstehungsort erklärt werden. Ich überprüfe im Folgenden alle drei Ebenen auf Thematisierungstraditionen von 'Alter', um daran anschließend die Frage zu beantworten, warum man als alter Mensch angesprochen wird. An die Stelle der Suche nach dem einen wahren oder falschen Altersbild rückt die Beobachtung einer Vielfalt von Altersbildern, die nebeneinander Vollständigkeit behaupten, ohne jedoch zu einem umfassenden Bild integriert werden zu können.

Diesem für die moderne Gesellschaft charakteristischen Phänomen liegt eine konstruktivistische Theorieanlage zugrunde, die im Folgenden kurz dargestellt wird. Daran anschließend werden zunächst gesellschaftliche Funktionssysteme, dann Interaktionen und dann – über eine empirische Untersuchung – natürlich auch Organisationen auf ihren jeweiligen Zugang zum Thema 'Alter' befragt. Eine Antwort auf die eingangs gestellte Frage wird im letzten Kapitel präsentiert.

Bereits mehrfach ist in den vorangegangenen Kapiteln von der modernen Gesellschaft gesprochen worden. Mit dem Wandel der primären Differenzierungsform von der segmentären über die stratifizierte zur funktional differenzierten Gesellschaft stehen in der modernen Gesellschaft Funktionssysteme im Vordergrund, die zwischen Funktionen und nicht mehr z.B. zwischen Stämmen oder Familien (einfache Gesellschaft) oder Schichten (Hochkulturen) differenzieren. Mit einem solchen neuen Differenzierungsprimat ist auch eine veränderte gesellschaftliche Praxis verbunden. Während noch in traditionalen Gesellschaften die Prozessierung von Sinn an personale Unterscheidungen gebunden war – mit der Kenntnis des Gegenübers wusste man auch, was erwartet wurde –, ermöglicht funktionale Differenzierung eine über personale Limitierungen hinausgehende Komplexität: Erwartungen entstehen in Kontexten. Soziale Wirklichkeit ist demnach viel stärker an spezifische soziale Rahmen als an vorkonsentierte Normen gebunden. Diese moderne Erweiterung von Anschlussfähigkeit findet ihren gesellschaftsstrukturellen Ausdruck im Bild einer dezentrierten Gesellschaft. An die Stelle eines gesellschaftlichen Konsens über Handlungsmöglichkeiten (Moral) oder einer Kongruenz von Beobachtungsmöglichkeiten (Subjekt) ist die Annahme einer Mehrzahl von Weltzentren getreten (vgl. Luhmann 1984, 284).

Diese Ablösung des Bildes von gesellschaftlicher Einheit durch eine multizentrische Perspektive verdankt sich der Verselbständigung der modernen Funktionssysteme. Teilsysteme wie Wirtschaft, Politik, Recht, Medizin, Wissenschaft und Erziehung erfüllen jeweils Funktionen, die nicht füreinander substituierbar sind und nicht in ein hierarchisches Verhältnis zueinander gestellt werden können. Ihre spezifische Orientierung an Zahlungsfähigkeit, Macht, Recht, Krankheit, Wahrheit und guten Noten verweist auf ihre Konstruktion über binäre Codes, die über die genannten Positivwerte und ihre Korrelate (Zahlungsunfähigkeit, Ohnmacht der Opposition, Unrecht, Gesundheit, Unwahrheit und schlechte Noten) eine eigene Welt aufspannen. Armin NASSEHI weist darauf hin, „daß diese Differenzierungen die Gesellschaft nicht in Seins*bereiche*, nicht in ontische Regionen einteilen. Vielmehr geht es hier nur um distinkte, nicht aufeinander abbildbare *Beobachtungsverhältnisse*." (Nassehi 1993, 325) Diese systemtheoretische Theorieanlage folgt einem konstruktivistischen Paradigma, demzufolge Systeme erst durch Unterscheidungen entstehen. Binäre Codes benennen beide Seiten einer Unterscheidung und etablieren so einen rekursiven Kommunikationszusammenhang, der über die Codereferenz seine Grenzen bestimmt und seine Geschlossenheit als System erhält.

Mit dem Code entsteht eine Zuordnungsregel für Kommunikationen, die entweder im System anschlussfähig sind oder nicht. Der Fall des „oder nicht" umschreibt die Umwelt des Systems, die nur im Hinblick auf das System sichtbar wird, genauso wie umgekehrt das System nur im Hinblick auf seine Umwelt sichtbar wird: Mit dem System entsteht auch seine Umwelt. Die Funktionssysteme der Gesellschaft lassen sich nicht zu einem Ganzen addieren, sondern entwerfen ihre Welt (System und Umwelt) je unterschiedlich selbst. Was wir von ihnen über die Welt erfahren, erfahren wir über ihre beobachtungsleitende Perspektive.

Diese Rückführung von Wissen auf standortabhängige Beobachtung[1] gilt nicht nur für die Gesellschaft und ihre Teilsysteme, sondern auch für Organisationen und Interaktionen als verschiedene Typen sozialer Systeme. Die Systemdifferenzierung der modernen Gesellschaft bezieht sich nicht nur auf die Unterscheidung von Teilsystemen, die sich als Funktionssysteme gleichen und in ihrer speziellen Funktionsorientierung unterscheiden. Den Verlauf gesellschaftlicher Evolution begleitet auch die Entstehung unterschiedlicher Typen sozialer Systeme. Als Systemebenen treten mit der Umstellung der Form primärer Differenzierung zunächst Gesellschaft und Interaktion auseinander, gefolgt von der Entstehung der frühen Organisationen des Mittelalters, die in der modernen Gesellschaft schließlich von so herausragender Bedeutung sind, dass sie das Etikett Organisationsgesellschaft rechtfertigen (vgl. Schimank 1994).

Wenn Niklas LUHMANN Systemebenen gesellschaftstheoretisch unterscheidet, trägt er damit der Beobachtung Rechnung, dass Erwartungen ein unterschiedliches

---

[1] Die Standortabhängigkeit von Beobachtungen ist an anderer Stelle bereits thematisiert worden. Die Wissenssoziologie, und an dieser Stelle speziell Karl MANNHEIM, hat schon sehr früh die Relativität von Wissen behauptet. Neu ist in diesem Fall die Radikalisierung dieses Phänomens im Hinblick auf die Unhintergehbarkeit perspektivischer Beobachtung, die keinen beobachterunabhängigen Standort mehr kennt. Zur weiteren Abgrenzung des systemtheoretischen Konstruktivismus vom Radikalen Konstruktivismus vgl. Luhmann 1990c; Nassehi 1993, 219ff.; 1992.

Ausmaß an Stabilisierung aufweisen können. Mit der Benennung von Charakteristika der einzelnen Systemebenen nähere ich mich einer konkreteren Bestimmung dieses Unterschieds. Sozialsysteme werden als *Interaktionen* beschrieben, wenn sie auf der Anwesenheit von Personen beruhen. Von *Organisationen* kann man sprechen, wenn Mitgliedschaftsbedingungen und Entscheidungstechniken identifiziert werden können. Als *Gesellschaft* wird das Insgesamt aller sinnhaften Kommunikationen bezeichnet. (Vgl. Kneer & Nassehi 1993, 111ff.) Während Interaktionen als Episoden eine zeitliche Begrenzung aufweisen, stellen Organisationen soziale, sachliche und zeitliche Verweisungsmöglichkeiten auf Dauer. Den Hintergrund für diese unterschiedlichen Formen der Konkretisierung von Erwartungen stellt die Gesellschaft bereit, innerhalb derer Interaktionen und Organisationen als gesellschaftliches Geschehen anschlussfähig sind. Am Beispiel von Interaktionen formuliert LUHMANN genauer: „Sie sind nur möglich, weil man weiß, daß gesellschaftliche Kommunikation schon vor dem Beginn der Episode [= Interaktion, I.S.] abgelaufen ist, so daß man Ablagerungen vorangegangener Kommunikation voraussetzen kann; und sie sind nur möglich, weil man weiß, daß gesellschaftliche Kommunikation auch nach Beendigung der Episode noch möglich sein wird." (Luhmann 1984, 553) Auf diese Weise entlasten sich gesellschaftliche Kommunikationen von einem Bezug aller auf alle und ergänzen gleichzeitig neue Beobachtungsperspektiven. Kommunikationen führen immer wieder auf den Ort zurück, von dem aus beobachtet wird: z.B. ein Funktionssystem, das hohem Alter Finanzkraft zuschreibt; Organisationen, die kranken alten Menschen helfen wollen; oder Interaktionen, die auf alte Menschen Rücksicht nehmen.[2] *In den Grenzen sozialsystemspezifischer Limitierungen entstehen „altersspezifische" Zugriffe, die nicht ein bekanntes Phänomen in neuem Licht präsentieren, sondern dieses Phänomen jeweils neu konstruieren.* Wir erfahren demzufolge nichts über alte Menschen, wenn wir diesen Kommunikationen folgen, aber viel über die Einmusterung dieses Themas in unterschiedliche soziale Systeme.

Der Begriff des „Altersbildes", der im Algemeinen auf seine Determination durch Machtverhältnisse hinweisen soll, findet hier seine Berechtigung nur im Hinblick auf seinen Produktstatus. Altersbilder sind *nur* Bilder, aber sie können nicht an einer allem zugrundeliegenden Realität gemessen werden. Sie werden

---

[2] Der Fall des Einzelnen, der sich über sein Alter Gedanken macht, also des psychischen Systems und seiner biographischen Identifizierungen, wird im Mittelpunkt des nächsten Kapitels stehen.

entworfen und lassen sich über ihren Standpunkt qualifizieren. Altersbilder sind einer Perspektive verpflichtet, der man nicht Unvollständigkeit vorwerfen kann, weil die Unvollständigkeit ihrer Perspektive die Bedingung ihrer Entstehung ist. Auch dass sie selbst zumeist Vollständigkeit behaupten, ist nur über diesen Hintergrund zu verstehen, sollte aber nicht dazu verleiten, Vollständigkeit für möglich zu halten. Die moderne Gesellschaft kennt nicht *ein* Alter, sondern viele Altersbilder. Deren Konstruktion wird im Folgenden auf den Ebenen Gesellschaft, Interaktion und Organisation nachgezeichnet.

Gesellschaft: Alter wird spezialisiert und generalisiert

Auf Gesellschaft wird im Rahmen der Alternsforschung zumeist als determinierende Sozialstruktur verwiesen: Alte Menschen erscheinen dann als Randgruppe. Die logischen Verwicklungen, zu denen dieses verallgemeinernde Vorgehen führt, waren der Ausgangspunkt für eine zwischen Gesellschaft, Organisation und Interaktion unterscheidende Theorieanlage. Hier soll nun zunächst Gesellschaft als umfassendstes Sozialsystem auf ihre Bedeutung für Altersbilder abgeklopft werden. Mit dem Attribut umfassend ist gemeint, dass sämtliches soziale Geschehen, also auch Interaktionen und Organisationen, Bestandteil der Gesellschaft sind. Damit ist jedoch nicht gemeint, dass Gesellschaft schlicht die Summe dieser Elemente ist. (Vgl. Kneer 1996, 362) Als Reservoir an Verweisungsmöglichkeiten konstituiert Gesellschaft eine bestimmte Form von Komplexität, die sich für die moderne Gesellschaft als funktionale Differenzierung beschreiben lässt. Wenn wir also nun nach den Altersbildern der modernen Gesellschaft fragen, können wir zunächst die einzelnen Teilsysteme auf ihre jeweiligen Konstruktionen untersuchen und erhalten so einen Überblick über einige der in der gegenwärtigen Gesellschaft möglichen Perspektiven auf hohes Alter. Dieser Umgang mit dem Thema 'Altersbilder' unterscheidet sich vor allem durch die Verwendung des Plurals von der gängigen fachtheoretischen Diskussion. Wie bereits erwähnt, muss von einer Mehrzahl an Altersbildern ausgegangen werden, da die moderne Gesellschaft keinen beobachterunabhängigen Standpunkt mehr kennt.

Die Streitigkeiten um wahre oder falsche Altersbilder können vor diesem Hintergrund genauer als *wissenschaftliche Kommunikationen* verortet werden. Im Subsystem Wissenschaft folgen Kommunikationen dem schon genannten Code wahr/unwahr. Viel besser als eine Diskussion der einzelnen wissenschaftlichen

Ansätze zu Altersbildern verdeutlicht die Beobachtung einer Vielfalt an wissenschaftlichen Altersbildern die Funktionsweise dieses Teilsystems. Genau wie soziologische Versuche zur Bestimmung der Einheit der Gesellschaft müssen auch Altersbilderentwürfe sich immer wieder mit konkurrierenden Modellen auseinandersetzen. Die kommunikative Erzeugung von Altersbildern lässt sich parallel zu Peter FUCHS' Abgrenzung eines systemtheoretischen Einheitsbegriffs vom 'emphatischen' Einheitsbegriff einer integrationistischen Gesellschaftstheorie verdeutlichen: „Erstens macht er [der nichtemphatische Einheitsbegriff, I.S.] klar, daß jede Vorstellung der Einheit von Gesellschaft (auch diese) gesellschaftlich wirksam nur als Kommunikation unter vielen Kommunikationen ist; sie wird kommuniziert und damit unter nichtpsychische Anschlußbedingungen gesetzt. Zweitens, und damit zusammenhängend, wird deutlich, daß die Kommunikation der Einheit der Gesellschaft der Evolution ausgesetzt ist; sie kann vergessen oder prämiert werden, und für den Fall, daß sie prämiiert wird, kann sie eine Zeit lang stabil bleiben und dann wieder instabil werden." (Fuchs 1992, 93) Altersbilder (auch dieses) basieren zumeist auf emphatischen Einheitskonzepten von Gesellschaft. Im vergangenen Kapitel dieser Arbeit wurde der gesellschaftstheoretische Rahmen der unterschiedlichen Alters- und Alternstheorien abgesteckt. Die generalisierende Behauptung von Funktionslosigkeit, Ausgrenzung, Identitätsverlust oder Hilfebedürftigkeit im Alter rekurriert auf mehr oder weniger deutlich benannten zentrierenden Werten und findet damit ihre jeweilige Ausprägung.

Mit dem Hinweis auf die kommunikative Erzeugung von Altersbildern wird dem Leser zweierlei zugemutet: In einem ersten Schritt wird die gängige Vorstellung eines Altersbildes durch eine Mehrzahl von perspektivengebundenen Altersbildern ersetzt. In einem zweiten Schritt verweist jedoch genau dieses Verfahren auf die Bindung dieser Analyse an gesellschaftstheoretische Entwürfe und wird damit relativiert. Auch die soziologische Diagnose konkurriert mit anderen Einordnungen und wird dadurch relativiert. Dieses Phänomen begegnet einem in der Systemtheorie regelmäßig und wird als Paradoxieentfaltung geführt. (Vgl. Nassehi 1993, 188ff.) Im Unterschied zu anderen Theorieanlagen weist die LUHMANNsche Systemtheorie keine beobachterunabhängigen Prämissen aus und begibt sich so immer wieder in den Zirkel selbstreferentieller Argumentation.

Der Gewinn dieser Theorieanlage für unsere Frage nach den Altersbildern besteht darin, dass erstmalig der Status dieses bislang etwas unscharfen Konzepts geklärt werden kann. *Bilder vom hohen Alter sind abhängig vom Blickwinkel und existieren auch dann, wenn sie wissenschaftlich widerlegt werden.*[3] Altersbilder sind Produkte von Beobachtungen und Beschreibungsleistungen. Deshalb lohnt es sich, nicht nur nach den Produkten zu fragen oder nach dem besten Produkt Ausschau zu halten und womöglich mit allerlei guten Gründen dafür zu werben. Vielmehr soll danach gefragt werden, wie solche Beobachtungen eigentlich zustandekommen. Anstatt also nun weiterhin eine unbelehrbare Öffentlichkeit, die an einem negativen Altersbild festhält, mit einem positiven Altersbild zu konfrontieren, sollen hier plurale Altersbilder untersucht werden.

Am bekanntesten ist sicherlich das Altersbild, das aus *medizinischen Kommunikationen* resultiert. Die Beschreibung alter Menschen als Patienten rückt die Irreversibilität des biologischen Alterungsvorgangs in den Mittelpunkt. (Vgl. Görres 1992) Im Anschluss an diese Perspektive ist die Konstatierung von Behandlungsunfähigkeit entstanden. Der „Pflegefall" alter Mensch erschien dauerhaft hilfebedürftig, von einer Besserung seiner Situation konnte nicht ausgegangen werden. Mit der Reform der Gesundheitsgesetzgebung in den 90er Jahren wird der Rehabilitation auch im Alter Vorrang eingeräumt, die ambulante Hilfeleistung ist der stationären vorzuziehen. Diese Perspektive illustriert den Einfluss von Gesetzen und medizinischen Programmen auf das Altersbild. Der Code krank/gesund gilt zunächst für jede medizinische Kommunikation. LUHMANN erklärt die eigentümliche Funktionsweise des Codes im medizinischen System: „Der Positivwert vermittelt die Anschlußfähigkeit der Operationen des Systems, der Negativwert vermittelt die Kontingenzreflexion, also die Vorstellung, es könnte auch anders sein. Im Anwendungsbereich des Systems der Krankenbehandlung kann dies nur heißen, der positive Wert ist die Krankheit, der negative Wert die Gesundheit. Nur Krankheiten sind für den Arzt instruktiv, nur mit Krankheiten kann er etwas anfangen. Die Gesundheit gibt nichts zu tun, sie reflektiert allenfalls das, was fehlt, wenn jemand krank ist. Entsprechend gibt es viele Krankheiten und nur eine Gesundheit." (Luhmann 1990a, 186f.) Während der Code über die eindeutige Zuordnung von Kommunikationen die Schließung des Funktionssystems *konstant* sichert, entscheiden Programme *variabel* über die Art der Anschlussfähigkeit. Auch

---

[3] Wie schon erwähnt, begibt sich auch diese Argumentation in den Zirkel beobachterabhängiger Konstruktion, der ein unabhängiger Standpunkt fehlt. Der Erfolg dieses Vorgehens wird von einer Fachöffentlichkeit zugestanden, plausibilisiert sich aber nicht zuletzt auch über den empirischen Befund vieler Altersbilder.

in Bezug auf das Thema 'Alter' lassen sich programmatische Veränderungen beobachten. Mit dem Wechsel der Diagnose von Behandlungsunfähigkeit im Alter zur Rehabilitation zeichnet sich eine Wiederholung der Systemdifferenzierung innerhalb des Systems ab. An die Diagnose Krankheit schließen mit Hilfe der Zweitcodierung heilbar/unheilbar Programme an, die zwischen Akutmedizin und chronischer Krankheit bzw. Rehabilitation unterscheiden. Ansatzpunkt für diese Differenzierung sind jedoch nicht Personen mit spezifischen Eigenschaften, sondern Krankheitsbilder, deren Behandlung unterschiedliche Zeitressourcen in Anspruch nehmen. Während die Akutmedizin ihre Hilfeleistung im Hinblick auf schnellstmögliche Heilung optimiert, müssen rehabilitative und pflegende Einrichtungen einen größeren, wenn nicht gar überdauernden Zeitbedarf einkalkulieren. Die Effizienz einer solchen Zweitcodierung zeigt sich in der Stimulierung neuer Reflexionstheorien, in diesem Falle der Pflegewissenschaft. In Abgrenzung zum medizinischen Handeln formulieren Pflegekräfte eigenständige Inhalte ihrer Tätigkeit. (Vgl. Weber u.a. 1997, 39ff.)[4]

Diese Entwicklung auf den Einfluss der demographisch großen Gruppe 'alte Menschen' zurückzuführen, liegt auf der Hand. Mit der Zunahme des Anteils alter Menschen an der Bevölkerung verändert sich auch der Bedarf an medizinischer Behandlung, speziell an Rehabilitation und Pflege bei überdauernden Krankheiten. Interessant für unsere Frage nach dem gesellschaftlichen Umgang mit hohem Alter ist jedoch vor allem die Operationalisierung dieses Problems eben nicht in der Sozialdimension 'alte Menschen', sondern zunächst in der Sachdimension 'Krankheit' und dann in der Zeitdimension 'chronische Krankheit'. Im Gegensatz zur traditionellen Altenpflege, die mit der Konstatierung von Behandlungsunfähigkeit eher außerhalb des medizinischen Systems steht, gewinnt die Pflegewissenschaft mit der Betrachtung von speziellen Alternsprozessen als zeitlich überdauernder Krankheit Anschlussfähigkeit im medizinischen System. Nicht alte Menschen werden also inkludiert, sondern Menschen mit spezifischen Krankheitsbildern, hinter denen sich zumeist Alterserscheinungen verbergen. Dieser Unterschied ist entscheidend: *Das medizinische Altersbild vom zeitlich überdauernd pflegebedürftigen Menschen kennt kein hohes Alter, sondern konstruiert auf der Basis von bio-*

---

[4] Dass pflegewissenschaftliche Kommunikationen den Wert Gesundheit in den Vordergrund ihrer Autonomiebestrebungen stellen, widerlegt meine Analyse nicht. An die Stelle von Krankheits*bildern* Gesundungs*verläufe* zu setzen, variiert über das Programm das Ziel, behält aber die asymmetrische Orientierung an einer zuvor diagnostizierten (chronischen oder längerdauernden) Krankheit bei.

logischen Veränderungen Altersspezifika. Die Generalisierung und Spezialisierung zu einem Altersbild der pflegebedürftigen Alten ist Resultat von funktionssystemspezifischen Kommunikationen.

Eine ganz andere Perspektive eröffnen *politische Zugriffe auf Alter.* Im Anschluss an die moderne Bestimmung des hohen Alters als Altersphase ist ein Kommunikationszusammenhang entstanden, der auf zwei Themen zurückgreift:

1. Alte Menschen repräsentieren eine große Wählergruppe.
2. Der 'Generationenvertrag' ist asymmetrisch zugunsten der Älteren.

Während die erste Beobachtung eindeutig die Frage nach der Macht einer gesellschaftlichen Gruppe stellt, spricht die zweite politische Möglichkeiten der rechtlichen Regulierung von Altersabsicherung an. Nimmt man beides zusammen, entsteht das Bild einer dominanten Gruppe von älteren Menschen, die politische Entscheidungen in ihrem eigenen Interesse instrumentalisieren.[5] Vor genau diesem Hintergrund ist Heidi SCHÜLLERs Kritik am Generationenvertrag entstanden. (Vgl. Schüller 1995) Demzufolge „laufen (wir) Gefahr, die Zukunft unserer Jugend auf dem Altar einer unrealistischen Altenpolitik zu opfern" (ebd., 74). Ihr Plädoyer für eine Öffnung des Wahlalters in die (mündige) Jugendphase und eine Schließung gegenüber der (unmündigen) Altersphase soll eine Orientierung politischer Entscheidungen an der großen Zahl der unproduktiven, aber anspruchsvollen alten Menschen verhindern. (Vgl. ebd., 179f.)[6]

---

[5] Klassisch führt die Alternsforschung bei der Frage nach Teilhabe am politischen System die Grauen Panther an. Doch der Versuch, Lobbyarbeit für das Alter zu leisten, ist definitiv gescheitert. Die Heterogenität der Gruppe alter Menschen widersteht dem Versuch, eine Interessenvertretung zu institutionalisieren. Schon eher funktionieren diese Mitbestimmungsmöglichkeiten auf kommunaler Ebene, wo das persönliche Profil des Seniorenbeauftragten relativ bekannt und die Ziele konkret operationalisiert sind. Der Nachvollzug semantischer Bezüge interessiert sich nicht für eine Aufteilung von Menschen auf Teilsysteme im Sinne von alten Politikern oder Firmenchefs, sondern für kommunikative Anschlussmöglichkeiten an das Thema 'Alter', in denen altersspezifische Inklusionen sichtbar gemacht werden.

[6] SCHÜLLERs Szenarien leiden nicht nur bei gegenwartsbezogenen Analysen an solchen Überzeichnungen. Kulturkritischen Stellungnahmen zu diesem Thema sehr ähnlich (vgl. Schelsky 1961), setzt auch sie die moderne Gesellschaft in Differenz zu einer vergangenen Zeit, in der alte Menschen einen exponierten Status innegehabt hätten. Demzufolge stellt sich die Situation „vor Jahrhunderten" so dar: "Das Altwerden in der Gemeinschaft gab den Greisen die Möglichkeit, die Lebensläufe der Nachfolgegeneration mitzuverfolgen. Sie hatten als Mittelpunkt der Familien oder Clans die Möglichkeit und Funktion, unterschiedliche Informationen zusammenzuführen, zu bündeln und oft auch zu bewerten. Den Alten blieb das Privileg der Reflexion. Sie hatten ihre Rolle, eine sehr konkrete Rolle. Ihr Rat war gefragt." (Schüller 1995, 26f.) Wie bereits ausgeführt, entbehrt eine solche verallgemeinernde Beschreibung jeder Grundlage. Sowohl in der Vergangenheit als auch in der Gegenwart hat es zwar solche Verhältnisse, wie die von SCHÜLLER beschriebenen gegeben. Einzig für die Zeit der Aufklärung lässt sich jedoch eine Dominanz dieses Altersbildes beobachten, womit noch nichts über die tatsächlichen Lebensbedingungen ausgesagt ist.

Diese Verbindung von gesellschaftlicher Macht und Wohlfahrtsstaat wird von LUHMANN als Charakteristikum des politischen Systems bezeichnet. Ähnlich wie für das Wissenschaftssystem und die Medizin bzw. Pflege lässt sich auch im Falle politischer Kommunikation ein spezifischer Code benennen, der die Schließung des Funktionssystems gegenüber anderen gesellschaftlichen Kommunikationen ermöglicht: Macht/Ohnmacht. „Macht ist die Möglichkeit, durch eigene Entscheidung für andere eine Alternative auszuwählen, für andere Komplexität zu reduzieren" (Luhmann 1972d, 162). Identifiziert man dieses „Problem der kollektiv bindenden Entscheidungen" (Luhmann 1995a, 103) als Funktionsbezug des politischen Systems, gelangen Mitbestimmungsmöglichkeiten, also Inklusionsbedingungen in den Blick. Mit dem Wechsel von der ständischen zur funktionalen Differenzierung werden Inklusionserfordernisse formuliert, die immer größere Teile der Bevölkerung einbeziehen. Den Unterschied zur traditionalen Gesellschaft bildet gerade die moderne, nun nicht mehr exklusive Zuordnung zu einem Teilsystem, sondern nur noch temporäre Inklusion in alle Funktionssysteme. Mit der Durchsetzung der politischen Inklusion über die allgemeine, freie und gleiche Wahl wird neben dieser Gleichheit jedoch auch die Ungleichheit der Lebensbedingungen sichtbar. „Vor dem Hintergrund dieser Inklusionsgebote wird die *Ungleichheit der faktischen Chancen* zum Problem; und dies genau deshalb, weil sie durch das Differenzierungsschema der Gesellschaft nicht mehr getragen, sondern funktionslos reproduziert wird." (Luhmann 1981b, 27) Alle Unterschiede zwischen Lebensverläufen werden so zu Unterschieden zwischen individuellen *Möglichkeiten* und können sich im Vergleich als Nachteile herausstellen. Für die Legitimation dieser Nachteile gibt es keine zentrale Sinninstanz mehr. Erst die nicht an die Person gebundene Inklusion rückt persongebundene Differenzen in den Vordergrund und verlangt nach Kompensation. LUHMANN stellt den Wohlfahrtsstaat aus diesem Grund in eine Beziehung zum Kompensationsprinzip der modernen Inklusion ins politische System. Nicht die Folgen der Industrialisierung würden – so LUHMANN – die Anspruchsgrundlage bereiten, sondern das moderne Phänomen, Unterschiede überhaupt als unlegitimierbare Differenzen zu erleben. Dass sich mit der Kompensation selbst auch wiederum Unterschiede ergeben, die Folgen der Kompensation also auch als Nachteil verstanden werden können[7], ist kein spezielles Problem des

[7] Auch SCHÜLLER führt diesen Sachverhalt sicherlich zu Recht in ihrer Kritik an der „Pathologisierung des Alterns" an: „Die Aussicht auf Vollversorgung beschleunigt den Verfall der Betroffenen." (Schüller

politischen Systems, sondern lässt sich in allen Funktionssystemen nachzeichnen. Der negative Codewert (Ohnmacht, Unwahrheit, Gesundheit, Nicht-zahlenkönnen) stattet als Reflexionswert die funktionssystemspezifischen Kommunikationen mit unendlichen Freiräumen aus. Neben der in den 70er Jahren inflationären Diagnose von der Ohnmacht gesellschaftlicher Randgruppen verdeutlicht vor allem der Wert Gesundheit die Kontingenzbeschaffungsfunktion der anderen Seite des binären Codes.

Die Rolle der alten Menschen in diesem Diskurs über Macht und Ohnmacht ist bereits von Gerd GÖCKENJAN als politische Kommunikation zur Beschaffung von Handlungsressourcen analysiert worden. Die Inanspruchnahme von Generationensolidarität, bei der so unscharfe Gruppen wie Jung und Alt in einen sinnhaften Zusammenhang gebracht werden, verweist demzufolge auf die Leistungsfähigkeit emotionalisierter Etikettierungen von bösen gierigen oder guten bedürftigen alten Menschen.[8] „Auf der einen Seite variieren also die Argumente zwischen der alten Armuts- und Defizit-Assoziation und der Rentenerwartung als einem grundgesetzlich geschützten Eigentumsrecht. Auf der anderen Seite werden Rentnerberge, Altenluxus und um die Zukunft betrogene Jugend bemüht, vor dem Hintergrund, Kürzungen durchzusetzen." (Göckenjan 1993, 10)[9] Nicht so sehr die emotionale Aufladung erstaunt jedoch an diesem Phänomen, sondern vielmehr die gleichzeitige Behauptung von Bedürftigkeit und Überfluss. Eben dies kann – mit LUHMANN – als Charakteristikum wohlfahrtsstaatlicher Argumentation angesehen werden. Was sich aus der einen Perspektive als Vorteil herausstellt, kann im Vergleich auch ein Nachteil sein. Der Rückgriff auf das mikrosoziologische Muster der Generationen zur Erklärung makroökonomischer Verhältnisse von Ungleichheit (vgl. Göckenjan 1993, 5) muss nicht über die Vorteile moralischer Entschei-

---

1995, 29)

[8] Meredith MINKLER und Ann ROBERTSON zeichnen die Entstehung des Etiketts „greedy geezers" vor dem Hintergrund knapper finanzieller Ressourcen nach. Demzufolge hat sich an dem Lebensstandard alter Menschen nicht viel geändert, wohl aber an ökonomischen Möglichkeiten zur Integration Jugendlicher in den Arbeitsmarkt. Den befürchteten Krieg zwischen jungen, armen, schwarzen und alten, reichen, weißen US-Amerikanern halten beide für ein ideologisches Argument, das nicht nur auf falschen Zahlen aufbaue, sondern dem auch noch dazu die moralische Verankerung in der Bevölkerung fehle. Unabhängig davon, ob man diese optimistische Einschätzung teilt, ist die Beobachtung von Entstehungsbedingungen solcher Altersbilder entscheidend: Sie sagen mehr über die Kriterien aus, die eine Perspektive begründen, als über einen objektiv erfassbaren Gegenstand. (Vgl. Minkler & Robertson 1991)

[9] GÖCKENJAN hat seine Analyse bereits zwei Jahre vor Heidi SCHÜLLERs spektakulärem Buch verfasst. Seine Kritik greift auf ältere Veröffentlichungen zurück und weist so SCHÜLLERs neuen Einsichten den Status nahezu klassischer Argumentationsmuster zu.

dungsbindung erklärt werden. Die Notwendigkeit zu einem Vergleich ergibt sich vielmehr schlicht über die *Möglichkeit* zu einem Vergleich. Unterschiede können in vielerlei Hinsicht beobachtet werden und die Inanspruchnahme scheinbar homogener Gruppen wie Alt und Jung für die Formulierung von Ansprüchen reiht sich ein in die Riege der Interessenvertretungen und Lobbyisten. Beispielhaft konnte die Erzeugung einer kohärenten Perspektive mit Aspiration sogar auf autonome Theoriebildung am Fall des sozialpolitikwissenschaftlichen Einsatzes des Lebenslage-Begriffs in der Alternsforschung beschrieben werden. In beiden Fällen, bei SCHÜLLER und bei Hans Peter TEWS' und Gerhard NAEGELEs Lebenslage-Forschung im Alter, lässt sich die von GÖCKENJAN kritisierte Verwendung von „Scheinkategorien" wie Alt und Jung beobachten. Ihren Halt finden sie nicht in den „realen" heterogenen Lebensverhältnissen, auch nicht in einseitigen Interessen zur Instrumentalisierung politischer Entscheidungen, sondern in der Sichtbarkeit vielfältiger Unterschiede, die – ohne Funktion – Kompensationsbedürftigkeit erzeugen. Alte Menschen erscheinen so, je nach dem, wer sich mit wem vergleicht, als bedürftig und überversorgt gleichzeitig. Der demographische Hintergrund addiert zu diesem Phänomen die Dimension von Gefährlichkeit und stimuliert zur emotionalisierten Annahme von „Generationskonflikten". Mit dem Altersbild des politischen Systems können wir ein weiteres Beispiel der semantischen Verdichtung von funktionalisierten Kommunikationen anführen. Im Gegensatz zu vorherigen Altersbildern stehen nun aber erstmals positive Aspekte im Vordergrund. Nicht gesellschaftliche Ausgrenzung, nicht biologischer Abbau, sondern politische Macht charakterisiert das hohe Alter, folgt man den Kommunikationen des politischen Systems.

Eine ähnlich positive Akzentuierung lässt sich aus *wirtschaftlicher Perspektive* beobachten. Anhand des Codes Zahlung/Nichtzahlung ordnen sich Kommunikationen einem Funktionssystem zu, das sich mit Hilfe des Mediums Geld, speziell dem Preis, von Informationen wie Alter unabhängig gemacht hat. Natürlich gehen mit unterschiedlichen Personschablonen ausgestattete Menschen mit dem ihnen zur Verfügung stehenden Geld unterschiedlich um. Dieser Unterschied liegt aber nicht in der Geldförmigkeit dieses Mediums begründet, sondern umgekehrt: Das Desinteresse des Mediums Geld gegenüber Personenmerkmalen macht solche Unterschiede sichtbar. „Preise regulieren nicht nur die Zahlungen, die erfolgen, sondern auch die Zahlungen, die nicht erfolgen. Preise halten vom Kaufen ab. Sie tun dies nicht durch Disqualifizierung des Käufers, nicht im Anschluß an dessen Merkmale als Arbeiter, Bürger, Hausfrau, Neger, Schauspieler, Henker. Alle strukturellen Kombinationen von Personenmerkmalen und Zugangsbahnen zur Wirtschaft, wie sie in Europa bis zur Französischen Revolution üblich waren, sind aufgehoben.“ (Luhmann 1994a, 19) Die Inklusion erfolgt stattdessen über die Semantik von ‘Bedürfnissen’; wohl gemerkt, nicht über „tatsächliche“ oder „wahre“ Bedürfnisse, sondern über schlicht alles, was als Bedürfnis kommunizierbar ist. Die Inklusion von alten Menschen verläuft demzufolge genauso wie die jüngerer Menschen. Unterschiede werden nur gemacht, wenn der Reflexionswert ‘Nichtzahlung’ spezielle Potentiale vermutet wie z.B. bei finanzschwachen, aber reiselustigen „Senioren“, die mit Seniorentellern, Seniorenpreisen und Seniorenfahrten versorgt werden wollen, oder bei besonders finanzkräftigen, aber sparsamen alten Menschen, die gesondert angesprochen werden wollen, bevor sie ihr Geld ausgeben. Entscheidend ist, dass hohes Alter für teilsystemspezifische Kommunikationen, d.h. hier Zahlungen, zunächst überhaupt keine Rolle spielt: Wer mit 20 Jahren Brötchen oder ein Sofa kauft, kann dies genauso noch mit 60 oder 80 Jahren tun.[10] Eine Spezialisierung auf Seniorenangebote setzt erst ein, wenn Nichtzahlungen registriert werden, sei es wegen Armut oder wegen Geiz. Wirtschaftliche Operationen schöpfen so einen zusätzlichen Anteil an realisierten Kommunikationen ab, verbessern also die Inklusion.[11]

Das Altersbild des mit mehr oder weniger Geld ausgestatteten Seniors stellt sich ähnlich einseitig und zugleich generalisierend dar wie alle anderen semantischen Zugriffe auf das Attribut ‘hohes Alter’.[12] Mit dem Ziel einer Erweiterung der Inklusion wird Alter auf seine Kaufkraft abgeklopft und ähnlich wie in politischen Kommunikationen umworben.

Nicht in allen Teilsystemen können solche Spezialisierungen beobachtet werden. Die Partizipation an *rechtlichen, künstlerischen oder religiösen Kommunikationen* sieht kaum Sonderbehandlungen alter Menschen vor. Erst wenn Verknüp-

[10] Der Fall der Entmündigung, heute: Betreuung, reagiert auf dieses Phänomen. Auch verwirrte Menschen werden ihr Geld genauso schnell los wie Nicht-Verwirrte.

[11] Dass altersspezifische Kommunikationen weniger auf ‘alte Menschen’, sondern auf das Thema ‘Alter’ reagieren, verdeutlicht auch der wachsende Markt der Angebote zur privaten Altersvorsorge.

[12] Wem als Senior der generalisierende Effekt von Seniorenangeboten unangenehm ist, der kann auch zum Normalpreis ins Geschäft kommen und z.B. anstelle einer Seniorencard eine doppelt so teure Bahncard erwerben und sich jünger fühlen. Die Zahlungen selbst erfolgen unabhängig vom Alter, nur die Angebote können variieren.

fungen mit wirtschaftlichen Operationen angestrebt werden, es also um den Verkauf von Kunst oder Erlösung geht, werden Kommunikationen nach dem oben beschriebenen Muster auf Alter zentriert. Gerade die unprätentiöse Inklusion alter Menschen in das Religionssystem verdeutlicht die Mechanismen der funktionalen Differenzierung. Die Unterscheidung von immanenten und transzendenten Erklärungsmustern kann für alle Menschen gleichermaßen zu einem Thema werden, scheint jedoch gegenwärtig – folgt man statistischen Analysen über Religiosität (vgl. Kecskes & Wolf 1996, 80f.) – vor allem für ältere Menschen an den traditionellen Kirchenbesuch gebunden zu sein. Ganz abgesehen davon, dass mit solchen Daten vermutlich eher Kohorteneffekte als Alterseffekte benannt werden, lassen sich daraus jedoch keine Rückschlüsse auf altersspezifische Charakteristika ziehen. Es werden ja eben keine speziellen Alterssemantiken in Anspruch genommen, um Inklusion zu gewährleisten.[13]

Die Fälle des Familien- und des Erziehungssystems stellen sich wiederum ganz anders dar. Zunächst zum *Familiensystem*. Es ist das einzige Teilsystem, in dem „ganze" Personen inkludiert werden, also prinzipiell alle Themen, die den Einzelnen betreffen, auch der familiären Kommunikation zugänglich sind. (Vgl. Luhmann 1990b) Beschränkungen ergeben sich über Personschablonen wie Mann/Frau, Vater/Mutter oder Kind/Eltern, die jedoch auch intern neu bestimmt werden können. Was als männlich oder weiblich gilt, kann situationell gefasst oder – wie alle es tun – konservativ problematisiert werden. FUCHS verdeutlicht die Konsequenzen solchermaßen „enthemmter Kommunikation" (Luhmann 1990b, 203): Der Begriff soll beschreiben, dass in „solchen Sozialsystemen (insbesondere: Familien) keine Person sich einer auf sie gerichteten Kommunikation umstandslos entziehen kann, aber gerade deswegen Kommunikationen inhibiert werden müssen, die die Einheit der Person (als Sediment der Systemgeschichte, als Bündel der Verhaltenserwartungen, die sie als Tochter, Sohn, Mutter, Vater adressabel machen) sprengen." (Fuchs 1992, 121f.) Nicht alles, was in der Familie interessiert, wird auch thematisiert.

---

[13] Die klassische Alternsforschung folgt jedoch genau diesen Wegen und misst schlicht die Beteiligung von alten Menschen an klassischen Handlungen der Funktionssysteme wie Wahlverhalten, Kirchgang und Kaufkraft. Allein die Quantität gibt dann Auskunft über den Status alter Menschen. Eine unproblematische „normale" Inklusion wie im Fall des Kunst- oder Religionssystems gibt dagegen Anlass zu Überlegungen nach Unter- oder Überrepräsentation. Stellt man die Beobachtung um von quantifizierbaren Handlungen auf die Frage nach der Anschlussfähigkeit des Themas 'Alter', erhält man Daten zur spezialisierten Inklusion, nicht zur Desintegration oder Integration.

Selbstverständlich betreffen diese Spezialbedingungen von intimer Kommunikation auch den Umgang mit alten Menschen. Aber: alte Menschen werden eben nicht nur als alte Menschen, d.h. als Großeltern inkludiert, sondern auch als Mann/Frau oder Vater/Mutter. Die Vernachlässigung dieser Kategorien durch die Alternsforschung erklärt sich über normative Verengungen des Familienbegriffs anhand des Normallebenslaufs, demzufolge alte Menschen über ihre Beziehung zu den Enkeln definiert werden. Die einseitige Orientierung am Großelternstatus und dementsprechenden Versorgungsansprüchen bzw. -bedürfnissen begründet auch Einseitigkeiten der historischen Alternsforschung. Peter LASLETT weist darauf hin, dass die Frage nach der Situation alter Menschen in der Vergangenheit allzu voreilig über die Familienform (Stamm- oder Kernfamilie) entschieden worden ist und vermutet stattdessen: „Der Ruhestand scheint ... in der Vergangenheit mehr durch eine bunte Sammlung von Notbehelfen als durch ein Bündel anerkannter Gebräuche und Institutionen abgesichert gewesen zu sein." (Laslett 1995, 177) Seiner Einschätzung nach waren die Familienstrukturen in den vergangenen 450 Jahren englischer Geschichte schon immer so vielfältig wie sie heute auch sind. Damit verliert aber die klassische, vom Alleinleben auf Alleingelassen-worden-sein schließende Forschung ihre Berechtigung und familiäres Leben im Alter, ein Leben zu zweit oder auch als Single, rückt in den Vordergrund. Die Frage nach dem Status alter Menschen in der Familie lässt sich also nicht schlicht über Versorgungsmöglichkeiten beantworten, sondern muss auch selbstgewählte Intimbeziehungen berücksichtigen. Studiert man jedoch semantische Anschlussmöglichkeiten des hohen Alters im Familiensystem wird die alleinige Konstruktion des Alters über Abhängigkeitsbeziehungen deutlich. Wenn auf Alter rekurriert wird, geht es eben nicht mehr um Mutter/Tochter- oder Mann/Frau-Beziehungen, sondern um Hilfebedürftigkeit.[14] Genau diese Kommunikationszusammenhänge fokussieren Alter und erzeugen das Bild eines von familiären Hilfeleistungen abhängigen Alters. *Wenn die Alternsforschung dieser Semantik folgt, und nicht nach Inklusionsmöglichkeiten insgesamt fragt, sondern nach solchen, die das Ergebnis der Untersuchung schon im Namen mit sich führen, reifiziert sie genau diesen Zusammenhang.* So, wie sich familiäre Kommunikation mit Hilfe des Altersbildes vereinsei-

[14] Wenn Großeltern selber Hilfe leisten und Enkel betreuen oder Schwiegersöhne bekochen, dann scheinen sie eben noch nicht alt zu sein. Alter dient dann als Folie, vor der diese Leistung sichtbar wird.

tigt, so reduziert sich auch die Alternsforschung auf die Wiederholung teilsystemspezifischer Konditionierungen.

Der Fall der Neuinkludierung lässt sich im *Teilsystem Erziehung* beobachten. Mit der Auflösung des Normallebenslaufs und der Ausdehnung der 'Altersphase' sind auch alte Menschen zu Teilnehmern an Weiterbildungsmaßnahmen und Studium geworden. Im Unterschied zu allen anderen Teilnehmern erwerben jedoch 'Studierende im Alter' keine Chancen auf eine Platzierung im Berufsleben. Sie erwerben spezielle Scheine in denen z.B. Sozialkompetenz bescheinigt wird und eben nicht soziologische Kompetenz. Selbst wenn sie ein ordentliches Studium aufnehmen, verringern sich mit dem Alter ihre Chancen auf eine Nutzung dieser zusätzlichen Qualifikation. Umso dringlicher scheint die Beschaffung von Ersatzlegitimation über klassische Sinnangebote wie die griechische Eudämonia und die buddhistische Gegenwartsbezogenheit zu sein. (Vgl. Dittmann-Kohli 1990, Dittmann-Kohli & Staudinger 1992) Als Zeitvertreib der gehobenen Art findet sich das Seniorenstudium zunehmend mit anderen Weiterbildungsangeboten gleichgesetzt, in denen allgemeine, z.B. berufliche Inklusionsdefizite ausgeglichen werden sollen. Die Eingebundenheit in die organisatorischen Abläufe der Universität erfüllt dann ähnliche Funktionen wie eine Umschulung kurz vor der Rente. Ohne Organisation und Funktionssystem ineinssetzen zu wollen, soll hier dennoch von einer Inklusion in das Funktionssystem Erziehung gesprochen werden. Hier werden Chancen vorbereitet, über deren Nutzungsmöglichkeiten vermutlich erst zukünftige Lebensläufe Auskunft geben können. Die Kritik an einer Pädagogisierung des Alters (vgl. Gronemeyer 1987) ist demzufolge genauso wenig berechtigt wie es gerechtfertigt wäre, Erziehungsbedürfnisse einseitig bei jungen Menschen zu verorten. Mathilda W. RILEY und John W. RILEY Jr. beschreiben diese Entwicklung als Idealtypus einer „altersintegrierten Gesellschaft": „Hier sind die Altersbarrieren gefallen. Menschen jeden Alters stehen Rollenmöglichkeiten in allen Strukturen, Bildung, Arbeit und Freizeit offen. Das bedeutet, daß in allen gesellschaftlichen Bereichen Menschen aller Altersstufen zusammenkommen." (Riley & Riley 1992, 454)

Diese Vision, die sich schon fast als Schlusswort eignet, kann mit dem Instrumentarium der Systemtheorie präzisiert werden. Die Besichtigung der Teilsysteme der Gesellschaft auf ihren Umgang mit dem Thema Alter legt einen weit darüber hinausgehenden Schluss nahe. Alte Menschen, d.h. über 60jährige, sind bereits in allen Teilsystemen der Gesellschaft vertreten. Sie werden medizinisch behandelt, übernehmen Publikums- und Machtrollen der Politik, sind rechtsfähig (bis medizinisch das Gegenteil nahegelegt wird) und beteiligen sich an finanziellen Transaktionen. Zusätzlich zu dieser altersunabhängigen Inklusion lassen sich jedoch Altersbilder identifizieren, die aus semantischen Verdichtungen des Themas 'Alter' resultieren. Der pflegebedürftige alte Mensch, der mächtige alte Wähler, der kauffreudige Senior, sie alle repräsentieren teilsystemspezifische Spezialisierungen und Generalisierungen anhand des Differenzierungsmerkmals 'Alter'. Wenn man davon Abstand nimmt, diese Altersbilder auf ihren Wahrheitswert zu überprüfen, und sie stattdessen als perspektivische Entwürfe der Funktionssysteme betrachtet, verlieren sie ihren Status als Indikator einer marginalisierten Bevölkerungsgruppe.[15] Einseitigkeiten verweisen nicht mehr auf Diskriminierungen und Defizite, sondern auf zusätzliche Inklusionsmöglichkeiten. LUHMANN erklärt diesen Befund folgendermaßen: „Der Begriff der Inklusion meint die Einbeziehung der Gesamtbevölkerung in die Leistungen der einzelnen gesellschaftlichen Funktionssysteme. Er betrifft einerseits *Zugang* zu diesen Leistungen, andererseits *Abhängigkeit* der individuellen Lebensführung von ihnen. In dem Maße, als Inklusion verwirklicht wird, verschwinden Gruppen, die am gesellschaftlichen Leben nicht oder nur marginal teilhaben." (Luhmann 1981b, 25) *In dem Ausmaß, in dem der Zugang alter Menschen zu gesellschaftlichen Leistungen als alte Menschen verbessert wird, entstehen spezialisierte Alterssemantiken, die zusätzliche Inklusionen vorbereiten.* In ihrer Spezialisierung abstrahieren sie sowohl von individuellen Attributen als auch von den jeweiligen Altersbildern der anderen Teilsysteme. Der Sinn, den das Wort Alter dann ausflaggt, lässt sich mit FUCHS als „selbstläufige Limitation möglicher Kommunikationsverläufe" (Fuchs 1992, 85) beschreiben.

---

[15] Wer nach wie vor mit Mathilda W. RILEY und John W. RILEY, aber auch mit Martin KOHLI (vgl. 1990) Arbeit im Rahmen des Lebenslaufs als ein Teilsystem der Gesellschaft identifiziert, wird natürlich auf die besondere Bedeutung von Berufstätigkeit verweisen. Abgesehen von der nur noch beschränkten Bedeutung von Berufstätigkeit für biographische Selbstbeschreibungen fehlt es einem System Arbeit an einer formgebenden Unterscheidung. Setzt man zu diesem Zweck eine wertekonsentierte Gesellschaft voraus, wird man – wie FUCHS illustriert – mit vielen dissentierenden Positionen konfrontiert, die – z.B. via TV – jederzeit kommunikativ erreichbar und eben nicht marginalisiert sind. Rudolf STICHWEH benennt jedoch trotzdem für den Fall der Arbeitslosigkeit spezielle Inklusionsfolgen: „*Intimbeziehungen* und *Arbeit* teilen die Gemeinsamkeit, daß sie Bedingungen des Zugangs zu vielem anderen sind, und daß Personen, denen das eine oder gar beides fehlt, auch über die an sich auch für sie vorgesehenen komplementären Rollenstrukturen der Funktionssysteme nicht mehr ohne weiteres in gesellschaftliches Geschehen zu inkludieren sind." (Stichweh 1988, 174) Ob diese Diagnose heute noch stimmt und ob sie vor allem für alte Menschen anwendbar ist, lässt sich bezweifeln. In jedem Falle würde eine problematische Kombination, wie sie von STICHWEH beschrieben wird, wiederum nicht auf Alter, sondern auf Inklusionsprobleme verweisen, die gerade durch ihre semantische Leere und eben nicht wegen ihrer Altersspezifität problematisch sind.

Was Alter ist, glaubt jeder zu wissen, und trägt so dazu bei, den anderen, wenn er alt ist, auf eben dieses Merkmal festzulegen. Das kann natürlich individuell als unangenehm empfunden werden, lässt sich jedoch nicht über funktionssystemspezifische Kommunikationen, sondern vielmehr über interaktionsnahe Simplifizierungen erklären. Das folgende Kapitel erläutert diesen Zusammenhang.

Interaktion: Alter wird wahrgenommen

Forschungen zu Alterstypifizierungen greifen – ebenso wie die Geschlechterforschung – gerne auf soziale Situationen als Entstehungsort von Diskriminierungen zurück. Unter sozialen Situationen können dabei sowohl phänomenologische Lebensweltkontakte mit subjektivem Sinnhorizont verstanden werden als auch ethnomethodologische und interaktionistische Analyseeinheiten, die ohne Subjektbezug interpretiert werden. Mit Jaber F. GUBRIUM und Stefan HIRSCHAUER werden im Folgenden zwei Vertreter dieser beiden Ansätze vorgestellt. Der anschließende Bezug dieser Forschungsergebnisse auf die systemtheoretische Sozialsystemebene der Interaktion ermöglicht eine Limitierung und damit auch Konkretisierung der Reichweite dieser Forschungsperspektive.

Der US-amerikanische Alternsforscher Jaber F. GUBRIUM hat in einer Studie über ein Altenheim auf unterschiedliche Perspektiven aller am Heimleben Beteiligter aufmerksam gemacht. In „Living and Dying at Murray Manor" (1975) kommt er zu dem Ergebnis: „What staff (= administration, director ... social worker) saw as good and efficient caregiving, floor staff could consider 'just getting the job done'. What a resident felt was time well spent chatting with a friendly aide, from the aide's point of view could be less time to complete other duties" (Gubrium 1993, 3). Der Befund einer parallelen Existenz mehrerer Welten wird im folgenden Kapitel mit den Möglichkeiten einer Organisationsanalyse näher erläutert. Innerhalb des sinnlimitierenden Rahmens einer Organisation lassen sich funktionale Kommunikationszusammenhänge identifizieren, die in ihrer Spezialisierung ein und denselben Sachverhalt in einen jeweils unterschiedlichen Sinnbezug einmustern.

Über diese Perspektivität organisierter Hilfeleistung hinaus ergänzt GUBRIUM seine Analysen um zwei weitere methodologische Komponenten: den Situations- und den Zeitbezug. Unter dem Etikett „socio-environmentalism" (Gubrium & Wallace 1990, 131) weist er zunächst auf den diskursiven Charakter dessen hin, was ein Alternsforscher erforscht. Nicht um *Tatsachen* könne es dabei gehen, sondern nur um die Nachzeichnung von *Konstruktionen.* (Vgl. ebd, 134; Gubrium & Holstein 1994, 176) „Having a natural scientific attitude also means that one orients to facts of ageing as if they were, in principle, self-evident parts of the concrete ageing experience, not artifacts of investigation or inquiry. [...] The idea, for example, that discontinuity as hypothetically linked with life dissatisfaction might be *used* by elderly people themselves to give shape and meaning to experience goes unrecognized." (Gubrium & Wallace 1990, 134f.) Diese Problematik der reflexiven Konstruktion des Forschungsobjekts sieht GUBRIUM in ihrer *situativen Bindung*, d.h. der Konfundierung von wissenschaftlicher und natürlicher Einstellung in der Forschungssituation begründet. Über diese an SCHÜTZ' Phänomenologie angelehnte Diagnose hinaus postuliert er als Ausweg aus diesem Dilemma die Ethnographie. Nur wenn man *Zeit mit den Beforschten* verbringe, verstehe man den Prozess situativer Erzeugung von Sinn und die Widersprüchlichkeiten, die in dessen Verlauf notgedrungen entstehen müssten. „The constructed life informs us that what is told is pertinent to the here-and-now, indeed cannot be separated from the here-and-now. The constructed life only makes sense when we consider it in relation to the situation in which it is conveyed." (Gubrium 1993, 178)[16] Auch wenn es in diesem Zitat schon um biographische Perspektiven geht, die unter dem Titel 'Lebensrückblick' (vgl. Kap. 4) bearbeitet werden sollen, ordne ich GUBRIUMS Forschung als Interaktionsforschung ein. Der Hintergrund für diese Entscheidung wird deutlicher, wenn der Sinnbezug seiner ethnographischen Forschung geklärt ist.

GUBRIUM geht es u.a. auch um die Frage nach Identitätsentwürfen, vorrangig ist für ihn jedoch der Wunsch, das Handeln des anderen zu verstehen: „to obtain a profound understanding about persons and their worlds" (Sankar & Gubrium 1994, VII). Am Beispiel des Augenzwinkerns, das viele Bedeutungen haben kann, verdeutlichen Andrea SANKAR und Jaber F. GUBRIUM, in welcher Weise sie versuchen, die Realität des Einzelnen möglichst wahrheitsgetreu wiederzugeben. (Vgl. ebd., IX) „To appreciate fully the twitch ... will require extensive knowledge about such areas of the subject's culture as the significances of interaction, assignation, gender roles, privacy, body language, demeanor, and decorum." (Ebd., XI) An anderer Stelle lassen sich weitere Aufzählungen zu Bestandteilen von Forschungs-

[16] GUBRIUM spricht deshalb auch von „hyphenated lives", die er erforscht. (Vgl. Gubrium 1993, 178)

prozessen finden (vgl. ebd., VIII), die weniger auf die Vielfältigkeit von Ausdrucksmöglichkeiten als auf den Wunsch nach vollständiger Abbildung schließen lassen. Diese Zentrierung der Forschungsperspektive auf ein Subjekt, das Bedeutung situations- und zeitabhängig konstruiert, das aber auch konstitutiv ist für die Entstehung von Bedeutung insgesamt, verschiebt den Akzent der Forschung von wissenschaftlichen Theorien zu Alltagstheorien über Alter. Besser als Forscher können demzufolge alte Menschen selbst erklären, was Altern bedeutet.

Obwohl GUBRIUM und HOLLSTEIN bereits auf die Beeinflussung dieser natürlichen Einstellung durch wissenschaftliche Kommunikationen hingewiesen haben („... might be *used* by elderly people themselves ...“ Gubrium & Hollstein 1990, 134f.), gehen sie nicht so weit, den substantiellen Charakter von Alternspozessen selbst zu bestreiten. Am Ende seines Buches „Speaking of Life: Horizons of Meaning for Nursing Home Residents“ (1993) formuliert GUBRIUM: „Finally, I draw a lesson from reflecting on certain aspects of my own life. [...] Looking back on my own, still developing research career – seemingly filled with important research, momentous decisions, and academic achievement – what do Myrtle Johnson and Alice Stern[17] tell me about destiny? [...] The stories and narratives are about *our* lives, whose horizons and linkages can form in many directions to give meaning to the years ahead.“ (Gubrium 1993, 188) Den Sinn, den die alten Menschen selbst erzeugen, kann GUBRIUM – so sein zusammenfassender Rückblick – identifizieren und in sein eigenes Leben transportieren, für sich nützlich machen. Eine Kritik an dieser Vorgehensweise, die über den Subjektbegriff die Substanz und die Verallgemeinerungsfähigkeit ihres Forschungsobjekts ableitet, lässt sich am Beispiel der Geschlechterforschung von Stefan HIRSCHAUER demonstrieren.

HIRSCHAUER behauptet, trotz konstruktivistischer Ansätze behandele die Soziologie das Phänomen der Zweigeschlechtlichkeit nach wie vor als „natürliche Tatsache“. (Vgl. Hirschauer 1995, 668ff.) Die Erforschung von geschlechtsspezifischen Besonderheiten reifiziere zumeist biologische Unterscheidungen, ohne ihr eigentliches Thema, nämlich die soziale Erzeugung dieser Selbstverständlichkeiten, zu behandeln. Er nimmt eine wissenssoziologische Perspektive ein, mit deren Hilfe er alltägliche, aber auch wissenschaftliche Strategien der Geschlechtskonstruktion in den Blick bekommt. Seine ethnomethodologisch mit Harold GARFIN-

[17] Myrtle Johnson und Alice Stern sind zwei Interviewpartnerinnen seiner Untersuchung.

KEL und Erving GOFFMAN formulierte These lautet, „daß die Zweigeschlechtlichkeit ein Darstellungs- und Klassifikationsphänomen ist, ein Merkmal der Sozialorganisation und nicht von Personen“ (ebd., 668). Neben der Wirkung einer vorausgesetzten klassifikatorischen Praxis (vgl. Tyrell 1986) wendet er sich vor allem den Mechanismen episodischer Darstellungen zu, mit denen auf vielfältige Art kontingente Verhaltensmöglichkeiten beschränkt werden. An erster Stelle steht dabei der Körper, dessen Sichtbarkeit beim Gegenüber Wahrnehmungsprozesse ingang setzt. In der Begegnung von ego und alter ego – so HIRSCHAUER – wird in diesem Moment Geschlechtlichkeit erzeugt. Der Körper repräsentiert eine geschlechtliche Identifikationspraxis, die in der Interaktion selbst wieder mit kulturellen Verhaltenscodes konfrontiert wird. Entscheidend ist, dass die situative Bezogenheit aufeinander den Körper nicht zu einem Aggregat geschlechtlicher Substanz, sondern zu einem *Medium geschlechtlicher Repräsentation* erklärt. Diese „Bildförmigkeit“ sozialer Wirklichkeit (vgl. Hirschauer 1989, 104) rückt Wahrnehmung als reflexive Wahrnehmung in den Vordergrund: Ich nehme wahr, dass der andere wahrnimmt, dass ich ihn als Mann wahrnehme. Ab diesem Punkt – so allgemeiner LUHMANN – entsteht mit doppelter Kontingenz ein soziales System. (Vgl. Luhmann 1984, 148ff.) HIRSCHAUER konkretisiert dieses Phänomen als situationsabhängige Darstellung. „Von ‘Darstellung’ zu sprechen, heißt weiter, die Bedeutungsdimension sozialen Verhaltens nicht in einem ‘subjektiv gemeinten Sinn’, sondern in sozialen Situationen zu lokalisieren.“ (Hirschauer 1989, 104)

Ab hier wird der Kontrast zu GUBRIUMs Argumentation deutlich. Während GUBRIUM eine Vielzahl an Situationsbestandteilen auf ihre Stimmigkeit mit einem schon vorausgesetzten Marker, hier: Alter, überprüft und dann „versteht“, versucht HIRSCHAUER genau diesen Prozess des Verstehens zu zerlegen und auf die interaktive Konstruktion von Wissen über Geschlechtlichkeit oder hier: Alter aufmerksam zu machen. HIRSCHAUER weist mit anderen Geschlechterforschern darauf hin, dass prinzipiell alles geschlechtlich signifiziert werden kann. Hinter bestimmten Gesten, Ausdrucksweisen oder Haltungen verbergen sich demzufolge nicht mehr an eine natürliche Disposition gebundene Symptome, sondern beobachtete, erlernte, bestätigte oder abgelehnte Verkörperungen von situativ möglichem Verhalten. Das forschende Interesse konzentriert sich nun nicht mehr auf *das* Geschlecht bzw. *das* Alter, das jeweils überzeugend dargestellt, verzerrt oder geleugnet werden kann, sondern auf kontingente Möglichkeiten im Umgang mit den vielfältigen „Werkzeugen" der Sexuierung bzw. – bezogen auf Alter könnte man sagen – der Seniuierung.

Die trotzdem zu beobachtende Stabilität der Zweigeschlechtlichkeit begründet HIRSCHAUER auf genau diesem Fundament kontingenter Möglichkeiten. Nur weil viel mehr Varietät möglich wäre, werden Klassifikationen zur Strukturbildung in sozialen Situationen genutzt. Diese für soziale Systeme grundlegende Funktion der Reduktion von Komplexität (vgl. Luhmann 1984, 48ff.) wird von HIRSCHAUER äquivalent als kulturelle Formung des Körpers eingeführt. „In der Hervorbringung von Darstellungen wirkt diese Formung des Körpers in zwei Hinsichten: Sie bietet ein Trägheitsmoment, das es Akteuren erschwert, umstandslos auf ein anderes Darstellungsrepertoire zurückzugreifen, und sie macht den Körper zu einem Gedächtnis, das als Ressource für die Mühelosigkeit einer bestimmten Darstellung funktioniert." (Hirschauer 1995, 674) Entscheidend ist allerdings, dass der Körper nicht nur zur Strukturbildung in eben diesem Sinn beitragen *kann*, es ist auch *funktional*, ihn dafür in Anspruch zu nehmen. HIRSCHAUERs Gesellschaftsbild erschöpft sich jedoch in der Zusammenfassung kultureller Regeln, deren Bearbeitung den Einzelnen in der Gesellschaft verortet. Seine Konzentration auf Interaktionen beschreibt folgerichtig nicht nur einen Fall von sozialem Kontakt, sondern die Prototypik. Was HIRSCHAUERs Argumentation fehlt, ist eine strukturelle Herleitung von gesellschaftlicher Komplexität, unter deren Bedingung Vielfalt (bei HIRSCHAUER: Kultur) möglich und ihre Reduktion nötig ist. Die mit Wahrnehmung gegebenen Vorteile für die Auflösung von doppelter Kontingenz werden von HIRSCHAUER nicht gewürdigt. Bevor wir jedoch zu einer Einordnung der Interaktion als sozialem System schreiten und diese Kritik plausibilisieren, sollen zunächst noch die positiven Seiten von HIRSCHAUERs Argumentation beleuchtet werden.

Seine Ausgangsposition – geschlechtliche Identifizierungen sind prinzipiell kontingent – ermöglicht ihm, zwei Fragen zu stellen und zu beantworten. Die erste Frage nach der situationsübergreifenden Stabilität von Zweigeschlechtlichkeit trotz anderer Möglichkeiten beantwortet er (s.o.) mit dem Hinweis auf die kulturelle Formbarkeit des Körpers. Die zweite Frage ist bei weitem spannender und kann von ihm aufgrund seines ethnomethodologischen Ansatzes auch überzeugender beantwortet werden: Wie lässt sich ein Verhalten bezeichnen, bei dem eben nicht auf Geschlechtlichkeit eingegangen wird? HIRSCHAUER spricht vom „Undoing gender" (ebd., 676) als dem Fall einer Neutralisierung der Geschlechterdifferenz.

Beispiele für dieses Phänomen lassen sich viele finden: Thematische Konzentration auf eine Arbeit, langes Vertrautsein miteinander und Regeln zur Geschlechtsneutralität (Sauna) können zu einer Nichtbearbeitung des Themas 'Geschlecht' führen. Schwierigkeiten bei der Definition dieses Befunds ergeben sich im Hinblick auf die Gefahr einer erneuten Ontologisierung dieser Kategorie als anderer Seite von geschlechtlichen Identifizierungen, die damit ihren Zugang zur sozialen Wirklichkeit eben doch wieder über geschlechtliche Identifizierungen findet.

Das Phänomen, dem HIRSCHAUER dank ethnomethodologischer, an der Situation interessierter Feinarbeit auf die Schliche gekommen ist, lässt sich jedoch wiederum mit den Mitteln einer Gesellschaftstheorie besser erfassen. Nicht die *Option*, innerhalb einer Interaktion auf Geschlecht einzugehen oder es zu neutralisieren, auch nicht – systemtheoretisch – die *Notwendigkeit*, etwas zu thematisieren, sondern vielmehr die *Offenheit*, Geschlecht oder etwas anderes zu thematisieren, überrascht in diesem Fall. Während HIRSCHAUER vorrangig den gesamten Ballast kultureller Codes durch Interaktionen hindurch retten muss und folgerichtig nur positiv von der Neutralisierung von Geschlechtlichkeit sprechen kann, ermöglicht die LUHMANNsche Ebenendifferenzierung (Gesellschaft, Organisation, Interaktion) eine Entlastung der analytischen Kategorie Interaktion und ihre Öffnung für nur temporäre Themen.

Bereits oben wurde angedeutet, dass Interaktionen systemtheoretisch als soziale Systeme gefasst werden. Unter Bedingungen der Anwesenheit von Personen bzw. der Entscheidung über die Anwesenheit von Personen[18] lassen sich Limitierungen sozialen Handelns beobachten, die auf einen eigenständigen Systemtypus schließen lassen. Peter FUCHS formuliert: In dieser „Zone des Wahrnehmens von Wahrnehmungen des Wahrgenommenwerdens ... wird jener Selektionsdruck erzeugt, der die Ausdifferenzierung des Interaktionssystems einleitet und begleitet. Das Wahrnehmen der Wahrnehmung anderer bei Wechselseitigkeit dieses Prozesses bringt *doppelte Kontingenz* ins Spiel, die es fast unmöglich macht, Systementstehung zu vermeiden." (Fuchs 1992, 187) Die Begriffe 'doppelte Kontingenz' und 'System' werden in diesem Satz definitorisch aufeinander bezogen. Dahinter steckt die Überlegung, dass die Bezogenheit sozialer Kontakte aufeinander eine Rekursivität von Kommunikationszusammenhängen schafft, die nicht von vorkonsentier-

[18] Servierpersonal und Taxifahrer werden z.B. zumeist als ausgeschlossen betrachtet. (Vgl. Luhmann 1984, 560f.)

ten Werten gelenkt wird.[19] Kommunizieren gelingt stattdessen nur, weil eine thematische Konzentration die Möglichkeiten operativ einschränkt im Hinblick auf alles andere und öffnet im Hinblick auf das Thema. Organisationen können so vom Spezialfall fremdgehender Ehemänner absehen, solange diese ihrer, dem Arbeitsvertrag entsprechenden Arbeit nachkommen. Viel schwieriger wird dies im konkreten Fall der Interaktion. Wer diese Information von seiner Gesprächspartnerin hat, kann sie auch zum Thema werden lassen. Wenn nun der Mann mit dem „lokkeren Lebenswandel" selbst vermutet, dass sein Gegenüber über diesen Tatbestand informiert ist oder – noch schlimmer – alle wissen, dass alle es wissen, können die peinlichsten Situationen genau dadurch entstehen, dass alle einen thematischen Bezug voraussetzen, der nicht offiziell eingeführt worden ist. Mit dieser Argumentation soll nicht das Unbewusste wiederbelebt werden, sondern – im Gegenteil – die Offenheit einer Kommunikation demonstriert werden, die nur auf Anwesende und alles, was mit ihnen assoziiert werden kann, rekurriert.

Sowohl GUBRIUM als auch HIRSCHAUER setzen an diesem Phänomen an. GUBRIUM möchte gerne alles miteinbeziehen, was den unterstellten subjektiven Sinnhorizont abrundet, und HIRSCHAUER wundert sich über die Vielfalt, die in der Kombination der Situationsaccessoires entsteht. Während GUBRIUM aufgrund seiner Forschungen die gängigen wissenschaftlichen Theorien zum Altern als zu starr, nicht situationsangemessen ablehnt, findet HIRSCHAUER in dem gleichen Befund Hinweise auf einen unangemessenen Theoriehintergrund und empfiehlt, anstelle des Subjekts die Situation selbst zu fokussieren und die Konstitution von sozialer Wirklichkeit auf die Ebene der Interaktion zu verlagern. An schön gewählten Beispielen aus der Forschung zu Transsexuellen illustriert er, wie sehr die Wahrnehmung von z.B. Weiblichkeit von einem kontrastierenden Setting abhängt. Schon ein männlicher Begleiter oder erstaunlicherweise auch ein männliches Outfit lassen feminine Züge einer Mann-zu-Frau-Transsexuellen viel besser zur Geltung kommen als das zu auffällige Bemühen um eine Rund-um-Weiblichkeit. Was wir wahrnehmen, lässt sich demzufolge eher interpretieren als eine Selektion, die sich über das Thema 'Weiblichkeit' plausibilisieren lässt, als eine Form von Weiblichkeit, die jemandem entweder eigen ist oder nicht. HIRSCHAUER formuliert diesen Sachverhalt folgendermaßen: „es hat den praxeologischen Aspekt, daß Personen

[19] Vgl. im Gegensatz dazu das parsonianische Modell, demzufolge die unhinterfragbare Geltung von gemeinsam geteilten Werten und Normen das Problem der doppelten Kontingenz auflöst.

bestimmte Gesten, Gesichter und Haltungen nicht als ihre geschlechtlichen Eigenschaft haben, sondern umgekehrt ihr Geschlecht nur als Eigenschaft jener Gesten und Tätigkeiten haben: es liegt in sozial organisierten Praktiken." (Hirschauer 1995, 670) Mit anderen Worten: Mit dem, was man in Interaktionen bezüglich Geschlecht, Alter, Ethnizität usw. erforschen kann, liegen keine Daten über psychische Singularitäten oder verallgemeinerungsfähige Hintergrundmotivationen in sozialen Kontakten vor; alles, was man sieht, sind Beobachtungen über Wahrnehmungsmöglichkeiten und Selektionstraditionen.

In Weiterentwicklung zu HIRSCHAUER lässt sich mit dem Systembegriff – wie angekündigt – diese wahrnehmungszentrierte Perspektive noch steigern. HIRSCHAUER hat bereits darauf hingewiesen, dass 'Doing gender' gerade auch dort praktiziert werden kann, „wo es 'unsachgemäß' einen Organisationszweck unterwandert und die Bedeutsamkeit der Geschlechterdifferenz mit Hilfe eines Kontrastgewinns hochtreibt." (Hirschauer 1995, 679) Für die Frage nach der Diskriminierung von Frauen heißt dies, dass Frauen unter Umständen nur „zufällig" als Frauen angesprochen werden, weil sich dieses Thema so wohltuend abhebt von allem, was sonst gerade verhandelt werden müsste. Es geht in diesem Fall also nicht um eine Demonstration von männlicher Macht oder eine hormonell zu erklärende Reaktion von Männern auf Frauen, sondern um die Passung eines Themas in einen Gesamtrahmen. Frau zu sein, ist damit nicht nur genauso ein Thema, wie behindert zu sein (vgl. Hirschauer 1995, 677), sondern gleichgestellt mit Themen wie Rente, Maschinenlaufzeiten oder dem Tabellenstand der Bundesliga. Dass die Erfahrung, als Frau auf Weiblichkeit angesprochen zu werden, andere Konsequenzen hat als die Debatte über Maschinenlaufzeiten, ist theoretisch nicht mehr in der Interaktion, sondern in biographischen Selbstbeschreibungen zu verorten (vgl. Luhmann 1991a). Interaktionen setzen zumeist voraus, dass Geschlechtlichkeit bereits biographisch etabliert worden ist.

Die Infragestellung dieser Kategorie in Kommunikationen, die solcherart Festlegungen als Diskriminierung behandeln, gewinnt ihre Brisanz erst vor diesem Hintergrund reflexiver Wahrnehmung. Man hat als auffälliges Merkmal an dem anderen seine Behinderung gesehen, darf sie jedoch nicht thematisieren, weil damit traditionell einschränkende Verhaltensweisen verbunden waren. Die Folge ist, man schämt sich, weil man einem Rollstuhlfahrer – genauso wie jedem Nicht-Rollstuhlfahrer auch – die Tür aufgehalten hat. Diese Beobachtung verweist auf den besonderen Stellenwert, der visuellen Informationen über Personen zukommt. Im Unterschied zum Thema 'Rente' wird Behinderung der Person zugerechnet, also von der Sach- auf die Sozialdimension transportiert, und sie erscheint zudem als besonders dominant, da sie als visuelle Information einen engeren, wiewohl diffuseren Realitätskontakt suggeriert. (Vgl. Hirschauer 1995, 673; Luhmann 1984, 553)

Auf dieser Grundlage wende ich mich nun erneut dem Phänomen interaktionistisch erzeugter Altersbilder zu. Schon ein erster Blick überzeugt uns im Gespräch mit einem Unbekannten über sein Alter.[20] Aber schon nach wenigen Sätzen kann genau diese Information ihre prominente Stellung einbüßen und ersetzt werden durch ein altersloses Interesse an moderner Kunst oder Nachrichten. Dennoch ist es wahrscheinlich, dass die Kommunikation in unterschiedlichem Ausmaß wieder auf das Lebensalter rekurriert. Ebenso wie für Geschlechtlichkeit gilt auch für das Lebensalter, dass sich alle Bestandteile einer Situation geschlechtlich bzw. altersspezifisch signifizieren lassen. Einen Termin vergessen zu haben, kann anders interpretiert werden, je nachdem, ob man als Professor vor seiner Emeritierung steht oder nicht. Sich an den Puppen seiner Kindheit zu freuen, kann einen problematischen Eindruck erzeugen, wenn man „auf die 70 zugeht". Ob jemand schon immer vergesslich war oder gerade unter besonderen Belastungen steht, ob sie die Puppen nur bei sich zwischengelagert hat oder sie schon immer gerne um sich herum hatte, diese Informationen können je nach Kenntnisstand der Beteiligten zu dem Bild eines alternden Menschen aufgerundet, aber auch vernachlässigt werden. Nicht nur der von HIRSCHAUER bemühte Fundus an kulturellen Regeln ist dafür verantwortlich, dass wir uns bemühen müssen, solche Zentrierungen auf Personenschablonen zu neutralisieren. Vor allem die kommunikative Offenheit von wahrnehmungsgesättigten Interaktionen ermöglicht uns, Alterstypifizierungen am Leben zu erhalten und zu Altersbildern zu verdichten. Wir wissen, dass der andere fürchtet, als alt angesprochen zu werden, und wir versichern ihm, dass er trotz seines (sichtbaren) Alters noch verschiedenes kann, viel jünger aussieht und noch lange nicht als Senior angesprochen werden sollte, und wir tun damit nichts anderes, als auf sein Alter hinzuweisen. Wenn also in der Forschung nach Ursachen diskriminierender Akte ein Determinationszusammenhang behauptet wird, dann

---

[20] Zumeist wird nur ein relatives Alter wahrgenommen, dessen Maßstab soziale Positionen, verwandtschaftliche Verhältnisse usw. liefern.

müsste der determinierende Faktor stärker in unseren biographischen Verunsicherungen als in gesamtgesellschaftlichen Motiven gesucht werden.

Ich fasse den Gang der Argumentation noch einmal zusammen: Das Phänomen von Kommunikationen, die mit einem Ort und einer gemeinsamen Zeitbindung ausgestattet sind, ist von Jaber F. GUBRIUM für die Alternsforschung entdeckt worden. Er hat auf die situationsabhängige Konstruktion von Altersbildern hingewiesen und sie – im Rückgriff auf das Subjekt – qualifiziert. Diese Ontologisierung von anthropologischen Merkmalen ist von HIRSCHAUER am Beispiel der Geschlechterforschung kritisiert worden. Die Situationsabhängigkeit von geschlechtsdiskriminierenden Handlungen ist ihm ein Hinweis auf eine eigenständige Ebene sozialer Ordnung: die Interaktion. Charakteristikum dieser Interaktion ist Kontingenz und damit auch die Möglichkeit zum Nichtvorhandensein geschlechtlicher Markierungen. Mit der darüber hinausgehenden systemtheoretischen Einordnung von Interaktionen als einer Ebene sozialer Ordnung und damit als einem speziellen Systemtyp wird sowohl die Offenheit interaktionsspezifischer Kommunikationen erklärt (Alter ist ein Thema unter vielen) als auch ihre Geschlossenheit (über Personen als Adressaten der Kommunikation gewinnen vor allem auch biographische Identifizierungen an Bedeutung und werden reflexiv bearbeitet). Was GUBRIUM zu Anfang seiner Formulierungen vermutet hat, dass alte Menschen sich in Forschungen zu einem schon beforschten Altersbild verhalten, lässt sich so radikalisieren: *Mehr oder weniger vorstrukturierte „Zufälle" halten das hohe Alter als Thema im Gespräch und verwischen so die Grenzen zwischen einem tatsächlichen, einem aufgezwungenen und einem wissenschaftlichen Altersbild.* Ob wir sie wollen oder nicht, Altersbilder sind einige von vielen Möglichkeiten, Wahrnehmungen zu kanalisieren, und nicht zu guter Letzt wird zumindest ihre wissenschaftliche Erforschung ihre Existenz sichern.

Organisation: Über Alter wird entschieden

Die Beispiele: Altenheim und Sozialstation

Der Spezialfall der *Schwerstpflege*, der von Christoph CONRAD und Hans-Joachim VON KONDRATOWITZ als ein zentraler Grenzbereich der Alternsforschung benannt wird (vgl. Conrad & Kondratowitz 1993), lässt sich in Organisationen der Altenhilfe beobachten. Wenn man Pflegebedürftigkeit als eine der charakteristischen „Repräsentationen des Alters“ (ebd., 1) in der modernen Gesellschaft identifiziert, müssten sich in den organisatorischen Strukturen entsprechender Hilfeinstitutionen altersspezifische[21] Elemente wiederfinden lassen. In einer empirischen Untersuchung habe ich mich mit Hilfe von qualitativen Methoden der Sozialforschung auf die Suche nach eben solchen Charakteristika gemacht. Das Datenmaterial bestand aus 20 ca. 50minütigen Interviews, die einem halbstrukturierten Leitfaden folgten. Mein Interesse konzentrierte sich auf typische Episoden sowohl in negativer als auch in positiver Akzentuierung. Von den Interviewpartnern stammen 10 aus dem stationären und 10 aus dem ambulanten Bereich, 16 sind weiblichen, 4 männlichen Geschlechts, 11 sind Altenpfleger, 9 Krankenpfleger. Insgesamt sind 14 Institutionen an der Untersuchung beteiligt, die sich hinsichtlich der Trägerschaft (evangelisch, katholisch, kommunal), der Größe (zwischen 71 und 166 Plätzen) und der Schwerpunktsetzung im Wohn- bzw. Pflegebereich unterscheiden.[22]

Themen: Klientel, Pflegeorganisation und professionelle Selbstdarstellung

Übereinstimmend konnten den Erzählungen der Pflegefachkräfte Informationen zu drei Themenbereichen entnommen werden: zur Person des Bewohners/Patienten, zur pflegerischen Hilfeleistung und zur beruflichen Selbsteinschätzung. Vergleicht man diese Informationen, dann lassen sich für den ambulanten und den stationären Bereich der Altenhilfe unterschiedliche Ergebnisse aufführen.

Die organisatorischen Perspektiven führen zu ungleichen Perspektiven auf die *Klientel*. Während im stationären Bereich die Anwesenheit der *Bewohner* als Ursache permanenter und damit auch gleichzeitiger Ansprüche gesehen wird, findet im ambulanten Bereich eine Differenzierung der *Patienten*[23] auf der Grundlage

---

[21] Am Beispiel der Geschlechterforschung hat Stefan HIRSCHAUER auf die Problematik einer Unterstellung von geschlechtsspezifischen Strukturen aufmerksam gemacht. Demzufolge müsste z.B. der Arbeitsmarkt, die Sozialisation oder die Rolle Geschlechtsmerkmale besitzen wie etwa Tiere oder Menschen. Stattdessen zieht er den Begriff der „Sexuierung“ vor, um auf die interaktionistische Konstruktion von Geschlechtlichkeit hinzuweisen. (Vgl. Hirschauer 1994)

[22] Diese Untersuchung wurde 1992 im Rahmen einer Diplomarbeit innerhalb eines größeren Forschungsprojekts durchgeführt (vgl. Saake 1993). Unter dem Titel „Subjektive Alterstheorien von professionell Tätigen in der Altenhilfe“ sind von der ‘Forschergruppe Soziale Gerontologie’ an der Fachhochschule und Universität Münster 50 narrative Interviews geführt worden, aus denen ein Fragebogen mit typischen Episoden konzipiert worden ist. Über die Bewertung und den Umgang von Pflegefachkräften mit eben diesen Episoden vgl. Weber, Erlemeier, Nassehi, Saake & Watermann 1997.

[23] Während Pflegefachkräfte des stationären Bereichs von „Bewohnern“ sprechen, wird im ambulanten Bereich die Bezeichnung „Patienten“ bevorzugt. Für die Nachzeichnung von Perspektiven habe ich diese Unterscheidung übernommen.

eben dieser Ansprüche statt. Konsequenzen hat dies für die alten Menschen besonders hinsichtlich der von ihnen erwarteten Fähigkeiten. Offensichtlich ist mit der stationären Unterbringung auch die Unterstellung umfassender Hilfebedürftigkeit verbunden. Gerade Abhängigkeit ist jedoch eine Eigenschaft, die aus der Perspektive der Sozialstationen alte Menschen von der Möglichkeit, als Patienten aufgenommen zu werden, ausschließt. Die selbständige Lebensführung oder die stellvertretende Wahrnehmung dieser Aufgaben durch Angehörige wird in der ambulanten Pflege vorausgesetzt. Zwei Zitate aus dem stationären (S) und dem ambulanten (A) Bereich sollen diese Unterschiede verdeutlichen:

(S) Also gibt's-, äh, wie gesagt, wir haben 20 Bewohner auf einer Station, und jeder hat auf seine Art und Weise, äh, ja, also so spezielle Eigenarten. So zum Teil sehr liebenswert, zum Teil weniger liebenswert [...]. Frau G. regt sich auf, Fräulein K., äh, rennt pausenlos in die Küche, äh, Frau J. räumt alle Blumen von den, äh, Bänken runter, Frau F. isst unheimlich gerne Zigarettenkippen, äh, ja, ich könnt' da Tausend Sachen aufzählen, die alle zur gleichen Zeit passieren, unter Umständen. Und, äh, is' halt, wie gesagt, sehr anstrengend. (Herr K. 11/33-12/08)

(A) Also das zeigte mir, also dass Gemeindekrankenpflege ohne Angehörige kaum möglich ist, ne. So wie z.B. die Frau W., die Frau-, die Nichte, die da auch schon mal einige Sachen macht, und am Wochenende macht sie das ja auch. Und dann, also habe ich das gezeigt, wie man das macht, wie man die Fersen verbindet und was da draufkommt, und dass sie schon mal das Fußbad selber macht. Das kann man den Leuten auch erklären, und dann machen die das schon mal, ne. Und ohne Angehörige könnte Frau W.-, z.B. alleine leben könnte sie nicht mehr, ne. Also die müsste dann zwangsläufig ins Pflegeheim. So kann sie aber noch zu Hause leben in dem Haus, wo sie auch ihr Leben verbracht hat, ne. Also so, jedenfalls unterm Strich, das-, ist Gemeindekrankenpflege ohne Angehörige meiner Meinung nach kaum möglich, gar nicht eigentlich, so. (Herr N. 21/6-20)

Weitere Unterschiede ergeben sich hinsichtlich der *Pflegeorganisation.* Die Dominanz institutioneller Einflüsse in Altenheimen wird an der die Bedürfnisse chronologisierenden Ausrichtung des Arbeitsablaufs deutlich. Die stationär beschäftigten Pflegemitarbeiter orientieren ihre Arbeitsplanung vordringlich an den engen zeitlichen Vorgaben, so dass für sie, unter dem Druck von gleichzeitigen und permanenten Erwartungen der Bewohner, der Umgang mit knappen Zeitressourcen im Vordergrund steht. Erfüllbar sind dabei nur Ansprüche, deren Priorität sich durch ihre Dringlichkeit ergibt. Wer eine Frage beantwortet haben möchte, konkurriert mit anderen Bewohnern, die zur Toilette wollen, umgelagert werden müssen oder gerade gestürzt sind. Resultat pflegerischer Selektionen ist eine Pflegeorganisation, deren zentrales Kennzeichen die Trennung von pflegerischen und betreuenden Elementen ist, worunter sowohl die Bewohner als auch die Pflegefachkräfte leiden.

(S) Wir alle sind Organisationstalente geworden, weil wir von Minute zu Minute genau ausrechnen und überlegen müssen, was kann wegfallen, was ist nicht so wichtig, was können wir machen, was müssen wir machen, was ist das Wichtigste, was kann nicht warten, ne. (Frau D. 2/22-27)

(S) Man muss alles für die machen, und es wird ja auch schlimmer dadurch, dass man weniger Zeit hat, fallen auch-, macht man Sachen für die, weil es schneller geht. Man wäscht denen den Rücken, gut den Rücken ist okay, aber man wäscht die Leute, weil es dann schneller geht, weil man schneller fertig ist, anstatt denen zu sagen: „Kommen Sie, versuchen Sie doch wenigstens mal, sich zu waschen“. (Frau A. 10/2-9)

Auch in den Sozialstationen müssen Termine eingehalten werden. Die Zeitvorgaben beziehen sich jedoch immer nur auf jeweils *eine* Person und sind in den Grenzen des Arbeitstages variabel. Damit tritt die zeitliche Strukturierung in den Sozialstationen in den Hintergrund und eröffnet den Blickwinkel auf die Situation des Patienten. Mit dieser Personorientierung sind zwei Konsequenzen verbunden. Ambulant Beschäftigte erleben den Patienten in seinem individuellen Umfeld. Die Identifikation anhand des Lebensstils, der Wohnung, des Verhältnisses zu den Angehörigen plausibilisiert das Verhalten des alten Menschen, lässt die Pflegesituation aber auch zu einer komplexen Aufgabe werden.

(A) Also ich arbeite eigentlich lieber auf der Sozialstation, weil ich mir da einerseits mehr Zeit nehmen kann für die Leute, weil ich es entscheide, wie lange ich bei den Leuten bin, so, ob ich da jetzt für eine Grundpflege ½ Stunden brauche oder vielleicht im Notfall 1½ Stunden. Ich meine, ich brauche sie nicht, wenn man, was weiß ich, nach irgendwelchen Grundschemen geht, muss man vielleicht für eine Grundpflege, je nachdem wie weit die Leute noch mithelfen können, man braucht ½ Stunde oder 1 Stunde, aber für mich ist es oft so, dann brauche ich, wo ich vielleicht normalerweise ½ Stunde brauche einfach 1 Stunde, weil es für mich wichtig ist, mit den Leuten noch zu reden, auch mir Zeit zu nehmen, wenn die irgendwas haben, mit denen was abzuklären oder sonstwas. [...] Einerseits ist das besser, aber andererseits muss ich halt so ein bestimmtes Schema oder einen bestimmten Teil morgens schaffen. [...] Wenn ich mich bei irgendwelchen Leuten länger aufhalte, ich muss die Zeit irgendwie wieder 'reinkriegen. (Frau P. 11/11-35)

Durch den biographischen Bezug wird eine individualisierende Pflege ermöglicht, die als Vertrauensverhältnis sowohl von den Professionellen als auch von den Patienten geschätzt wird. Um aber nicht von jeder einzelnen Situation überfordert zu werden, müssen sich die Mitarbeiter gegenüber den an sie gerichteten Erwartungen abgrenzen. Die Wahrung der Selbständigkeit des Patienten („je nachdem wie weit die Leute noch mithelfen können ...") ist deshalb ihr vordringliches Ziel. Der Weg dahin führt über die Anpassung der Hilfeleistung an die individuelle Formulierung von Bedürfnissen im Hinblick auf eine Besserung des Gesundheitszustandes.

Bezogen auf das *professionelle Selbstbild* der Mitarbeiter sind die Konsequenzen dieser unterschiedlichen Zugänge nicht zu übersehen. Die Unzufriedenheit mit der eigenen Berufstätigkeit ergibt sich für die stationär Beschäftigten aufgrund ihrer Überforderung gegenüber den Erwartungen der Bewohner. Weder können Pflegefachkräfte Bedürfnisse nach Zuwendung jedem einzelnen Bewohner gegenüber befriedigen, noch möchten sie das auch gegenüber unsympathischen Bewohnern. Trotzdem erscheint ihnen gerade das in einer von depersonalisierenden Umgangsweisen geprägten Situation als Ideal. Motivation beschaffen sie sich letztlich außerhalb ihrer Berufsrolle, nämlich in engen persönlichen Beziehungen zu einigen wenigen der Bewohner.

(S) Einerseits denke ich mir, äh, das sind so die Spitzenzeiten, wo der Bewohner eigentlich so zum Zuge kommt. Andererseits denke ich mir, haben wir auch ganz viel davon. Also ich denke so, wenn die Pflegezeit zu Ende ist, ist auch erstmal für meinen Geschmack, für mein Gefühl auch ganz viel wir dran. Wir haben dann so die Pflegezeit hinter uns-. [...] Also in so 'm Moment bin ich dann auch sehr egoistisch, ich setze mich dann auch grundsätzlich da zehn Minuten hin oder gehe auch zu Leuten, wo ich jetzt weiß, da kriege ich jetzt was von. (Frau F. 13/26-14/9)

Diese Sätze verdeutlichen, dass gerade im Kontrast zur Pflegezeit der Betreuungszeit eine Ausgleichsfunktion zukommt. In dieser Zeit erholen sich die Pflegefachkräfte von den auch körperlich sehr anstrengenden Pflegearbeiten, bei denen nicht nur die reduzierte Wahrnehmung der Bewohner, sondern auch die der eigenen Person als sehr negativ erfahren wird. Offensichtlich stellen Pflegefachkräfte in der heteronom bestimmten Zeit gezielt ihre eigenen Bedürfnisse zurück, um sich später für diese Einschränkung entschädigen zu können. Damit begeben sie sich allerdings in einen Kreislauf, bei dem die unterschiedliche Gewichtung von heteronom und autonom bestimmter Zeit die Stabilisierung dieser Trennung rechtfertigt. Freundschaftliche Kontakte einerseits begründen eine auf somatische Hilfen verkürzte Pflege andererseits. *Die Idealisierung ganzheitlicher Pflege entsteht im Rahmen einer Polarisierung, die eben diese Ganzheitlichkeit verhindert.*

Mitarbeiter der Sozialstationen sehen sich einer solchen Überforderung nicht ausgesetzt. Die Erwartungen an ihre Berufsrolle sind klar abgegrenzt und von ihnen selbst variierbar. Arbeitsanforderungen definieren sie in Abhängigkeit von den Fähigkeiten des Patienten und – vor allem – denen der Angehörigen. Die Zufriedenheit mit dem Beruf ergibt sich aus der Erfahrung, immer wieder mit neuen Situationen konfrontiert zu werden und die täglichen Anforderungen bewältigen zu können.

(A) Oft ist es so, dass von den Angehörigen-, da wird dann halt das Nötigste gemacht, und dann gehen die wieder, aber so, da haben die Patienten oft auch das Gefühl, dass sie denen zur Last fallen, und bei uns, die bezahlen ja schließlich auch dafür. Es ist irgendwie schon eine andere Sache, ne, und wir kommen freiwillig. Wenn ich keine Lust mehr hab', kann ich ja kündigen und was anderes machen. Ich muss ja nicht dahin gehen. Aber so Angehörige, die sind dann ja auch irgendwo verdonnert, ne. Also was auch ganz witzig ist, so wir als Schwestern haben sehr viel mehr Narrenfreiheit wie die Angehörigen. Wenn ich überlege, was wir dem Patienten alles sagen dürfen, das bräuchte die Tochter oder Sohn nie machen, dann wäre Holland in Not, ne. Und wenn wir einmal sagen: „So, jetzt ist aber Feierabend", dann ist das völlig okay, dann sagt keiner: „Was ist denn mit der heute los" oder so. Wir dürfen das, die Angehörigen dürfen das nicht. (Frau R. 13/24-14/2)

In Abgrenzung zu den Angehörigen entwickeln ambulant beschäftigte Pflegefachkräfte eine positive Bestimmung ihrer Arbeit als „Krankenschwester“ und als „Respektsperson“ (Frau P. 1/26; Frau S. 21/24). Im Vergleich von Pflegefachkräften und Angehörigen entsteht die Konzentration auf die Berufsrolle und damit ein Status, über den sich die Professionellen mit ihrer Tätigkeit identifizieren können. Gerade weil die Person des Patienten mit dem Umfeld in den Blick gerät, ist es für die Pflegefachkräfte wichtig, einen konkreten Zuständigkeitsbereich zu definieren. Diese Definitionsleistung ist auf den organisatorischen Rahmen der Sozialstation zurückzuführen, in dem nur Patienten mit einem zeitlich begrenzbaren und/oder von Angehörigen ausgeglichenen Hilfebedarf aufgenommen werden. Die Übernahme der Berufsrolle hat – im Gegensatz zu den stationär beschäftigten Pflegefachkräften – eine Entlastungsfunktion, der sie sich guten Gewissens bedienen können. Die folgende Tabelle fasst die Ergebnisse zusammen:

	stationär	**ambulant**
Bewohner/ Patienten	Gleichzeitigkeit von differenten Erwartungen Unterstellung von totaler und permanenter Hilfebedürftigkeit	Differenzierung anhand von differenten Erwartungen Unterstellung von Selbständigkeit bei punktueller Hilfebedürtigkeit
Pflege-organisation	Ablauf an institutionellen Vorgaben orientiert Selektion nach Dringlichkeit Trennung von Pflege und Betreuung	Ablauf an Patienten orientiert Selektion nach Bedürftigkeit Komplexe Pflegesituation
Professionelles Selbstbild	Überforderung durch Allzuständigkeit Motivation über persönliche Beziehungen berufliche Unzufriedenheit	Abgrenzung der Erwartungen Motivation über die Bewältigung der Arbeit berufliche Zufriedenheit

Tabelle 9: Themen der stationären und ambulanten Altenhilfe nach SAAKE (1993)

Sowohl diese eindeutig negative Illustration des stationären Bereichs als auch die positive der ambulanten Pflege erscheinen als verkürzende Extremdarstellungen. Der Vergleich von 128 Episoden, also kurzen Geschichten zu einzelnen Bewohnern/Patienten, vermittelt einen konkreteren Blick auf den Alltag der Pflege von alten Menschen.

Altersbilder in Organisationen der Altenhilfe

Die bei der Sequenzierung der Interviews gewonnenen Personenbeschreibungen sind anhand ihrer drei Bestandteile: 'biographische Identifikation', 'Pflegehandlung' und 'professionelle Selbstdarstellung' auf Ähnlichkeiten und Unterschiede verglichen worden, um anschließend zu Erwartungstypen zusammengefasst zu werden. Für den stationären Bereich konnten 62 Episoden 6 Typen zugeordnet werden, im ambulanten Bereich dagegen 66 Episoden zu nur 4 Typen.

a) Der stationäre Bereich

Im stationären Bereich lassen sich Altersbilder durch die Zusammenfassung zu Erwartungstypen unter den Etiketten „Der Verwirrte", „Der Kommandeur", „Die Unauffällige"[24], „Der Apathische", „Der Verweigerer" und „Der Helfer" beschreiben. Über die charakteristische Zuweisung von Eigenschaften an die Bewohner durch die Pflegefachkräfte informiert Tabelle 10.

Bis auf die eher medizinische Unterscheidung von desorientierten und orientierten alten Menschen gewinnen alle anderen Merkmale ihre Bedeutung vor dem Hintergrund der schon beschriebenen Pflegeorganisation. Zum Beispiel erweist sich die Charakterisierung eines „Kommandeur"-Verhaltens durch das Attribut „anspruchsvoll" erst dann als sinnvoll, wenn man dies im Zusammenhang mit dem sich gegen individuelle Wünsche immunisierenden formalisierten Arbeitsablauf sieht. Die Tatsache, dass Bewohner eines Altenheims Wünsche meist recht unkomplizierter Art (Bitte um eine Flasche Wasser, Fensteröffnen, anderen Brotbelag o.ä.) formulieren, legt aus der Sicht der Professionellen ihre Reduzierung auf dieses Merkmal nahe. In umgekehrter Weise lassen sich dann andere Bewohner zu einer Gruppe zusammenfassen, die gerade durch das gegensätzliche Verhalten, ihre Anspruchslosigkeit, auffallen: die „Unauffälligen" und die „Apathischen".

---

[24] Die Wahl des Femininums bietet sich hier an, da es sich bei dieser Gruppe von Bewohnern vorrangig um Frauen handelt.

Noch deutlicher wird dieser Prozess der Zuschreibung von Eigenschaften bei der anschließenden Verknüpfung mit den Begriffen „zufrieden – unzufrieden". Ein negatives Selbstbild der Pflegefachkräfte sowohl gegenüber den „Kommandeuren" als auch gegenüber den „Unauffälligen" entsteht zwar jeweils aus unterschiedlichen Gründen, einmal durch zu viele uneinlösbare Ansprüche, einmal durch zu wenige, wird aber beide Male mit unveränderlichen Charaktereigenschaften der Bewohner (anspruchsvoll, bescheiden) legitimiert. Auch der Versuch, störendes Verhalten offensichtlich desorientierter Menschen auf die Intention, provozieren zu wollen, zurückzuführen, zeigt, dass die biographische Identifikation der Bewohner von den Pflegekräften im Hinblick auf einen reibungslosen Ablauf des Pflegealltags funktionalisiert wird. Problematisch ist aus dieser Perspektive für die Pflegefachkräfte vor allem die Aktivität der „Verwirrten" und der „Kommandeure", durch die sie gezwungen sind, sich an den Bedürfnissen dieser Menschen zu orientieren.

Alterbilder	**Der Verwirrte (17)**	**Der Kommandeur (14)**	**Die Unauffällige (8)**	**Der Apathische (8)**	**Der Verweigerer (8)**	**Der Helfer (10)**
Biographie	desorientiert aktiv pflegeintensiv	orientiert aktiv anspruchsvoll unzufrieden pflegeintensiv	orientiert passiv bescheiden zufrieden pflegeleicht	desorientiert passiv pflegeleicht	orientiert passiv anspruchslos unzufrieden pflegeleicht	orientiert selbstständig rücksichtsvoll hilfsbereit pflegeleicht
Pflege	permanente, diffuse Pflegebedürftigkeit		punktuelle, konkrete Pflegebedürftigkeit		Betreuungsbedürftigkeit entlastend	
Selbstbild	überfordert und unzufrieden				motiviert	

Tabelle 10: Altersbilder der stationären Altenhilfe nach SAAKE (1993)

Die Zusammenfassung dieser beiden völlig unterschiedlichen Gruppen von Bewohnern anhand des Kriteriums Aktivität veranschaulicht – ebenso wie die Zusammenfassung der „unauffälligen“ und der „apathischen“ Bewohner in ihrer Passivität –, dass zunächst einzig und allein Reibungsverluste bezogen auf die zeitliche Dimension von den Pflegekräften antizipiert werden. Aus diesem Blickwinkel stellen sich die „Verwirrten“ und die „Kommandeure“ als permanent und diffus pflegebedürftig dar, die „Unauffälligen“ und die „Apathischen“ erscheinen dagegen nur als punktuell und konkret pflegebedürftig. Folgerichtig entsteht im Fall der pflegeintensiven Bewohner ein hohes Aggressionspotential auf beiden Seiten, der Pflegenden und der Gepflegten, da sich zeitlich übergreifend immer wieder Irritationen ergeben. Die eher „pflegeleichten“ Bewohner lassen sich dagegen als unproblematisch beschreiben; die Beziehung zu ihnen reduziert sich meist auf einen „Pflichtkontakt“. Allen vier genannten Bewohnertypen gemeinsam ist letztlich ihre Vernachlässigung hinsichtlich betreuender Hilfen. Die einen haben sie nicht verdient, weil sie aggressiv sind; die anderen brauchen sie nicht, weil sie sowieso zufrieden sind. Die große Zahl der Episoden, in denen von belastenden weil pflegeintensiven Fällen die Rede ist (31) – es handelt sich um die Hälfte der gesamten Anzahl –, verdeutlicht das Ausmaß der Überforderung, unter dem die Pflegefachkräfte leiden. Jede außerplanmäßige aufwendigere Hilfeleistung verweist auf die vielen uneingelösten Ansprüche anderer Bewohner, die zur gleichen Zeit „vernachlässigt“ werden. Die daraus resultierende Unzufriedenheit mit der eigenen Berufsrolle stellt sich aber auch bei den unproblematischeren Bewohnertypen ein („Die Unauffällige“ und „Der Apathische“). Auch sie bieten den Pflegefachkräften keine Möglichkeit, sich über routinisierende Arbeitsvollzüge hinaus in den Resultaten der eigenen Arbeit wiederzufinden.

Gerade dieser persönliche Bezug zwischen Bewohnern und Pflegenden fehlt bei den ersten vier genannten Altersbildern, ist aber bei zwei weiteren Gruppen von Bewohner zu finden, bei den „Verweigerern“ und den „Helfern“. In insgesamt 18 Episoden werden Situationen beschrieben, in denen sich die Pflegekräfte intensiv und gerne um Bewohner bemühen. Lohnenswert scheint ihnen dieser Einsatz, weil entweder eine Verbesserung der Pflegesituation erhofft wird (die Integration eines resignativen alten Menschen) oder der Pflegende selbst sich Hilfen in seiner Überforderung verspricht. Beide Male steht im Gegensatz zu den vorherigen Episoden nicht die Pflegebedürftigkeit im Vordergrund, sondern eine von den Professionellen freiwillig erbrachte betreuende Hilfeleistung. Tatsächliche Pflegebedürftigkeit tritt dabei in den Hintergrund, und dies umso stärker, wenn die Intensität der persönlichen Beziehung zunimmt. Diese Außenseiter im Pflegealltag — die einen wollen nicht gepflegt werden, die anderen brauchen keine Pflege — werden mit viel Engagement und Kreativität umsorgt, ohne dass zeitliche Engpässe befürchtet werden. Vermutlich findet sich hier die zeitliche Trennung zwischen Pflege- und Betreuungsarbeiten wieder, anhand derer die Pflegefachkräfte schon ihren Pflegealltag charakterisiert hatten. Der Kontakt zu diesen beiden Gruppen nichtpflegebedürftiger alter Menschen würde demnach in die Zeit nach der Frühschicht fallen, gehörte also in die Ruhe- und Erholungsphase, die von den Pflegekräften weitestgehend selbst bestimmt wird.

Zusammenfassend bleibt festzuhalten, dass mit allen 6 Gruppen von Bewohnern Altersbilder zu identifizieren sind, die eine Form von Pflegebedürftigkeit unterscheiden, deren Maßstab nicht der Gesundheitszustand ist. Schwerste Pflegefälle, also Menschen, die kaum noch eigene Bedürfnisse formulieren können, sind im stationären Alltag viel unproblematischer als körperlich und geistig völlig gesunde, aber anspruchsvolle Bewohner. Das strenge Zeitregime der Station wird erst aufgehoben, wenn der Zwang zur Pflege entfällt. Die Verweigerung von Pflege bzw. die Unbedürftigkeit lässt Professionelle ihre Pflegeroutine unterbrechen und weckt ihr Interesse. Solche motivierenden Arbeitsinhalte sind in weniger als 1/3 der Episoden zu finden und können keinen Ausgleich darstellen, weil sie sich in ihrer Ungewöhnlichkeit nicht auf die typische Klientel von Altenheimen beziehen.

b) Der ambulante Bereich

Der Vergleich der 4 Gruppen von Patienten, die sich bei der Typisierung der Episoden aus dem ambulanten Bereich ergeben, vermittelt ein Bild der Pflegeorganisation, bei dem entsprechend der jeweiligen Form von Hilfebedürftigkeit pflegerische und betreuende Elemente kombiniert werden. Das Ausmaß der Hilfebedürftigkeit ergibt sich dabei nach einer Bestandsaufnahme, die die Faktoren *familiäre Situation*, *Aktivität* und *Kooperativität* überprüft und zu einem Begriff von *Selbstständigkeit* zusammenzieht. Die 4 Altersbilder: „Der Selbstständige", „Der Erzähler", „Der Eigensinnige" und „Der Abhängige" repräsentieren unterschiedliche Niveaus einer so generierten Hilfebedürftigkeit.

Altersbilder	Der Selbstständige (13)	Der Erzähler (16)	Der Eigensinnige (25)	Der Abhängige (12)
Biographie	familiäre Pflege aktiv kooperativ selbständig	keine familiäre Pflege aktiv kooperativ weitgehend selbständig	wenig familiäre Pflege passiv kooperativ weitgehend abhängig	keine familiäre Pflege passiv unkooperativ abhängig
Pflege	technische Pflege	technische Pflege und individuelle Betreuung	individuell angepasstes Pflege-Programm	technische Pflege
Selbstbild	zufrieden und motiviert			unzufrieden

Tabelle 11: Altersbilder der ambulanten Altenhilfe nach SAAKE *(1993)*

Die tabellarische Aufstellung veranschaulicht, dass die Frage nach der familiären Situation zunächst alle anderen Merkmale dominiert. Eine genauere Untersuchung der Gruppe der „Selbstständigen" verdeutlicht, dass bei diesen Patienten das Ausmaß der tatsächlichen Pflegebedürftigkeit in den Hintergrund tritt, ja sogar Schwerstpflegefälle unter der Bedingung familiärer Hilfeleistung auch weiterhin als selbstständig angesehen werden. Das Vorhandensein kooperativer Angehöriger entlastet die Professionellen von Arbeiten, die über eine rein technische Pflege hinausgehen. Auch die alten Menschen selbst werden durchgängig mit positiven Attributen ausgestattet, die auf eine Lebensplanung schließen lassen, die trotz zunehmender Hilfebedürftigkeit nicht von eben diesem Merkmal geprägt ist. Die Professionellen erhalten diesen Zustand aufrecht, indem sie genau die Hilfe ergänzen, die von Angehörigen oder Patienten nicht geleistet werden kann, ohne darüber hinaus auf das Leben der alten Menschen Einfluss zu nehmen. Fällt diese familiäre Hilfe weg, wie bei den „Erzählern", gewinnt die Eigeninitiative, die Fähigkeit des

Patienten zur aktiven Mitarbeit in der Pflegesituation an Bedeutung. Die Menschen dieser Gruppe erscheinen in den Episoden als weitgehend selbstständige Menschen, weil sie ihre Hilfebedürftigkeit durch ein hohes Maß an Eigenaktivität ausgleichen. Ein Hilfebedarf ergibt sich bei ihnen vor allem bei der Bewältigung psychosozialer Probleme, für die sich aufgrund des Alleinlebens keine anderen Ansprechpartner finden. Der Arbeitseinsatz der Pflegefachkräfte verlagert sich dadurch von pflegerischen Inhalten auf betreuende Hilfen. Auch hier wird also wiederum eine Hilfeleistung angeboten, die sich den vorhandenen Ressourcen der Patienten anpasst. In diesem Fall werden sowohl die somatische als auch die psychische Verfassung miteinbezogen.

Ganz anders stellt sich die Situation bei Patienten dar, die – wie die „Eigensinnigen" – eben nicht diese Bereitschaft zur Mitarbeit vorweisen. Sie zeichnen sich durch eine Haltung aus, die eine zunehmende Abhängigkeit negiert und auf eigenständiger Weiterführung alter Gewohnheiten beharrt. Da diese Patienten aber grundsätzlich den Pflegefachkräften einen Sonderstatus mit entsprechenden Machtbefugnissen zuschreiben, gelingt es den Pflegenden, sich in Abgrenzung von den Angehörigen durchzusetzen. Hilfeleistung dient dann dem Ziel, über ein individuell angepasstes Pflegeprogramm Abhängigkeiten möglichst weitgehend abzubauen. Dieses Pflegeprogramm konzentriert sich auf die somatische Verfassung des Patienten, geht aber durch die Berücksichtigung biographischer Elemente über die rein technische Pflege hinaus. Die Pflege dieser Menschen lässt sich als ein Prozess bezeichnen, bei dem durch den Einsatz rehabilitativer und aktivierender Maßnahmen eine Zunahme an Selbstständigkeit bewirkt wird.

Das vierte Altersbild, das sich bei den Typisierungen herauskristallisiert hat, ist gekennzeichnet durch eine Kombination aller bereits beschriebener Merkmale unter negativem Vorzeichen. Ohne familiäre Unterstützung, bei passiver Grundhaltung des alten Menschen und unkooperativem Verhalten gegenüber dem Pflegepersonal – ob gewollt oder durch Krankheit bedingt – zeichnen die Pflegefachkräfte von diesen Patienten ein Bild, das keinerlei Perspektive hinsichtlich des Abbaus von Abhängigkeiten aufweist. Dieser Typus fasst Menschen zusammen, die für Sozialstationen eine problematische Klientel darstellen, da weder pflegerische noch betreuende Hilfeleistungen eine Änderung des Status quo bewirken. Die Pflegenden reduzieren hierbei ihren Arbeitseinsatz auf eine technische Pflege, da sie um die Ineffektivität jeder weiteren Bemühung wissen. Je stärker die einzelnen

Merkmale bei diesen Patienten zum negativen Pol tendieren, desto eher überlegen die Pflegefachkräfte, die Pflege mit der Perspektive einer stationären Unterbringung zu beenden. Damit befinden sich diese alten Menschen immer an den Grenzen einer Pflegebeziehung, deren Voraussetzung das Vorhandensein unterschiedlicher Ressourcen auf Seiten des Patienten darstellt.

In allen beschriebenen Fällen, auch bei den problematischen „Abhängigen", erleben sich die professionellen Pfleger in einer Rolle, die verschiedene Instrumente zur Bewältigung individuell unterschiedlicher Situationen zur Verfügung stellt. Mit der Verlagerung der Verantwortung auf die Seite der Klienten ist ein konkreter Arbeitsbereich entstanden, dessen Exklusivität die biographische Identität der alten Menschen möglichst unberührt lässt. Die Hilfeleistung durch die Pflegekräfte ergänzt nur unbedingt notwendige Komponenten, um auch weiterhin die Selbständigkeit der Lebensführung zu wahren. Dies ist nicht erklärtes Ziel der Professionellen, sondern ergibt sich fast von selbst aus den organisationsspezifischen Möglichkeiten zur Hilfeleistung.

Die fast durchgängige Zufriedenheit der Pflegefachkräfte mit ihrer Arbeit resultiert aus der entlastenden Konkretisierung des Arbeitsbereichs und der Erfahrung, die gestellten Aufgaben bewältigen zu können. Im Gegensatz zu den Mitarbeitern des stationären Bereichs haben persönliche Beziehungen zu den alten Menschen im ambulanten Bereich eine eher untergeordnete Funktion. Der positive Rekurs auf die Berufsrolle stellt nicht nur ausreichend Motivation bereit, sondern lehnt auch eine Aufhebung der Distanz – immer im Gegensatz zu dem Modell familiärer Bedingungen von Hilfeleistung – als dysfunktional ab. Diese Form der Hilfe, die sich an Bedürfnisse der alten Menschen anpasst, ohne persönliche Verpflichtungen zu schaffen, kann auf eine Diskriminierung der Klienten aufgrund ihrer individuellen Ansprüche – wie dies im stationären Bereich geschieht – verzichten. Stattdessen bezieht sie sich positiv auf eine vor dem Hintergrund einer unbeeinflussbaren Biographie gesehene Selbständigkeit von alten Menschen.

Diskussion der Ergebnisse: Die Limitierung von Altersbildern über Sinndimensionen

Die Beobachtung, dass individuelle Vielfalt in Organisationen zu Stereotypen gerinnt, ist in der Soziologie nicht neu. Spätestens mit Erving GOFFMANS Forschungen tritt die Organisation als Rahmen der Interaktion in den Vordergrund.

Am Beispiel von Psychiatrie-Patienten illustriert er eindrucksvoll, wie sich die Lebensvollzüge sowohl von Patienten als auch von Pflegekräften unter den Bedingungen der „totalen Institution" (Goffman 1972, 45) verändern. Auch die Kriminalsoziologie hat sich in den 70er Jahren mit dem Instrumentarium des *labeling approach* dieses Themas bemächtigt. Fritz SACK beobachtet, wie in den Mühlen der Justiz Menschen als Verbrecher etikettiert werden. Dass dieses Phänomen nicht Angehörige aller Schichten einer Gesellschaft betrifft, weist – so SACK – darauf hin: „daß dieser Selektionsprozeß nach bestimmten Regelmäßigkeiten abläuft, daß sich soziologische Gesetzmäßigkeiten nachweisen lassen, die hier im Spiele sind" (Sack 1968, 464). Auch in der Alternsforschung hat man sich dieses Themas angenommen. Jürgen HOHMEIER wendet sich bei der Analyse von Stigmatisierungsprozessen Organisationen zu und benennt unterschiedliche Machtressourcen als Grund von Diskriminierungen. Das Fazit dieser wie auch meiner Untersuchungen zu organisatorischen Limitierungen lautet: *Alte Menschen, die organisierte Altenhilfe in Anspruch nehmen, lassen sich über Bilder beschreiben, die mehr über die Eigenarten der spezifischen Organisation aussagen als über die der alten Menschen.*

Im Unterschied zu GOFFMANS, SACKS und HOHMEIERS Analysen legt ein systemtheoretischer Zugang zur Organisation jedoch eine andere *Herleitung* für dieses Phänomen nahe. Während GOFFMAN als Interaktionist noch viel Abstand zu kausalen Begründungsmustern hält, die über die Emergenz von *face to face*-Beziehungen hinausgehen, identifiziert SACK auf dem Boden marxistischer Gesellschaftskritik übergeordnete Zusammenhänge, die Diskriminierungen funktionalisieren. Wenn HOHMEIER nachzeichnet, „wie man alt gemacht wird" (1978), zieht er sowohl Gesellschaftskritik als auch Organisations- und Interaktionsanalyse zu einem einzigen Verursachungskomplex zusammen. Wo immer sich alte Menschen bewegen, die Diskriminierung ist ihnen demzufolge mit fortschreitendem Alter gewiss. Die moderne Vielfalt von aktiven Senioren, Studenten im Alter, Witwen und Hochbetagten lässt sich mit diesem Modell sicherlich nicht mehr beschreiben. Dennoch stellt sich der Hinweis auf unterschiedliche Ebenen sozialer Analysen als sehr fruchtbar heraus. Zieht man das verdichtete Erklärungsmodell von HOHMEIER wieder auseinander, kann man die bereits oben beschriebene gesamtgesellschaftliche Unbestimmtheit der „rollenlosen Rolle" (Burgess 1960) von interaktionsbezogenen Kontingenzen (vgl. Goffman 1970, 11, 25) im Zugriff auf Altersmerkmale und schließlich auch von organisationsspezifisch strukturierten Altersbildern unterscheiden. *Die Starrheit solcher Altersbilder kann als eigenständiges Phänomen untersucht werden, ohne über alle Lebenslagen generalisiert werden zu müssen.* Altersbilder lassen sich so in ihrer Perspektivität auch als Spezialfall organisationsspezifischer Inklusion nachzeichnen.

Für die Interpretation der Ergebnisse unserer Untersuchung ist damit der nötige Freiraum geschaffen. Das Hauptaugenmerk liegt auf Unterschieden, die der Organisationsform geschuldet sind. Als nun nur noch selbstreferentieller Verweisungszusammenhang lassen sich Organisationen anhand von Sinndimensionen unterscheiden. Am Wandel des Hilfebegriffs erklärt LUHMANN die mit gesellschaftlicher Komplexität zunehmende Notwendigkeit, zwischen Sozial-, Sach- und Zeitdimension zu differenzieren. Individuell unterschiedliche Perspektiven in der modernen Gesellschaft führen dazu, „daß jeder einzelne für sich sachlich verschiedenartige Bedürfnisse erlebt, daß die Vielheit der Bedürfnisse also nicht mit der Mehrheit von Personen identisch ist, sondern kongruent zu ihr auftritt. Sachdimension und Sozialdimension, 'welches' Bedürfnis und 'wessen' Bedürfnis, müssen unterschieden werden. Daraus entsteht das Problem und die Möglichkeit zeitlichen Bedarfsausgleichs.“ (Luhmann 1975, 135) Die Zuordnung von Elementen zu einem System anhand der Sinndimensionen erlaubt komplexe Differenzierungen, die vor allem von organisierten Sozialsystemen genutzt werden. Mit Thematisierungen von Klientel und professionellem Selbstbild (Sozialdimension), Pflegehandlung (Sachdimension) und Pflegeorganisation (Zeitdimension) sind Anschlussmöglichkeiten in allen drei Dimensionen verbunden. Im Rahmen meiner Untersuchung lassen sich folgende Fragestellungen konkretisieren: 1. Wie sieht die Beziehung von Pflegenden und Gepflegten aus? (Sozialdimension), 2. Was für eine Art von Pflege wird geleistet? (Sachdimension) und 3. Wann findet Pflege statt? (Zeitdimension). Ich beginne aufgrund ihres dominanten Charakters mit der Zeitdimension.

Zeitdimension: Die Vordringlichkeit des Befristeten

Der Vergleich der Altersbilder, die aus der organisationssoziologischen Analyse resultieren, verdeutlicht, dass in der stationären und der ambulanten Altenhilfe von unterschiedlichen organisatorischen Vorstrukturierungen in bezug auf den Umgang mit Temporalstrukturen auszugehen ist. Während in Altenheimen die gleichzeitige Befriedigung einer Vielzahl von permanenten Bedürfnissen im Vordergrund steht, zeichnen sich Sozialstationen durch die sukzessive Bearbeitung von temporären Erwartungen aus. Das gleiche Problem, die organisierte Pflege von alten Menschen, unterliegt damit völlig unterschiedlichen Ausgangsbedingungen. Die stationäre Pflege löst dieses Problem, indem sie alles dem Primat der Zeit unterordnet und sowohl Bedürfnisse als auch deren Befriedigung weitgehend chronologisiert. Diese zeitökonomische Planung von Pflege stellt sich dabei als ein äußerst störanfälliges Instrument dar, bei dem jeder Wunsch eines Bewohners, der außerhalb der Arbeitsroutine liegt, den Ablauf unterbricht. Die daraus resultierende Hilfeleistung lässt sich als technische Pflege bezeichnen, die nur in Ausnahmefällen durch betreuende Maßnahmen ergänzt wird. Diese Form der Pflege wird in der Altenarbeit auch als betriebsablauforientierte Organisation (vgl. Braun & Halisch 1989, 18) oder Funktionspflege (vgl. Görres 1992, 272; Bischoff 1992, 159) bezeichnet.

Verortet man die Entstehung dieses Phänomens auf der Zeitdimension, erhält man eine für Organisationen typische Form des Zeitregimes, die von LUHMANN als „Vordringlichkeit des Befristeten" (Luhmann 1968) beschrieben wird. Hohe Koordinationsbedürftigkeit in Organisationen erzeugt „Terminketten" (ebd., 9), bei denen der einzelne Termin seine Bedeutung nur innerhalb einer bestimmten Abfolge erhält. Im Gegensatz zu bürokratischen Organisationen ergibt sich dieser Primat des Befristeten in pflegerischen Interaktionen durch die Gegenwartsbezogenheit von somatischen Prozessen, die sich der Möglichkeit zur Temporalisierung entziehen (vgl. Bette 1987, 31). Eine zeitbezogene Differenzierung stellt auch die Trennung in heteronom bestimmte Arbeitszeit und autonom bestimmte Ruhezeit dar. Diese Polarisierung, die von Ute BRAUN und Reinhold HALISCH auf eine schlechte Planung des Pflegeablaufs zurückgeführt wird (vgl. Braun & Halisch 1989, 21), illustriert eindrucksvoll, wie leicht die Orientierung an Zeitvorgaben zum Selbstläufer wird: Die Erholung in der Spätschicht wird mit Hast in der Frühschicht erkauft. Schnell muss es morgens nicht nur gehen, weil so viel zu tun ist oder weil die Planung falsch ist, sondern weil Schnelligkeit mit der Befreiung von unangenehmen Pflichten belohnt wird. Auch die Zusammenarbeit im Team mit ungeklärten Zuständigkeitsbereichen verschärft diese Situation, da Ruhezeiten nur gleichzeitig genossen werden können, sie im Angesicht eines gestressten Kollegen der Rechtfertigung bedürfen.

Dieser Zeitknappheit lässt sich der Umgang mit einem Zeitvorrat in der ambulanten Pflege gegenüberstellen. Hier bemisst sich der zur Verfügung stehende Zeitraum anhand von zwei Faktoren: dem Ausmaß der Pflegebedürftigkeit und der Beschaffenheit des familiären Umfelds. Letztlich ergibt sich dabei ein Primat der Sachdimension, dem sich Temporalstrukturen unterordnen. Die Auswahl, die Abfolge und die Form der Hilfeleistung wird von der Organisation vorgegeben; Freiräume existieren in begrenztem Umfang nur in zeitlicher Hinsicht. Diese im ambulanten Bereich viel stärkere organisatorische Vorstrukturierung reduziert die Entscheidungsmöglichkeiten, die im stationären Bereich zu den genannten Strategien der Differenzierung und Verkürzung von Hilfeleistungen führten. Für die Patienten resultiert aus diesen Vorgaben eine an ihre Bedürfnisse angepasste personorientierte Pflege, die auf einen begrenzten Zeitvorrat zurückgreifen kann. Die Situation in der ambulanten Pflege stellt sich paradox dar: Zeitliche und sachliche Limitierungen führen zu größeren Entscheidungsfreiheiten in der Pflege.

Probleme der stationären Altenhilfe lassen sich folgerichtig nicht mit mehr Zeit bzw. Personal lösen. Auch mit einem größeren Personalbestand würden die Pflegefachkräfte weiterhin dem Druck, differente Erwartungen selektiv erfüllen zu müssen, unterliegen und bedürften weiterhin der Reduktion auf die Funktionspflege, um sich den Bedürfnissen der als umfassend abhängig wahrgenommenen Bewohner entziehen zu können. Anstelle einer schlichten Maximierung der Zeitdimension durch mehr Personal verspricht eine Umstrukturierung im Hinblick auf konkretisierte Pflegeziele mehr Erfolg.

Sachdimension: Chronifizierung versus Rehabilitation

Die Funktionspflege in der stationären Arbeit zeichnet sich – wie oben beschrieben – durch die Unterordnung aller sachlichen und sozialen Anforderungen unter die zeitliche Dimension aus. Pflegerische Tätigkeiten werden damit reduziert auf immer wiederkehrende, routinisierte Hilfeleistungen, die von der besonderen Situation des einzelnen Bewohners weitgehend abstrahieren. Vergleicht man diese Situation mit dem Ablauf der Pflege in der ambulanten Arbeit, dann stellt sich dort ein genau entgegengesetztes Ergebnis ein. In bezug auf die pflegerische Hilfe ist damit eine Konsequenz verbunden, die mit der Unterscheidung von chronifizierenden und rehabilitativen Hilfeleistungen gefasst werden kann. Zur Erklärung dieser Begrifflichkeiten wird die Typisierung herangezogen, die aus der Auswertung der Episoden in beiden Bereichen resultiert.

In der stationären Pflege ergaben sich Altersbilder, die entlang der zeitlichen Anforderungen Bewohner in „pflegeleichte" und „pflegeintensive" Fälle einstuften. Dabei stellte sich heraus, dass letztlich auch schwerstpflegebedürftige Menschen, wenn sie freiwillig keine Ansprüche stellen oder diese aufgrund ihrer Verfassung nicht stellen können, als „pflegeleicht" eingestuft werden, da sie eine optimale Einpassung in den zeitlich durchorganisierten Pflegeablauf gewährleisten. Folgerichtig ergibt sich aus der Perspektive der Mitarbeiter stationärer Einrichtungen als fast ideale Pflegesituation eine Hilfeleistung, die jeden Tag möglichst gleich gestaltet ist und dadurch einen reibungslosen Ablauf gestattet. Von diesem an chronifizierenden pflegerischen Elementen orientierten Arbeitsablauf unterscheidet sich die ambulante Pflege. Im Vordergrund steht die Unterstützung des Patienten hinsichtlich der Erhaltung bzw. Wiedergewinnung seiner Selbstständigkeit, da seine Bedürfnisse sonst den Rahmen möglicher Hilfeleistung sprengen. Kennzeichnend für die beschriebenen Pflegeprogramme ist deshalb die Ausgestaltung pflegerischer Hilfen anhand von längerfristigen zeitlichen Perspektiven. Neben technischen, sich stetig wiederholenden Hilfeleistungen (z.B. Insulin spritzen) werden im Bedarfsfalle auch betreuende Elemente eingesetzt und sogar umfassende Programme zur Rehabilitation und Aktivierung aufgestellt. Dies lässt sich besonders gut am Beispiel der „eigensinnigen" Patienten verdeutlichen, deren anfänglich schlechter Gesundheitszustand sich durch die Mithilfe der Pflegefachkräfte nach und nach bessert, so dass sogar die Möglichkeit zur Reduzierung oder Beendigung der pflegerischen Hilfe gegeben ist. Die Entwicklung von Krankheitsverläufen stellt sich in der ambulanten Arbeit als in begrenztem Maße reversibel dar. Solche Pflegeprozesse, die sich durch rehabilitative Pflegetätigkeiten auszeichnen, finden sich in der stationären Arbeit kaum. Defizitäre Alternsverläufe sind damit „vorprogrammiert“.

Die Konfrontation dieser Ergebnisse aus dem ambulanten und dem stationären Bereich verdeutlicht jedoch vor allem, dass sich die unterschiedliche Bereitstellung von chronifizierenden und rehabilitativen Pflegelementen und die damit verbundene Herstellung von irreversiblen und reversiblen Krankheitsverläufen im Gefolge von spezifischen Vorstrukturierungen der Einsatzbereiche ergibt und weder als intentionaler Akt den Pflegekräften zurechenbar ist noch als Bestandteil eines normativen Programms fungiert.

Sozialdimension: Pflegebeziehungen zwischen Distanz und Nähe

Ein wichtiges Resultat hinsichtlich der Altersbilder in den Bereichen stationäre und ambulante Altenpflege ergibt sich für die personale Darstellung von Pflegenden und Gepflegten. In beiden Bereichen werden Charakterisierungen der alten Menschen attribuiert, d.h. die organisationsabhängige Unterscheidung von Pflegebedürftigkeit (stationär: die Möglichkeit der zeitlichen Einbindung, ambulant: die Möglichkeit der Erhaltung von Selbstständigkeit) wird den jeweiligen Bewohnern bzw. Patienten im Sinne einer biographischen Identifikation zugerechnet. Diese Konstruktionsprozesse von Biographien erweisen sich im Hinblick auf eine Entlastung von Erwartungen als funktional. Problematisch werden diese Erwartungen in der stationären Pflege durch ihre Permanenz und Gleichzeitigkeit, denn die Unterstellung umfassender Abhängigkeit wird von den Pflegefachkräften als Aufforderung, eine entsprechend umfassende Pflege bereitzustellen, erfahren. Annähernd erfüllen können sie diese Erwartungen jedoch nur gegenüber einer kleinen Gruppe von Bewohnern, nämlich denen gegenüber, die entweder pflegerische Hilfe nicht benötigen oder sie nicht erwarten. Da nur diese Form der Hilfeleistung mit ihren individualisierenden Konsequenzen für die Pflegefachkräfte motivierend ist, entsteht im stationären Bereich ein Pflegeideal, bei dem eine fast freundschaftliche persönliche Beziehung zwischen Gepflegten und Pflegenden angestrebt wird.

Am Beispiel des funktionalisierten Professionalisierungsverständnisses der ambulant Beschäftigten lässt sich eine Alternative zu dieser personalisierten Professionalisierung denken. Die interviewten Pflegemitarbeiter der Sozialstationen erleben alte Menschen als Patienten in einer viel distanzierteren Weise, als dies den Pflegekräften der Altenheime möglich ist. Der Kontakt zwischen den Pflegemitarbeitern und den Patienten ist von vornherein zeitlich begrenzt und geprägt von der Annahme der Selbstständigkeit der alten Menschen. Die Pflegekräfte sind dadurch nur mit einem Ausschnitt aus dem Leben des Patienten konfrontiert, können nur begrenzt Einfluss nehmen und empfinden eine weitere Einmischung auch aufgrund ihres Wissens um die biographischen und familiären Verhältnisse als zwecklos. Gerade die Hereinnahme sehr vieler persönlicher Momente auf seiten des Patienten beleuchtet die Komplexität der Pflegesituation, die durch vielfältige Einflüsse neben der Pflegebeziehung geprägt ist, und schafft eine Distanz, die der Form von Nähe, wie sie von stationär Tätigen als Lösung postuliert wird, widerspricht.

Diese Zusammenhänge verdeutlichen, wie bestimmend für die unterschiedlichen Professionalisierungsprofile die spezifischen organisatorischen Strukturen sind. Die beschriebenen Temporalstrukturen der Altenheime produzieren eine Pflegeform (Funktionspflege), die als Selektionsmechanismus auf simultane und permanente Erwartungen reagiert. Über Defizite in der Sachdimension, die von der Vernachlässigung bis zur „gefährlichen Pflege“ (Schwarzenau 1987) reichen, ergibt sich die Attraktivität eines Konzepts, das unter dem Namen 'Ganzheitlichkeit' in allen Bereichen der Altenhilfe gefordert wird. MISCHO-KELLING sieht in mangelnder Kompetenz auf seiten der Pflegekräfte die Begründung dafür, warum immer wieder das Scheitern dieses Programms beschrieben wird. Als Beispiel führt sie aber gerade eine Situation an, bei der die Pflegerin wiederum in erster Linie „von den im Laufe des Tages an sie gerichteten Anforderungen überfordert [war]. [...] Sie stand unter Zeitdruck.“ (Mischo-Kelling 1991, 49) Die Zurechnung dieser Problematik auf die Person des Pflegenden erscheint fast zynisch, vergegenwärtigt man sich die Bedingungen, unter denen Pflegefachkräften gerade die Anwendung solcher betreuender Elemente als gleichzeitige Vernachlässigung anderer Bewohner verunmöglicht wird. Begründungsmuster, die auf eine defizitäre Professionalisierung abstellen, verschärfen diese Problematik, da sie Defizite der Pflege als persönliches Versagen der Pflegefachkräfte interpretieren.

An dieser Stelle will ich wieder auf die Frage nach den Altersbildern zurückkommen. Die detaillierte Nachzeichnung organisationsspezifischer Strukturierungen konnte verdeutlichen, wie viel mehr Stereotype in Organisationen mit rekursiven Verweisungszusammenhängen als mit individuellen Intentionen oder gesellschaftlichen Mechanismen der Diskriminierung zu tun haben. Altersbilder, die in diesem Rahmen entstehen, lassen sich deshalb nicht als Prototypen altersdifferenzierender Akte identifizieren. *Im Falle der Altenhilfe benennen Altersbilder Spezialfälle altersspezifischer Inklusion in Hilfeorganisationen, und das auch nur deshalb, weil sich in der historischen Genese dieser Einrichtungen eine Spezialisierung auf alte Menschen neben kranken Menschen entwickelt hat.* (Vgl. Mayntz & Rosewitz 1988, 132ff.; Görres 1992, 80f.) Aus pflegewissenschaftlicher Perspektive gehört die Unterscheidung von Altenhilfe und Krankenhilfe in das Waffenarsenal einer Gesundheitspolitik, die „Pflegefälle" produziert, ohne jedoch Pflegebedürftigkeit, d.h. Behandlungsfähigkeit auch im Alter zuzugestehen. Wenn nun CONRAD und VON KONDRATOWITZ Schwerstpflege als ein zentrales Thema der Alternsforschung benennen, replizieren sie damit eine Unterscheidung, die phänomenologisch richtig ist, den Hilfebedürfnissen alter Menschen aber widerspricht. Schwerstpflege ist ein medizinisches Problem, das mehr von einer Beobachtung organisatorischer Hilfemöglichkeiten profitiert als von einer Zentrierung auf „altersspezifische" Charakteristika.

Resümee

Resultat aller Bemühungen der Alternsforschung stellen immer wieder Altersbilder dar. (Vgl. Tews 1995, 130) Immer wieder geht es darum, ein Bild vom Alter zu entwerfen, das möglichst umfassend ist, und immer wieder kann man sich dann anschließend darüber streiten, ob nicht entscheidende Elemente vernachlässigt worden sind. Auf allen Ebenen unserer Analyse ließen sich solche Generalisierungen beobachten, die von der nächsten Theorie, der nächsten interaktionsnahen Wahrnehmung und der nächsten organisationsspezifischen Perspektive als ungültig erklärt werden können. Jaber F. GUBRIUM und J. Brandon WALLACE sind unter dem Titel „Who theorises age?" (Gubrium & Wallace 1990) so weit gegangen, den wissenschaftlichen Bemühungen um die Alternstheorie, also dem 'wahren Altersbild', die erfahrungsgesättigte Vielfalt an Alltagstheorien gegenüberzustellen. Mit Harold GARFINKEL behauptet GUBRIUM eine zu große Distanz der wissenschaftlichen Theorie zu den Phänomenen des Alltags und schlägt als Ausweg eine Annäherung an das Thema über z.B. literarische Texte vor. Subjektive Zugänge zum Thema 'Alter' nachzuzeichnen, scheint ihm erfolgversprechender zu sein als die

Suche nach einer objektivierenden Methode, die die empirische Vielfalt in einen immer wieder neuen Rahmen presst. (Vgl. Gubrium 1990, 6ff.)

Die ausführliche Analyse der Systemebenen Gesellschaft, Interaktion und Organisation konnte jedoch zeigen, dass Subjektivität allein kein Erklärungsmuster für 'altersspezifische' Phänomene ist. Teilsystemspezifische Kommunikationen zum Thema 'Alter' geben zunächst über selbstreferentielle Codes der jeweiligen Teilsysteme Auskunft. Wirtschaftliche Entscheidungen fragen nach finanzieller Potenz und umschmeicheln den Senior, ob arm oder reich, mit Spezialangeboten. Politische Kommunikationen zeichnen ein Bild vom Alter, demzufolge eher die Macht als die Ohnmacht alter Menschen im Vordergrund steht. Der Spezialfall familiärer Inklusion verdeutlicht die gerontologische Vernachlässigung von Nicht-Altersrollen wie Geschlecht, Ehepartner oder Mutter. Unter dem Etikett 'Alter' wird zumeist die hilfebedürftige „Oma" imaginiert, die dann sämtliche anderen Rollen dominiert. Die Fokussierung der Kategorie 'Alter' konstruiert auf diese Weise Altersbilder, die die Nutzung der Kategorie innerhalb der Teilsysteme nachzeichnet, aber nichts über eine nichtaltersspezifische Inklusion von alten Menschen aussagt, ganz zu schweigen von allgemeinen Altersspezifika. *Altwerden besteht nicht aus Seniorenangeboten oder Hilfeleistungen, aber wir können Alter dann sehen, wenn wir den ausgetretenen Wegen einer altersspezifischen Inklusion folgen.* Das gleiche gilt für Interaktionen und Organisationen: Interaktionen lassen sich sehr stark von Wahrnehmungen leiten und verwenden visuelle Daten, wenn sie Kommunikationen plausibilisieren und Anschlussmöglichkeiten eröffnen; in Organisationen wird über die Bestandteile des jeweiligen Altersbildes entschieden (z.B.: Ab welchem Ausmaß an körperlicher und geistiger Veränderung bekommt man Pflege?). In allen Fällen kann nicht von einem determinierenden Zusammenhang ausgegangen werden.

Im Vergleich zum Definitionsansatz der 70er Jahre ist mit der Trennung der Systemebenen ein analytischer Freiraum gewonnen worden. Altersdiskriminierende Phänomene müssen nicht mehr zu einem Gesamtbild addiert werden. Stattdessen werden auch Unterschiede sichtbar (z.B.: hilflose Pflegebedürftige – reiche Senioren), die nicht mehr als widersprüchliche Altersbilder (negatives vs. positives Alter, vgl. Kade 1994, 9) behandelt werden müssen.

Ein wichtiges Ergebnis stellt jedoch auch der Wegfall der Suche nach einer Ursache für generalisierte Altersdiskriminierungen dar. Wie bereits gezeigt werden konnte, ist der Rückgriff auf ein Wertezentrum wegen der Unbenennbarkeit dieser Werte, die speziell Alter ausgrenzen, mit erheblichem Erklärungsaufwand verbunden. Nur über die Zusammenfassung von Randgruppen war eine Vermutung über das Zentrum und die entsprechend profitierenden Gruppen möglich. Wenn nun an die Stelle von Randgruppen inklusionsverstärkende Kommunikationen treten,[25] lässt sich weder ein generalisierender Effekt[26] noch ein verursachender Faktor identifizieren. *Systemspezifische Kommunikationen kennen Alter und diskriminieren Alter, wenn und insoweit damit Anschlussmöglichkeiten gegeben und auch funktional sind.* Nach Alter zu seligieren, bietet sich unter Bedingungen der modernen Gesellschaft, die eine „Altersphase" kennt, schlicht deshalb an, um Anschlussmöglichkeiten voneinander zu unterscheiden. Die im Anschluss hieran beobachtete soziale Ungleichheit zwischen denen, die als alt angesprochen werden, und allen anderen, stellt demzufolge eine Metaperspektive dar, die für jede gesellschaftliche Kommunikation nachgezeichnet werden könnte. 'Alter' ist eine Möglichkeit unter vielen, zwischen Adressaten zu unterscheiden, Programme zu gestalten und Zeitvorteile bei der Situationsdefinition zu gewinnen. Fast könnte man – als Kontrast zum soziologischen Altersdeterminismus – von einer „zufälligen Diskriminierung" alter Menschen sprechen.[27] Diese vor dem Hintergrund der 70er Jahre-Modelle zur Definition von Alter paradoxe Formulierung verdeutlicht am ehesten die mit der systemtheoretischen Gesellschaftstheorie gewonnenen Beobachtungsmöglichkeiten (nicht alle alten Menschen müssen als ausgegrenzt angesprochen werden), aber auch die damit verbundenen Probleme. Wie soll man sich nun als alter Mensch diese Ansprache als Oma oder Senior erklären? Der Rahmen, in dem dieses Problem bearbeitet wird, die Biographie, wird deshalb im Zentrum des nächsten Kapitels stehen.

[25] Es lassen sich auch inklusionsverhindernde Kommunikationen benennen, die den Ausschluss alter Menschen aus lebensaltersgegliederten Organisationen sicherstellen: z.B. Kindergärten und Arbeitsstätten. Diese Spezialfälle unterscheiden sich jedoch nur durch die negative Akzentuierung von altersspezifischer Kommunikation und richten sich nicht nur an alte Menschen. Daraus auf eine grundsätzliche Ausgrenzung zu schließen, wäre im Vergleich mit den vorangegangenen Ergebnissen zu inklusionsverstärkenden Kommunikationen übertrieben.

[26] Generalisierend wirken Altersbilder immer innerhalb teilsystemspezifischer Kommunikationen, eine Beobachtung dieser selbstreferentiellen Kommunikationszusammenhänge vermag jedoch über ihre Perspektivität Auskunft zu geben.

[27] Wenn in diesem Zusammenhang von alten Menschen gesprochen wird, sind damit Personen gemeint, die als alt angesprochen werden und nicht alle über 60jährigen Menschen.

Zusammenfassend lässt sich hier noch einmal festhalten: Selbstreferentielle Zusammenhänge von Teilsystemen, organisationsspezifischen Entscheidungsstrukturen und interaktionsnahen Wahrnehmungen produzieren eine Vielzahl von Altersbildern, die mit der jeweiligen Perspektive auch ihre Berechtigung findet. *Altersbilder lassen sich vor diesem Hintergrund als funktionale Adressierungen von Kommunikationen bestimmen.* Erst wenn die Suche nach der einzig gültigen Perspektive durch das Eingeständnis vieler möglicher Perspektiven ersetzt wird, kann auch die Alternsforschung von Altersbildern profitieren. Von einer Ontologisierung des Alters könnte man dann die Forschungsperspektive umstellen auf die Frage nach den Kriterien, die Altersbildern in Teilsystemen, Organisationen und Interaktionen zugrunde liegen. Dann könnte man schließlich auch beobachten, dass nicht die Kategorie 'Alter', sondern die Frage nach Inklusionsbedingungen von alten Menschen in der modernen Gesellschaft über mögliche Lebensentwürfe im Alter Auskunft gibt. Sterbehilfe, Lebensüberdruss und Schwerstpflege – nach Christoph CONRAD und Hans Joachim VON KONDRATOWITZ die entscheidenden Themen der Alternsforschung – sind Themen, denen sich betroffene junge Menschen genauso widmen wie betroffene alte Menschen. Alle, die sich nicht davon betroffen zeigen, sind davon nicht betroffen. Zumindest das kann die Gerontologie von GUBRIUMs ethnomethodologischer Kritik lernen. Weil jedoch damit nicht nur die „Gerontologisierung" (Conrad & von Kondratowitz 1993, 16), sondern auch die Gerontologie ein Ende fände, werden Alternsforscher vermutlich auch weiterhin nach „wahren" Altersbildern suchen und damit eine Kategorie am Leben erhalten, die nur den Rahmen widerspiegeln kann, in dem sie eingesetzt wird.

Exkurs: Das Alter des Körpers

Mit der konstruktivistischen Auflösung vorausgesetzter Entitäten wird in der Sozialforschung auch gleichzeitig die Frage nach der Stabilisierung dieser Phänomene relevant. Wenn Alter erst in Kommunikationen entsteht, warum wird auf das Thema 'Alter' mit einer solchen Regelmäßigkeit in unterschiedlichen Gesellschaftsformen rekurriert? In den vorangegangenen Kapiteln habe ich bereits einige Antworten auf diese Frage gegeben. Zunächst einmal gehört 'Alter' als Thema seit der Neuzeit zu den entscheidenden Personschablonen. Unter Alter fasst man seitdem eine individuelle Disposition, die sich bei jedem – früher oder später – einstellt. Von Alter sind in der modernen Gesellschaft demzufolge alle betroffen.

Konkretisiert wird diese Schablone in Inklusionszusammenhängen, die jedoch ganz unterschiedliche Sinnkontexte eröffnen. Im Vergleich teilsystemspezifischer, organisationsspezifischer und interaktionsnaher Altersthematisierungen fällt z.B. auf, dass der Körper des alten Menschen nur in Interaktionen, also über Wahrnehmungen sichtbar wird. Auch wenn sich die Medizin als Teilsystem oder das Altenheim als Organisation mit u.a. auch körperlichen Veränderungen auseinandersetzen, sie können diese nur kommunizieren, nicht sehen. Sobald visuelle Informationen vermittelt werden, liegt ein Interaktionssystem vor, das eben nicht nur über einen Code Kommunikationen zuordnet (Funktionssysteme) oder über Entscheidungen festlegt, was Thema sein kann (Organisationen), sondern offen ist für alles, was die Beteiligten einführen.

Im Verlauf der Analyse von Interaktionssystemen habe ich bereits vorsichtig visuellen Informationen einen besonderen Stellenwert in der Konstituierung von Realität zugesprochen. Konstruktivistische Analysen greifen bevorzugt auf sensuelle Daten als entscheidende Grundlage von Konstruktionsprozessen zurück. Ein prominentes Beispiel hierfür findet man in der Geschlechterforschung. Unter dem Titel „Gender Trouble" hatte Judith BUTLER 1990 eine klassische Argumentationsfigur der Frauenforschung zerstört. Das Schema *sex/gender*, mit dem bis dahin zwischen statischem biologischem Geschlecht und einer variablen Geschlechtsidentität unterschieden worden war, stellte sich BUTLER aus diskurstheoretischer Perspektive als „heterosexuelle Matrix" und damit als kontingent dar. „Die Instituierung einer naturalistischen Zwangsheterogenität erfordert und reguliert die Geschlechtsidentität als binäre Beziehung, in der sich der männliche Term vom weiblichen unterscheidet. Diese Differenzierung vollendet sich durch die Praktiken des heterosexuellen Begehrens. Der Akt, die beiden entgegensetzten Momente der Binarität zu differenzieren, führt dazu, daß sich jeder der Terme festigt bzw. jeweils eine innere Kohärenz von anatomischem Geschlecht (sex), Geschlechtsidentität (gender) und Begehren gewinnt." (Butler 1991, 46) Poststrukturalistisch weist BUTLER so dem Körper die Position eines Zeichens zu, das Geschlechtlichkeit signifiziert und nicht repräsentiert. Die Ausdehnung des „doing gender" auf den Körper ist in der Geschlechterforschung in Transsexuellenstudien untersucht worden (vgl. Hirschauer 1993b) und hat der Kritik am Zwangscharakter der Zweigeschlechtlichkeit zusätzliche Plausibilität erwirtschaftet.

Mit der Dekonstruktion alles Vorausgesetzten ist jedoch in den letzten Jahren genau dieses Vorgehen selbst in den Mittelpunkt der Kritik geraten. Hilge LANDWEER spricht von „Denkverboten“, die mit den Etiketten ‘Naturalismus’, ‘Ontologisierung’, ‘Essentialismus’ und ‘Biologismus’ verbunden seien und die Erforschung grundlegender Konstitutionsakte verhindere (vgl. Landweer 1994, 147). Als eine solche vorsoziale Kategorie identifiziert LANDWEER die Generativität. „Meine These ist, daß in jeder Kultur in Zusammenhang mit Sterblichkeit und Geburtigkeit die Generativität zu Kategorisierungen von ‘Geschlecht’ führt.“ (Landweer 1993, 36) Wenn man – so LANDWEER – von den seit Hannah ARENDT eingeführten entscheidenden „Determinanten menschlicher Existenz“ (Wobbe 1994, 193) ‘Natalität’ und ‘Mortalität’ abstrahiere, vernachlässige man Verankerungspunkte von Konstruktionsprozessen. Dieser neue Wunsch nach einer theoretischen Fixierung von Konstruktionen lässt sich auch bei anderen Autorinnen der Geschlechterforschung beobachten. Gesa LINDEMANN rückt den „Leib“ in den Vordergrund der konstruktivistischen Analyse und stellt ihn mit Helmuth PLESSNER einer Umwelt gegenüber. „Weil es auch ein Leib ist, wird das Subjekt bei Plessner nicht nur als Bedeutung produzierendes Wesen verstanden, sondern auch als ein bedürftiges Wesen, das sich ängstigt und verletzbar ist, denn als Leib ist ein Mensch von seiner Umwelt auch abhängig.“ (Lindemann 1994, 133) Ähnlich betonen auch Isabell LOREY, Stefan HIRSCHAUER (1993a) und Theresa WOBBE (1993, 1994) diese eigenständige Bedeutung des Körpers, der eben – in Abgrenzung zu BUTLERs Argumentation – nicht nur als Bezeichnungspraxis relevant sein soll. Allen gemeinsam ist die Suche nach dem plausibilisierenden Hintergrund und Stabilisator für Konstruktionen. „Denn wir leben täglich mit diesen Konstruktionen als seien es Evidenzen, und die Frage ist, warum dies immer wieder funktioniert.“ (Lorey 1993, 20)

Wenn man den „Leib“ für diese Funktion in Anspruch nimmt, bindet man jedoch den Konstruktionsprozess nicht nur an einen Entstehungsort, sondern man stattet ihn auch mit einer neuen Reichweite aus. Hilge LANDWEER folgert von der Fortpflanzungsfunktion auf kulturelle Systemerhaltungsmechanismen (vgl. Landweer 1994, 159), und WOBBE schließt von der generativen Bedeutung von Geschlecht auf Grenzen der Gemeinschaft (vgl. Wobbe 1994, 193). WOBBE, die zunächst eindrucksvoll demonstriert, wie die Wahrnehmung von ‘weiblicher Verletzbarkeit’ mit dem ‘bedrohlichen Fremden’ das optimale Passungsverhältnis der beiden Kategorien 'Geschlecht' und 'Ethnizität' realisiert, behauptet weiter: „Die Verletzungsoffenheit der Gemeinschaft und die des weiblichen Geschlechts hängen damit zusammen, daß Frauen in spezifischer Weise für die Vergangenheit, Gegenwart und Zukunft der Gesellschaft bedeutsam sind." (Wobbe 1994, 193) Die leibtheoretischen Ansätze der Geschlechterforschung neigen meines Erachtens zu Überdeterminierungen von Konstruktionsprozessen. Viel eher als die rationale Analyse einer Bedrohung der Gemeinschaft ist es die Plausibilität der Formkombination 'männlicher Fremder', die für den Gebrauch dieses Beobachtungsmusters verantwortlich ist. Das kann man jedoch nur beobachten, wenn man Interaktion als *eine* Ebene der Konstitution von Wirklichkeit betrachtet, und davon Kommunikationszusammenhänge unterscheidet, die eben nicht an die Wahrnehmung des anderen oder des eigenen Körpers gebunden sind, sondern von diesen „Konstanten" abstrahieren. Körper finden sich in der Umwelt dieser Systeme wieder.[28] Teilsystemspezifische und organisationsbezogene Kommunikationen benutzen semantische Traditionen, die mehr über die jeweilige Beobachtungsperspektive aussagen als über gesamtgesellschaftliche Perspektiven (Reproduktion der Gemeinschaft) oder über anthropologische 'Tatsachen' (Natalität, Mortalität).

An die Stelle des Stabilisators 'Leib' rücke ich im Folgenden die biographische Selbstbeschreibung. Im Exklusionsbereich der Gesellschaft fungiert die Biographie als identifizierender Mechanismus, der nicht nur unterschiedliche Personschablonen miteinander verbindet, sondern auch Wahrnehmungen des eigenen Körpers zu einer Bedeutung verhilft. Welche Bedeutung dem alternden Körper dabei zugeschrieben wird, hängt von der Aufdringlichkeit körperlicher Veränderungen und individuellen Selbstbeschreibungen ab. Mit anderen Worten: Nicht der Körper (als Leib) ist der entscheidende Bezugspunkt für Plausibilisierungen von Alter, sondern die Beobachtung des Körpers durch den Einzelnen und sicherlich auch durch Andere. Das nächste Kapitel wird diesen Gedankengang präzisieren.

[28] Zur Voraussetzung von biologischen Systemen für soziale und psychische Systeme vgl. Kneer & Nassehi 1993, 58ff.

4. Das Alter und seine Identität

Sowohl die funktionale Bestimmung des Alters als auch der Definitionsansatz haben nur sehr oberflächlich auf empirische Darstellungen zu Alternsprozessen zurückgegriffen. Die qualitative Bestimmung dessen, was Alter charakterisiert, erfolgte dort über die Unterstellung gesamtgesellschaftlicher Gesetzmäßigkeiten und fragte nicht so sehr nach individuellen Ausprägungen. Mit der Lebenslaufforschung in der Soziologie und der Biographieforschung in der Psychologie hat sich in den 80er Jahren[1] das Interesse vom eher statischen Modell des hohen *Alters* dem des lebenslangen *Alterns* zugewandt. Die Überlegung, dass das Erleben z.B. des Ruhestandes von vorangegangenen Erfahrungen geprägt ist, verspricht neue Erklärungen für die Beobachtung einer zunehmenden Differenzierung von Alternsverläufen. Unter dem Titel „Identität im Alter" werden deshalb in diesem Kapitel Alternstheorien vorgestellt, die den Fokus von gesellschaftlicher Einheit auf die Einheit des individuellen Lebensentwurfs umstellen. Im Anschluss daran wird diese Argumentation über aktuelle biographietheoretische Forschungen weiterentwickelt. Der Blick richtet sich nun systematisch auf den Exklusionsbereich.

I. Konzepte der 80er Jahre

Martin KOHLI und Ursula LEHR haben von entgegengesetzten Punkten der Argumentation aus das Interesse der Altersforschung auf den gesamten Lebensverlauf und die Frage nach den Insignien des individuellen Alterns gelenkt. Während KOHLI als Soziologe *gesellschaftliche Strukturen* als entscheidende Determinanten des Alternsverlaufs benennt, gelangt die Psychologin LEHR im Verlauf ihrer Forschung zu einer stärkeren Gewichtung der *individuellen Persönlichkeit.* Beiden

---

[1] Wenn – wie im Folgenden – unter Biographieforschung die Arbeiten Ursula LEHRs gefasst werden, wird dies unter Soziologen wie Psychologen sicherlich Erstaunen hervorrufen. LEHRs Forschungen stehen in der Tradition der Bonner Schule und werden dementsprechend einer entwicklungspsychologisch orientierten kognitiven Psychologie zugeordnet. Im Rahmen dieser Studie werden jedoch Erklärungsmodelle zu Alter und Altern unterschieden und so lässt sich auch eine Profilierung von LEHRs Forschungsarbeiten über eines ihrer bekanntesten Werke rechtfertigen: „Zur Situation der älterwerdenden Frau" (Lehr 1987). Wie schon in ihrer Studie zur „Frau im Beruf" (Lehr 1969), konzentriert sich LEHR darin auf die Nachzeichnung unterschiedlicher biographischer Verläufe mit entsprechenden Verarbeitungsmustern.

Zugängen (dem soziologischen und dem psychologischen) gemein ist ein Interesse an einer kausalen Bestimmung des (unterschiedlichen) Alterserlebens. Die Beschreibung einer Identität, die Alter für sich in Anspruch nimmt, steht – mehr oder weniger explizit – am Ende der Forschungsarbeit, und die Frage, wie man zu noch zuverlässigeren Aussagen über Alternsverläufe kommen kann, motiviert neue Arbeiten in dieser Tradition. Typisch für die beiden Forschungsstränge, die im Folgenden dargestellt werden, ist der Wechsel zwischen individualisierenden und generalisierenden Aussagen. Noch scheinen die Ergebnisse, die man präsentieren kann, erst vorläufig zu sein, da man noch nicht alle Variablen kennt, die einen Einfluss ausüben könnten.

Ein solcher Zugang zum Thema ‚hohes Alter' legt eine Konzeption zugrunde, derzufolge *Alter als Resultat der vorangegangenen Erfahrungen* erscheint. So wie man eine Summe in mögliche Summanden zerlegen kann, werden in der Identitätsforschung kausale Zusammenhänge zwischen Lebensereignissen und Alterserscheinungen benannt. Die Absicherung dieses Zugangs erfolgt über unterschiedliche Prämissen, die im Folgenden unter den Überschriften „Soziale Identität" und „Personale Identität" dargestellt werden. Während KOHLI als Fundament seiner Forschungen die ‘Arbeitsgesellschaft’ benennt, als Vergesellschaftungsinstrument dann den Lebenslauf einführt und die biographische Dimension eher unterbelichtet bleibt, geht LEHR von der biographischen Verarbeitung des Alterns aus, nimmt dann eine entwicklungspsychologische Perspektive ein und kontrolliert ihre Theorie schließlich über eine „objektivierte Realität".

Soziale Identität im Alter (Kohli)

Wenn Martin KOHLI der Kategorie ‘Alter’ einen Platz zuweist, bestimmt er zuvor den Rahmen, in dem er sich mit seiner Analyse bewegt. Im Spannungsfeld von „objektiven Gegebenheiten und subjektiven Handlungsbeiträgen" (Kohli 1993, 35) entscheidet er sich als Soziologe zunächst für eine genauere Bestimmung der modernen Gesellschaft und ihrer „Objektivationen" (ebd.). Seine Diagnose umfasst mehrere Stufen. Sie beginnt mit der allgemeinen Einordnung als Arbeitsgesellschaft, identifiziert dann den Lebenslauf als Instrument der „moralischen Integration moderner Gesellschaften" (Kohli 1987, 395) und benennt – im Hinblick auf Fragen nach der subjektiven Identität – auch die Bedeutung biographischer Einflüsse. Sein Interesse gilt sozialen Mechanismen, die gesellschaftliche Einheit und eine daran orientierte Identität des Einzelnen bewirken. Charakteristisch für dieses Vorgehen ist die vorrangige Beschäftigung mit der Erforschung des Ruhestands. Problematische Konsequenzen der Berentung werden hierbei nicht allein vor einem wirtschaftlichen Hintergrund aufgezeigt; KOHLI spricht stattdessen explizit von einer „Moralökonomie" (ebd.). Auf der Basis von „gemeinsam geteilten grundlegenden moralischen Selbstverständlichkeiten" (ebd., 395), die eine Gesellschaft auszeichne, formuliert er Forschungshypothesen und -ergebnisse zum Spannungsfeld zwischen subjektiv akzeptiertem und abgelehntem Ruhestand. Eine ähnliche, normativ integrierende Funktion wie der Begriff der 'Moralökonomie' übernimmt in diesem Zusammenhang der Begriff „Engagement" (Kohli 1993, 23) im Ruhestand. Wiederum geht es KOHLI dabei um die Nachzeichnung eines übergeordneten Sinnzusammenhangs, diesmal des „Lebenssinns" (ebd., 13).

Man könnte also den eingangs genannten Diagnoseschritten entsprechende Bezugspunkte zur Seite stellen:

Arbeitsgesellschaft	Moralökonomie
Lebenslauf	Engagement
biographische Perspektiven	Lebenssinn

Tabelle 12: Determinanten der Lebenslaufforschung nach KOHLI

KOHLI würde vermutlich die Inhalte der rechten Spalte als „kulturelle Dimensionen von Vergesellschaftung und Subjektivität" (ebd.) bezeichnen; er selbst führt nur die Begriffe 'Lebenssinn' und 'Identität' als Beispiele für eben diesen Fokus an. (Vgl. ebd.)

Im Folgenden soll unter der Überschrift dieser Begriffspaare dem von KOHLI vorgeschlagenen Weg zu einer Bestimmung der Kategorie 'hohes Alter' in der modernen Gesellschaft nachgegangen werden.

Arbeitsgesellschaft und Moralökonomie

Jeder der Aufsätze von Martin KOHLI beginnt mit einer Charakterisierung der modernen Gesellschaft als Arbeitsgesellschaft.[2] „Arbeit sichert in ihnen [in den Arbeitsgesellschaften, I.S.] nicht nur – wie auch in allen anderen Gesellschaften – die wirtschaftliche Reproduktion, sondern ist darüber hinaus der Fokus ihrer grundlegenden Werte und Weltauffassung; Arbeit ist nicht nur unter dem Gesichtspunkt des materiellen Überlebens und der Organisation wirtschaftlicher und politischer Interessen relevant, sondern auch unter dem Gesichtspunkt der kulturellen Einheit der Gesellschaft sowie der Erfahrung und Identität ihrer Mitglieder." (Kohli 1992, 233) Die Identifikation des Einzelnen *in* der Gesellschaft *anhand* der Gesellschaft gelingt demzufolge über eine Einordnung in das Erwerbssystem. Die Bedeutung des Erwerbssystems in der modernen Gesellschaft fußt – so KOHLI – auf einer Dominanz der „Vergesellschaftungsleistungen der Wirtschaft" (ebd.), die zu einem „eigenen gesellschaftlichen Teilsystem" (ebd.) Arbeit geführt habe. Eine nochmalige Aufzählung der – ökonomisch durch die Wirtschaft, soziologisch durch die Arbeitsgesellschaft (vgl. ebd.) – wahrgenommenen Aufgaben ergibt das Bild einer Gesellschaft, die

- mit Einkommen und entsprechenden Konsumchancen ausstattet,
- mit systematischen Aufgaben konfrontiert und Kompetenz fordert,
- den Alltag regelhaft strukturiert,
- in soziale Beziehungen einbindet,
- einen gesellschaftlichen Ort zuweist und
- Identität prägt. (Vgl. ebd.)

In diesem Netz aus materiellen und ideellen Faktoren versucht KOHLI nun, den Standort alter Menschen zu bestimmen, und gelangt dadurch zu einer herausgehobenen Bedeutung des ‘Ruhestands’: *Die Situation alter Menschen zeichnet*

---

[2] Mit dem Begriff der Arbeitsgesellschaft bezieht sich KOHLI auf eine typische Beschreibung der Gesellschaft in den 80er Jahren. Die – im Vergleich zur Industrie- oder dann später Leistungsgesellschaft – allgemeiner gehaltene Diagnose war allerdings mit ihrer Entstehung auch schon strittig, was sich in dem Titel des Soziologentages von 1982 niederschlägt: „Die Krise der Arbeitsgesellschaft?" (vgl. Matthes (Hg.) 1983). KOHLI selbst bezieht sich nur in Andeutungen auf diese Kontroverse und entscheidet sich im Zweifelsfalle dafür, anstatt den Arbeitsbegriff aufzugeben, ihn auf andere Tätigkeitsformen (Hausarbeit, Ehrenamt ...) auszuweiten. (Vgl. Kohli 1989, 51)

sich demzufolge durch den strukturellen Ausschluss alter Menschen aus gesellschaftlichen Sinnzusammenhängen aus. KOHLI diagnostiziert als Ende des allgemeinen Vergesellschaftungsprogramms ein „'Herausfallen' aus der Gesellschaft" (Kohli 1993, 22), eine „strukturelle Marginalisierung" (ebd.). Genau an dieser Stelle gewinnt der Begriff der Moralökonomie[3] seine Bedeutung. KOHLI formuliert mit seiner Hilfe eine Norm für die gesellschaftliche Organisation des Zusammenlebens, derzufolge es immer um eine sinnvolle Gestaltung reziproker Beziehungen auf der Basis von „gemeinsam geteilten grundlegenden moralischen Selbstverständlichkeiten" (Kohli 1987, 395) geht.

Man fühlt sich durch dieses Bild einer moralisch integrierten Gesellschaft an den PARSONSschen Strukturfunktionalismus erinnert. Beide theoretischen Annäherungen – die von PARSONS und die von KOHLI – unterstellen ein übergeordnetes Interesse an einem geordneten Ganzen. Während jedoch PARSONS die Bestandssicherung der Gesellschaft als Ausgangspunkt seiner normativen Bestimmung anführt, setzt KOHLI bei den subjektiven Bedürfnissen des Einzelnen an. (Vgl. Kohli 1993, 22ff.) *Gesellschaftliche Integration wird auf ihre Konsequenzen für den Einzelnen überprüft.* KOHLI eröffnet mit dieser Argumentation nicht eine umfassende kritische Perspektive auf die 'Arbeitsgesellschaft', vielmehr geht es ihm darum zu untersuchen, wie gesellschaftliche Zusammenhänge sich auf das Denken und Handeln des Einzelnen auswirken. Mit einer ungleich weniger komplexen Gesellschaftstheorie als der von PARSONS ist ihm dies auch möglich. Im Gegensatz zu PARSONS schließt KOHLI direkt von der wirtschaftlichen Organisation der Arbeit auf das Leben des Einzelnen,[4] indem er zwischen objektiven Strukturen und subjektivem Handeln unterscheidet. Die Entfernung des Menschen aus der Gesellschaftstheorie und seine Verortung als Subjekt außerhalb charakterisiert die für die

---

[3] Der Begriff selbst stammt von Edward P. THOMPSON und wurde von ihm verwandt, um – neben Not und Armut – ein Motiv für Protestverhalten der englischen Unterschichten im 18./19. Jahrhundert zu beschreiben. In der deutschen Übersetzung wird mit Hilfe des Begriffs der „sittlichen Ökonomie" der Bezug zu den traditionellen „guten Sitten" hergestellt. Demzufolge orientiert sich die Unterordnung des Einzelnen unter Interessen des Gemeinwesens an moralischen Grundannahmen über Rechte und Pflichten aller; eine Verletzung dieser Normen führt zur Rebellion. (Vgl. Thompson 1979, 13ff.)

[4] Ich brauche an dieser Stelle nur an die Funktionalisierung von gesellschaftlichen Strukturen bei PARSONS zu erinnern. Der Bezug war immer über das gesamte Gesellschaftssystem gegeben, jedoch auch immer nur teilsystemspezifisch möglich. PARSONS interessierten deshalb auch Vermittlungsinstanzen zwischen den – häufig polaren – Differenzierungen, und er scheiterte bei der Bestimmung des hohen Alters an eben dieser Problematik: Sinngebung bei gesellschaftlicher Funktionslosigkeit.

späten 70er und die frühen 80er Jahre typische Spannung zwischen 'gesellschaftlichen Strukturen' und 'menschlichen Bedürfnissen'.

KOHLI geht also von einer Wechselwirkung zwischen gesellschaftlichen und individuellen Faktoren aus und impliziert damit einen Zusammenhang, der sich am ehesten als 'Widerspiegelung' bezeichnen lässt. Objekt und Subjekt werden unterschieden, sie lassen sich jedoch wechselseitig über ihre jeweiligen Ausprägungen identifizieren. In seinem Gebrauch des Subjekt-Begriffs lässt sich KOHLIs Ansatz als ein handlungstheoretischer Zugang benennen. Der Mensch agiert demzufolge als sich seiner selbst bewusstes Individuum und gestaltet gesellschaftliche Zusammenhänge. (Vgl. Kohli 1993, 35) Mit einem solchermaßen ausgestatteten Bild von alten Menschen analysiert KOHLI deren Situation und gelangt zu folgendem Ergebnis: „Indem sie (die Ruhestandsphase, I.S.) das Maß für einen legitimen Abschluß des Arbeitslebens gibt, stellt sie auch eine moralische Größe dar.“ (Kohli 1993, 27) An diesem Satz lässt sich sehr schön der Argumentationsverlauf verdeutlichen: *Kohli nutzt als Basis für seine Argumentation das theoretische Konzept der Arbeitsgesellschaft, nimmt dann die Perspektive des Arbeitnehmers ein und formuliert von da aus das Ziel eines geordneten, konsentierten Ablaufs.* Die Notwendigkeit einer normativen Beschreibung der Gesellschaft ergibt sich also weniger aus konservativen Überzeugungen heraus, sondern vielmehr über den Zusammenhang von subjektiver Identität und objektiven Strukturen. Um es noch einmal zu verdeutlichen: Weil der Einzelne seine Selbstbeschreibung an gesellschaftlichen Vorgaben orientiert, seine Identität also auf gesellschaftlichen Sinnvorgaben aufbaut, müssen Möglichkeiten geschaffen werden, die dem Einzelnen in dieser Hinsicht entgegenkommen.

Wie eingangs schon erwähnt, sieht KOHLI wichtige Forschungsdesiderata in der systematisierten Erfassung von Faktoren, die über das Arbeitsleben vermittelt sind. (Vgl. Kohli 1989, 51) Auch wenn er sich mit HURRELMANN zum Konzept des „produktiv realitätverarbeitenden Subjekts“[5] (Hurrelmann 1983, vgl. Kohli 1991, 303) bekehren lässt, bleibt er letztlich dennoch dem Ideal einer umfassenden

---

[5] Mit diesem Begriff wird eine entscheidende Wende in der Sozialisationsforschung markiert. Es geht von nun an eben nicht mehr um mehr oder weniger kausale Beziehungen zwischen objektiven und subjektiven Strukturen, sondern um die eigenständige selektive Bearbeitung von Realität. (Vgl. Hurrelmann 1983)

Benennung beeinflussender Faktoren verhaftet.[6] Dieses Interesse verdankt sich unter anderem auch einer Bewertung seiner Forschungsergebnisse im Hinblick auf Fragen sozialer Ungleichheit. Unter dem Titel „Alter als Herausforderung für die Theorie sozialer Ungleichheit" (1990) ergänzt KOHLI die klassischen Strukturmerkmale der sozialen Benachteiligung um die Kategorie des hohen ‘Alters’. Dabei warnt er davor, die Bedeutung der gesellschaftlichen Altersgliederung herunterzuspielen oder zu verneinen, denn dann verschwinde „die Ungleichheit *des* Alters ... hinter der Ungleichheit *im* Alter, und letzteres ist ein nicht weiter differenzierungsbedürftiger Teil der Ungleichheiten im Leben als ganzem" (Kohli 1990, 393f.). Frauen und Männer im Alter zu unterscheiden, führt seiner Meinung nach zur Unsichtbarkeit der Alterskategorie und wird von ihm deshalb abgelehnt. Einer Generalisierung der Kategorie ‘Alter’ sind damit alle Türen geöffnet, und Ruhestandsforschung (zu vorwiegend männlichen Erwerbsverläufen) kann als Alternsforschung ausgegeben werden.

Einen genaueren Überblick über KOHLIs Forschungsarbeiten erhält man über seine ‘Lebenslaufforschung’, die im Folgenden über den Begriff des „Engagements" profiliert wird.

Lebenslauf und Engagement

Als Soziologe ist Martin KOHLI mit seiner These von der *Institutionalisierung des Lebenslaufs* bekannt geworden. (Vgl. Kohli 1983, 1985, 1988) Dieser Beobachtung zufolge lässt sich der Modernisierungsprozess als „ein Übergang von einem Muster der relativen Zufälligkeit der Lebensereignisse zu einem des vorhersehbaren Lebenslaufs" (Kohli 1986, 185) beschreiben. KOHLI verdeutlicht diese Beobachtung an einem Vergleich der Sterblichkeitsdaten des 19. und des 20. Jahrhunderts.[7] Während noch im Jahr 1840 die Wahrscheinlichkeit zu sterben über den gesamten Lebensverlauf (bei hoher Säuglingssterblichkeit) verteilt war, ergibt sich

[6] Eine typisches Forschungsinteresse KOHLIs lautet wie folgt: „Es wäre z.B. zu klären, wie weit ältere Industriearbeiter, die auf dem Land leben, sich in ihren Orientierungen (wieder) an die dörflich-landwirtschaftliche Kultur annähern und wie weit sie (durch biographische Erinnerung oder aktuelle Beziehungen, etwa über die Gewerkschaft) nach wie vor der Kultur der Industriearbeit verhaftet bleiben." (Kohli 1990, 400) Neben den vielen Eventualitäten, die da einbezogen werden müssen, stellt sich hier auch die Frage nach „*der* Kultur der Industriearbeit" (Herv. I.S.).

[7] KOHLI greift auf Daten von James F. FRIES und Lawrence M. CRAPO zur Sterblichkeit in den USA zurück. (Vgl. Kohli 1985, 4f.)

für das Jahr 1980 die für die moderne Gesellschaft typische Rektangularisierung der Kurve: Erst in den letzten Lebensjahrzehnten steigt die Sterblichkeitsrate, dann jedoch sehr steil. Parallel zu dieser demographischen Veränderung konstatiert KOHLI ein zunehmendes Interesse an erwartbaren Lebensabläufen sowohl von seiten der Einzelnen als auch durch die Gesellschaft. „Der Lebenslauf kann als ein Regelsystem aufgefaßt werden, das die zeitliche Dimension des individuellen Lebens ordnet. Dieses System ist heute eine der wesentlichen Vermittlungsinstanzen zwischen Gesellschaft und Individuum." (Kohli 1986, 183) Als Institution, das heißt, als eine Struktur unpersönlicher Erwartungen, steht der Lebenslauf genau zwischen Gesellschaft und Individuum und erzeugt ein ordnendes Muster sowohl gesellschaftlicher (Dreiteilung des Lebenslaufs in Vorbereitungs-, Erwerbs- und Ruhestandsphase) als auch individueller Bedürfnisse (Normalbiographie).

Diese unter dem Etikett 'Verzeitlichung' aufgeführten Befunde werden von KOHLI in späteren Aufsätzen ansatzweise revidiert, wenn er Auflösungstendenzen der klassischen Normalbiographie konzediert. (Vgl. Kohli 1988, 42ff.; 1991, 314ff.) Für die Gegenwart scheinen nun gerade die Destandardisierung von Erwartungen und damit die De-Institutionalisierung „eine gewisse Vorreiterfunktion [zu] haben, d.h. als kulturelle Modelle [zu] dienen" (Kohli 1988, 43). Theorietechnisch begegnet KOHLI diesen Veränderungen mit einer stärkeren Gewichtung der „Biographisierung der Lebensführung" (ebd., 43), so dass nun als Charakteristika des „Lebenslaufregimes" (ebd., 33) die drei folgenden Elemente gelten:

„1. *Kontinuität* im Sinn einer verläßlichen, auch materiell gesicherten Lebensspanne;

2. *Sequenzialität* im Sinn eines geordneten (und chronologisch festgelegten) Ablaufs der wesentlichen Lebensereignisse; und

3. *Biographizität* im Sinn eines Codes von personaler Entwicklung und Emergenz." (Ebd., 37)

KOHLIs Argumentation für die Institution des Lebenslaufs gelingt es, in dem Bild einer Trennung von objektiven Strukturen und subjektivem Handeln eine Vermittlungsinstanz zu installieren, die für beide Seiten – Gesellschaft und Individuum – eine sinnstiftende Funktion übernimmt. Wie an dem Begriff der 'Moralökonomie' schon deutlich wurde, unterstellt KOHLI einen Gesellschaftsbegriff auf der Basis moralischer Integration. Veränderungen resultieren unter diesen Bedingungen aus einem veränderten Alltagsverständnis von Wirklichkeit, werden also von allen mitgetragen und ermöglichen so eine Übereinstimmung zwischen objektiven Strukturen und subjektiven Bedürfnissen. Erst auf dieser Grundlage lässt sich sinnvoll von einer gesellschaftlichen Integration des Einzelnen reden.

Die Orientierung am Konzept der Arbeitsgesellschaft hat zu der bereits mehrfach erwähnten Dreiteilung des Lebenslaufs in Ausbildungszeit, Erwerbstätigkeit und Ruhestand (vgl. Kohli 1986, 183) geführt. Mit der Betrachtung solcher Phasen in ihrem zeitlichen Nacheinander entsteht gleichzeitig ein neuer Zugang zum Thema 'hohes Alter': die Alternsforschung.[8] Diese Temporalisierung der Forschungsperspektive impliziert – als Folge des Synchronisierungsbedarfs moderner Gesellschaften – eine diachrone Beschreibung von Alter; sie geht von Alterns*prozessen* aus. Nicht mehr statische Untersuchungen sollen im Vordergrund stehen, sondern stattdessen zeitlich umfassende Erklärungsmodelle. Der Wunsch, Kausalitäten zu identifizieren,[9] begründet eine Gewichtung des Lebenslaufs im Sinne einer „vorgeordnete[n] (heteronome[n]) Realität" (Voges 1987, 10). Wolfram FISCHER und Martin KOHLI formulieren typisch: „Wir sind der Ansicht, daß Biographieforschung sich dieses Aspekts 'subjektiver' Prozessierung *sozial vorgegebener* 'objektiver' biographischer Schemata nicht begeben darf. Das Grundkonzept von Biographie als Orientierungsmuster muß vielmehr die dichotome Begrifflichkeit 'objektive Struktur' – 'subjektive Verarbeitung' schon im Ansatz ... integrieren ..." (Fischer & Kohli 1987, 29, Herv. I.S.)[10] Ohne die theoretisch unterbestimmten Begrifflichkeiten überstrapazieren zu wollen, lässt sich für KOHLI eine gewisse Seitenlastigkeit im Hinblick auf die Bewertung des traditionellen Themas der Lebenslaufforschung, die objektiven Strukturen, konstatieren.

Diese kurze Analyse der Begriffsgeschichte zum Thema Lebenslauf begründet sich über die weitreichenden Konsequenzen für die Fassung des Ruhestandsbegriff. Es lässt sich zeigen, wie KOHLI das, was er als objektive

---

[8] Die Alternsforschung mit ihrer Betonung prozessualer Elemente ist nicht von Martin KOHLI erfunden worden. Vor allem aus den USA sind entscheidende Impulse für eine dynamischere Konzeption des Altersbegriffs gekommen. (Vgl. Hagestadt & Neugarten 1985)

[9] Karl-Ulrich MAYER fasst den Lebenslaufbegriff als einen „endogenen Kausalzusammenhang" (Mayer 1987, 60).

[10] FISCHER und KOHLI versuchen mit dieser Aussage eine Synthese der beiden Forschungsstränge Lebenslaufforschung und Biographieforschung, die sich thematisch und methodisch anhand der Unterscheidung von objektiv und subjektiv voneinander wegbewegen. Aus der Perspektive der Lebenslaufforschung gestehen sie die zunehmende Bedeutung biographischer Verarbeitungsprozesse zu, fordern aber für die Biographieforschung im Gegenzug die Akzeptanz determinierender Sozialstrukturen.

Strukturen bezeichnet, nach und nach über das Konzept der Arbeitsgesellschaft, des Lebenslaufs und dessen Dreiteilung in Phasen konkretisiert.[11] Die Thematik des hohen Alters wird auf diese Weise auf die Ruhestandsproblematik zugespitzt. Die Frage, wie der Ruhestand sich als eigenständige Phase entwickelt hat, steht im Mittelpunkt der empirischen Forschungen, in denen KOHLI eine kontinuierlich abnehmende Erwerbsquote bei Männern über 60 Jahren und einen zunehmenden Anteil der Älteren insgesamt an der Bevölkerung beschreibt. (Vgl. Kohli 1990) Im Gefolge dieser Entwicklung von altersirrelevanten zu altersrelevanten Gesellschaftsstrukturen gewinnt das hohe Alter seine Bedeutung. Das Instrument des gesetzlich geregelten Ruhestands wird von KOHLI jedoch wiederum vorrangig auf seine kulturelle Funktion befragt und tritt so als „Faktor der sozialen Integration" (Kohli 1987, 399) auf: Während einerseits die alten Menschen selbst die Rente als Ausgleich für frühere Arbeitsleistungen empfinden, werden andererseits ökonomische Interessen an einem Austausch der Arbeitskräfte erfüllt. (Vgl. ebd., 410) Dieser Zusammenhang von subjektiven Deutungen und gesellschaftlichen Interessen wird mit dem Begriff des Engagements konkretisiert. Der Begriff „verweist auf den Doppelsinn, in dem wir den Vergesellschaftungsbegriff verstehen: wie die Tätigkeitsformen die Teilnehmer engagieren und wie letztere sich selber darin engagieren" (Freter & Kohli 1993, 275).

Die Wahl dieses Begriffs verdankt sich aber auch darüber hinausgehenden Interessen an einer Neufassung des Arbeitsbegriffs. KOHLI versucht mit einer Analyse von Tätigkeiten jenseits des Erwerbslebens den Arbeitsbegriff für eine gesellschaftstheoretische Beschreibung zu retten. „Wertewandel, Zuwachs an freier Zeit und Neubewertung der Arbeit außerhalb des Marktes erhöhen die Bedeutung von Tätigkeiten, die gewisse Analogien zur Erwerbsarbeit aufweisen, aber weder ihren Zwangscharakter haben noch (primär) monetär geregelt sind – neben Haus- und Eigenarbeit auch freiwillige Tätigkeiten im Rahmen von Ehrenamt oder Selbstorganisation und schließlich auch Tätigkeiten im Rahmen institutionalisierter Hobbykulturen. Im Ruhestand lassen sich diese Tätigkeiten in besonders reiner

[11] Wenn man diese Schritte als Entscheidungen nachzeichnet, die auch anders hätten ausfallen können, könnte man auch sagen, er generiert diese Perspektive. Mit der Darstellung der unterschiedlichen Zugänge zum Thema 'hohes Alter' soll jedoch zu diesem Zeitpunkt noch keine grundsätzliche Kritik am Vorgehen verbunden werden. Ich möchte zunächst nur auf theorieimmanente Unstimmigkeiten hinweisen.

Form beobachten. Mit dieser Erweiterung wird zugleich der Weg vorgezeichnet, der zu beschreiten ist, um die Theorie der Arbeitsgesellschaft insgesamt noch halten zu können." (Kohli 1993, 19) *Die Einführung der 'kulturellen' Dimension Engagement über die soziologische Kategorie des Lebenslaufs ermöglicht es Kohli, am hohen Alter exemplarisch Veränderungen der modernen Gesellschaft zu beschreiben.*

Hieraus ergibt sich auch die für diesen theoretischen Rahmen typische Betonung von Tätigkeit und Aktivität im hohen Alter. (Vgl. Kohli 1993, 19) „Es kann also vermutet werden, daß der Wegfall der Erwerbsarbeit insofern problematisch ist, als er auch einen Wegfall von Aktivitätsanregungen mit sich bringt – es sei denn, es gelinge, sie durch andere systematische Aktivitäten zu ersetzen." (Ebd., 21) Der integrative Ansatz KOHLIs schließt von der „Einbettung in soziale Zusammenhänge" (ebd., 22) auf eine allgemeingültige Bewertung individueller Handlungen und gesellschaftlicher Strukturen: „Die moralische Dimension der Aktivität im Ruhestand liegt darin, daß es um die Beteiligung der Älteren am zentralen gesellschaftlichen Projekt geht." (Ebd., 23) Diese letzten Zitate verdeutlichen noch einmal beispielhaft die kausale Begründungsstruktur von KOHLIs Argumentation. Der alte Mensch möchte – so KOHLI – tätig sein bzw. aktiv sein, weil *die* Gesellschaft dies favorisiert. Empirisch abgesichert ist die Beschreibung des aktiven Alters als Ideal jedoch nicht. KOHLI selbst weist an vielen Stellen darauf hin, dass Theorien über Zufriedenheit oder Unzufriedenheit im Alter bei Tätigkeit oder Untätigkeit als ambivalent zu beurteilen sind. (Vgl. Kohli 1993, 20) Seine Argumentation mit Hilfe des Instruments Lebenslauf führt als determinierende Variable die vorherige Berufstätigkeit ein. Aber auch die Unterstellung eines Zusammenhangs zwischen z.B. repetitiven Tätigkeiten und einer Zufriedenheit im Alter, die Ruhestand als Befreiung ansieht, lässt sich nicht generalisieren. (Vgl. ebd.) Alles, was bleibt, ist die Behauptung eines Interesses an Aktivität im hohen Alter.

Die Kategorien 'Lebenslauf' und 'Engagement' werden von KOHLI genutzt, nicht nur um die Entstehung der Phase 'hohes Alter' herauszustellen, sondern auch um eine normative Einordnung zu ermöglichen. Die Wiederholung dieser Argumentationsfigur lässt sich auch auf der nun folgenden Konkretionsebene beobachten. Auf dem Kontinuum zwischen gesellschaftlichen Strukturen und subjektiver Verarbeitung steht letztere nun im Vordergrund.

Biographische Perspektiven und Lebenssinn im Alter

Eine Begründung für die – aufgrund vielfältiger möglicher Variablen – empirisch nicht mehr beschreibbare Differenzierung von Lebensläufen im hohen Alter findet KOHLI in der speziellen Bedeutung der „biographischen Tiefendimenson" (Kohli 1993, 24). „Da im höheren Alter die aktuelle Klassenlage relativ unbestimmt ist und die aktuellen institutionellen Anreize und Bindungen spärlich sind, können solche biographischen Bezüge die Oberhand gewinnen." (Kohli 1990, 400) KOHLI imaginiert ein Vakuum gesellschaftlicher Verortung im hohen Alter, das durch die Rückschau auf frühere Verpflichtungen gefüllt wird. (Vgl. Kohli 1992, 251) Diese Form der „Vergesellschaftung über Erinnerung" (Kohli 1990, 402) stellt eine der typischen Eigenheiten dar, die KOHLI für das hohe Alter ausmacht.[12]

Unter „Biographisierung des Ruhestands" (Kohli 1990, 401) versteht KOHLI demzufolge eine gesteigerte Form der individualisierenden Lebensführung, in deren Zentrum weniger institutionelle Vorgaben als persönliche Motive stehen. Die Auseinandersetzung mit der Vergangenheit, die unter dem Titel 'Lebensrückblick' geführt wird, kann fehlende aktuelle Bezüge zur Umwelt ersetzen, aber auch neue Planungen ermöglichen. KOHLIs Warnung vor der Gefahr des Identitätsverlusts im Ruhestand (vgl. Kohli 1992, 251) verdeutlicht die Stoßrichtung seiner Argumentation: *Altern wird von Kohli als Balanceakt zur Wahrung individueller Identität verstanden.* Während dem einen Rentner durchaus ein Neuanfang im Ruhestand gelingt, verliert der andere mit dem Verlust institutioneller Regelungen den Boden unter den Füßen. Da sich keine kausalen Begründungen für dieses Phänomen aus dem Lebenslauf ableiten lassen, greift KOHLI auf das Instrument der biographischen Verarbeitung zurück und eröffnet sich damit neue Freiheitsdimensionen.

Das Pendant zum Identitätsbegriff bildet der „Lebenssinn", der – so KOHLI – „zu einer zunehmend knapperen Ressource" (Kohli 1993, 13) geworden sei. Wenn er Tätigkeiten im Alter untersucht, unterscheidet er zwischen „nützlichen" und „nutzlosen" Tätigkeiten (Kohli 1993, 41), die zu einer mehr oder weniger „sinnvollen Identität" (ebd.) beitragen. Es ist an dieser Stelle wenig hilfreich, den Sinn- und

[12] Weitere hält er für möglich, wenn er von einem „für die Älteren spezifischen Typ von Leistungen und Produktivität" (Kohli 1993, 31) spricht. KOHLI weist auf eine Veröffentlichung von Freya DITTMANN-KOHLI und Paul B. BALTES hin mit dem Untertitel: „Wisdom as a prototypical case of intellectual growth". (Vgl. Kohli 1989, 52)

den Identitätsbegriff – wie sie KOHLI verwendet – konkreter fassen zu wollen. KOHLI selbst setzt diese Begrifflichkeiten ebenso selbstverständlich und unhinterfragt voraus wie die Trennung von objektiven Strukturen und subjektiver Verarbeitung. Auch die Differenzierung in soziale und individuelle Identität (vgl. Kohli 1987, 411) gehört zu den Voraussetzungen seiner theoretischen Analyse. Deutlich dürfte jedoch geworden sein, dass es ihm immer, ob bezogen auf die Gesellschaft, den Lebenslauf oder die Biographie, um die Herstellung einer Einheit geht, die sich über einen allgemeinen Sinnzusammenhang begründet.

Alter = Ruhestand?

Wenn man KOHLIS Argumentation zum hohen Alter auf ihre Ergebnisse befragt, erhält man – im Vergleich zu der funktionalen Bestimmung oder dem Definitionsansatz – eine Perspektive, die weniger substantielle als morphogenetische Aussagen trifft. Nicht die Frage, was hohes Alter auszeichnet, steht im Vordergrund, sondern die Nachzeichnung einer Entwicklung, an deren Ende hohes Alter steht. Die Eindimensionalität *des* Alters ist von der Vielfalt moderner Alternsverläufe abgelöst worden, die sich wiederum nur noch über einen individualisierenden Zugang beschreiben lässt. Nach wie vor werden Vorstellungen von der Einheit der Gesellschaft transportiert, jetzt jedoch ergänzt um eine Einheit des Lebenslaufs.

Die Idee einer kohärenten Identität fungiert in diesem Rahmen als entscheidender Bezugspunkt der Analyse. Die Konzeption der Gesellschaftstheorie über das handelnde Subjekt (vgl. Kohli 1985, 22) zeichnet für diesen Fokus verantwortlich. Bei aller Differenzierung ermöglicht die Orientierung am Subjekt eine umfassende Perspektive. KOHLI und ROBERT sprechen von einem Blick „auf das 'ganze Leben'“ (Kohli & Robert 1984, 4). Da KOHLI innerhalb seiner Alternsforschung selbst keinen Bezug zu einer speziellen subjektorientierten Gesellschaftstheorie herstellt, ist es an dieser Stelle auch nicht möglich, seinen Gebrauch des Subjekt-Begriffs zu präzisieren und zu überprüfen. Wohl aber kann sein Anspruch, im Rahmen von objektiven gesellschaftlichen Strukturen (Arbeitsgesellschaft, Lebenslauf) und subjektivem Handeln Aussagen über die Phase des hohen Alters treffen zu können, als Maßstab einer Kritik gelten.

Die Nachzeichnung der theoretischen Argumentation konnte verdeutlichen, wie am Ende von KOHLIS Analyseschritten der Ruhestand als Charakteristikum der modernen Gesellschaft, aber auch der Altersphase und damit der individuellen

Identität im Alter entsteht. Im Laufe der theoretischen Bewegung vom Konzept der Gesellschaft zum Konzept der Biographie verliert eben diese Kategorie immer mehr an Konturen. *Als institutionelles Vakuum stellt der Ruhestand letztlich nur noch den Raum für eine unbestimmte Identität zur Verfügung.* An mehreren Stellen innerhalb der letzten Absätze wurde bereits auf die relativierte Bedeutung hingewiesen, die KOHLI selbst der Diagnose 'Arbeitsgesellschaft' zukommen lässt, aber auch auf die Probleme, die sich aus den Versuchen, einen kausalen Zusammenhang zwischen Erwerbsleben und Ruhestand herzustellen, ergeben. Auch wenn KOHLI immer wieder von einem Forschungsbedarf spricht, um eben diese Zusammenhänge zu erhellen, scheint er sich doch mit der knappen Ergänzung der Lebenslauftheorie um eine biographische Dimension von solchen Wünschen zu verabschieden.

Ist die Konzentration auf den Ruhestandsbegriff unter diesen Bedingungen noch ausreichend? Abgesehen davon, dass KOHLIs Diagnose nur für die moderne Gesellschaft gilt und sich somit die Behauptung einer ahistorischen Alterskategorie relativiert, verliert der inhaltlich nicht bestimmbare Ruhestandsbegriff seinen Erklärungswert. Ansätze KOHLIs, mit der Erforschung von Engagement im Alter diese Leerstelle zu füllen, verweisen eher auf eine Auflösung des Arbeitsbegriffs als auf dessen Bestätigung. Charakteristisch für diesen Balanceakt zwischen 'Arbeitsgesellschaft' und 'Biographisierung' ist die nachgeordnete Bedeutung, die dem 'weiblichen Altern' in KOHLIs Analyse zukommt. Aufgrund ihrer nur partiellen Erwerbsbeteiligung erscheinen ihm Lebensläufe von Frauen als nicht so interessant für eine Untersuchung. Frauen seien – so KOHLI – „nicht direkt in den wesentlichen Arenen des öffentlichen Lebens engagiert" (Kohli 1992, 244). Erstaunlich ist diese Einschätzung vor allem vor dem Hintergrund der „Feminisierung des Alters" (Tews 1993, 29), also der Tatsache, dass die Gruppe der alten Menschen zum großen Teil aus alten, zumeist nicht-berufstätigen Frauen besteht, die auch in den entsprechenden Institutionen der Altenhilfe und -betreuung eine weitaus aktivere Rolle übernehmen als alte Männer. (Vgl. Höpflinger 1994, 93ff.) Wenn man bedenkt, dass schon KOHLIs gesellschaftstheoretische Analyse in ihrer Berechtigung schwankt, muss man natürlich erst recht die Behauptung der Typikalität des männlichen Lebenslaufs vor dem Hintergrund eines zahlenmäßig überlegenen weiblichen Bevölkerungsanteils kritisieren.

Zusammengenommen lassen sich nur wenige seiner alterssoziologischen Erklärungen als eben solche klassifizieren. Ruhestandsforschung wäre ein besserer Begriff für KOHLIs Ansatz. Sowohl die begrenzte Reichweite in Bezug auf weibliche Lebensentwürfe als auch die Orientierung am Modell der Arbeitsgesellschaft lassen sich so rechtfertigen. Dieser Forschung ginge es dann um eine Bestimmung dessen, was am Ende einer männlichen Normalbiographie steht. Die Kategorie 'Alter' bliebe davon unbeeindruckt.

Personale Identität im Alter (Lehr)

Wenn hier – wie schon eingangs erwähnt – den Arbeiten Ursula LEHRs als entscheidendem Fokus die Frage nach der biographischen Verarbeitung des Alterns unterstellt wird, gibt dies sicherlich nicht den *common sense* gerontologischer Selbsteinschätzung wieder.[13] Diese Einordnung ergibt sich erst aus einem Blickwinkel, der die beiden theoretischen Ansätze der Alternsforschung in den 80er Jahren parallelisiert und dabei erstaunliche Übereinstimmungen feststellt. Martin KOHLI und Ursula LEHR haben sich von Standpunkten aus, die gegensätzlicher gar nicht sein könnten, an eine temporalisierende Beschreibung des Alters gemacht. Während KOHLI über den Lebenslauf das „Subjekt" in den Mittelpunkt seiner Arbeiten stellt, dieses aber über die gesellschaftliche Strukturen bestimmt wissen will, beginnt LEHR ihre Analysen bei einer über die Entwicklung entstandenen „Persönlichkeit" und bezieht erst über das therapeutische Instrument der Intervention eine objektivierte Gesellschaft mit ein. Auch bei LEHR findet sich – parallel zu KOHLI – eine Dreiteilung des theoretischen Inventars in Subjekt, Objekt und deren temporalisierte Verknüpfung, jedoch mit einem gegenläufigen Argumentationsverlauf.

Diesen drei Ebenen ist im Folgenden nachzugehen unter Überschriften, die zuerst die Biographie in den Mittelpunkt rücken, dann den entwicklungstheoretischen Ansatz betonen und – diesmal zum Schluss – Limitierungen durch die Gesellschaft thematisieren.

---

[13] Der *commen sense* gerontologischer Forschung wird sicherlich auch mit meiner Fokussierung auf die Arbeiten LEHRs nicht wiedergegeben. Daneben gibt es eine Vielzahl an Forschungen, in denen weitaus differenzierter argumentiert wird (vgl. Wahl 1992), oder auch solche, die sich gänzlich unbeeindruckt von LEHRs Ansatz zeigen. An dieser Stelle soll einzig und allein ein typischer Forschungsansatz dargestellt werden, der – und dies ist sicherlich unbestreitbar – einen hohen Bekanntheitsgrad aufweist. Auch wenn zusammenfassende Formulierungen dies nahe legen, kann es bei der kritischen Würdigung dieses Ansatzes also keinesfalls um eine Gesamteinordnung gerontologischer Forschung gehen.

Die biographische Verarbeitung des Alterns

Die biographische Perspektive hat in Ursula LEHRs Forschungsarbeiten von Beginn an eine entscheidende Rolle gespielt. Als Mitarbeiterin an der Bonner Längsschnittuntersuchung des Alters (BLSA)[14] wurde sie durch Hans THOMAE mit einem entwicklungspsychologischen Ansatz konfrontiert, der das klassische Phasenmodell durch das Konzept der individuellen Verarbeitung der Umwelt ersetzt. Die Daten der Untersuchung bestanden folgerichtig aus biographischen Interviews, die auch das Material für die als Habilitationsschrift anerkannte umfassende Untersuchung der weiblichen Berufstätigkeit bereitstellten. Unter dem Titel „Die Frau im Beruf" kommt LEHR 1969 zu dem Ergebnis, dass – im Gegensatz zur damals gängigen Kritik an weiblicher Berufstätigkeit – „die berufliche Tätigkeit der Frau als 'Chance' zu einer *zusätzlichen* Form der Selbstverwirklichung zu deuten" sei (Lehr 1969, 397), darüber hinaus also ihre Berufstätigkeit zu fördern, nicht zu problematisieren sei. Als Methode psychologischer Exploration nutzt sie autobiographische Erzählungen von 500 Frauen und 160 Männern und erhofft sich davon die „methodische Erfassung psychischen Geschehens in seinem natürlichen Zusammenhang" (ebd., 94). Sie antizipiert eine Kritik an diesem Vorgehen als einem zu subjektiven Verfahren, begründet ihre Wahl der Methode jedoch mit den Prämissen kognitivistischer Ansätze, denen zufolge es nur einen über die individuelle Verarbeitung vermittelten Zusammenhang zwischen objektiven Verhältnissen und subjektivem Erleben gibt. (Vgl. ebd., 91f.)

In den folgenden Jahren greift LEHR immer wieder auf dieses Thema zurück, um es schließlich im Jahr 1987 mit konkretem Bezug zum hohen Alter zu vertiefen: „Zur Situation der älterwerdenden Frau. Bestandsaufnahmen und Perspektiven bis zum Jahr 2000." Grundlage der Untersuchung stellen wiederum Daten der Bonner Lebenslaufforschung dar. LEHR hat fast 2000 Biographien der von 1895 bis

---

[14] Die von Hans THOMAE geleitete Bonner Längsschnittuntersuchung (BLSA) beobachtete über einen Zeitraum von 15 Jahren Personen aus zwei Geburtskohorten (1900–1905 und 1890–1895). Diese anfangs 222, zum Schluss nur noch 48 Personen wurden von 1965 bis 1980 siebenmal untersucht, interviewt und getestet. Die Methode der Längsschnittuntersuchung sollte dabei intraindividuelle Unterschiede aufdecken und die Zusammenfassung zu Kohorten sozialkulturelle Einflüsse ausschalten. Im Mittelpunkt standen (1) die soziale und sozioökonomische Situation, (2) die intellektuelle und psychomotorische Leistungsfähigkeit, (3) die Gesundheit und subjektive Belastung, (4) Persönlichkeitsvariablen wie Aktivität, Angepasstheit, Rigidität, Ängstlichkeit und Selbsterleben und (5) die erlebte Situation, d.h. die individuelle Einschätzung der eigenen aktuellen Lebenssituation. (Vgl. Thomae & Lehr 1973)

1939 geborenen Männer und Frauen auf prägnante Kohortenunterschiede und Ähnlichkeiten untersucht. Sie unterscheidet ihre Stichprobe in 5 Gruppen, beginnt mit den 50jährigen der 80er Jahre und zählt in zehner Schritten bis zu den 90jährigen. Als Differenzbegriffe nutzt sie vier Dimensionen: Soziale Aspekte, epochale Aspekte, biologische Aspekte und Aspekte des Lebenszyklus. Während sie unter *sozialen* Einflüssen die Verortung in der Gesellschaft anhand von Kategorien wie z.B. Geschlecht, Status und Beruf fasst, verwendet sie das Adjektiv *epochal* im Sinne historischer Einflüsse (Kriegszeiten, unterschiedliche Arbeitsbedingungen, hygienische Verhältnisse). *Biologische* Kategorien finden nur indirekt eine Verwendung, insofern sich mit ihrer Hilfe eine einseitige Determination weiblichen Alterns über die Menopause entkräften lässt.[15] (Vgl. Lehr 1987, 4ff.) Ganz entscheidende Unterschiede können im Hinblick auf *lebenszyklisch* bedingte Veränderungen wie z.B. Kindheit, Jugend, Ehe, Mutterschaft, Berufstätigkeit usw. ausgemacht werden. Um zu verdeutlichen, wie die Ergebnisse der LEHRschen Analyse weiblicher Biographien nach diesem Modell aussehen, sollen hier beispielhaft die beiden Jahrgänge der um 1905 und 1915 Geborenen verglichen werden. Während die Älteren, also die in den 80er Jahren 80jährigen, die NS-Zeit aufgrund einer Hochschätzung ihrer Mutterrolle als durchaus positiv erlebt haben, fühlt sich die spätere Generation um eben diese Erfahrung betrogen. Noch vor der Familiengründung wurden ihre Ehemänner, Verlobten oder Freunde eingezogen; das Familienleben wurde von vornherein von den Einschränkungen des 2. Weltkriegs geprägt. Diese unterschiedliche Gewichtung im Erleben des 2. Weltkriegs lässt sich auch im Vergleich zu männlichen Biographien beobachten. Während sich die entscheidenden Schritte im Leben der Männer als beeinflusst von historischen Daten wie Kriegszeiten zeigen, spielen genau diese Zäsuren für Frauen – je nach lebenszyklischer Stellung – eine eher nachgeordnete Rolle. Belastungen ergeben sich stattdessen eher durch unerwünschte Schwangerschaften oder durch die Veränderungen in der Rollenverteilung vor, während und nach dem Krieg. (Vgl. ebd., 33f.)

---

[15] Sowohl Menarche als auch Menopause haben sich innerhalb des letzten Jahrhunderts als zeitlich flexible Daten herausgestellt. Eine immer früher einsetzende Menstruation und eine sich verzögernde Menopause führten zu einer Ausdehnung der Zeit der weiblichen Geschlechtsreife und zu einer Verschiebung der Altersgrenze. Auch biologische Daten unterliegen sozialen Einflüssen. (Vgl. Lehr 1987, 4ff.)

Diese Ergebnisse werden von LEHR in einem Modell erklärt, in dem eine Zeitachse mit einer Vielzahl möglicher Einflüsse konfrontiert wird. (Vgl. Abbildung 2) Im Mittelpunkt dieses Modells steht die Verarbeitung durch das Subjekt. LEHR beruft sich auf Studien zu „developmental tasks", die den Nachweis geführt hätten, „daß objektiv vergleichbare Situationen ... subjektiv unterschiedlich erlebt werden – bzw. eine unterschiedliche kognitive Repräsentanz erfahren, je nach bisheriger Entwicklung, je nach der jeweiligen Konstellation gegenwärtiger situativer Bedingungen und je nach den persönlichen Zukunftserwartungen – und auch dementsprechend unterschiedliche Formen der Auseinandersetzung erkennen lassen." (Ebd., 24) An anderer Stelle unterscheidet LEHR in „biographische Momente (Vergangenheitsaspekt), situative Gegebenheiten (Gegenwartsaspekt) und Ziel- und Wertvorstellungen (Zukunftsaspekt)" (ebd.), um die zeitliche Einordnung zu illustrieren.

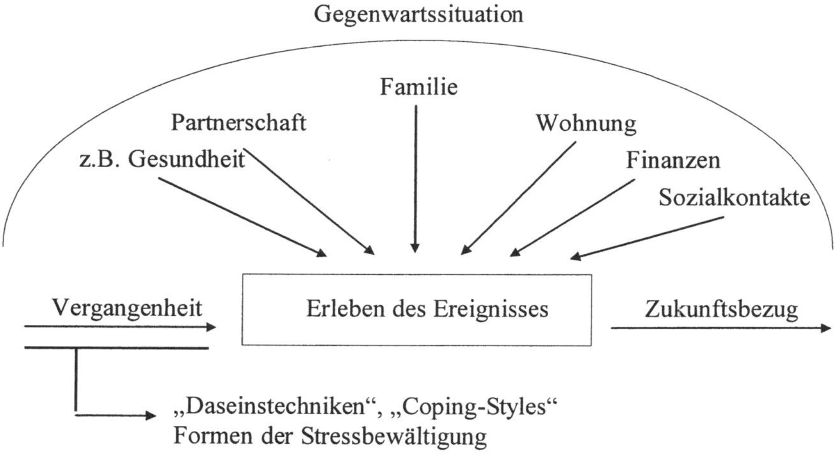

Abbildung 2: Biographische Methode nach LEHR (1987, 25)

Spätestens jetzt wird deutlich, dass die „biographische Methode" LEHRs auf ungenauen Begrifflichkeiten basiert. Stellt die Biographie einen der möglichen Einflüsse dar oder fasst sie als Oberbegriff, als Verarbeitungsmodus, sämtliche Einflussmöglichkeiten zusammen? Da LEHR selbst sich nur sehr knapp zu diesen Fragen äußert, lässt sich für die Nachzeichnung ihrer Argumentation in dieser Hinsicht kein Boden gewinnen. Umso konkreter stellt sich ihre Unterscheidung in subjektive und objektive Variablen dar. „Beide Aspekte – subjektives Erleben einer relativ großen Bevölkerungsgruppe, erfaßt mit sehr anspruchsvollen Methoden der Biographischen Forschung [LEHR verweist an dieser Stelle auf mehrere Veröffentlichungen von THOMAE zur biographischen Methode, I.S.] sowohl unter qualitativen als auch unter quantitativen Aspekten analysiert – als auch historische Quellenforschung bzw. sozialgeschichtliche Analysen sind notwendig zum Verständnis der heutigen Lebenssituation älterer Frauen. Die Bedeutung des subjektiven Erlebens bzw. der kognitiven Repräsentanz wurde in der gerontologischen Forschung ... sehr deutlich herausgestellt: Der Mensch verhält sich nicht danach, wie die Situation objektiv ist, sondern danach, wie er sie erlebt." (Ebd., 52) Auch die Apodiktik dieser Sätze kann nicht über die Begrenztheit der Argumentation hinwegtäuschen. Im Gegensatz zu KOHLIS soziologischer Analyse dessen, was objektive Verhältnisse sind, wird hier eine Eindimensionalität objektiver Verhältnisse behauptet, die als solche z.B. historisch eindeutig erfasst werden können. Dieser etwas leichtfertige Umgang mit dem Gegenpol des Subjekts lässt sich in einer psychologischen Analyse sicherlich rechtfertigen. Problematisch ist jedoch in diesem Rahmen die gleichzeitige Betonung einer kognitiven Repräsentanz dieser Umwelt. *Die subjektive Verarbeitung aller Einflüsse vorausgesetzt, stellt sich die Frage, wer – nicht subjektiv – Objektivitäten wahrnehmen kann.* Während Martin KOHLI mit seinem Konzept der Arbeitsgesellschaft einen strukturierten Rahmen für die Identifikation objektiver Verhältnisse benennt, bleibt LEHR einzig und allein das realitätsverarbeitende Subjekt und eine – wie in LEHRS Untersuchungen deutlich wird – auf ein quantifizierbares Datenformat gebrachte Welt.

Prototypisch lassen sich die Konsequenzen dieser Theorietechnik an LEHRS Forschungen zu Einsamkeit und Isolation von alten Menschen verdeutlichen. „Mit 'Isolation' bezeichnet man die realen Gegebenheiten, die objektive Häufigkeit der Sozialkontakte, – mit 'Einsamkeit' jedoch das subjektive Erleben dieser Situation." (Lehr 1978b, 20) Diese Form der „Realität" stellt auch in ihren interventionistischen Ansätzen die entscheidenden Limitierungen für eine Beeinflussung von Alternsprozessen bereit. (Vgl. Lehr 1979) Ohne die Inhalte der nächsten Absätze vorwegzunehmen, kann schon hier auf die Problematik dieses Vorgehens verwiesen werden. So wie LEHR Einsamkeitsgefühle bei ausreichenden Sozialkontakten durch therapeutische Intervention verscheuchen will, dient ihr auch Unzufriedenheit im Alter als Ansatzpunkt einer umfassenden Steuerung des Alternsprozesses. Ein zukünftiges „Altern ohne zu altern", denn „Was rastet, das rostet" (Lehr 1983, 17), ist Ziel ihrer gerontologischen Studien. Wo sich subjektives Erleben an objektiven Daten messen lässt, ist der Schritt zu einer Therapeutisierung des hohen Alters nicht weit. Über das subjektive Alterserleben hinaus können Möglichkeiten einer Optimierung benannt werden, die 'defizitäres' Altern neben eine Lebensweise stellen, die sich von der jugendlicher Erwachsener kaum unterscheidet. (Vgl. Baltes & Baltes 1989) Natürlich soll an dieser Stelle nicht einer 'altersspezifischen Lebensweise' der Weg bereitet werden, aber die Verneinung altersspezifischer Defizite führt bei LEHRs Argumentation nicht zu einer Ablehnung altersdifferenzierender Kategorien insgesamt, sondern zu einer Betonung von jugendlichen Idealen. Mit Hilfe von „Geroprophylaxe" (Lehr 1978b, 22) versucht sie ein neues Bild vom Alter zu erzeugen: „... das Bild vom alten Menschen als einem kompetenten, selbständigen, selbstverantwortlichen Bürger" (Lehr 1983, 22).

Diese „Umerziehung" mutet aufgrund ihrer programmatischen, emanzipativen Ausrichtung heute fast etwas altmodisch an. Als einseitige normative Orientierung an Aktivitätspostulaten ist sie von den Praktikern der Ganzheitlichkeit (vgl. Hummel 1982, 23f.) kritisiert worden[16] und stellt heute nur noch *eines* der vielen Programme, die beim Älterwerden helfen sollen, dar. Im Gegensatz zu KOHLIs Analyse führt LEHRs Subjekt/Objekt-Ansatz zu einer Hypostasierung individueller Möglichkeiten. Gesellschaft fungiert als Rahmen, der zwar deprivieren kann, aber auch – bei veränderter subjektiver Wahrnehmung – die gegenteilige Wirkung haben kann. Die Beobachtung einer Variabilität in Alternsverläufen aufgrund unterschiedlicher Wahrnehmung der Umwelt hat zu der Bezeichnung „Differentielle Gerontologie" geführt und die Individualität von Alternsverläufen in den Vordergrund gerückt, aber auch einer Normierung des Alters den Weg bereitet: Wenn LEHR formuliert: „'Älter werden – aktiv bleiben' ... zum Wohle der Menschheit, der gesamten Gesellschaft, vor allem aber zum Wohle der älteren Generation

[16] Konrad HUMMEL würde natürlich nicht die emanzipative Ausrichtung von LEHRs Forschungen kritisieren, sondern eben diese leugnen, da LEHR nicht an 'gesellschaftlichen Herrschaftsstrukturen' ansetzt. Dennoch lässt sich m.E. dieses Etikett für LEHRs Arbeiten benutzen, die sich der Ermöglichung „eigener Aktivität, eigener Durchsetzungsfähigkeit und Selbständigkeit (man muß ja nicht gleich das abgegriffene Wort 'Emanzipation' wählen)" (Lehr 1978b, 22) widmet.

selbst“ (Lehr 1983, 23), wundert man sich über diese normative Wendung, weil die theorietechnische Anlage ihrer Forschungen eigentlich gerade diese Verallgemeinerung verbieten müsste. *Die Betonung einer differentiellen Gerontologie und des kognitiven Ansatzes hätte gerade auf die Problematik einer solchen Generalisierung hinweisen müssen.* Anstatt sich von der Unterbestimmtheit der objektiven Variablen zu einer objektivierenden Zufriedenheitsskala verführen zu lassen, hätte LEHR die Unmöglichkeit dieses Vorgehens betonen müssen. Diese mit dem Subjekt/Objekt-Ansatz verbundenen Widersprüchlichkeiten lassen sich auch auf den anderen Ebenen der Argumentation wiederfinden. Subjektive Unterschiede werden – wie im Folgenden – in objektiven Normen aufgehoben.

Entwicklung und Persönlichkeit

Ursula LEHRS Forschungen sind in vieler Hinsicht geprägt von den Arbeiten des Psychologen Hans THOMAE. Im Hinblick auf ihre biographische Methode und die entwicklungspsychologische Konzeption verweist sie auf THOMAE, ohne dessen Thesen jedoch eigenständig zu reproduzieren. Für eine genauere Fassung des Zusammenhangs von persönlicher Identität und Entwicklung beziehe ich mich deshalb auf THOMAEs eigene Schriften. Mit einer Verbindung der beiden Konstrukte ‘Persönlichkeit’ und ‘Entwicklung’ zu einer psychologischen Biographik hat er schon sehr früh (1956) der Alternsforschung neue Wege aufgezeigt. Entscheidend dabei war die Abwendung von Phasenmodellen mit ihren aufeinander aufbauenden Entwicklungsstufen, die – wie z.B. bei ERIKSON – für das hohe Alter eine von Integrität geprägte Persönlichkeit erwarten. (Vgl. Erikson 1973 [1959], 118) THOMAE wendet sich gegen diese normierenden Lebenslaufkonzepte und fordert eine flexiblere Theorieanlage, die ‘Entwicklungsaufgaben’ stärker an individuelle Lebenssituationen bindet. Aufgrund seiner Erfahrung mit phasenuntypischen Entwicklungsprozessen formuliert er Skepsis „gegenüber einer Stufenlehre, die zu sehr eine innere Gesetzmäßigkeit betont und zu wenig die Einbettung des leibseelischen Geschehens in eine spezifische soziale Lage, in ein je besonderes Lebensschicksal, in ein Gefüge und Gegengefüge von ‘Rollen’ berücksichtigt, die der einzelne durchspielt.“ (Thomae 1956b, 108) An die Stelle einer auf- und absteigenden Linie, eines Stufenmodells oder einer Spirale sich immer auf einem höheren Niveau wiederholender Themen stellt er „das konkrete Leben in seiner Auseinandersetzung mit dem je begegnenden Geschick“ (Thomae 1956a, 111). Mit dieser lebensphilosophischen Öffnung[17] der Entwicklungspsychologie rückt das hohe Alter als ein – im Vergleich zu vorhergehenden eindimensionalen Erklärungen – ungleich komplexeres Geschehen in den Mittelpunkt. Als Teil des Erwachsenenlebens werden nun auch dem hohen Alter noch Aufgaben zugestanden, die Zielstrebigkeit, Aggressivität und Leidenschaft voraussetzen. „Die zeitgeschichtliche Situation stellt also die 'Aufgaben', nicht eine abstrakte Lebenslaufstruktur." (Thomae 1968, 204)

Die beiden Konstrukte 'Persönlichkeit' und 'Entwicklung'[18] werden von THOMAE im Hinblick auf eine am „Durchschnittsmenschen" (Thomae 1968, VII) orientierte empirische Psychologie durchleuchtet. Anstatt diese Begriffe jedoch innerhalb der klassischen Dichotomie 'Struktur (Persönlichkeit) – Prozess (Entwicklung)' einzuordnen, geht THOMAE von einer die Seiten wechselnden Verfassung aus, „daß fast alles, was Form und geronnene Struktur am menschlichen Charakter ist, einmal Geschehen war, und daß vieles, was jetzt Geschehen ist, einmal Form, Haltung, Bereitschaft, Triebkraft werden kann" (Thomae 1951, 1). THOMAE führt diese Gedankengänge auf dem Boden der Biographieforschung wieder zusammen. Nur im Einzelfall, vor dem Hintergrund der individuellen Lebenssituation, wird seiner Meinung nach das verständlich, was Psychologie ansonsten allgemein und abstrakt formulieren möchte.

Entscheidend für meine Argumentation ist in diesem Zusammenhang sein Interesse an zeitlichen Verläufen: „Verhalten, das uns den Zugang zum 'Individuum und seiner Welt' erschließen soll, muß stets als Teil oder Aspekt einer individuellen Biographie gesehen werden. Denn nur in der zeitlichen, nicht in der räumlichen Extension ist ein Wesen wie der Mensch vollständig erfaßbar." (Thomae 1968, VII) Schon seit den 50er Jahren arbeitete THOMAE an einer Konzeption von temporalisierter Individualität, die dem heutigen soziologischen Lebenslauf-Begriff, wie ihn z.B. KOHLI verwendet, sehr nahe kommt. Wie zu erwarten trifft THOMAE als

---

[17] Hiermit soll nicht einer lebensphilosophischen Ausrichtung der Alternsforschung das Wort geredet werden. Gerade lebensphilosophische Ansätze (vgl. Rosenmayr 1983: Die späte Freiheit) tendieren zur Formulierung von Sinnangeboten im Alter, die sich in ihrer Generalisierung kaum überbieten lassen. Entscheidend ist in diesem Zusammenhang vielmehr, dass mit der THOMAEschen entwicklungstheoretischen Akzentuierung der „Problematik" des hohen Alters mehr Freiraum geschaffen wird, als dies vorher der Fall war.

[18] So ist im übrigen auch die Festschrift zum 60. Geburtstag von Hans THOMAE betitelt. (Vgl. Lehr & Weinert 1975)

Psychologe dabei keine Aussagen über gesellschaftsstrukturelle Veränderungen, die eben eine solche Konzeption des Individuums nahe legen. Parallel zur soziologischen Lebenslaufforschung breitet sich jedoch in dieser psychologischen Lebenslaufforschung[19] ein ganz ähnlicher Ansatz vor, der – analog zum Lebenslauf-Begriff – den Begriff der Entwicklung benutzt. *Zwischen den Einzelnen und die Gesellschaft, Individuum und Welt*[20]*, Subjekt und Objekt, tritt ein Instrument, das der Annahme Rechnung trägt, eine Beschreibung des Einzelnen sei nur noch als zeitbezogene Diagnose möglich.* Im Vergleich zu KOHLIs Lebenslauf-Begriff radikalisiert Thomae diesen Ansatz. Ihm gelingt es mit Hilfe seiner biographischen Methode weit stärker, als es die soziologische Alternsforschung bislang geschafft hat, Altern aus vorgegebenen Stufen, Phasen, Lebensabschnitten herauszulösen. THOMAEs Definition zu Altern lautet schon 1956: „[Das Kriterium für den Prozess des seelischen Alterns] ist danach gleichbedeutend mit dem Grad, in dem Routine, Gewohnheit, eingeschliffene Verhaltens- und Erlebnisbahnen über die Fähigkeit zu eigenständiger Gestaltung des Lebens die Oberhand gewinnen. Insofern können die Zeitpunkte des Beginns der körperlichen und seelischen Alterung weit auseinanderliegen." (Thomae 1956a, 112) Auch wenn seine Ausdrucksweise der Zeit entsprechend auf unklare Konzepte wie 'Seele' referiert[21], verhindert er mit eben diesem „Joker" eine Engführung der Argumentation.

Die unter dem Namen 'Differentielle Gerontologie' bekannt gewordene Alternsforschung der Bonner Schule[22] hat ein Bild von Alter konzipiert, das individuelle Alternsverläufe in den Mittelpunkt stellt und davon ausgehend die Praxis

---

[19] Unter dem Titel 'Lebenslaufpsychologie' firmierten die vielen Längsschnittuntersuchungen, die von THOMAE konzipiert und unter seiner und LEHRs Leitung durchgeführt wurden.

[20] Genauer: „Das Individuum und seine Welt". So lautet der Titel des Werkes, in dem THOMAE ausführlich seine biographische Methode in Theorie und Praxis beschreibt und dabei auch gleichzeitig seine Persönlichkeits- und Entwicklungspsychologie fundiert.

[21] Dass seit John Broadus WATSON und seinem Behaviourismus sowohl die 'Seele' als auch das 'Bewusstsein' innerhalb der Psychologie des 20. Jahrhunderts nur noch eingeschränkte Bedeutung haben (vgl. Bruder 1993, 69f.), kann THOMAE, der sich in der Nachfolge der geisteswissenschaftlichen Psychologie Wilhelm DILTHEYs und Eduard SPRANGERs sieht, nicht vorgeworfen werden. Vgl. zur Differentiellen Psychologie Thomae 1977, 77.

[22] Unter dem Etikett 'Bonner Schule' lässt sich der größte Teil der psychologischen Alternsforschung subsummieren. Als prominenteste 'Schülerin' gilt Ursula LEHR. Bei THOMAE haben aber auch Norbert ERLEMEIER und Reinhard SCHMITZ-SCHERZER, bei LEHR Paul C. BALTES promoviert. Allen 'Schülern' gemeinsam ist eine individualisierende Betrachtung des hohen Alters, die mehr oder weniger auch auf soziale Zusammenhänge zurückgreift. Eben dieses Vorgehen hat der Bonner Schule manche Kritik von soziologischer Seite eingetragen. (Vgl. Hohmeier 1978, 27)

der Altenhilfe fundiert. Die mit der LEHRschen Interventionsgerontologie eingeleitete normative Wende innerhalb der psychologischen Alternsforschung verdankt sich weniger der Grundlegung durch THOMAE[23] als der – der Gerontologie von Anfang an eigenen – programmatischen Ausrichtung am „Erfolgreichen Altern". Die schon eingangs beschriebene Unbestimmtheit des Objekt-Begriffs setzt sich im Praxisbezug der Gerontologie als uneingeschränkte Normativität durch. Das folgende Kapitel stellt insofern wiederum eine Parallele zu KOHLIS Argumentation dar, als auch er an der ungeklärtesten Stelle seiner Analyse, dem Subjekt, den Ausweg in die Normativität sucht.

Geroprophylaxe

Eine geradezu missionarische Motivation steht am Beginn der gerontologischen Forschung: „The practical purpose of gerontology is to help people, live better in their later years ... – However, we do not have general agreement on what good living in the later years is." (Havighurst 1963, zit. n. Lehr 1989, 2) Was zu diesem Zeitpunkt noch unklar war, sollte schon bald konkretisiert werden, und zwar in den Begriffen 'Lebenszufriedenheit' und 'Erfolgreiches Altern'. Die (psychologische) Gerontologie hat sich – noch vor einer theoretischen Analyse – der Verbesserung der Lebensverhältnisse alter Menschen verpflichtet. Innerhalb der Geschichte der Alternsforschung ist dies kein ungewöhnliches Vorgehen. Wie die Analysen der soziologischen Zugänge bis jetzt zeigen konnten, steht am Beginn der einzelnen Theorien zumeist eine Problembeschreibung. Im Unterschied zur soziologischen Alternsforschung hat sich dieser psychologische Ansatz jedoch gleichzeitig für eine Benennung der positiven Seite entschieden. Wohlweislich lassen kritische und emanzipative soziologische Theorien eben diese Dimension unbestimmt und machen sie stattdessen von veränderten gesellschaftlichen Verhältnissen abhängig. Ohne diese gesellschaftliche Ebene der Argumentation treten aus psychologischer Perspektive eher pragmatische Interessen in den Vordergrund. Das Thema der amerikanischen Psychologie in der Tradition von William JAMES, aber auch John

---

[23] Es soll an dieser Stelle nicht verschwiegen werden, dass auch THOMAE von altersspezifischen Themen wie der Auseinandersetzung mit Tod und Sterben ausgeht. (Vgl. Thomae 1956a, 108) Die anthropologische Verknüpfung von hohem Alter und Tod gehörte jedoch damals wie auch heute noch zum *common sense* der Alternsforschung, vor allem der Altenhilfe. Zur Kritik an dieser letzten Bastion der vermeintlichen Eindeutigkeit innerhalb der Alternsforschung vgl. Kap 4.2.

Broadus WATSON und Burrhus Frederic SKINNER, Hilfeleistung bei der Anpassung des Einzelnen an eine zunehmend komplexer werdende Welt zu leisten (vgl. Bruder 1993, 70f.), lässt sich auch in der deutschen Gerontologie wiederfinden. Ursula LEHR formuliert als Ziel, „ein hohes Lebensalter bei psychophysischem Wohlbefinden zu erreichen" (Lehr 1979a, VI), und benennt als Methode die Intervention (vgl. ebd.). (Vgl. Tabelle 13)

Optimierung	**Geroprophylaxe** **Prävention**	**Rehabilitation** **Therapie** **Restauration** **Korrektur**	**Management** **„contain conditions"**
Schaffung günstiger Entwicklungsbedingungen	Vorbeugung eines Altersabbaus	Rückgängigmachen von Störungen, von bereits eingetretenen Schäden, von Abbauerscheinungen	Zurechtkommen mit irreversiblen Problem-Situationen, Sicherung des Erreichten
durch: Geistige Entwicklung durch 'enrichement', Anregung Körperliche Entwicklung durch sportliche Betätigung Interessenentwicklung	durch: Erhaltung der körperlichen, geistigen und sozialen Fähigkeiten durch lebenslanges Training Pflege der Interessen, richtige Ernährung	durch: Wiedergewinnung der Kompetenz in den verschiedenen Lebensbereichen Reaktivierung körperlicher, geistiger und sozialer Fähigkeiten durch gezieltes Neueinüben, Trainieren, Fördern durch Fordern	durch: Auseinandersetzung mit der Problemsituation Veränderung der inneren Einstellung kognitive Umstrukturierung Einüben von *coping*-Stilen aber auch: Veränderung der ökologischen Bedingungen, prothetische Maßnahmen

Tabelle 13: Interventionsgerontologie nach LEHR (1979a, 4)

Diese umfassende Therapeutisierung des hohen Alters – wie eingangs schon erwähnt: „zum Wohle der Menschheit" (Lehr 1983, 23) – repräsentiert ein der Kindheit und seinen Erziehungsnotwendigkeiten vergleichbares umfassendes Erziehungsprogramm. In allen Fällen geht es hier jedoch – im Gegensatz zur Kindheit – um die Beibehaltung, nicht um die Anhebung eines Niveaus. *LEHR hat sich dem Kampf gegen den Abbau verschrieben und fasst alle Möglichkeiten, dies auch durchzusetzen, in ihrer programmatischen Forschung zusammen.*

Wie ist es zu diesem umfassenden Versuch, einen neuen alten Menschen zu schaffen, gekommen? Sicherlich rechtfertigt die Ausgangslage, eine vom Defizitmodell[24] geprägte Theorie und Praxis, viel dieses kämpferischen Engagements. Die Untersuchungsergebnisse der Differentiellen Gerontologie konnten erstmals mit Hilfe empirischer Daten die Generalisierung dieses Modells widerlegen. In bezug auf die geistige Leistungsfähigkeit und die Veränderung der Persönlichkeit im Alter konnte LEHR auf die Unangemessenheit des Defizitmodells hinweisen. „Hier sind so viele höchst individuelle, persönlichkeitsspezifische Komponenten zu berücksichtigen und eine Vielzahl ganz spezieller ureigenster Erfahrungen während des bisherigen Lebenslaufs, die das Verhalten und Erleben im Erwachsenenalter bestimmen.

Darüber hinaus spielt die gegenwärtige Lebenssituation im Geflecht ihrer situativen und sozialen Bezüge eine entscheidende Rolle.“ (Lehr 1977, 297) Bei dieser Vielzahl beeinflussender Faktoren wundert es um so mehr, dass LEHR mit dem Ziel des ‘Erfolgreichen Alterns’ zu generalisierenden Aussagen gelangt, die von dieser Komplexität abstrahieren. Lässt sich am Ende eines höchst individualisierten Lebenslaufs Erfolg in so allgemeinen Kategorien beschreiben? Ist Aktivität („Älter werden – aktiv bleiben“) tatsächlich das einzige, das zählt? Der Schlüssel für diese simplifizierenden Schlussfolgerungen der Gerontologie liegt in dem verkürzten Objekt-Begriff. So komplex die subjektive Wahrnehmung einer Situation auch ist, laut THOMAE und LEHR muss sie sich an ‘der Realität’ messen lassen. LEHR formuliert wie folgt: „Im Rahmen der Erörterung möglicher therapeutischer Maßnahmen wurde herausgestellt, wie sehr die richtige (sic!) Sicht der Gegenwart und die Verarbeitung der Gegenwart dazu beitragen können, das Leben in jeder

[24] Unter dem Namen ‘Defizitmodell’ werden Beschreibungen des hohen Alters zusammengefasst, die von einem naturwüchsigen Abbauprozess im Alter ausgehen. Demzufolge verringern sich die Fähigkeiten und Fertigkeiten alter Menschen, die sich daraufhin aus dem öffentlichen Leben zurückziehen. (Vgl. Lehr 1977, 48ff.)

Situation zu akzeptieren." (Lehr 1977, 298) Die Frage nach den Maßstäben für eben diese „richtige Sicht" drängt sich auf, wird aber von LEHR nicht beantwortet.

Wenn sich Alternsverläufe nur über die individuelle Biographie verstehen lassen, erscheint diese programmatische Ausrichtung der psychologischen Alternsforschung problematisch. Die Vielfalt der möglichen Einflüsse, die für ein spezifisches Alterserleben verantwortlich sind, soll mit therapeutischen Mitteln der Steuerung durch den Einzelnen zugänglich gemacht werden. Subjektivität und Objektivität würden im Erfolgsfalle zusammenfallen. LEHR betont ausdrücklich, dass die soziale Umgebung den Einzelnen mit unterschiedlichen Möglichkeiten zur Anpassung ausstattet: Wer zeit seines Lebens repetitiven Tätigkeiten nachgegangen sei, tue sich im Alter schwer, selbständig neue Betätigungsfelder zu finden. (Vgl. Lehr 1977, 211f.) Die Begründung dieses Phänomens über Sozialität etabliert eine 'objektive' Variable außerhalb des Subjekts. Erfolgloses Altern, das sich diesem Umstand verdankt, soll nun jedoch therapeutisch im Sinne einer Anpassung an eben diese soziale Umwelt – die keinerlei Bedarf an der Tätigkeit dieses alten Menschen hat – behandelt werden. Wie dabei Zufriedenheit entstehen soll, ist fraglich.

Die entscheidende Kritik richtet sich an dieser Stelle jedoch nicht so sehr gegen einen unterbestimmten Objekt-Begriff, sondern vielmehr gegen die Zusammenführung subjektiver und objektiver Analyseebenen. Die spezifische Fassung des Objekt-Begriffs zeichnet dabei verantwortlich für die generalisierende Normativität. Die LEHRsche „Geroprophylaxe" verschenkt den Freiraum, den die biographische Methode ihr eingebracht hat.

Alter = Abbau?

Ursula LEHR hat sich dem Thema 'Altern' auf zwei Ebenen angenähert. Ihr ursprüngliches Interesse richtet sich auf die Erforschung der subjektiven Dimension: die biographische Verarbeitung von äußeren Einflüssen. Eine entscheidende Rolle nimmt dabei der THOMAEsche Entwicklungsbegriff ein, demzufolge Entwicklung nicht an psychosoziale Gesetzmäßigkeiten gebunden ist (Phasenmodelle), sondern an ein Zusammenspiel von situativen und persönlichen Faktoren: Entwicklungsprozesse können über das gesamte Leben verteilt stattfinden. Konsequenterweise stellt sich auch Altern als ein Prozess dar, der keine Altersgrenze kennt, sondern je nach persönlicher Flexibilität oder Rigidität früher oder später einsetzen kann.

Dieses zeitlich verflüssigte Konzept von Persönlichkeit hat zunächst zu einer Auflösung der Altersphase geführt. Mit dem Praxisbezug dieses psychologischen Ansatzes, der Interventionsgerontologie, gewinnt jedoch ein sehr schlicht konzipierter Objekt-Begriff an Bedeutung, der die vorgängigen Prämissen der Subjektivität auf 'eine Realität' zurückführt. Ab dieser Stelle der Argumentation dominieren normative Konzepte zum 'Erfolgreichen Altern' den Blick auf die vormals noch differenzierten Entwicklungsprozesse. Strenggenommen hätte das theoretische Inventar sowohl THOMAE als auch LEHR eine allgemeine Aussage zum Altern verbieten müssen. Wo – mit LEHR im Rückgriff auf THOMAE – „nicht die objektive Situation das Verhalten bestimmt, sondern weit mehr die Art und Weise, wie diese objektive Situation kognitiv repräsentiert ist, wie sie subjektiv wahrgenommen wird" (Lehr 1987, 17), differieren individuelle Entwicklungs- und Persönlichkeitsbeschreibungen: „Entwicklungsprozesse, Alternsveränderungen, sind weder generell noch universell" (ebd., 23). Wie sich diese Prozesse zum Altern verhalten, kann LEHR nur bestimmen, indem sie auf das Konzept einer vorgegebenen Umwelt zurückgreift, in dem hohes Alter mit allen möglichen negativen Begleiterscheinungen eine der objektiven Variablen darstellt. Subjektivität erscheint vor diesem Hintergrund als Problem, denn sie ermöglicht „eine generelle Fehleinstellung zum Alter und daraus resultierende mangelnde Vorbereitung" (ebd., 22). *Die 'Biographische Methode' LEHRs setzt 'hohes Alter' voraus, erklärt dann differentielle Alternsverläufe und konfrontiert diese mit einer verallgemeinernden Bewertung.* Individualität wird letztlich dem Diktat einer sich als objektiv gerierenden Norm unterworfen.

Dieses Wechselspiel zwischen unabhängigen und abhängigen Variablen scheint jedoch nicht nur im Hinblick auf den Widerspruch von Differentialität und Normativität problematisch zu sein. Es hat auch Konsequenzen für die Bestimmung von Sozialität und Persönlichkeit. Immer wieder weist LEHR auf die Bedeutung einer „Vielzahl sozialer wie auch ökologischer Bedingungen" (ebd.)[25] hin, die zu einer Benachteiligung im hohen Alter führen können. Da es ihrem Hilfeprogramm jedoch einzig um 'Anpassung' geht, werden aus eben diesen objektiven Variablen im nächsten Schritt wiederum subjektiv beeinflusste und beeinflussbare

[25] Der Kritik, die Altersproblematik zu individualisieren (vgl. Hohmeier 1978, 27), versucht LEHR auch mit einem entsprechenden Nachtrag in der 3. Auflage der „Psychologie des Alterns" (Lehr 1977) zu entgehen.

Variablen. Ob soziale Determinanten nun dem Einflussbereich des Einzelnen entzogen sind oder nicht, bleibt ungeklärt. Wie jemand altert, ist bei LEHR einerseits „soziales Schicksal" (Lehr 1977, 300), andererseits der subjektiven Deutung unterworfen und darüber auch zu gestalten. Sozialität erzeugt demzufolge Probleme, die über die persönliche Kompetenz gelöst werden. Dieser Satz würde von LEHR sicher nicht unterschrieben. Auch sie weist auf die Notwendigkeit hin, die Lebensbedingungen von alten Menschen zu ändern. (Vgl. ebd., 310) Nicht die Individualisierung von sozialen Problemen ist ihr deshalb vorzuwerfen, sondern eine ungenaue Argumentation, die den empirischen (unabhängigen) Objekt-Begriff mit einem theoretischen (abhängigen) vermischt.

Grenzen des Identitätsansatzes

Die Parallelität der Ansätze von Martin KOHLI und Ursula LEHR lässt sich auf verschiedenen Ebenen nachzeichnen. Auch wenn KOHLI vorrangig über alte Männer forscht, LEHR dagegen alte Frauen in den Mittelpunkt ihrer Analysen rückt, bleiben noch genug Gemeinsamkeiten. Tabelle 14 listet auf, wie sich die Autoren ihrem Thema annähern.

Beide unterscheiden die theoretischen Konstrukte 'Subjekt' und 'Objekt', um zu Aussagen über Alternsprozesse zu gelangen, und beide entscheiden sich für eine Verzeitlichung ihrer Analyse mit Hilfe einer „Zwischenebene". Ob 'Lebenslauf' oder 'Entwicklung', gemeint ist immer, dass sich keine von der Lebenszeit unabhängigen Aussagen treffen lassen. Identität, also die Bestimmung des Menschen als einer Einheit, wird zu einer temporalen Kategorie und rechtfertigt die Frage: Wann ist man alt? (Vgl. Tabelle 14)

Während KOHLI den Begriff der Identität explizit gebraucht (vgl. Kohli 1993, 41), führt ihn LEHR über den Umweg der Persönlichkeit ein. Bei beiden wird eine Identifikationsmöglichkeit des Einzelnen anhand eines überdauernden Profils vorausgesetzt. Beide fragen: Wie sind die Menschen, die wir erforschen, so geworden, wie sie sind? Folgerichtig versuchen sie, – je nach disziplinärem Schwerpunkt – eben diese Identität in ihre einzelnen Bestandteile zu dekomponieren, und kommen gemeinsam zu dem Ergebnis: Ein Mensch ist, was er geworden ist. Schon an dieser Stelle entstehen erste Probleme bei der Erfassung all der möglichen Einflüsse im Leben des Einzelnen (vgl. Kohli 1989, 51 und Lehr 1987, 31ff.).

	Lebenslaufforschung (Martin Kohli)	**Biographieforschung (Ursula Lehr)**
Objekt	Gesellschaft als Arbeitsgesellschaft	Realität (Sozialität)
Subjekt	Biographizität	Kognitivität
Identität	Individualität über den Lebenslauf	differentielle Persönlichkeit über Entwicklung

Tabelle 14: Vergleich KOHLI *und* LEHR

Nur mit Hilfe von Objektivitäten kann diese Unübersichtlichkeit strukturiert werden. Während KOHLI zu diesem Zweck auf die 'Arbeitsgesellschaft' zurückgreift, kontrolliert LEHR ihren Subjekt-Begriff über die 'Realität'. Auf eben diesen Wegen wird auch die Kategorie 'Alter' eingeführt: *KOHLI verallgemeinert den Ruhestand und LEHR setzt Alter als Thema der Realität schlicht voraus.* Im Mittelpunkt steht dann die individuelle Ausgestaltung dieser Lebensphase bzw. dieses Entwicklungsabschnitts.

Beiden Ansätzen gemein ist auch eine normative Komponente, die theoretisch unterbestimmte Stellen überdeckt. KOHLI unterstellt beispielsweise jeder Selbstbeschreibung eine Orientierung an gesellschaftlichen Sinnvorgaben. Das Bedürfnis nach Integration überformt – laut KOHLI – die individuelle Identität. Dieser Subjekt-Begriff provoziert die Frage nach der Eigenständigkeit der subjektiven Perspektive. LEHR vernachlässigt – im Gegensatz dazu – die objektive Dimension, summiert aber ähnlich die ganze Vielfalt der Subjektivität unter vermeintlich objektive Normen. *Das Endprodukt dieser Analysen stellt so in beiden Fällen ein Identitätsbegriff dar, der auf defizitäre Alternsprozesse verweist (Sinnverlust durch Berentung bzw. fehlerhafte Anpassung an Abbauprozesse[26]).* Vor diesem Hintergrund lässt sich aber auch die programmatische Ausrichtung beider Theorieanlagen erklären: „Engagement“ (KOHLI) und „Aktivität“ (LEHR) stehen für die positive Gestaltung des Alternsverlaufs.

[26] Es sei an dieser Stelle noch einmal daran erinnert, dass Anpassung bei LEHR nicht die Akzeptanz defizitärer Prozesse beinhaltet, sondern deren bestmögliche Vermeidung. LEHR verwendet hierfür den Begriff der „Geroprophylaxe“ (Lehr 1979a, 4). Anpassung ermöglicht es dem Einzelnen, eine gegebene Situation für seine eigenen Ziele zu nutzen, also möglichst gut zu leben.

Die Wahl des Subjekt-Begriffs wird vor diesem Hintergrund verständlich. Der beforschte 'alte Mensch' wird als objektiv beeinflusst gedacht, aber auch als jemand, der sein Schicksal gestalten kann. *Das Thema des selbstbewusst handelnden Subjekts*[27] *erzeugt einen Freiraum, der nach normativer Bestimmung geradezu verlangt.*[28] Die einheitliche Altersbestimmung verdankt sich dieser normativen Komponente.

Im Unterschied zu den vorangegangenen Theorien ist jedoch – trotz der generalisierten Programmatik – mit dem Lebenslauf- und Biographiekonzept eine ungleich dynamischere Beschreibung entstanden, als bislang denkbar war. Dass nach wie vor eine Orientierung an der Kategorie 'Alter' stattfindet, ist eher Resultat einer theoretischen Inkonsequenz als unbedingte Notwendigkeit. Weder Ruhestand (bei Männern) noch biologischer Abbau können soziologische bzw. psychologische Aussagen begründen, die eine Zentrierung auf hohes Alter rechtfertigen. *Altern stellt sich so als Prozess heraus, der nicht messbar im Sinn einer kausalen Analyse ist.* Was KOHLI und LEHR als Kriterium gilt, kann individuelles Alterserleben nicht konkretisieren.

---

[27] Auf die lange Geschichte der Subjektphilosophie einzugehen und den Subjektbegriff darüber zu konkretisieren, wäre an dieser Stelle wenig hilfreich, da weder KOHLI noch LEHR diesbezüglich ihre Theorietraditionen ausweisen. Es bleibt nur die Möglichkeit, über die Verwendung des Subjektbegriffs auf entsprechende Konnotationen zu schließen.

[28] LUHMANN konstatiert hier, dass die Definition von Sinn über das Subjekt an eine „immanente Normativität der Faktizität des Subjekts" (Luhmann 1984, 108) anknüpfe, so Sinnvolles von Sinnlosem trenne und letzteres als Ansatzpunkt für Kritik nutze, „mit der der Standpunkt des Subjekts sich zur Universalität wieder aufrundet" (ebd.).

II. Im Exklusionsbereich: Biographien

Die Bedeutung, die der Biographie in der Alternsforschung zukommt, verdankt sich zu weiten Teilen einem als altersspezifisch identifizierten Merkmal: dem Erzählbedürfnis alter Menschen. Als 'Lebensrückblick' (im angelsächsischen Sprachraum: 'life review', 'reminiscence') hat dieses Thema Eingang in die Alternsforschung gefunden (vgl. Butler 1963; Merriam 1980) und wird zumeist sogar als entscheidendes Charakteristikum des Alters benannt. Die Grundlage, auf der dieses Instrument seine Anwendung findet, wird im Folgenden vorgestellt.

Anknüpfen möchte ich mit diesem Kapitel an eine klassische Frage der Alternsforschung: Wann ist man alt? Mit dieser Frage hatten sich Martin KOHLI und Ursula LEHR in ihrem Rückgriff auf das subjekttheoretische Identitätsmodell auseinandergesetzt.

An die Stelle der Unterscheidung von Subjekt und Objekt soll hier ein neuer Zugang gesetzt werden, der den Zusammenhang von Einschränkungen und Freiheiten der biographischen Selbstbeschreibung im Alter klären soll. Im Anschluss an eine theoretische Einführung des Instruments 'Biographie' werden aktuelle Zugänge der Alternsforschung zum Thema des 'Lebensrückblicks' vorgestellt. Über eine biographietheoretische Präzisierung durch NASSEHI wird dieses als altersspezifisch bekannte Phänomen neu bestimmt, so dass im Resümee schließlich eine Antwort auf die Frage nach dem individuellen Alternserleben gegeben werden kann.

Im Anschluss an die Identitätstheorien der 70er Jahre ist mit der Biographie ein Zugang zur Sozialforschung wiederbelebt worden, der Individualisierungsprozesse sichtbar machen soll. Mit dem Begriff der Individualität wird der gesellschaftsstrukturellen Außenstellung des Einzelnen in einer primär funktional differenzierten Gesellschaft Rechnung getragen. (Vgl. Luhmann 1989) „Jenseits von Klasse und Schicht" (Beck 1986, 121) findet der Einzelne sich vor die Aufgabe gestellt, sich einen Lebensverlauf zu erklären, der zwar sozial institutionalisiert ist, aber nicht auf persönlichen Attributen des Einzelnen, sondern funktionalen Erfordernissen sozialer Systeme aufbaut. Ulrich BECK spricht von einer „Querlage", um die Folgen dieser Form der Vergesellschaftung für die Lebensführung aufzuzeigen. „Alles, was in systemtheoretischer Perspektive getrennt erscheint, wird zum integralen Bestandteil der Individualbiographie." (Beck 1986, 218) Armin NASSEHI bereitet über diesen Befund seine biographietheoretische Argumentation vor. Der Begriff der Biographie weist – so NASSEHI – auf die „Vierdimensionalität sozialer Positionen“ (Nassehi 1994, 48) in der modernen Gesellschaft hin: Die Integration lebenslaufspezifischer Selektionen in ein Muster der Selbstbeschreibung ist nur noch temporär möglich und verabschiedet substantielle Annahmen von subjektiver Identität. „Die Identität des Subjekts ist nichts, worauf man bauen könnte, vielmehr muß sie selbst erst aufgebaut werden.“ (Ebd., 46)

Erwartungen kondensieren demzufolge nicht mehr an einer Person als exklusivem Träger einer gesellschaftlichen Position, sondern umgekehrt: Kommunikationen statten den Einzelnen mit verschiedenen, unvermittelten personalen Attributen aus. Während jedoch soziale Systeme auf wachsende Komplexität mit sachlicher Differenzierung reagieren, verbleibt psychischen Systemen nur die sequentielle Verknüpfung in der Temporaldimension. Soziale und psychische Systeme unterscheiden sich vor allem durch ihre Basiselemente: Kommunikationen einerseits und Gedanken andererseits. Für die Frage nach biographischen Bearbeitungen des Themas ‘Alter’ ist diese strukturelle Unterscheidung von sozialen und psychischen Systemen entscheidend: soziale Systeme bestehen *nur* aus Kommunikationen und psychische Systeme *nur* aus Gedanken. (Vgl. Kneer & Nassehi 1993, 57ff.)

An dieser Stelle möchte ich das Modell autopoietischer Operationen einführen. Als autopoietisch, d.h. selbstproduzierend, selbstherstellend, werden in der neueren Systemtheorie LUHMANNscher Provenienz alle lebenden systemischen Zusammenhänge gefasst. „Jedes Operieren ist ein Operieren nach Maßgabe eigener Unterscheidungen und rekursiv an Eigenzustände gekoppelt.“ (Nassehi 1994, 170)[1] Der Bezug von sozialen und psychischen Systemen aufeinander ist nur operativ möglich, d.h. im Verlauf von Kommunikation und Bewusstseinsprozessen, nicht jedoch strukturell im Sinne einer Überlappung. LUHMANN präzisiert diesen Sachverhalt über den Kommunikationsbegriff. Nicht die mehr oder weniger gelungene Übertragung von Informationen nach dem Sender-Empfänger-Modell ist dabei leitend, sondern nur noch die *Selektivität von Information, Mitteilung und Verstehen.* Verstanden wird eine in einer bestimmten Art mitgeteilte Information, die vor dem Hintergrund vorheriger Gedanken ihre Bedeutung im psychischen System erhält und im sozialen System vor dem Hintergrund vorheriger Kommunikationen

---

[1] Zur Geschichte des Begriffs ‘Autopoiesis’ vgl. Kneer & Nassehi 1993, 57f.

anschlussfähig ist. NASSEHI formuliert diesen Befund des getrennten Rekurrierens auf Gemeinsamkeiten treffend: „Jede Kommunikation hinterläßt Spuren im Bewußtsein und Bewußtseinsleistungen reizen, irritieren und beeinflussen damit den Kommunikationsverlauf. Über das Konvergieren in einzelnen Elementen sind die beiden Systeme aneinander gekoppelt, ohne sich jedoch zu überlappen." (Nassehi 1994, 172)

Diese strikte Trennung von sozialen und psychischen Systemen widerspricht kausaltheoretischen Argumentationen, die nach dem Input-Output-Modell einen geregelten Zusammenhang von z.B. sozialstrukturellen Variablen und psychischer Verfassung behaupten.[2] An die Stelle dieser subjektiven Identität, die über objektive Gesellschaftsstrukturen (KOHLI) oder eine quantifizierbare Realität (LEHR) bestimmt werden kann, ist mit Armin NASSEHI und Georg WEBER die „biographische Identität" (Nassehi & Weber 1990) getreten. *Als jeweils neue temporale Modifikationen lassen sich diese biographischen Identitäten nicht mehr parallel auf soziale Determinanten zurückführen.* Sie bestehen nicht aus einer Gesamtheit von Einflüssen, die in einem Pfadmodell nachvollzogen werden könnte, sondern aus selbstreferentiellen Selektionen. Perspektivität muss also auch hier wieder vorausgesetzt werden, diesmal mit entscheidenden Konsequenzen für Identitätsbildungsprozesse.

An NASSEHIs Analysen zum Instrument 'Biographie' werde ich mich im Folgenden orientieren, wenn ich zunächst die Rezeption des allgemeinen Biographie-Begriffs in der Alternsforschung nachzeichne, dann mit NASSEHI den kommunikativen Ort von Biographien bestimme und entsprechende Konsequenzen für eine systemtheoretisch informierte Alternsforschung daraus ableite.

Sinnressourcen und Sinndefizite im Lebensrückblick

Auf dem Boden der bereits eingeführten „klassischen" Bestimmung der „Alternsproblematik" gewinnt die Biographie als theoretischer Bezugspunkt einen bedeutenden Status. Vor dem Hintergrund einer das Alter marginalisierenden Gesellschaft entdeckt das pädagogische Interesse die Biographie als Potential für Sinn. Die Biographie wird in zweierlei Hinsicht nutzbar gemacht: Zunächst als therapeu-

---

[2] Chris GILLEARD kritisiert deshalb zu Recht in einer Rezension zum Sammelband „Erfolgreiches Altern" von Margret M. BALTES und Paul B. BALTES: „Most of the chapters tend to rely on a strong dose of empiricism to avoid confronting the arbitrary nature of individual happiness and success" (Gilleard 1991, 405)

tisches Instrument zur Aufklärung über (unverständliche) Alternsprozesse von verwirrten alten Menschen, darüber hinaus aber auch als Waffe der Gesellschaftskritik gegen eine „vergessliche" Gesellschaft. Probleme mit alten Menschen, seien es die „zornigen Alten", die dementen oder auch die anachronistischen Alten, werden über die Biographie entschlüsselt, so dass Alter zuletzt zu einer Metapher für kritikbedürftige Zustände im Ganzen der Gesellschaft und im Kleinen des täglichen Zusammenlebens gerinnt. Das prominenteste Beispiel eines solchen Zugangs hat sicherlich Konrad HUMMEL geliefert.

Mit dem programmatischen Buch von Konrad HUMMEL „Öffnet die Altersheime!" (Hummel 1982) wurde bezüglich der ganzheitlichen Ausrichtung von Altenheimen ein Anspruch formuliert, der im Vergleich zu heutigen, immer umfassender werdenden Definitionsversuchen[3] geradezu bescheiden klingt. Der Zusammenhang von antizipierten Sinndefiziten und Sinnressourcen, den HUMMEL eröffnet, bleibt jedoch prototypisch. In Abgrenzung zu altenpädagogischen Tendenzen, den Menschen professionellen Zuständigkeiten entsprechend in Funktionen zu unterteilen (medizinische Behandlungsbedürftigkeit, geistige Verfassung, Freizeitinteressen), soll bei HUMMEL der Mensch verstanden werden „als eine lebendige Einheit, die Körper, Seele und Geist untrennbar und in Wechselwirkung untereinander und gegenüber dem sozialen Umfeld verbindet" (ebd., 11). Die innerhalb der Pädagogik vor allem auch gestaltpsychologisch geprägte Inanspruchnahme des handelnden Subjekts, als das der Mensch auch trotz organisierter und „fremdbestimmender" Altenhilfe verstanden werden soll (vgl. ebd., 27), wird unter dem Titel „Ganzheitliches Leitbild" zusammengefasst. Als Vorläufer werden zwei Leitbilder benannt, die – genau wie das ganzheitliche – „gesellschaftliche Widersprüche (spiegeln). Zum einen vertreten sie unterschiedliche Herrschaftsansprüche bestimmter Gruppen und deren Normen. Sie sind damit herrschaftsspezifisch. Zum anderen sind sie Ausdruck bestimmter Geschichtsphasen und Ausdruck sozialen Wandels." (Ebd., 20) So sei zunächst unter „religiöser Herrschaft" (ebd.) das *caritative*, und dann unter „naturwissenschaftlicher Herrschaft" (ebd.) das *rationale Leitbild* entstanden. Trotz der wenig differenzierten Ableitung dieser 'Leitbilder'[4]

---

[3] Rudolf MEIER-ZIEGLER fordert beispielsweise, das Alter „ganzheitlich, integrativ, als Einheit psychischer und physischer, sozialer und kultureller, biologischer und gesellschaftlicher, individueller und ökologischer Faktoren zu erfassen" (Meier-Ziegler 1993, 191).

[4] HUMMEL bezieht sich mit der Dreigliederung der Leitbilder auf LUHMANNs Beschreibung gesellschaftlicher Evolution (vgl. Hummel 1982, 21). Die von HUMMEL getroffene Zuordnung des 'caritati-

bietet sich eine weitere Verwendung dieser Klassifizierung in der Praxis sehr wohl an, da tatsächlich auf einer phänomenologischen Ebene die von HUMMEL extrahierten Charakteristika bei der Unterscheidung in eher caritativ ausgerichtete Heime und solche, die sich als Servicezentren verstehen, auch heute noch wiederzufinden sind. HUMMELs Einordnung zufolge zeichnen sich Einrichtungen mit caritativer Ausrichtung durch eine religiös legitimierte Rollenverteilung nach Hilfebedürftigen und Helfern aus (Helfen aus Nächstenliebe, hilfebedürftiges Altern als gottgegebenes Schicksal). Bedürfnisse nach Sinnvermittlung werden hierbei zwar befriedigt, die starre Rollenverteilung führt jedoch zu Konflikten, für die sich keine Umgangsweise anbietet. Beim rationalen Leitbild wird der Mensch im Hinblick auf seine Funktionstüchtigkeit betrachtet, erscheint dann in Teilbezügen defizitär und ist gehalten, mit Hilfe von Personal dieses Defizit auszugleichen. Altern muss demzufolge damit nicht mehr schicksalhaft defizitär verlaufen, es kann gestaltet und verändert werden, wozu der Einzelne jedoch eine rein auf spezielle Funktionen seines Körpers bezogene Dienstleitung geradezu einkaufen muss und sich so mit seinen Bedürfnissen außerhalb von persönlichen Bezügen als überfordertes Individuum wiederfindet.[5]

HUMMEL zieht für seinen Ansatz, die Ganzheitlichkeit, die positiven Seiten der beiden Leitbilder 'caritativ' und 'rational' zusammen und gelangt so zu einem Modell, das die traditionalen Sinngebungsideale mit modernen Hilfeoptionen kombiniert. Die Dominanz der Sinngebungsfrage ergibt sich dabei durch eine Charakterisierung von Altern über die Nähe zu Tod und Sterben. „Die Altenpflege findet ihre organisierte Form im Pflegeheim. Aus der Krankenpflege herausentwickelt, hat sie im Zuge herrschender gesellschaftlicher Entwicklungen das Pflegeheim zum kleinen Krankenhaus gemacht. Hinter der Fassade des Krankenheims verbirgt sich jedoch nahezu unverändert das gleiche Problem wie im Asyl. In solch einem Heim wird gestorben." (Hummel 1982, 34) Der Umgang mit Tod und Sterben und dem in diesem Rahmen möglichen Sinngebungsoptionen ist Mittelpunkt

ven Leitbilds' zur archaischen Gesellschaft, des 'rationalen Leitbilds' zur hochkultivierten Gesellschaft und des 'ganzheitlichen Leitbilds' zur modernen Gesellschaft muss jedoch verschoben werden. Religiös motivierte Hilfeleistung charakterisiert erst das Mittelalter, das rationale Leitbild wäre dann der modernen Gesellschaft zuzuordnen, deren Gesellschaftsstruktur für ein ganzheitliches Vorgehen angesichts zunehmender Differenzierung bislang nur semantisches Potential bereitstellt.

[5] Die Unterscheidung der Leitbilder findet ihre Entsprechung in den frühen Alternstheorien, in denen einerseits ein altersbedingter Abbau mit dem Wunsch nach Disengagement (vgl. Cumming & Henry 1961) seine Berechtigung finden sollte, aber auch – durch psychologische Forschung motiviert – im Alter Zufriedenheit bei fortgesetzter Aktivität ermöglicht werden sollte (vgl. Tartler 1961).

seiner Argumentation. „Ganzheitliche Pflege denkt vom Ziel und Abschluß eines solchen Lebens her, zu dem der notwendige und unabwendbare Tod gehört. Nur von dieser Begrenzung her läßt sich sinnvoll, möglichst lebendig und wenig entfremdet die Lebensspanne gestalten." (Ebd., 35, vgl. auch 38) Das Interesse an der Ganzheit entdeckt sich hier ganz klar als eine Frage nach den Möglichkeiten und Limitierungen individueller Sinnproduktion.

Tatsächlich sind stationäre Einrichtungen zumeist auch diejenigen Einrichtungen, in denen alte Menschen sterben. Die Parallele zur GOFFMANschen Organisationssoziologie, nach der Altenheime als „totale Institutionen" (Goffman 1972, 17) gelten, hätte aber weit mehr hergegeben als das Etikett 'Asyl'. Die „bürokratische Organisation ganzer Gruppen von Menschen" (ebd., 18) in Einrichtungen, deren Bewohner sich sowohl räumlichen als auch zeitlichen Anordnungen hinsichtlich ihrer Lebensvollzüge (schlafen, arbeiten, essen, spielen an einem Ort) und Tagesabläufe unterwerfen müssen, wird von GOFFMAN auf emergente, eigene Realitäten produzierende Interaktionen zurückgeführt, die sich weder im Rückgriff auf das Individuum noch über die Organisation erklären lassen (vgl. Lenz 1991, 322). Unter Bedingungen organisierter Altenhilfe kann sich ein Zusammenleben einspielen, das in seiner unschönsten Variante eher auf organisatorische Strukturen denn auf „Verdrängung und Ausgrenzung des Todes einerseits, angstvolle Besessenheit andererseits" (Hummel 1982, 39) zurückzuführen ist. Die Hypostasierung des Sterbens „als zwingendster Tatsache menschlicher Existenz" (ebd.) zum Dreh- und Angelpunkt einer gesellschaftskritischen Altenhilfe übersetzt organisationsspezifische Defizite in anthropologische Bedarfsformulierungen.

Von soziologischer Seite aus kann dieser existenzphilosophische Versuch zur Integration des Todes abgewiesen werden. Klagen über Verdrängung und Ausgrenzung des Todes benennen eine Problematik der modernen Gesellschaft, in der allgemein verbindliche symbolische Deutungen nicht mehr möglich sind. Die mittlerweile fast unübersehbare Fülle an Literatur zum Thema 'Tod und Sterben'[6] übersieht bei dieser Diagnose allzu leicht die Vielfältigkeit verbleibender *individueller* Deutungsmöglichkeiten. Als „Symbol für unübersehbare Kontingenz schlechthin" (Nassehi & Weber 1989, 423) reduziert sich die Bedeutung des Todes

---

[6] An dieser Stelle sei auf eine schöne Möglichkeit, sich trotzdem noch einen Überblick zu verschaffen, hingewiesen, und zwar auf eine Veröffentlichung der Interdisziplinären Nordrhein-Westfälischen Forschungsarbeitsgemeinschaft „Sterben und Tod" 1996.

in der modernen Gesellschaft auf eine nur noch individuelle Erfahrung, die sich jeder Verallgemeinerung in Theorie und Praxis entzieht. Eine Integration findet damit nur noch in Biographien der Angehörigen statt. „Jede Sinngebung des Todes ist ein Versuch, den temporalen Gesamtzusammenhang des Lebens, d.h. die Totalität des gelebten und des noch zu lebenden Lebens in seiner Gesamtheit zu verstehen. Die Einsicht in die Verhülltheit der Zukunft und des Todes kann diesen Versuch der Sinngebung erst ermöglichen, denn der Tod erschließt sich nicht als Wirklichkeit, sondern nur als das Unbestimmte schlechthin." (Ebd., 432) Mit anderen Worten: *Nur weil traditionelle Todessemantiken nicht mehr greifen, existieren individuelle Bedürfnisse und Möglichkeiten der sinnhaften Bearbeitung.* Aus der Perspektive des Individuums ist damit dem HUMMELschen Postulat nach Ganzheit im Sinne der Herstellung einer Einheit „lebensgeschichtlicher Kontinuität" (Hummel 1982, 30) durchaus rechtzugeben, dennoch läuft eine Schuldzuweisung an eine Gesellschaft, die den Tod als „irreparable Funktionsstörung" (ebd., 38) betrachtet, ins Leere, da es keinen Weg zu einer allgemeingültigen positiven Definition mehr gibt.

Eine ähnliche sozialromantische Argumentation zeigt sich in dem 1991 erschienenen Buch „Freiheit statt Fürsorge: Vernetzung als Instrument zur Reform kommunaler Altenhilfe" (Hummel 1991). Den Boden der Analyse bereitet zunächst wieder eine Kritik an der Gesellschaft, in der „Generationsbeziehungen nüchterner, berechnender, gegenseitig abwägender geworden sind" (ebd., 104). Daran knüpft HUMMEL die Forderung nach „neuen Leit- und Menschenbilder[n] professioneller Helfer" (ebd., 108) an. Das neue Leitbild ist wiederum Ganzheitlichkeit, für die diesmal die Form des Netzwerkes gefunden wird. Während es also in den früheren Arbeiten HUMMELS vor allem um einen neuen Zugriff auf das Individuum im Alter ging, steht nun die Altenhilfeplanung, also vor allem die institutionelle Seite organisierter Altenhilfe im Mittelpunkt. Ein konkretes Modell der Altenhilfeplanung veranschaulicht HUMMELS Vorstellungen. „Der unmittelbare, ganzheitliche Zusammenhang der ökonomischen, sozialen und kulturellen Lebensdimensionen wird für die kommunale Altenarbeit in Augsburg zum Programm: Die Bereiche Wohnen, Pflegen, Begegnen und Mitwirken umreißen den ganzheitlichen programmatischen Handlungsrahmen des Programms 'Älterwerden in Augsburg'." (Ebd., 112f.) Geplant ist eine neue Form der Zusammenarbeit von Professionellen, Betroffenen und deren Angehörigen, die sich von „rein ökonomisch ausgerichteten modernen sozialen Dienstleistungssystemen, die marktgerecht käuflich und unmittelbar nutzenzentriert sind“ (ebd., 101) unterscheiden soll, „um eine Lösung zu erzielen, die der ganzheitlichen Lebenssituation gerechter wird“ (ebd., 99). HUMMEL setzt also bei der Versorgungssituation an, die zunehmend unübersehbar wird, nicht nur für den Betroffenen, der sich nur noch mühsam einen Überblick über mögliche Hilfeleistungen verschaffen kann, sondern auch für den Helfer, der als Experte immer nur eine beschränkte Optik auf den alten Menschen haben kann. Als Vorbild dient ihm die Familie als „natürliches Netzwerk“ (ebd., 97). Die Notwendigkeit zur Vernetzung ergibt sich bei dieser Argumentation parallel zur zunehmenden Differenzierung von Handlungsvollzügen und individuellen Perspektiven. „Da diese ... Entwicklung gesamtgesellschaftlich unumkehrbar ist, stellt sich nicht die Frage ob, sondern welche Form von Netzwerken herzustellen und anzustreben ist.“ (Ebd., 98) Ganzheitliche Hilfe findet ihren Ausdruck nun nicht mehr – wie vormals – in den aufgeklärten (echten) persönlichen Bezügen, statt dessen wird – fast resignativ – die Rettung von einer Ganzheit erwartet, die nun auf institutioneller Ebene gesucht wird.

Beide Begriffe, die personenbezogene ganzheitliche Hilfe und die Vernetzung, haben ihren Platz in der Altenhilfe gefunden. Die aktuellste Wendung dieser Thematik mündet in der Forderung nach einer biographieorientierten Hilfeleistung, die nun als synonym für Ganzheitlichkeit verwendet wird. „In der Lebensbiographie heutiger und künftiger Älterer ist dieser Spielraum [Positionen, Regionen und Zugehörigkeiten wechseln zu können, I.S.] von großer Bedeutung. Er verweist darauf, daß die Lebensleistung des Älteren weniger darin besteht, sich treu geblieben zu sein, sondern darin, sich erfolgreich mit den Verhältnissen gewandelt und entwickelt zu haben.“ (Ebd., 53) Der Biographie-Begriff wird in diesem Rahmen über die Voraussetzung eines Subjekts präzisiert, das als Gesamt seines Lebenslaufs und der daran anschließenden Bedürfnisse angesehen wird.

Ganz ähnlichen Wegen folgt die sogenannte Validationstherapie, die verwirrten alten Menschen über Wertschätzung bzw. Anerkennung zu einem zufriedeneren Leben verhelfen will. Naomi FEIL, die Begründerin der Validationstherapie, formuliert als Methode: „Jemanden zu validieren, bedeutet, seine Gefühle anzuerkennen, ihm zu sagen, daß seine Gefühle wahr sind.“ (Feil 1992, 11) Den Hintergrund für diese, dem traditionellen Mittel der Wahl, „Realitäts-Orientierungs-

Training (ROT)"[7], gegenübergestellte Methode bildet die Überzeugung: „Es gibt immer einen Grund für das Verhalten von desorientierten, sehr alten Menschen." (Ebd. 13) Der theoretische Rahmen dieses Ansatzes besteht aus einem Sammelsurium von psychologischen Schulen. FREUD, ERIKSON, JUNG und ROGERS werden ohne Rücksicht auf Widersprüchlichkeiten miteinander kombiniert. Eine hervorragende Kritik an dieser theoretischen Vorgehensweise findet sich bereits bei Jörg CLEES und Jürgen EIERDANZ (1996) und braucht an dieser Stelle nicht geleistet zu werden. Interessanter erscheint in diesem Zusammenhang die Beobachtung des unglaublichen Erfolgs dieser Methode. FEILS Anleitung zur Verarbeitung alter ungelöster Probleme mit dem Ziel, „in einem aufgeräumten Haus zu sterben" (Feil 1992, 21), gewinnt ihre Bedeutung vor dem Hintergrund der täglichen Belastungen, denen Pflegekräfte im Umgang mit verwirrten alten Menschen ausgesetzt sind. Unverständliche Reaktionen, die immer wieder zu Irritationen führen – vor allem bei knappem Zeitbudget –, werden durch FEILS Interpretationen verständlich. „Tatsächlich ermöglicht der körperliche Verfall sehr alten Menschen mit unbewältigten Lebensaufgaben, ihre letzte Aufgabe zu erfüllen: die Vergangenheit wieder herzustellen, um sie zu verarbeiten." (Ebd., 22) Die oft bei verwirrten alten Menschen zu beobachtende Orientierung an der Vergangenheit stellt demzufolge „eine Methode des Überlebens (dar), einen Heilungsprozeß und einen Weg, die Schläge des Alterns zu mildern." (Ebd., 35)

Die Konsequenzen einer solchen theoretischen „Sinngebung" des Alterns für den Arbeitsalltag von Pflegekräften sind evident. Die vielen Störungen des Arbeitsrhythmus durch Desorientierte können zu einem Thema zusammengefasst werden und verlieren ihren provokativen Charakter. Aggressivität, Zurückgezogenheit und Depressionen erscheinen als Zeichen einer unbewältigten Problematik vergangener Zeiten und gewinnen dem „störrischen" alten Menschen so ein angenehmes Profil zurück. Diese Entlastung bringt natürlich pflegerische Erfolge mit sich. Beeindruckende Beispiele validierender Pflege erzeugen Bilder einer mit Zielen ausgestatteten, stabilisierten und stabilisierenden Pflege, die auch größte Belastungen wie z.B. Defäkieren in öffentlichen Räumen, übersteht. (Vgl. Sorkale 1997) Ohne sich über eine Theorie rechtfertigen zu müssen, erlangt so die Valida-

[7] Beim ROT werden verwirrte Menschen immer wieder mit Informationen zu Ort, Zeit und Personen der Umgebung konfrontiert, um einen funktionalen Realitätsbezug zurückzuerlangen. (Vgl. Erlemeier 1994, 86f.)

tion, ganz ähnlich wie die ganzheitliche Altenhilfe, ihre Berechtigung. Sichtbar wird dabei jedoch zweierlei:

1. Der Rückgriff auf die Biographie als Sinnressource bietet sich im Fall des hohen Alters durch die Vielzahl an Verweisungsmöglichkeiten (quantitativ: viel Vergangenheit, qualitativ: der bedrohliche Tod) an.

2. Organisatorische Probleme im Umgang mit alten Menschen verlangen geradezu nach einer Sinnunterstellung.

Eine andere Variante dieser Sinnproduktion lässt sich in der Erwachsenen- bzw. Altenbildung beobachten. Wilhelm MADER führt die Biographie auf dem Boden einer arbeitszentrierten Gesellschaft (vgl. Mader 1994, 97) ihrer exponierten Bedeutung für das hohe Alter zu. Beispielhaft entwickelt er das Bild von alten Menschen, in deren Leben sinnstiftende Mittelpunkte fehlen, die desintegrativen Tendenzen ausgesetzt sind. Das einzige, was ihnen dann noch bleibe, sei die Biographie. „Es ist die Biographie, die zusammenhält und verbindet – und mit zunehmendem Lebensalter oft sonst nichts mehr.“ (Ebd.) Alter erscheint so als Paradebeispiel von Sinnstiftungsproblemen, denen der Einzelne jenseits von gesellschaftlichen Aufgaben ausgeliefert ist. Die besondere Bedeutung der Biographie für alte Menschen ergibt sich jedoch auch aufgrund der spezifischen sozialstrukturellen Lagerung: „ ... alte Menschen sind diesem Druck [zur Biographisierung ihres Lebens, I.S.] mehr als andere Altersgruppen ausgeliefert, da sie (bisher) weniger eigenständige soziale Milieus ausbilden können als Menschen in anderen Lebensphasen mit anderen Lebensbedingungen.“ (Ebd.) Dass alte Menschen nicht als Gruppe ‘alte Menschen’ auftreten, rechtfertigt also MADERs Zusammenfassung alter Menschen als Gruppe.

Als Kennzeichen eines problematischen Alterns erscheint ihm die „Wiederholung“, die sich z.B. in Erzählungen von früher und im Festhalten an vergangenen Lebensmustern manifestiert. Auch ein wunderbares Zitat von Hermann HESSE[8] zu

[8] Dieses Zitat wird hier in voller Länge reproduziert, weil es mit eindrucksvoller Metaphorik die klassischen bildungsbürgerlichen Vorstellungen von zunehmender Erfahrung („eine Schicht über zehn, über hundert frühere“) und ‘reichem’ Alter („Schatz an Bewahrtem“) verdeutlicht. „Etwas anderes ist es mit der Erlebensweise alter Menschen, und hier darf und mag ich mir keine Fiktion erlauben, sondern bleibe bei dem Wissen um die Tatsache, daß ein Mensch jüngeren oder gar jugendlichen Alters überhaupt keine Vorstellung von der Weise hat, in der alte Leute erleben. Denn es gibt für diese im Grunde keine neuen Erlebnisse mehr, sie haben das ihnen Gemäße und Vorbestimmte an primären Erlebnissen längst zugeteilt bekommen, und ihre ‘neuen’ Erfahrungen, immer seltener werdend, sind Wiederholungen des mehrmals und oft Erfahrenen, sind neue Lasuren auf einem längst scheinbar fertigen Gemälde, sie decken über den Bestand an alten Erlebnissen eine neue, dünne Farb- und Firnisschicht, eine Schicht

diesem Thema, in dem die schlichte Häufung von Erinnerungs*möglichkeiten* beschrieben wird, gilt ihm als Beweis der alterstypischen *Notwendigkeit* des Erinnerns. MADER beobachtet, dass alte Menschen an ihren alten Lebensmustern festhalten, dass sie nicht in neue 'altersspezifische' Milieus eingebunden sind und problematisiert 'Wiederholungen' im Alter als „Präsentations- und Repräsentationsformen von Biographien" (ebd., 107). Sein einziger Anhaltspunkt für die Unterstellung einer Kategorie 'Alter' ist demzufolge das Erinnern.

Dass alte Menschen an vergangenen Lebensmustern festhalten, ist eigentlich keine Besonderheit, die nicht auch jüngere Menschen charakterisiert,[9] die jedoch im Allgemeinen solange nicht problematisch ist, wie keine grundlegende Veränderung gefordert wird. Die Scheidung der Eltern, der Umzug in eine andere Stadt, Arbeitslosigkeit und Krankheit stellen genauso wie die Berentung eine Unterbrechung dieses gewohnten Lebenslaufmusters dar. Sich gerne an die 'guten alten Zeiten' zu erinnern, muss jedoch auch dann noch nicht grundsätzlich problematisch sein. Pädagogisch interessant werden solche Phänomene erst, wenn eine systematische Verursachung und Problematisierung angenommen wird, wie z.B. der Übergang in eine 'Altersphase', in der Arbeit als sinnstiftendes Zentrum durch die Biographie ersetzt werden müsse. Erst dann werden alte Menschen als Zielgruppe pädagogischer Hilfe sichtbar: Alle, die viel von früher erzählen, sich also mit ihrem Lebenslauf auseinandersetzen, können dann als alt eingeordnet und als problematisch etikettiert werden.

Meines Erachtens ist dieser Konstruktionsprozess beispielhaft. Alles fügt sich zusammen: *Der These von der gesellschaftlichen Desintegration alter Menschen folgt die Institutionalisierung der Biographie als Sinnproduzent, und daran anschließend wird dann das Erzählen als alterstypisch betrachtet.* Wenn hohes Alter

über zehn, über hundert frühere. Und sie bedeuten dennoch etwas Neues und sind zwar nicht primäre, aber echte Erlebnisse, denn sie werden, unter anderem, jedes Mal auch zu einer Selbstbegegnung und Selbstprüfung. [...] Mir kam zuweilen der Gedanke oder die Vermutung, es könne der Trieb zum Wandern und Welterobern, der Hunger nach Neuem, noch nicht Geschehenem, nach Reise und Exotik, der den meisten nicht phantasielosen Menschen zumal in der Jugend bekannt ist, auch ein Hunger nach Vergessen sein, nach Wegdrängen des Gewesenen, soweit es uns bedrückt, nach Überdecken erlebter Bilder durch möglichst viele neue Bilder. Die Neigung des Alters dagegen zu festen Gewohnheiten und Wiederholungen, zum immer erneuten Aufsuchen der selben Gegenden, Menschen, Situationen wäre dann ein Streben nach Erinnerungsgut, ein nie ermüdendendes Bedürfnis, sich des vom Gedächtnis Bewahrten zu versichern, und vielleicht auch der Wunsch, eine leise Hoffnung, diesen Schatz an Bewahrtem vielleicht noch vermehrt zu sehen ... ." (Hesse 1990, 164f.)

[9] Gerade die 68er Generation hat schon recht früh wegen ihres starren Festhaltens an alten Bekleidungsnormen und Musikrichtungen immer wieder Anlass zu Spott gegeben.

als eine Phase nicht zuvor sichtbar gemacht worden wäre, wäre Erzählen im Alter ein eben nicht alterstypischer Ausdruck von Kontinuität, zu dem sich im hohen Alter allerdings mehr Möglichkeiten bieten als in jüngeren, nicht so erfahrungsgesättigten Jahren. Hier wird eine Gruppe pathologisiert, deren Charakteristika nur über die Unterstellung von Desintegration sichtbar werden. Diese Dichotomisierung von Arbeit und Biographie wird jedoch noch weiter verwendet. Die Biographieabhängigkeit alter Menschen wird auf ihre gesellschaftliche Funktion befragt: „Asynchron und ‘unpassend’ werden sie [die alten Menschen, I.S.] als kritisches Potential zwar da sein, ohne jedoch als Potential eines Milieus oder einer Gruppe wirksam und strukturbildend zu werden.“ (Ebd., 98) Damit wird auch die letzte Möglichkeit zu einer sinnhaften Aufladung der Kategorie ‘Alter’ noch genutzt: Problematische alte Menschen sollen eine gesellschaftskritische Position repräsentieren. Dass diese Diagnose auf wackeligem Boden hergestellt worden ist, ist zu diesem Zeitpunkt nicht mehr sichtbar. Ab jetzt lässt sich eine umfangreiche Semantik zum Thema Potentiale und Ressourcen erzählender alter Menschen entfalten. (Vgl. Kruse 1990; Knopf u.a. 1989; Knopf, Schäffter & Schmidt 1988)

In beiden Fällen, der therapeutischen und der gesellschaftskritischen Anwendung des Biographie-Begriffs, wird Biographie synonym für Vergangenheit gebraucht. Im ersten Fall erinnert der desorientierte alte Mensch nicht mehr das Entscheidende und wird so zur Figur des vergesslichen, verwirrten, verdrängenden Menschen. Sylvia KADE mahnt aus der Perspektive der Geragogik: „Wem die Vergangenheit durch rapide Entwertungsprozesse abhanden kommt oder wer ihr gegenüber die Augen verschließt und ihr zu entkommen sucht, dem droht Realitätsverlust.“ (Kade 1994b, 82) Nur die vollständige Aktualisierung des vergangenen Lebens ebnet demzufolge den Weg zu einem sinnvollen Leben, was im Alter umso wichtiger erscheint, denn – so KADE – : „mit dem Älterwerden (nimmt) die Dringlichkeit des noch Unerledigten, des Abrundens der Lebensgestalt zu, wenn ein Ende absehbar wird.“ (Ebd., 42) Diese Kombination von Vergangenheitsbezug und Todesnähe ist bereits von HUMMELs Analysen vertraut (s.o.). Ganz ähnlich wird der Biographie-Begriff auch für gesellschaftskritische Positionen genutzt. An die Stelle des Einzelnen, der nicht vergessen darf, tritt jedoch nun die Gesellschaft, die das Wissen alter Menschen nicht würdigt. KADE formuliert: „Ob eine Gesellschaft lernfähig ist, ist deshalb wesentlich davon abhängig, was die Generationen voneinander lernen.“ (Ebd., 33) Alte Menschen werden hierbei als Tradierer historischer Erfahrung angesehen. Die Nichtbeachtung ihrer Erzählungen führt – speziell im Fall der Deutschen – zu einer mythischen Verstrickung in ein nationales Schicksal; nur Aufklärung eröffnet einen Ausweg. (Vgl. ebd.) Hier wird hinterrücks eine kollektive Identität bemüht, mit deren Hilfe Ordnung in die Vergangenheit gebracht werden muss.[10]

Ich fasse noch einmal zusammen, welchen Gang die Argumentation der Alternsforschung unter dem Etikett 'Biographie' nimmt. Anknüpfungspunkt für eine Auseinandersetzung mit der Biographie ist das Erzählverhalten älterer Menschen.[11] Im Fall des vollständig orientierten alten Menschen ist das Desinteresse der Gesellschaft an einer Nutzung des sinnvollen Erzählens problematisch, im Fall des Desorientierten wird Erzählen als sinnlos empfunden und als Ausdruck einer verdrängten Vergangenheit interpretiert. Beide Male wird ein problematisches Verhalten im Alter (wiederholtes Erzählen von früheren Zeiten) rehabilitiert und nutzbar gemacht. *Der Biographie-Begriff erscheint als eine umfassende Ressource von Sinn, über die Vergangenheit und damit auch die Ursache der Alternsproblematik verfügbar gemacht werden kann.* Wie bereits ausgeführt wurde, lässt sich jedoch in beiden Fällen auch der Konstruktionsprozess nachzeichnen, in dessen Verlauf die biographieabhängige Altersgruppe entstanden ist.

Die feinsinnigen Beobachtungen MADERs zur modernen, reflexiven Wissensproduktion können in diesem Fall auf seine eigenen Analysen angewendet werden. Er führt aus: „Ein Etikett wird in der Moderne leicht und unter der Hand zum Projekt, das unsere Vorstellungen vom Altwerden prägt und unsere politischen und ganz persönlichen Entscheidungen beeinflußt. Die 'Alternde Gesellschaft' verbirgt eine soziale Konstruktion des Altwerdens und Altseins und beinhaltet ein Vergesellschaftungsprogramm, in dem sich Deskription und Präskription auf subtile Weise vermischen." (Mader 1995, 13) Auch MADER setzt jedoch nach bewährter Manier eine Altersphase voraus und identifiziert dann ein Verhalten, das innerhalb der Erwachsenenphase normal wäre – Orientierung an gewohnten Lebensmustern und keine altersspezifische Milieubildung –, als pathologisch. Mit dem Biographie-

---

[10] Mindestens ebenso bedrückend wie die mythische Verstrickung erscheint einem die Vorstellung einer kollektiven Identität, wie auch immer sie sich ausdrücken würde.

[11] Christel SCHACHTNER unterscheidet auf einer phänomenologischen Ebene zwei Erzählweisen: die assoziative und die egozentrische. Während bei der ersten eine ganzheitliche Inszenierung von Bildern zu beobachten ist, fällt bei der zweiten vor allem das Absehen von Zuhörerinteressen und die Installierung des Erzählers als Ausgangspunkt des Geschehens auf. (Vgl. Schachtner 1988, 100ff.)

Begriff wird auf diese Weise ein umfassender Erklärungszusammenhang ausgebreitet, der Alter mit gesamtgesellschaftlicher Bedeutung füllt.

Auch im Falle der therapeutischen Anwendung des Biographie-Begriffs lassen sich solche Konstruktionen nachzeichnen. Es sind desorientierte alte Menschen, deren Pflege höchste Anforderungen an die tägliche Handlungsplanung von Pflegekräften stellt. Von dieser Zumutung an Sinnlosigkeit überfordert, stellt sich das Angebot einer mit sinnversorgenden Vergangenheit als Entlastung heraus. Vermutlich lässt sich – folgt man MADER (s.o.) – gar nicht mehr unterscheiden, ob alte Menschen erzählen, weil es im Prozess des Älterwerdens eine Entwicklung gibt, die dieses Verhalten nahe legt,[12] oder ob sie es tun, weil genau dies von ihnen erwartet wird: in den Seniorenmagazinen des Fernsehens und auf Pflegestationen mit biographieorientierten Therapien.

Die Empirie der Systemtheorie

Die Anwendung des Systembegriffs in der empirischen Forschung erscheint als problematisch, solange man Theorie für eine Abstraktion der Empirie hält. Schon die Ethnomethodologie hat vorexerziert, dass sich das Soziale des Sozialen am besten im Blick auf die eigene Anwendung des Sozialen studieren lässt: Theorie und Empirie finden dann in der Methodologie ihr Gemeinsames. (Vgl. Hirschauer & Bergmann 2002, 334f.) Nicht erklären lässt sich mit diesem Ansatz, dass auch bei der Erarbeitung einer theoretischen Perspektive – und sei sie noch so methodologisch – wiederum soziale Strukturen bzw. neue Methodologien anfallen. Die Systemtheorie beginnt mit einem Blick auf diese Voraussetzungen ihres Zustandekommens und verweist auf die systemtheoretischen Grundlagen der Systemtheorie. Die Zirkularität der Argumentation wiederholt damit, was theoretisch erklärt werden soll: Um etwas beobachten zu können, braucht man einen Rahmen, der das Mögliche begrenzt und etwas beobachtbar macht.

In dieser Selbstanwendung wird sichtbar, dass die Theorie den gleichen Bedingungen wie die Empirie folgt, weswegen es sich anbietet, die Systemtheorie nicht als *grand theory* zu fassen, sondern als *small theory*: Sie beschreibt ein Prin-

---

[12] Eine Erklärung für dieses Phänomen lässt sich – wie schon erwähnt – in dem HESSE-Zitat finden. Vermutlich besteht ein entscheidender Grund für ausgeprägtes Erzählverhalten schlicht in der Möglichkeit, von schon Gewesenem erzählen und es in immer neue Zusammenhänge stellen zu können. Mit dem Modell der 'Semantischen Netze' werden entsprechende Forschungsperspektiven benannt. (Vgl. Anderson 1996, 147ff.)

zip der Selbsteinschränkung der Kommunikation, das sich in allen Situationen – sowohl in solchen der theoretischen Reflexion als auch in solchen des reflexionsfreien Handelns – wiederholt.

Der Zugang zu empirischer Forschung ist also leichter als gedacht, insofern man eigentlich nur nach diesen Strukturen der Selbsteinschränkung suchen muss. Was damit gemeint ist, wird im Vergleich zu anderen Forschungsansätzen deutlich, in denen der Begriff der Struktur schon immer verwendet wird. Typische Einteilungen der vorhandenen Methodologien unterscheiden diese z.B. anhand einer Klassifizierung des Forschungsinteresses, also beispielsweise nach der Unterstellung von subjektivem Sinn, sozialem Sinn und objektivem Sinn. Während ersteres demzufolge meist in Paraphrasierungen der Interviewdaten mündet, werden beim zweiten geteilte Deutungsmuster untersucht und beim dritten Ansatz fällt dann typischerweise der Begriff der Struktur. (Vgl. Hollstein & Ullrich 2003, 37) Allen Ansätzen gemeinsam ist die Idee, dass man eigentlich zum Schluss zu einer Beschreibung gelangen sollte, die dem Erzählten etwas Neues hinzufügt. Dass dies üblicherweise auch gelingt, erklärt noch nicht den Weg, auf dem dies möglich ist.[13] Jo REICHERTZ greift zur Erklärung dieses Schritts auf das Verfahren der Abduktion zurück – ein hypothetisches Schlussfolgern (vgl. Bauernfeind 1995, 269) – , um etwas sichtbar zu machen, was dem Forscher als Mitglied einer Interpretationsgemeinschaft eigentlich nicht sichtbar werden kann. Die Forderung lautet nun: „... er muss autonom entscheiden, welchen Lösungen er sich anschließt und welchen nicht. Mit Hilfe seiner Vorstellungskraft und einer Abduktion bzw. einer qualitativen Induktion muss er die höhergeordnete Regel finden, welche sowohl seine singuläre Forschungserfahrung als auch die Perspektive des ‚generalisierten anderen' (im dreifachen Sinne) aufhebt." (Reichertz 1992, 344). Ganz ähnlich formuliert Norbert SCHRÖER: „Es geht dann nicht mehr um die Explikation von im Grunde genommen Gewußtem, sondern um die Konstruktion neuer, tragfähiger Erklärungen, um die Kreation neuer Überzeugungen." (Schröer 1992, 55)

---

[13] Herbert WILLEMS hat eine Vielzahl von Ausdrücken zusammengetragen, die alle dieses Phänomen umschreiben: „Man findet in diesem Zusammenhang, der auch die Bereiche Ethos und Disziplin einschließt, auf Habitus verweisende Begriffe und Formulierungen wie 'Heraushören', 'Sicherheit des Auges' (Elias), 'überlegtes Nachdenken' (Barton/Lazarsfeld), 'stillschweigendes Kodieren' (Glaser/Strauss), 'Phantasie' (Cohen/Taylor), 'Intuition' (Williams), 'Sorgfalt', 'Geduld' und 'Augenmaß' (Bergmann)" (Willems 1996, 440).

Dieses Problem einer logisch eigentlich unvermeidbaren „performativen Einstellung“ (HABERMAS) des Forschers, der immer nur das sehen kann, was seine Forschungssubjekte auch schon gedacht haben, begrenzt die Reichweite von Forschungen, die sich dann zwar unterschiedlich nennen, aber eigentlich immer zu ähnlichen Antworten gelangen.[14] Der Ausweg, den eine systemtheoretische Analyse aus diesem Dilemma anbieten kann, beginnt mit einem genauen Blick auf das Material der Analyse: die Kommunikation. Die Systemtheorie spricht von Kommunikation und nicht von Sprache, um dem Befund der gegenseitigen Intransparenz von Gesprächspartnern gerecht zu werden. Wie weit man ohne so eine Umstellung kommt, kann man am Beispiel der Ethnomethodologie sehen. Auch sie beginnt mit der Idee, dass Kommunikation Intransparenz sichtbar macht und beschreibt im Folgenden soziale Situationen als solche, in denen der Sinn einer Handlung erst verstehbar gemacht werden muss. „Jede einzelne Handlung hat daher ‚indexikalen‘ Charakter; sie kann nicht verstanden werden ohne Bezugnahme auf ihren Kontext.“ (Eberle 1997, 249) Das Problem wird also gelöst, indem man unterstellt, dass die Teilnehmer dieses Problem lösen, dass Beobachtbares sich als Demonstration von Methoden verstehen lässt, mit deren Hilfe die Teilnehmer Verständigung ermöglichen. Typischerweise ist mit dieser Art von Argumentation ein forschender Blick verbunden, der sich für Details interessiert, für die Genauigkeit der Datenerhebung und die unverfälschte Wiedergabe einer ‚natürlichen Situation‘ (vgl. Bergmann 1981, 18). An dieser Stelle werden nun auch entsprechende Probleme der Interpretation sichtbar. „Jedes Detail eines Interaktionsablaufs – sei es ein leises Räuspern, eine kleine Dehnung, ein kurzes Ausatmen – muss als Beitrag zu einer und als Bestandteil einer Ordnung betrachtet werden, und keines darf a priori als insignifikant, als ungeordnet, zufällig oder irrelevant abgetan werden.“ (Eberle 1997, 259).

Bereits mit diesem Zitat entstehen Fragen danach, wie sich unter diesen Bedingungen Zufälligkeiten interpretieren lassen, und man ist dann dankbar, wenn man darauf verwiesen wird, dass der Interaktionsteilnehmer ja eben ein kompetenter Teilnehmer der Interaktion sei, der dann auch wohl wissen werde, wie man

[14] Der typische Ausweg aus dieser Problematik ist bereits von Michel FOUCAULT beschrieben worden, der dies die psychologische Methode nennt; sie „ist eine Verneinung der Inhalte (z.B.: dieses Jahrhundert war nicht so rationalistisch oder irrationalistisch, wie es sagte oder wie man geglaubt hat), wodurch sich eine Art von 'Psychoanalyse' der Gedanken entwickelt, die stets umgekehrt werden kann – denn der Kern eines Kerns ist immer sein Gegenteil.“ (Foucault 1988, 15)

diese und jene Auffälligkeit interpretieren solle. An dieser Stelle verwendet die Ethnomethodologie das Argument der Performativität, womit gemeint ist, dass sie darin keine Beschränkung sieht, sondern diesen Befund stattdessen nutzt, um „Vollzugswirklichkeiten" nachvollziehbar zu machen. Das Neue, das die Ethnomethodologie beiträgt, ist dann zwar vorher ungewusst gewesen – insofern nun mal eben Fahrgäste eines Aufzugs nicht darüber nachdenken, was sie als Fahrgäste eines Aufzugs alles können, nämlich zum Beispiel auch sich gegenseitig als nicht anwesend zu betrachten (vgl. Hirschauer 1999) –, war aber als implizites Methodenwissen bereits vorhanden. Dieser elegante Weg, die Performativität des Sozialen zu nutzen und sie eben nicht als Hindernis zu betrachten, hat einen folgenschweren Nachteil: Sie kann nicht angeben, wieso man so etwas wissen sollte, wie das, was die Ethnomethodologen wissen. Was ist ein wissenschaftlicher Fachdiskurs? Im besten Fall ein neuer Anwendungsfall für die Entwicklung methodologischen Wissens über das Verhalten von Wissenschaftlern.[15] Dieser Schluss liegt nahe und auch bei Norbert SCHRÖERs Hinweisen darauf, dass man eigentlich nicht erklären kann, wie man als Forscher zu seinen Ergebnissen kommt (Schröer 1992, 58ff), drängt sich die Frage auf, warum man dies dann nicht auch bei den Forschungssubjekten unterstellen müsste bzw. umgekehrt, warum die Schritte des wissenschaftlichen Schlussfolgerns nicht selbst wiederum Objekt des wissenschaftlichen Blicks sein sollen. Dieses Problem einer ungewollten, nur der forschenden Praxis geschuldeten Unterscheidung von Empirie und Theorie lässt sich am ehesten als empiristischer Fehlschluss erklären, insofern es auf einen substanzialisierten Umgang mit dem verweist, was sich als Empirie bezeichnen lässt.

An dieser Problematik wird deutlich, dass das, was von den Ethnomethodologen als Performativität gefasst wird, nur Interaktionen – also Phänomene, die unter Anwesenheitsbedingungen entstehen – betrifft und nicht das, was sich aus dieser Perspektive als Nicht-Anwesendes, Nicht-Gegenwärtiges – z.B. als wissenschaftlicher Fachdiskurs – beschreiben ließe (vgl. Saake 2003). Der ethnomethodologische Blick unterscheidet auf diese Weise zwischen Empirie und Theorie, auch wenn der Begriff der Methodologie eigentlich diese Unterscheidung verhindern will. Es gibt – und das kann man aus diesem Beispiel lernen – etwas jenseits von Interaktionssituationen, was sich auch als Teil der beforschbaren Empirie präsentiert – sei es in Biographien oder in wissenschaftlichen Fachdiskursen. Beide Male

[15] Eine spannende Ausarbeitung dieser Problematik findet sich bei Michael Lynch 2000.

geht es offensichtlich um irgendetwas, was auch einem Biographen und einem Forscher ermöglicht, in (theoretischen) Sätzen zu Antworten zu gelangen, die nicht beliebig sind – und die damit zwar keinen authentischen Sprecher, aber einen authentischen Rahmen erzeugen, der identifizierbar ist: Biographie oder Theorie.

Um das sichtbar zu machen, lohnt es sich, von Sprache auf Kommunikation umzustellen und das Problem der Performativität neu zu formulieren, indem man es nicht an Sprecher bindet. Als Urproblem des Sozialen zeigt sich dann das Problem der Herstellung von Sinn. Sinn ist dann nicht in performativer Einstellung schon immer gegeben, sondern Sinn entsteht als Folge von spezifischen Kommunikationsmustern. Welchen Sinn aktualisiert die Rede vom Alter in biographischen Sätzen?

Die biographische Bearbeitung von Alter

Die Sicherheiten, die der Biographie-Begriff in der Alternsforschung suggeriert, sollen nun mit Hilfe eines genauen Blicks auf die gesellschaftstheoretischen und epistemologischen Hintergründe überprüft werden. Nachdem die gesellschaftsstrukturellen Bedingungen einer primär funktional differenzierten Gesellschaft genannt worden sind und die Position des Einzelnen unter dem Etikett 'Individualisierung' bereits präzisiert worden ist, steht nun die Frage nach der Operationsweise biographischer Kommunikationen in Bezug auf Alter im Vordergrund. Was wird in Biographien thematisiert? Wird aus dem großen Fass der Vergangenheit geschöpft, wie es im vorangegangenen Kapitel nahegelegt wurde? Oder werden psychische Dispositionen repräsentiert, wie es therapeutische Zugänge in der Alternsforschung behaupten?

In diesen Fragen helfen die biographietheoretischen Überlegungen von Armin NASSEHI weiter. Zunächst klärt NASSEHI mit Alois HAHN den Unterschied von Lebenslauf und Biographie: Während der Lebenslauf das Insgesamt aller Ereignisse umfasst, macht die Biographie den Lebenslauf zum Thema. (Vgl. Hahn 1988, 93; Nassehi 1993, 352) Ein Zusammenhang von Lebenslauf, Biographie und psychischer Disposition im klassischen Sinn einer Repräsentation[16] wird aufgrund der strukturellen Geschlossenheit und autopoietischen Funktionsweise von sozialen

[16] Der Begriff der Repräsentation wird dagegen systemtheoretisch neu gefasst und zur „Bezeichnung der Darstellung der Einheit eines Systems durch einen Teil des Systems (representatio identitatis)" benutzt. (Luhmann 1990d, 268)

und psychischen Systemen abgelehnt (vgl. Kneer & Nassehi 1993, 57ff.). An die Stelle des Subjekts, das in biographischen Untersuchungen gerne als Organisator von Sozialität bemüht wird, rückt NASSEHI die *Person*: „Biographische Kommunikation erzeugt jene personalen Adressaten, denen sie zugerechnet wird, und läßt somit Personen entstehen oder auch nicht entstehen." (Nassehi 1994, 58) Demzufolge müssen gängige Annahmen der Biographie-Forschung revidiert werden. Menschen *besitzen* nicht mehr einfach eine Vergangenheit mehr, mit der sie sich auseinandersetzen *müssen*, um zu erfahren, wer sie sind.[17] Stattdessen verweist NASSEHI auf soziale Zusammenhänge, in denen biographische Kommunikationen stimuliert werden, die dann den Einzelnen als Person mit einer Geschichte *erzeugen*. Diese Perspektive verdankt sich der Umstellung der Sozialtheorie von einer vorausgesetzten Substanz (Vergangenheit, Identität, Subjekt) zu Operationen, in deren Verlauf Lebenslaufdaten, Personen und eine biographische Identität entstehen. Die entscheidenden Operationen sind in diesem Fall Kommunikationen; Biographien werden also eindeutig sozial verortet. Die Kommunikationen, von denen ich jetzt spreche, sind genau die gleichen, die im vorangegangenen Kapitel unter den Titeln Gesellschaft, Organisation und Interaktion analysiert worden sind. *Ich verschiebe nun aber die Optik vom Inklusions- zum Exklusionsbereich und fokussiere das Problem der individuellen Vermittlung disparater Adressierungen in Kommunikationen.* Wie geht der Einzelne damit um, mal als Senior oder einfach als Käufer oder vielleicht als Patient bzw. als alter Patient, bei dem sich eine Operation „nicht mehr lohnt", angesprochen zu werden? Die Reichweite dieser Personalisierungen lässt sich im Einzelnen kaum benennen. Sie ist vermutlich davon abhängig, wie weit sich eine spezifische z.B. teilsystemorientierte Handlungssequenz auf andere Inklusionen übertragen lässt. Arbeitslosigkeit ist wahrscheinlich mit weitreichenderen Konsequenzen verbunden als die Anrede als 'Oma' auf offener Straße. Doch schon hier wird deutlich, dass auch das Wort 'Oma' entsprechende Sinnressourcen für eine biographische Selbstbeschreibung bereithalten kann. Typischerweise regen biographische Kommunikationen, denen bevorzugt auch

[17] Klassisch wird für diese Frage der Fluss als Metapher verwendet, in den wir zwar nie zweimal als die gleichen steigen können (HERAKLIT), der aber seine Substanz als ein und derselbe Fluss doch immer behält. Auch John KOTRE entscheidet sich in seinen Studien zum autobiographischen Gedächtnis für dieses Bild und lehnt damit Jean PIAGETs Vorstellung eines Wechsels von „Denkkappen" im Lebenslauf ab. (Vgl. Kotre 1995, 174)

ältere Menschen ausgesetzt sind, zu einer Sinnanreicherung solcher, vielleicht eher beiläufiger Adressierungen an.

Armin NASSEHI handhabt dieses Phänomen differenztheoretisch mit dem Formenkalkül von George SPENCER BROWN (vgl. Spencer Brown 1971). Der Begriff 'Form' präzisiert Beobachtungsmöglichkeiten in einer Welt ohne beobachterunabhängige Positionen. An die Stelle von ontologischen Bestimmungen von z.B. Männern, Alten, Deutschen und Schwarzen treten Unterscheidungen, die mit der Benennung entstehen. SPENCER BROWNs Aufforderung „Draw a Distinction!" steht am Anfang jeder Beobachtung, in deren Gefolge man alte Menschen von jungen, kranke von gesunden und reiche von armen unterscheidet. Diese Vielfalt an Perspektiven ist dem Leser bereits im vorangegangenen Kapitel unter dem Etikett 'Altersbilder' begegnet. In diesem Zusammenhang wurde die Funktion von Codes für die Schließung von Teilsystemen und für die selbstreferentielle Konstruktion von Welt erläutert. Nun lassen sich die Konsequenzen für die individuelle Biographie beobachten.

Die klassische Thematisierung dieses Phänomens erfolgt über die Altersbestimmung des Einzelnen. Es gilt als *common sense* der neueren Alternsforschung, von einem *relativen* Alter zu sprechen, in dem chronologisches bzw. kalendarisches, soziales, biologisches und persönliches Alter unterschieden wird. Sabine KAUFFELDT, Sabine KÜHNERT und Andreas WITTRAHM fordern in einem Lehrbuch der Altenpflege: „Bei der Beschreibung menschlicher Entwicklungsprozesse ist deshalb zu beachten, daß zwischen dem kalendarischen, sozialen, biologischen und psychologischen Alter unterschieden werden muß, wobei Schlußfolgerungen vom kalendarischen auf das soziale, biologische und psychologische Alter nicht möglich sind." (Kauffeldt, Kühnert & Wittrahm 1994, 11) Der Form-Begriff stellt die theoretische Grundlage für dieses Phänomen bereit. Das Bild des alten Menschen wird erst anschlussfähig über das, was bei dieser Benennung ausgeschlossen wird. Der alte Mensch kann dann z.B. dem jungen unerfahrenen Mann, dem jungen kräftigen Mann, der alten Frau, dem jungen Wähler usw. gegenübergestellt werden. George SPENCER BROWN spricht deshalb von einer 2-Seiten-Form, die mit jeder Beobachtung eröffnet wird. Ein zweites Charakteristikum des Formenkalküls stellt neben der Perspektivität die Asymmetrie dar. Mit der Bezeichnung ist eine Seite der Form vorausgesetzt, von der die andere nur noch abgeleitet wird: Jugendlichkeit wird als Gegenteil des Alters entworfen[18], Gesundheit als Nichtbehandlungsbedürftigkeit (vgl. Luhmann 1990a) und reich scheinen alle zu sein, die nicht arm sind.

Dieses Phänomen des nur über die Bezeichnung hergestellten Sinnbezugs von Beobachtungen nutzt Armin NASSEHI für seine Bestimmung des kommunikativen Ortes von Biographien. Um Biographien als soziales Geschehen sichtbar zu machen und gleichzeitig ihre Reichweite zu bestimmen, bezieht er das Formenkalkül auf die Biographie. „Die Zwei-Seiten-Form verwendet die Unterscheidung von Biographie und Lebenslauf als konstitutive Bedingung zur Erzeugung ihrer Welt. Indem biographisch kommuniziert wird, wird der Lebenslauf zwar implizit in Anspruch genommen, bleibt aber letztlich unbezeichnet, weil die Biographie ihre dunkle Seite erhellt, ohne sie explizit in Anspruch nehmen zu können." (Nassehi 1994, 55) Mit anderen Worten: In biographischen Kommunikationen wird ein Thema bearbeitet, z.B. das eigene Leben, eine „Phase" oder ein singuläres Erlebnis, das vor dem Hintergrund einer anderen Seite, nämlich der des Lebenslaufs, seine Bedeutung erhält. So wie man Frauen über ihre Gebärfähigkeit bestimmen kann[19], aber auch über ihren Erfolg im Beruf, rekurrieren auch biographische Themen auf unterschiedliche Lebenslaufdaten. Genauso wie gesellschaftliche Kommunikation die Themen ‘männliche Zeugungsfähigkeit’, aber auch ‘männliche und weibliche Erfolglosigkeit im Beruf’ als Anschlussmöglichkeit bereithält, eröffnet auch der Lebenslauf einen plausibilisierenden Hintergrund für Biographien. Biographien *erzeugen* demzufolge Lebenslaufdaten, sie positionieren teilsystemspezifische Handlungssequenzen als Karrieremuster oder auch einzelne Erlebnisse als wiederholt oder einmalig auftretend. Ein geregelter Zusammenhang von Daten und biographischer Bearbeitung kann nicht angenommen werden. Über welche Daten sich die biographische Kommunikation ausweist, hängt vielmehr von dem Zusam-

---

[18] SCHACHTNER macht darauf aufmerksam, wie „unpassend" in vieler Hinsicht die Kontrastierung von Alter und Jugendlichkeit als negative und positive Seite ist. „Jugendlichkeit hat ... nur vermittelt mit Jugend zu tun. Das Lebensgefühl von Jugendlichen ist, das dokumentieren neuere Jugendstudien, keineswegs so optimistisch und von Leichtigkeit gekennzeichnet." (Schachtner 1994, 87) Tatsächlich geht es bei diesem Vergleich auch nicht um Alter und Jugend, sondern um die andere Seite eines gebrechlichen, pessimistischen Alters.

[19] Prominent macht dies Horst HERRMANN, der daran anschließend Männlichkeit über die Unfähigkeit zu gebären und eine damit verbundene „Lückenangst" definiert. (Vgl. Herrmann 1985, 27)

menhang ab, in dem z.B. Arbeitnehmereigenschaften[20] oder das Liebesleben im Vordergrund stehen.

Im Gegensatz zu den vorangegangenen Beispielen unterscheidet die Form 'Biographie' jedoch von anderen Formen, dass sie nur über die Bezeichnung als Biographie, nicht aber als Lebenslauf, also als pures, empirisch abgesichertes Datum, verfügbar ist. Bei anderen Formen, wie z.B. Männer/Frauen, Alte/Junge usw. ist ein Wechsel, ein „crossing", von einer Seite zur anderen möglich. Dann werden z.B. zunächst Frauen bestimmt und Männer erscheinen als die andere Seite. Der Biographie ist diese Möglichkeit verwehrt, denn „wenn sie auf die andere Seite wechselt, wird sie, wenn sie kontinuieren wollte, stets zu einem re-crossing gezwungen, denn die kommunikative Thematisierung des Lebenslaufs steht sofort wieder auf der anderen Seite der Unterscheidung: Sie ist wieder biographische Kommunikation." (Ebd., 56) Zumeist wird dies nicht als Problem auftauchen, denn im Allgemeinen immunisiert sich die Biographie gegen die Paradoxie der Selbstbezüglichkeit (Ich sehe nur, was ich sehe.) durch die Annahme einer empirischen Realität.[21] Was einem im Laufe des Lebens so alles widerfahren ist, erscheint einem als unumstößliches Datum, das der biographischen Konstruktion Grenzen setzt.[22] Auf diese Weise und durch die schlichte Notwendigkeit, an die nächste Kommunikation anzuknüpfen, entsteht eine kontinuierende Identität.

Was Biographien beinhalten, ist demzufolge als Selektion perspektivisch, asymmetrisch im Hinblick auf das Nichtbezeichnete und nicht kontrollierbar über eine empirische Realität. Am Beispiel einer großen Studie zur Deportation der Siebenbürger Sachsen nach dem 2. Weltkrieg verdeutlicht NASSEHI den Gewinn einer solchen Theorieanlage, aber auch ihre Grenzen. (Vgl. Nassehi 1995, 388ff.)

---

[20] Wer einmal in einem Bewerbungsgespräch nach positiven und negativen Seiten der eigenen Persönlichkeit gefragt worden ist, weiß wie schnell und – hoffentlich – sicher solche Selektionsmechanismen funktionieren und so unschöne Themen wie z.B. Stimmungsabhängigkeit und Anlaufschwierigkeiten beim Arbeiten aussortieren. Wer die Stelle bekommen hat, kann eventuell auch erleben, dass diese positive Selbstfestlegung im Hinblick auf die aussortierten Probleme positive Folgen zeitigen kann.

[21] Die empirische Sozialforschung verfährt oft nach eben diesem Muster und analysiert z.B. Zufriedenheit als unabhängige Variable in Bezug auf Alter und ähnliche Soziodemographika. Bereits Stefan HIRSCHAUER hat darauf aufmerksam gemacht, dass die Unterstellung von „Geschlechtseffekten" eine soziale Konstruktion wie Geschlecht ontologisiert. (Vgl. Hirschauer 1995) Hier bleibt nur zu ergänzen, dass in quantitativen Untersuchungen noch dazu von der individuellen biographischen Bedeutung dieser Kategorien abgesehen wird.

[22] Wie wenig zuverlässig solche Daten sind, demonstriert John KOTRE in seinem Buch „Die weißen Handschuhe (1995). Die Zuverlässigkeit solcher Daten ist jedoch letztlich gar nicht relevant, da sie sowieso nur kommunikativ und damit selektiv zugänglich sind.

Die Nachzeichnung der Konstitution von Personen in narrativen Interviews extrahiert Muster der Selbstbeschreibung, in die historisches Geschehen eingepasst wird. Was „wirklich passiert ist", kann in diesem Rahmen nicht mehr interessieren, da es keine Möglichkeit zur nichtkommunikativen Bestimmung von Realität gibt und – selbst wenn – nicht die Vergangenheit, sondern nur die vergegenwärtigte Vergangenheit für die Interviewten relevant ist. Diese Modalisierung von Zeitperspektiven, die nur als gegenwärtige Vergangenheit, gegenwärtige Gegenwart und gegenwärtige Zukunft verfügbar sind[23] , ist von Armin NASSEHI und Georg WEBER unter dem Titel „Zu einer Theorie biographischer Identität" (1990) herausgestellt worden. „Die gesellschaftliche Wirklichkeit in ihrer temporalen Dynamik, d.h. also das schlichte Nacheinander von Ereignissen, die nicht alle gleichzeitig ablaufen können, *bildet sich im Bewußtsein nicht ab*, sondern erfährt dort ständig temporale Modifikationen." (Nassehi & Weber 1990, 155) Erinnerungen reaktivieren nicht einen Speicher, sondern stellen Neuproduktionen dar.

An dieser Stelle möchte ich wieder an das eigentliche Thema dieses Kapitels erinnern, nämlich an die Frage nach biographischen Verarbeitungsmöglichkeiten des Themas 'Alter'. Bei der Übertragung der biographie- und differenzierungstheoretischen Analysen auf das Thema 'Alter und Biographie' müssen drei Ebenen unterschieden werden: die Form 'Biographie' (1.), die Form 'Alter' (2.) und die Anwendung der Form 'Alter' auf die Form 'Biographie' (3.).

Zunächst (1.) ist zu berücksichtigen, dass grundsätzlich jede biographische Kommunikation zwar an psychische Dispositionen oder sozialsystemspezifische Inklusionen anschließt, aber nicht über sie zu erklären ist. In Biographien wird die gesellschaftsstrukturelle Position der Exklusion bearbeitet, d.h. in Biographien werden unvermittelt nebeneinander stehende Personalisierungen wie z.B. sozialsystemsspezifische Alterssemantiken miteinander verknüpft oder auch ignoriert. Da diese Kommunikationen als soziales Geschehen von Inklusionen stimuliert werden, diese also begleiten, ist außerdem in Rechnung zu stellen, dass eine Bearbeitung aller persönlichen Adressierungen nicht möglich ist. Thematisiert wird eine dem jeweiligen Rahmen (Vorstellungsgespräch, Stammtisch, Hochzeitstag, Therapie) angepasste Selektion, die schon deshalb nicht vollständig sein kann, weil nur

[23] NASSEHI und WEBER verweisen auf Arbeiten des Lebensphilosophen Henri BERGSON und des Phänomenologen Edmund HUSSERL, um die Selbstreferentialität und Zeitabhängigkeit von Bewusstseinsleistungen zu verdeutlichen. (Vgl. Nassehi & Weber 1990)

begrenzte Zeitressourcen vorhanden sind. Den theoretischen Hintergrund für diesen „flexiblen“ Umgang mit der eigenen Selbstbeschreibung liefert die 2-Seiten-Form der Biographie. Sie beschreibt die Einpassung des Individuums als Person in unterschiedliche Systembezüge bei gleichzeitiger Notwendigkeit zur Wahrung von Kontinuität. Resultat dieser Biographiearbeit sind gegenwartsbasierte Selbstbeschreibungen, in denen Vergangenheit, Gegenwart und Zukunft parallel zu Inklusionserfahrungen neu bestimmt bzw. neu als unverändert bezeichnet werden.

Darüber hinaus (2.) ist nun zu fragen, wie die Form ‘Alter’ zunächst für sich genommen und dann bezogen auf die Biographie verwendet wird. Wie oben bereits erwähnt, ist auffälligstes Resultat von unvermittelten Inklusionserfahrungen die Differenzierung des Alters-Begriffs in z.B. chronologisches, biologisches, psychisches und soziales Alter. Während auf der einen Seite schon Rentenansprüche gestellt werden können, ist auf der anderen Seite die familiäre Situation die gleiche geblieben. Während auf der einen Seite die körperlichen Funktionen noch alle intakt sind, bekommt man auf der anderen Seite schon Hilfe beim Tragen von Einkaufstaschen. Wie bereits beschrieben, greifen sowohl Teilsysteme als auch Organisationen und Interaktionen auf das Thema ‘Alter’ zurück. Bezugspunkt dafür sind so ungleiche Themen wie Geburtsdatum, Gesundheit oder Aussehen, aber auch Kaufanreize (Seniorenangebote), denen man nicht unbedingt unterliegen muss. Was ich hier aufgezählt habe, fällt durch zeitliche und sachliche Disparität auf. Obwohl man schon einen Seniorenpass hat, ist man beim Wandern noch immer der erste auf dem Gipfel. Obwohl man schon pflegebedürftig ist, interessiert man sich noch immer für gute Literatur und schlechte Filme. Außerdem können Inklusionsmöglichkeiten im Alter zwar über das Thema ‘Alter’ erfolgen, bieten dann jedoch keinen weiteren Bezug als die andere Seite der Form: Man ist ein alter *Patient*, nicht ein junger *Patient*, ein alter *Kunde*, und nicht ein junger *Kunde* mit weniger prallem Geldbeutel, ein über *65jähriger*, und eben *nicht jünger*.[24] Inklu-

---

[24] Die klassische Auseinandersetzung mit diesem Phänomen erfolgt über „Statuspassagen“ (vgl. Leisering & Behrens 1993; Behrens 1996), die Erwartungen auf Seiten der *passengers*, aber auch auf Seiten der Begleiter stabilisieren sollen. Leonard I. PEARLIN weist jedoch darauf hin, dass in Statuspassagen eingezwängte Lebensabschnitte nicht getrennt voneinander erforscht werden können, sondern nur als Insgesamt, denn – so PEARLIN – Selbstbeschreibungen und emotionale Dispositionen seien von solchen Übergängen kaum beeinflusst. (Vgl. Pearlin 1982, 59) Ob man sich mit Mutterschaft oder einem neuen Beruf wohlfühle, hänge viel eher von allgemeinen Persönlichkeitsstrukturen und konkreten Lebensbedingungen als von phasenspezifischen Bedingungen ab. PEARLIN verallgemeinert dieses Forschungsprogramm deshalb als Alternsforschung: „The study of aging is also the study of change and its consequences.“ (Ebd., 65)

sionen im Alter können aber auch vom Thema 'Alter' absehen und so persönlich oder unpersönlich verlaufen wie schon immer: Man kauft als Frau Laskowsky ein und wird bevorzugt behandelt, oder man kauft Brötchen wie jeder andere auch.

Die Verarbeitung der sachlich disparaten, ungleichzeitigen und perspektivischen Rekursionen auf das 'Alter' unterliegt nun aber (3.) wiederum den Bedingungen biographischer Kommunikation. Je nach Kommunikationszusammenhang (Kegelverein, mit dem Sohn Einkaufen gehen, mit Enkeln spielen, mit der Nachbarin tratschen, mit dem Pfarrer reden) werden diese Inklusionserfahrungen aktualisiert und geformt. Vermutlich wird in vielen Fällen die Inklusion über das Thema 'Alter' als problematisch erlebt. Im Gegensatz zu Geschlecht und Ethnizität erscheint Alter als eine Kategorie, die nicht nominal, sondern ordinal organisiert ist. Es gibt nicht die Alten und die Jungen, sondern nur relativ Alte und relativ Junge.[25] Alter ist auch keine Kategorie, mit der man aufwachsen kann, auf die hin man sozialisiert wird. Es gibt keine Möglichkeit, so etwas ähnliches wie eine „Geschlechtsidentität" oder eine „nationale Zugehörigkeit" bezogen auf „sein" Alter zu entwickeln. Als alter Mensch angesprochen zu werden, konfrontiert also folgerichtig die biographische Identifikation mit völlig neuen Erwartungen.

Ihren Rückhalt finden diese neuen Adressierungen in Selektionstraditionen, die Erlebnisse in alt und neu unterscheiden. Herrmann HESSE hat in dem bereits erwähnten Zitat darauf hingewiesen, dass das Leben als Wiederholung des Gleichen verstanden werden kann. Altern wäre dann der Umgang mit lebenslangen Routinen, bei denen alles Neue als bekannt eingeordnet wird. Untersuchte man altersübergreifend Situationen biographischer Narrationen, würde man vermutlich feststellen, dass dieser Prozess der Ordnung von Vergangenem schon sehr früh einsetzen kann und eher mit überdauernden Notwendigkeiten, sich in neuen Situationen zu orientieren und diese als neue von den alten abzugrenzen, zu tun hat, als mit altersspezifischen Vorbereitungen auf den Tod. John KOTRE weist darauf hin, dass das Phänomen des „life review" keine alterstypische Erscheinung ist und auch nicht geklärt ist, inwieweit solche Revisionen Zufriedenheit erzeugen. Viel eher sei davon auszugehen, dass der Rückblick im Alter so wie die ebenso wenig zwangsläufige „midlife-crisis" zu einem Selbstläufer werde und auch nur darüber erklärt werden könne. (Vgl. Kotre 1995, 223)

---

[25] Als Stewardess ist man schon relativ früh zu alt für die Flugbegleitung, als Wissenschaftler wird man dagegen erst habilitiert, wenn man schon relativ alt ist.

Der einzige, an hohes Alter gebundene Unterschied zum Leben jüngerer besteht in der kumulierten Möglichkeit zu biographischen Narrationen, sei es schlicht quantitativ oder aber auch durch altersstimulierende Inklusionen begründet. Alte Menschen hatten schon mehr Gelegenheit als jüngere, den Blick auf das Eigenheim mit anderen Erfahrungen zu verknüpfen, und sie werden – aus Höflichkeit, aus Verlegenheit oder aus Interesse – auch dazu aufgefordert. Resultat solcher Verknüpfungsprozesse sind dann die von SCHACHTNER geschilderten Erzählweisen, die dadurch auffallen, dass konkrete Informationen in ein ganzes Netz von Bezügen eingebunden werden. Ähnlich wie Wissenschaftler sind alte Menschen dann nicht mehr in der Lage, auf eine präzise Frage eine kurze Antwort zu geben.

Zusammenfassend lässt sich ein Zusammenhang von inklusionsbedingter Stimulierung, sozialisatorischer Fremdheit und erfahrungsbezogener Vertrautheit in Bezug auf die biographische Bearbeitung des Themas 'Alter' diagnostizieren. Wir wachsen nicht damit auf, alt zu sein, aber wir werden darauf angesprochen, und wir nutzen zeitlebens die Unterscheidung von alt und jung/neu für die Organisation unserer Erfahrung. Nicht das hohe Alter selbst ist jedoch dafür grundlegend, sondern vielmehr die *Plausibilität*, die Alter als Sinnproduzent *in sozialen Kontakten* erhält.

Resümee

Wenn man die beiden Zugänge zum Thema 'Alter' vergleicht, den ontologisierenden der Alternsforschung und den konstruktivistischen der neueren Biographieforschung, fällt der unterschiedliche Umgang mit der Kategorie 'Sinn' auf. Während die Alternsforschung 'Alter' voraussetzt und Sinnverlust unterstellt, fasst der biographietheoretische Zugang 'Alter' als Resultat sinnhafter Kommunikationen. *'Alter' braucht demzufolge keinen neuen Sinn, sondern ist selbst eine sinnproduzierende Kategorie.*

In der Alternsforschung gewinnt die Biographie ihre Funktion vor genau diesem Hintergrund. Sinnloses Alter soll mit Hilfe von Narrationen verständlich werden und sogar noch Optionen auf gesamtgesellschaftliche Aufklärung eröffnen. Das hohe Alter erscheint dann als Gesamt der Vergangenheit, die unter der Bedrohung durch den nahen Tod steht. Aus therapeutischen und gesellschaftskritischen Interessenslagen heraus wird dieser Zusammenhang genutzt und 'Alter' mit Sinn versorgt. Dass dabei an „Altersphänomene“ angeknüpft wird, die ohne das Wissen um eine „Altersphase“ gar nicht als solche auffällig und schon lange nicht therapiebedürftig wären, ist an dieser Stelle nicht mehr sichtbar, denn die Alternsforschungen haben bereits von allen Seiten diesen Zugang gesichert. Der Fall des schon mit Sinn ausgestatteten Alters ist in diesem Rahmen genauso wenig interessant, wie nicht-altersspezifische Inklusionen benennbar wären. Die Verwandlung der Altersforschung zur Alter*n*sforschung hat im Grunde genommen nur den Lebenslauf und die Biographie thematisch integriert, aber nicht den Blick auf das gesamte Leben eröffnet. Legt man stattdessen NASSEHIs biographietheoretischen Zugang zugrunde, wird zunächst ‘Alter’ als ein mögliches und in vielen Fällen wahrscheinliches Thema etabliert. Ob wir mit Alter konfrontiert werden, hängt nicht von einer Phase ab, sondern von Selektionstraditionen und Selbstfestlegungsprozessen. Alter ist als Sinnressource in unserer Gesellschaft etabliert und wird jedem zugemutet, ob er will oder nicht. Die Plausibilität dieser Sinnressource ergibt sich jedoch neben biologischen und damit zumeist verbundenen visualisierten Veränderungen aus grundsätzlichen Möglichkeiten der Informationsverarbeitung. Leonard I. PEARLIN formuliert: „... aging may be viewed as representing the cumulative effects of alternations in life circumstances through time.“ (Pearlin 1982, 65) Ergänzen müsste man hier: *Informationen können als neue, als alte, als wiederholte verarbeitet werden und das Ausmaß, in dem dies stattfindet, entscheidet über die Wahrnehmung von Veränderungen und damit auch von Alternsprozessen.* Mit jeder Änderung, jedem Wechsel, jeder Information entsteht auch gleichzeitig die Möglichkeit, Differenzen zu benennen, Vergangenes zu identifizieren und sich daran zu erinnern. Es gibt keine *Notwendigkeit*, den Schuleintritt oder den Tod des Vaters biographisch zu reflektieren, aber es gibt viele *Möglichkeiten* dazu. Jede Inklusionserfahrung kann auch gleichzeitig zur Selbstidentifikation genutzt werden.

Die Wahrscheinlichkeit, zu Erzählungen zu neigen, nimmt, wenn man nicht sowieso schon Wissenschaftler ist, mit dem Alter zu, verstärkt durch die Erwartung an die Rolle des erzählenden „Mahners“ oder gar durch Organisationsstrukturen, die keine andere Aktivität mehr zulassen. Zu erzählen und sich als (relativ) alt zu erleben, ist also ein sinnproduzierender Vorgang, der zeitliche Differenzen erzeugt. Würde man entsprechende Sedimentierungen dieses Themas in biographischen Narrationen untersuchen, müsste man Formulierungen, die Veränderungen zeitlich einordnen, nachgehen.[26] Die schlichteste Definition von Altern könnte dann einen Zusammenhang von Erfahrungen, ihrer Etablierung als vergangen und dem Erinnern daran behaupten. Erst wenn man Erlebnisse als 'alt' einordnet und sie mit 'neuen' vergleicht, entstehen Selbstbeschreibungen, die Alter benutzen. Altern entsteht über Differenzerfahrungen, die auf ihren biographischen Sinn abgeprüft werden und – das ist das Entscheidende – nicht nur als Unterschied, sondern als Zeitdifferenz, als Vorher und Nachher, qualifiziert werden. *Alternssemantiken basieren demzufolge auf zeitlich fixierten Alternierungserfahrungen.*

Sich als alter Mensch zu beschreiben, verweist demnach auf Ordnungsprozesse, die – im Gegensatz zu den statischen Alterssemantiken der Teilsysteme – dynamisch dem Lebenslauf folgen. Die hier kritisierten Biographie-Zugänge der Alternsforschung stellen typische Ausdrucksmöglichkeiten von Alternssemantiken dar. HUMMEL und FEIL betrachten die Bearbeitung von Informationen des 'Vorher' als Vervollständigungsprozess, MADER sieht sie als (notwendige) Muster des Gleichen und Hermann HESSE findet in ihnen – etwas differenzierter – eine *Möglichkeit*, Altes als Wiederholung des immer Gleichen zu beobachten. Alle vier identifizieren darüber eine Altersphase und tun doch nichts weiter, als klassische Alternssemantiken der biographischen Reflexion zu aktualisieren.

Streng genommen ist ihr gemeinsamer Ausgangspunkt die Konfrontation mit Differenzen, deren Bearbeitung auch in jüngeren Jahren schon als Altern interpretiert werden kann. An Armin NASSEHIs Formulierung: „Identitäten werden ... durch Differenzen erzeugt.“ (Nassehi 1994, 54) müsste man deshalb anschließen: Die Identität eines 'alten' Menschen wird durch Differenzen, die zwischen Altem und Neuem unterscheiden, erzeugt. Die Form, in der dies zumeist geschieht, ist die Erinnerung, das Simultanhalten von vergegenwärtigter Vergangenheit und Gegenwart. Wenn alte Menschen erzählen, reproduzieren sie diesen Unterschied und eben nicht ihre Vergangenheit. Sie erzählen von etwas, was mal war und jetzt nicht mehr ist oder auch jetzt noch genauso ist und verorten ihre Perspektive im Nachher. Wenn diese Differenz zwischen Vorher und Nachher aus dem Blick gerät, wird zumeist Desorientiertheit diagnostiziert. Die biographische Identität hat dann

[26] Bill BYTHEWAY hat einen jahrzehntelangen Briefwechsel eines Ehepaars studiert und dabei 14 Kategorien entdeckt wie z.B. „development, no change, routine, series of stages, decline or loss, experience of extremes“ usw. (Vgl. Bytheway 1993, 161)

ihre Fähigkeit, über das Gedächtnis Altern zu ermöglichen, verloren. Verwirrte alte Menschen stellen sich zumeist als junge Erwachsene oder gar als Kinder dar.

Der biographischen Bearbeitung des Themas 'Alter' stehen viele Möglichkeiten offen. Sie zu erforschen, lenkt den Blickwinkel auf den gesamten Lebenslauf und macht uns alte Menschen nicht vertrauter als uns jüngere sind. Während so die alten Sicherheiten der Alternsforschung abhanden kommen, entstehen neue Möglichkeiten, biographische Narrationen auf ihre Alternssemantik und Biographien alter Menschen auf nicht-altersspezifische Selbstdarstellungen hin zu erforschen.

5. Die Sichtbarkeit des Alters. Alternsforschung als Inklusionsforschung

„Das Problem ist doch, dass alte Menschen keine Aufgabe mehr haben!" Diesen Satz kennt sicherlich jeder. So oder ähnlich, als Rollenverlust oder Funktionslosigkeit, wird häufig die Situation alter Menschen beschrieben. Man kann dann einfordern, dass es mehr Angebote für alte Menschen geben soll oder dass die Gesellschaft den alten Menschen eine Rolle zuweisen soll. Die Angebote, die man auf dieser Grundlage konzipiert, können aber zumeist nicht darüber hinwegtäuschen, dass sie für Menschen entwickelt worden sind, die man eigentlich nur beschäftigen möchte.

Wenn man nun die Gesellschaft dafür kritisiert, dass sie keine sinnvolleren Angebote für alte Menschen bereithält, müsste man sich aber zunächst fragen, wen man da eigentlich kritisiert: die Politiker oder uns alle? Zumeist ist diese Form der Kritik aber nur ein Weg, sich etwas Luft zu verschaffen und sich darüber zu ärgern, dass diese Gesellschaft so viele Probleme produziert, die als unlösbar erscheinen. Die Form dieser Art von Kritik trägt das Etikett ‚Modernitätskritik'. Den gesellschaftlichen Umgang mit dem Alter zu problematisieren, wäre dann nur einer von vielen Versuchen, sich mit dem ‚unvollendeten Projekt der Moderne' (HABERMAS) zu arrangieren.

Was Soziologen an dieser Art von Kritik irritieren sollte, ist der Befund, dass sich tatsächlich nichts zu ändern scheint. Es sieht so aus, als sei die Kritik ein Teil des Problems, insofern sie das Problem zwar anspricht, aber nicht weiß, an wen sie diese Kritik adressieren soll. Die Frage nach dem Adressaten ist eine Frage, mit der eine systemtheoretische Beobachtung dieses Phänomens beginnt. Um wen geht es eigentlich, wenn über das Alter geredet wird? Um alte Menschen, die nicht als alte Menschen angesprochen werden wollen? Um Politiker, die alte Menschen als Wähler gewinnen wollen? Um Ärzte, die ein gesünderes Altern und ein längeres Leben ermöglichen wollen? Um Wirtschaftsunternehmen, die zwar alte Arbeitnehmer entlassen wollen, aber die Finanzkraft alter Kunden schätzen? Oder gar um Wissenschaftler, die für ein besseres Altern kämpfen und sich wenig dafür interessieren, wie alte Menschen wirklich leben? Ohne Zweifel spielen alle diese Fragen eine Rolle.

Es lohnt sich unter diesen Bedingungen, sich grundsätzlicher dafür zu interessieren, wie eine Gesellschaft funktioniert, in der jedes Problem in verschiedene Facetten zerfällt und in der man niemanden benennen kann, der für alles verantwortlich ist. Die hier beschriebene Form von Multiperspektivität wird von der Systemtheorie als Resultat des Prozesses gesellschaftlicher Differenzierung verstanden.

Wenn man sich auf der Grundlage eines gesellschaftstheoretischen Blicks dem Thema ‚Alter' systematischer zuwendet, wird man herausfinden, wie sehr auch die Wahrnehmung eines problematischen Alters noch ein gesellschaftliches Produkt ist. Unübersehbar ist dann, wie sich die Bilder vom Alter ändern, wenn sich die Perspektive ändert, von der aus man sich dem Thema zuwendet. Was ist also überhaupt das Alter?

Wenn man das Zitat, mit dem dieses Kapitel beginnt, daraufhin systematischer untersucht, dann fällt auf, dass damit bereits drei Informationen vermittelt werden:

1. Es lassen sich allgemeine Aussagen über **das Alter** treffen.
2. Mit dem Alter ist eine **Problematik** verbunden.
3. Eine **Aufgabe** zu haben, ist für jeden Menschen wichtig.

→ Weil alte Menschen keine Aufgabe haben, ist ihr Leben problematisch.

Der Blickwinkel auf alte Menschen ist also in dreierlei Hinsicht eingeschränkt, wenn man sich so diesem Thema nähert. Man fasst zunächst alle alten Menschen zu einer Gruppe zusammen, unterstellt ihnen dann ein gemeinsames Problem und formuliert schließlich den Grund dafür.

Dass man vorab den Bereich einschränkt, für den man Aussagen treffen will, ist nicht ungewöhnlich. Indem man sich einem Thema zuwendet, richtet man seine Aufmerksamkeit auf einen spezifischen Ausschnitt und sieht beispielsweise kranke alte Menschen, unmodische alte Menschen oder auch alte Touristen. Entscheidend für den Alternsforscher ist also, mit welchen Prämissen, d.h. Vorannahmen sich jemand diesem Thema nähert. Im Alltagsgeschäft der Wissenschaft werden diese Prämissen meist nicht mehr erwähnt und werden so zu den vorausgesetzten Selbstverständlichkeiten des täglichen Lebens. Wenn man jedoch verschiedene Ansätze von Alternsforschern miteinander vergleicht, vergleicht man auch verschiedene Blickwinkel und kann dann auch mitverfolgen, was der eine oder die andere voraussetzt.

Die vorangegangenen Kapitel sollten darüber informieren, wie man zu einer inklusionstheoretischen Beschreibung des Altersproblems gelangt, nämlich indem man danach fragt, welche gesellschaftlichen Möglichkeiten über Alter zu reden überhaupt zur Verfügung stehen. Gegenläufig zur Tradition einer Alternsforschung, die immer schon weiß, wann man alt ist und dass Alter problematisch ist, soll mit einem inklusionstheoretischen Zugang die Kategorie ‚Alter' selbst auf ihre Bedeutung überprüft werden. Ähnlich wie die Geschlechterforschung und die Ethnizitätsforschung muss sich auch die Alternsforschung die Frage stellen, ob ihre Grundlagen nicht vielleicht eher auf eine gesellschaftliche Praxis des Gebrauchs von Altersschablonen – es ginge dann um unterschiedliche Möglichkeiten der gesellschaftlichen Adressierung, also Inklusion (vgl. Kap. 2.2) – als auf anthropologische Konstanten verweisen. Ähnlich wie Frauen oder auch Ausländer nur unter bestimmten Bedingungen als Frauen und Ausländer auffallen, müsste man sich auch fragen, unter welchen Bedingungen Menschen als alt bezeichnet werden. Andrew BLAIKIE beginnt seine Forschungen mit der Frage: „Why has aging proven unattractive to study?" (Blaikie 2002, 98) Und ähnlich wie auch anderen Kollegen fällt ihm auf, dass Alter nicht wie andere Kategorien der Sozialforschung behandelt wird (vgl. ebd., 128). Stephen KATZ diagnostiziert: „While poststructuralism, feminism, deconstruction, semiotics, and social studies of science are productively challenging other fields, mainstream gerontology seems comfortably immune." (Katz 1996, 4f.) Eine neue kritische kulturalistische Alternsforschung bietet mehrere Begründungen für diesen seltsamen Befund einer zurückgebliebenen Gerontologie an. BLAIKIE vermutet, dass die *Cultural studies* sich dem Thema Alter verweigern, liege an den impliziten Vorannahmen der *Cultural studies*: Sie interessieren sich für Unterdrückte, für Subversion – und alte Menschen erscheinen vor diesem Hintergrund als zu mächtig, um sie als Subkultur zu identifizieren. (Vgl. Blaikie 2002, 100) Mit Julia TWIGGs „Bathing studies" wird ein Perspektivenwechsel in der Forschung vollzogen, um jenseits von sozialarbeiterischen Zugriffen aufs Alter den pflegerischen Umgang mit dem alten Körper zu untersuchen. Es verwundert, dass – nachdem sich der Körper und seine Visualität als entscheidende Kategorie der neueren ethnographischen Forschung herausgestellt hat – erst so spät jemand darauf gekommen ist, auch die Pflege des alten Körpers zu einem Thema von entsprechenden Studien zu machen. TWIGGs Ergebnis ihrer Studie zu den differenzierten Techniken des „Bodywork" lautet: „Bodywork is on the borders of taboo." (Twigg 2000, 399, vgl. auch Twigg 2002). Genaueres erfährt man über dieses Tabu bei Haim HAZAN, dessen Studien zu Altenheimen den Blick auf eine separierte Welt lenken, in der – im Unterschied zum Rest der Welt – der Körper nicht mehr die entscheidende Grundlage für Fragen der Selbstdarstellung sein muss. HAZAN formuliert diese Sätze auf der Grundlage einer Diagnose unserer Gesellschaft als okularzentrischer Gesellschaft. „Indeed, it is the separation of bodies from selves that makes the aged only too visible. The old, the patient, and the defendant all share the over-visibility of a subject objectified and a person-cum-personal." (Hazan 2002, 209) Immer lauter wird nun die Forderung danach, die „variety of contemporary aging experiences" (Gubrium & Holstein 2003, 3) darzustellen und dabei auch die gerontologische Forschung selbst als Faktor der Altersdiskriminierung miteinzubeziehen. Mary und Kenneth GERGEN formulieren: „And so it is that we must continuously reflect on the way in which the sciences construct the life course, and most particularly accounts that treat decline as a natural fact of growing older." (Gergen & Gergen 2003, 205) Klammert man diese hier formulierte etwas schlichte normative Wendung zunächst einmal aus, bleibt doch der Befund, dass sich die Alternsforschung der Beschränkung ihres eigenen Blicks zunehmend bewusst wird. Und exakt ist dies ist eine gute Grundlage, um nach den Voraussetzungen der Alternsforschung zu fragen.

Wenn man die Thematisierung des Alters im Hinblick auf ihre (auch gerontologische) Genese und den gesellschaftlichen und individuellen Gebrauch überprüft, werden alternative Beschreibungsmöglichkeiten sichtbar. Die alltägliche Praxis des „*doing age*" wird über einen konstruktivistischen Theorierahmen plausibilisiert und als eine von vielen Möglichkeiten, Kontingenzen in erwartbare Muster zu überführen, dargestellt. Die dahinterliegende These lautet: *Die Eigenständigkeit der Kategorie „Alter" rechtfertigt sich einzig über eine in alltäglicher Praxis hergestellte Sichtbarkeit des Alters.* Oder andersherum: Alles, was sich im Leben alter Menschen nicht als Kennzeichen von Alter beschreiben lässt, ist unsichtbar. Eine Alternsforschung, die dies nicht berücksichtigt, setzt schlicht beim Produkt dieser Prozesse – dem schon sichtbaren Alter – an, ontologisiert die Kategorie und verhindert damit eine theoretische Reflexion des Produktionsprozesses selbst.

Die Argumentation dieses Buches folgt dominanten Theorietraditionen der Alternsforschung (Strukturfunktionalismus, Gesellschaftskritik, Lebenslaufforschung), präsentiert ihre Produkte (Altersphase, Altersbild, Altersidentität) und klärt über die Prozesse der Produktion auf. Trotz aller Kritik an der klassischen Alternsforschung wird immer wieder deutlich, dass sich im Anschluss an die Traditionen aus einer inklusionstheoretischen Perspektive neue Antworten auf die alten Fragestellungen geben lassen.

Konstruktivistisch ist diese Argumentation, insofern sie nicht nach überdauernden Wesenseigenschaften alter Menschen fragt, sondern sich dafür interessiert, wieso uns die Idee, Alter mache aus Menschen eine soziale Gruppe, so plausibel erscheint. Die Argumentationen der klassischen Alternsforschung stecken den Rahmen dessen ab, was in einer alternden Gesellschaft typischerweise gesagt wird, wenn es um alte Menschen geht. Diese typischen Sätze wurden in der vorliegenden Untersuchung als Material verwendet und daraufhin überprüft, wie die bekannten Bilder vom Alter entstehen. Gleichzeitig dienten sie als Anhaltspunkt dafür, sich zu fragen, was alte Menschen machen, wenn sie nicht diesen Bildern entsprechen.

Die Frage nach dem Sinn der Altersphase markiert den Beginn der modernen Alternsforschung. Das Phänomen der gesellschaftsstrukturellen Unterscheidung von Alten und Jungen erschien im Rahmen des für die 60er Jahre typischen Erklärungsmusters „Strukturfunktionalismus“ als Indikator für eine Funktion, die Altersgruppen im gesamtgesellschaftlichen Gefüge übernähmen. Gefunden werden konnte jedoch keine Funktion.

Die Beobachtung der theoretischen Genese dieser im wissenschaftlichen und Alltagsgebrauch akzeptierten Diagnose der Funktionslosigkeit öffnet den Blick für eine ganz andere Fragestellung. Statt: Welche Funktion, welchen Sinn hat die Altersphase? könnte man nun fragen: Ist der Zugang zum Thema ‚Alter‘ über die theoretische Unterstellung einer Altersphase samt Funktion der einzig mögliche? Die Kritik an der normativen Beschränkung der PARSONSschen Analyse über die Rechtfertigung bestehender Strukturen wird von Niklas LUHMANN als evolutionstheoretische Problematik gewendet. Nicht mehr „society as a ‚norm'" (Parsons 1951, 18) ist der Ausgangspunkt seiner theoretischen Analyse, sondern die Betrachtung evolutionärer Variationen als Antwort auf Problemstellungen. Nicht mehr die durch die Vermeidung von Problemen stabilisierte Gesellschaft steht nun im Vordergrund der Analyse, sondern die durch Probleme und dadurch stimulierte Lösungsmöglichkeiten sich verändernde Gesellschaft (vgl. Luhmann 1980a). So lässt sich nun behaupten: Die Altersphase existiert, weil sich mit ihr offensichtlich eine Antwort auf eine gesellschaftliche Problematik formulieren lässt. Wohlgemerkt: Die Altersphase ist nicht die gesellschaftliche Problematik, sondern sie bedient eine gesellschaftliche Problematik. Sie bedarf keines neuen Sinns, sondern sie ist bereits aktualisierter Sinn. Von einer Altersphase zu reden, bewährt sich, weil damit Probleme gelöst werden können. Zu fragen wäre nun: Welche Probleme werden damit gelöst?

Im Zentrum des Interesses steht also folgerichtig die Frage nach den modernen Aktualisierungsmöglichkeiten von Sinn, die sich mit dem Thema ‚Alter', genauer gesagt: ‚Altersphase' verknüpfen lassen. Antworten darauf lassen sich am besten über einen Vergleich unterschiedlicher Gesellschaften formulieren. Eine (vergleichsweise grobe) Einteilung gesellschaftlicher Evolution ist von Niklas LUHMANN geleistet worden, der drei Formen gesellschaftlicher Differenzierung unterscheidet: die segmentäre Gesellschaft, die stratifizierte Gesellschaft und die funktional differenzierte Gesellschaft. (Vgl. Luhmann 1997, 595ff.) Mit Formen der gesellschaftlichen Differenzierung sind in diesem Fall Formen des Umgangs mit Unterschieden gemeint. Und zu fragen wäre dann, inwiefern die Behauptung eines funktionslosen Alters, das erst noch mit Sinn versorgt werden muss, eine charakteristische Behauptung der modernen Gesellschaft ist.

Ein differenzierungstheoretischer Zugang beginnt zumeist mit dem Hinweis auf Arbeitsteilung. Eine systemtheoretische Argumentation wie diese geht darüber hinaus, insofern sie sich nicht nur für die Aufteilung von Personen nach Schichten oder Berufsgruppen interessiert, sondern auch das Prinzip der Differenzierung von Personen als *ein* mögliches Differenzierungsprinzip unter anderen betrachtet. Differenziert werden kann in der modernen Gesellschaft nicht nur nach Personen, sondern auch nach Funktionen. LUHMANN spricht in Bezug darauf für die moderne Gesellschaft von einer *primären* Form der Differenzierung nach Funktionen, die andere Formen nicht ausschließt.

Der Gewinn dieser Theorieanlage besteht darin, dass man sich nun für zwei Phänomene interessieren kann, die ohne die Unterstellung von Funktionssystemen nur als eine ärgerliche Tatsache erscheinen: (1) Funktionssysteme erscheinen rücksichtslos, denn sie produzieren mit ihrer eigenen Logik kontinuierlich unberücksichtigte Lebensläufe. (2) Personen haben unablässig damit zu tun, sich selbst zu erklären, wer sie sind. An einem Beispiel: Dass wirtschaftliche Operationen sich nur für Geld – und nicht in erster Linie für individuelle Schicksale – interessieren, erscheint aus dieser Perspektive nicht mehr als Defekt, sondern als Hinweis auf die Funktionsorientierung. Und dass der Einzelne viele Antworten auf die Frage nach dem Sinn des Lebens erhält, erscheint nun als Hinweis auf die Begründungsbedürftigkeit und damit auf die prinzipielle Unbegründbarkeit von persönlichen Sinnfindungsbedürfnissen. Es gibt keinen Ort mehr, von dem aus sich alles erklären ließe und eben deshalb wird unablässig erklärt. *Nicht die fehlende Antwort der Alternsforschung auf die Frage nach dem Sinn des Alters ist das Problem, sondern eine gesellschaftsstrukturelle Ausgangsposition, die eindeutige Antworten verhindert.*

Wir können über ‚das Alter' in einer modernen Gesellschaft zunächst nicht mehr erfahren, als dass der kleinste gemeinsame Nenner der großen Gruppe alter Menschen die Problematik eines fehlenden gemeinsamen Sinnhorizonts ist. Erst jetzt – nach einem genaueren Blick auf die theoretische Konstruktion des ‚Altersproblems' – kann man sich fragen, ob denn eine solche Gemeinsamkeit ‚des Alters' überhaupt vorhanden sein muss.

Während Gesellschaftskritik zumeist auf dem Zusammenfallen der drei Ebenen Gesellschaft, Organisation und Interaktion bestehen muss, isoliert die Systemtheorie LUHMANNs sie als unterschiedliche Systemebenen der gesellschaftlichen Praxis. Kommunikationen als Letztelemente der Sozialtheorie erhalten je nach Systemebene ein anderes Aussehen und eine andere Bedeutung. Die Systemdifferenzierung der modernen Gesellschaft bezieht sich nicht nur auf die Unterscheidung von Funktionssystemen, die sich als Funktionssysteme gleichen und in ihrer speziellen Funktionsorientierung unterscheiden. Den Verlauf gesellschaftlicher Evolution begleitet auch die Entstehung unterschiedlicher Typen sozialer Systeme. Als Systemebenen treten mit der Umstellung der Form primärer Differenzierung zunächst Gesellschaft und Interaktion auseinander, gefolgt von der Entstehung der frühen Organisationen des Mittelalters, die in der modernen Gesellschaft schließlich von so herausragender Bedeutung sind, dass sie das Etikett Organisationsgesellschaft rechtfertigen (vgl. Schimank 1994).

Wenn Niklas LUHMANN Systemebenen gesellschaftstheoretisch unterscheidet, trägt er damit der Beobachtung Rechnung, *dass Erwartungen ein unterschiedliches Ausmaß an Stabilisierung aufweisen können.* Dies lässt sich sehr schön am Beispiel der Bedeutung von Werten wie z.B. Menschenrechten bestimmen. Während in einer politischen Argumentation (Funktionssystem Politik) noch klar ist, dass alte Menschen nicht diskriminiert werden sollen, ist auf der Ebene der Organisation schon nicht mehr zu erkennen, wie sich dieser abstrakte Wert dort zeigen soll – eventuell durch Schutz von älteren Arbeitnehmern? In der konkreten Interaktion ist es dann vollends unmöglich, diesen allgemeinen Wert zu kontrollieren, weil mit jeder neuen Begegnung immer wieder auch die Möglichkeit zur Wahrnehmung von Altersdifferenzen entsteht und sich unzählige Anlässe bieten würden, um auf Ungleichbehandlung hinzuweisen.

Mit der Benennung von Charakteristika der einzelnen Systemebenen nähere ich mich einer konkreteren Bestimmung dieses Unterschieds an.

- Sozialsysteme werden als *Interaktionen* beschrieben, wenn sie auf der Anwesenheit von Personen beruhen.
- Von *Organisationen* kann man sprechen, wenn Mitgliedschaftsbedingungen und Entscheidungstechniken identifiziert werden können.
- Als *Gesellschaft* wird das Insgesamt aller sinnhaften Kommunikationen bezeichnet. (Vgl. Kneer & Nassehi 1993, 111ff.)

Während Interaktionen als Episoden eine zeitliche Begrenzung aufweisen, stellen Organisationen soziale, sachliche und zeitliche Verweisungsmöglichkeiten auf Dauer, indem sie sie als Entscheidungen begreifen. Den Hintergrund für diese unterschiedlichen Formen der Konkretisierung von Erwartungen stellt die Gesellschaft bereit, innerhalb derer Interaktionen und Organisationen als gesellschaftliches Geschehen anschlussfähig sind. Kommunikationen führen also immer wieder zurück auf denjenigen, der beobachtet: z.B. ein Funktionssystem, das hohem Alter Finanzkraft zuschreibt, Organisationen, die kranken alten Menschen helfen wollen, oder Interaktionen, die auf alte Menschen Rücksicht nehmen.

Was kommunikabel ist – um bei der Ebene der *Gesellschaft* zu beginnen –, entscheidet sich in der modernen Gesellschaft nicht mehr über die Zugehörigkeit des Einzelnen zu Stämmen oder Familien oder auch Schichten, sondern in konkreten Kontexten. Zahlungsfähigkeit, Rechtsfähigkeit, Mitbestimmung, (wissenschaftliche) Wahrheitsfindung usw. sind in der modernen Gesellschaft unabhängig von personalen Verortungen möglich. Die Kriterien für die Qualität der Beteiligung (arm oder reich, schuldig oder unschuldig, Opposition oder Regierung, wahr oder falsch usw.) ergeben sich primär über symbolisch generalisierte Kommunikationsmedien (Geld, Recht, Macht, Wahrheit), die die Anschlussfähigkeit einer spezialisierten Kommunikation ermöglichen. Auf wissenschaftliche Fragen nach der Wahrheit einer Aussage kann man nur wissenschaftliche Antworten geben. Ebenso lassen sich wirtschaftliche Operationen nur mit wirtschaftlichen Operationen weiterführen. Und auch wenn die Politik auf wirtschaftliche und wissenschaftliche Operationen Einfluss nehmen will, ist es doch nicht möglich, dies als politische Kommunikation zu tun. Man kann eben nicht sagen: Als Wissenschaftler stehe ich für diesen Satz ein, weil die Politik es so will. Die wissenschaftliche Begründung kann nur eine wissenschaftliche sein.

Daraus resultiert für die alterssoziologische Analyse die Voraussetzung eines theoretischen Rahmens, in dem nebeneinander „Weltzentren" entstanden sind, die sich nur noch über ihre je eigene Perspektive rechtfertigen. Für die Frage nach dem generalisierten Altersbild bedeutet dies, dass man Kommunikationen zum Thema ‚Alter' auf ihre Anschlussfähigkeit im Hinblick auf diese gesellschaftlichen Teilsysteme überprüfen muss. Man erhält im Anschluss an dieses Vorgehen jedoch nicht mehr *ein* Altersbild, sondern *plurale Altersbilder*. Wirtschaft, Recht, Politik und Wissenschaft greifen ganz unterschiedlich auf dieses Thema zurück.

Die Ablösung des Bildes von gesellschaftlicher Einheit durch eine multizentrische Perspektive verdankt sich der Verselbständigung der modernen Funktionssysteme. Funktionssysteme wie Wirtschaft, Politik, Recht, Medizin, Wissenschaft und Erziehung erfüllen jeweils Funktionen, die nicht füreinander substituierbar sind, also nicht in ein hierarchisches Verhältnis zueinander gestellt werden können. Erklären kann man hiermit, dass sich Wirtschaft nur für wirtschaftliche Operationen interessiert, also für Geld. Erklären kann man hiermit, dass sich Politik nur für den Erhalt von Macht interessiert, also für Wählerstimmen. Erklären kann man hiermit, dass man sich überall in Kontexten bewegt, die jeweils einer eigenen Logik folgen und nicht mitbedenken können, was in einem anderen Kontext relevant ist. Während ein Arzt jeden behandeln möchte, der krank ist, interessiert sich ein Politiker dafür, mit gesundheitspolitischen Aussagen keine Wählerstimmen zu verlieren, und sucht nun nach einer Möglichkeit, den medizinischen Wunsch nach Behandlung in legitimierbarer Weise einzuschränken.

Mit dem jeweiligen Code eines Systems entsteht eine Zuordnungsregel für Kommunikationen, die im System entweder anschlussfähig sind oder nicht. Geht es um die Unterscheidung von krank oder gesund, dann folgt die Kommunikation einer medizinischen Logik. Geht es um die Unterscheidung von Zahlungsvorgängen (Zahlen/Nicht-Zahlen), dann folgt die Kommunikation einer wirtschaftlichen Logik. *Was wir über die Welt erfahren, erfahren wir demzufolge jeweils über die beobachtungsleitende Perspektive eines Funktionssystems.*

Diese Perspektiven entwerfen Altersschablonen, anhand derer der Einzelne temporär in eine spezifische gesellschaftliche Praxis einbezogen wird und sich so auf einmal als reicher Senior angesprochen sieht oder als habgieriger Rentner oder als Student im Alter. Die Konsequenzen dieser Art der gesellschaftlichen Inklusion beschreibt LUHMANN: „Der Begriff der Inklusion meint die Einbeziehung der Gesamtbevölkerung in die Leistungen der einzelnen gesellschaftlichen Funktionssysteme. Er betrifft einerseits *Zugang* zu diesen Leistungen, andererseits *Abhängigkeit* der individuellen Lebensführung von ihnen. In dem Maße, als Inklusion verwirklicht wird, verschwinden Gruppen, die am gesellschaftlichen Leben nicht oder nur marginal teilhaben.“ (Luhmann 1981, 25)

Deutlich wird nun, warum dieser theoretische Zugang zur Untersuchung von Alternsprozessen in der modernen Gesellschaft ein inklusionstheoretischer ist. Während in segmentär und stratifikatorisch differenzierten Gesellschaften ganze Personen jeweils einem Segment oder einer Schicht zugeordnet wurden, entsteht in der modernen Gesellschaft das Problem der Individualisierung. Ulrich BECK formuliert dazu, „dass wir Augenzeugen eines Gesellschaftswandels innerhalb der Moderne sind, in dessen Verlauf die Menschen aus den Sozialformen der industriellen Gesellschaft – Klasse, Schicht, Familie, Geschlechtslagen von Männern und Frauen – *freigesetzt* werden, ähnlich wie sie im Laufe der Reformation aus der weltlichen Herrschaft der Kirche in die Gesellschaft ‚*entlassen*‘ wurden.“ (Beck 1986, 115)

Besser ließe sich dieser Wandel als Wandel der Inklusionsformen erklären, wobei nun eine Form der biographisierten Inklusion diagnostiziert werden müsste, bei der der Einzelne nur noch temporär in einzelne Funktionssysteme inkludiert wird und sich deshalb selbst auf eine eigene – biographische – Selbstbeschreibung festlegen muss. Die Erfahrung der Multiinklusion erzeugt auf der Seite des Einzelnen das Problem einer fehlenden zusammenhängenden Beschreibung, die typischerweise in die Form einer auf Besonderheiten und Einzigartigkeit abstellenden Identifikation mündet.

Zu fragen wäre im Folgenden, ob auch die „Sozialform" des Alters abgelegt wird. Verbunden damit wären sowohl Vor- als auch Nachteile. BECK betont, dass „die Lebensläufe mit der Individualisierung vielfältiger, gegensätzlicher, brüchiger, unsicherer, auch für katastrophale Einbrüche anfälliger, aber auch bunter, umfassender, widersprüchlicher werden" (ebd., 149). Die Sicherheit der Vergangenheit besteht aus dieser Perspektive darin, zwar extremen Formen der Ungleichheit ausgesetzt zu sein, dies aber immerhin als Sicherheit der persönlichen Selbstverortung erleben zu können. Die Unsicherheit der Gegenwart besteht darin, die Ungleichheit von temporären Inklusionserfahrungen nur noch in der eigenen Selbstbeschreibung – der Biographie – bearbeitbar machen zu können.

Inklusionserfahrungen sind nun alle Situationen, in denen jemand kommunikativ adressiert wird. Damit ist nicht gemeint, dass jemand angesprochen wird, sondern grundsätzlicher: dass die Kommunikation Etiketten, sogenannte Personschablonen enthält, über die jemand angesprochen werden *kann*. In den Mittelpunkt rücken nun die verschiedenen *Möglichkeiten*, jemanden adressierbar zu machen, z.B. über den konkreten Namen („Herr Abels") oder über die Identifikation einer Gruppenzugehörigkeit („die Frauen", „die Arbeiter") oder über die abstrakte Ansprache als Mensch („Menschenrechte"). Und als Alternsforscher muss man sich nun fragen, ob alte Menschen auch anders als über ihr Alter angesprochen werden können.

Von Inklusion zu sprechen bedeutet außerdem, mit zu berücksichtigen, dass mit dem Muster der Individualisierung nicht eine spezielle Form der Selbstbeschreibung gemeint ist – also z.B. möglichst individuell –, sondern ganz grundsätzlich das Problem der Selbstbeschreibung markiert wird. (Vgl. Luhmann 1997, 618ff.) Individualisiert ist diese Form der Inklusion, weil sie sich die Frage nach der Verortung des Einzelnen nur im Rekurs auf die eigene Biographie beantworten kann. Auf dieser Grundlage können dann auch Selbstbeschreibungen entstehen, die sich explizit nicht als individualistisch identifizieren, sondern beispielsweise als fundamentalistisch religiös oder national oder ethnisch gebunden. Aber auch diese Selbstbeschreibungen lassen sich nur verstehen, wenn man sie als Lösungen des Problems einer gesellschaftlichen Verortung begreift, die nicht mehr über Personen funktioniert, sondern diese Stelle unbestimmt lässt, weil sich gesellschaftliche Kommunikationen zunächst an Funktionen orientieren.

Umso spannender ist es nun, sich genauer anzuschauen, wie die verschiedenen Funktionssysteme mit dem Etikett ‚Alter' umgehen. Wofür interessieren sich Funktionssysteme, wenn sie von Alter reden? Wie sieht eine funktionssystemspezifische Kommunikationslogik aus, in der es um Alter geht? Detaillierte Untersuchungen dazu, wie sich funktionssystemspezifische Altersbilder ausbilden, stehen noch aus. *Altersbilder entstehen als Resultat selbstreferentieller Zusammenhänge in Funktionssystemen, Organisationen und Interaktionen und lassen sich nicht generalisieren.*

Anstatt nach dem richtigen Bild zu suchen, sollten sich Alternsforscher dafür interessieren, unter welchen Bedingungen welche Altersbilder entstehen. Was auf den einzelnen Ebenen gesellschaftlicher Praxis geschieht, beschreibt eine Vielfalt von Altersthematisierungen, deren Konstruktionsbedingungen jedoch nur sichtbar werden, wenn man sie auf ihren Entstehungsort hin befragt.

Die Altersproblematik hängt aber nun trotzdem – ob man will oder nicht – dem Einzelnen an. Aber wem genau? Mit Hilfe des Instruments des Lebenslaufs hat sich die Alternsforschung auch dieser Frage gestellt, konnte ihr Versprechen, dem temporalen Charakter dieser Kategorie gerecht zu werden, aber nicht einlösen. Ein forschungsstrategisches Vorgehen, bei dem man alte Menschen schlicht danach befragt, was sie erleben, kann jedoch nur wenig Erhellendes zutage fördern. Denn – wie zu erwarten ist – alte Menschen wissen bereits, dass man ihre Situation für defizitär hält, und können nun entweder dem etwas entgegen setzen oder sich in ihr vermeintliches Schicksal fügen. Aus inklusionstheoretischer Perspektive lässt sich an dieser Stelle kritisieren, dass in den lebenslauftheoretischen Untersuchungen von KOHLI und LEHR zwei typische Fehler begangen werden:

1. Kommunikationen alter Menschen werden für Kommunikationen über Alter gehalten. Da alte Menschen über die Kategorie ‚Alter' als sozial positioniert gelten, erscheint es aus dieser Perspektive gerechtfertigt, ihre Äußerungen als personale Reflexion dieser Kategorie zu interpretieren.
2. Kommunikationen über Alter werden als Indiz einer anthropologischen Konstante ‚Alter' genommen. Die Verwendung des Themas ‚Alter' wird ontologisierend als Hinweis auf die subjektive Verwendung einer objektiven Essenz gelesen.

Subjektive und objektive Determinanten auseinander zu halten, soziale und personale Identitäten zu formulieren, gehört zum klassischen Programm soziologischer und psychologischer Analysen zum Altern, abstrahiert jedoch von der Uneindeutigkeit dieser Positionen im Verhältnis zueinander. Wer nach Alter fragt, erhält auf jeden Fall Antworten, in denen Alter vorkommt. Und noch grundsätzlicher: Es gibt keine Möglichkeit zu einer altersuninformierten Kommunikation! Man müsste aus dieser Gesellschaft heraustreten, um jenseits der bereits vorhandenen Erwartungsstrukturen über das Thema ‚Alter' reden zu können. Welchen Stellenwert haben aber dann noch Kommunikationen über Alter als empirisches Datum?

Mit Hilfe der biographietheoretischen Arbeiten Armin NASSEHIs kann diese Problematik wieder aufgegriffen werden. Aufbauend auf der systemtheoretischen Unterscheidung von einerseits sozialen und andererseits psychischen Systemen, deren Selbstreferentialität durch unterschiedliche Basiselemente ermöglicht wird (einerseits Kommunikationen und andererseits Gedanken), lässt sich der Status von Biographien als eindeutig soziales und eben nicht psychisches Geschehen verorten. (Vgl. Nassehi 1995, 62)

Im Unterschied zur klassischen Biographieforschung analysiert NASSEHI den Zusammenhang von Thema (Lebenslaufdaten) und (biographischer) Bearbeitung nicht als den zwischen einer vorausgesetzten psychischen Substanz und deren mehr oder weniger adäquaten Reproduktion, sondern als *Konstruktion qua Kommunikation*. Worauf die Biographie Bezug nimmt, liegt nur als kommunikatives Datum vor, und verweist somit wieder auf den jeweiligen situativen Rahmen als Beobachtungsstandpunkt der biographischen Kommunikation. Ob darüber hinaus sogenannte „harte" Daten vorliegen, ist in diesem Zusammenhang irrelevant, weil biographische Kommunikation immer Selektion ist und nur die Selektion selbst erforscht werden kann, nicht jedoch die wahre oder falsche, vollständige oder unvollständige Reproduktion. Es gibt keinen Ort, an dem die „wahren“ bzw. „vollständigen“ Daten zusammengestellt werden könnten.

Wenn die Alternsforschung also versucht, mit Hilfe des Instruments ‚Biographie‘ die Kategorie ‚Alter‘ zu konkretisieren, sieht sie sich mit diesem Ansinnen auf der Grundlage von NASSEHIs Analysen scheitern. *Was man in biographischen Kommunikationen alter Menschen erhält, sind kommunikativ erzeugte individuelle Alternssemantiken, d.h. Beschreibungen der eigenen Person, in denen das Thema ‚Alter' aufgegriffen wird.*

Wie dies geschieht, entspricht zumeist den ausgetretenen Pfaden der (teilsystemspezifischen, organisationsbezogenen und interaktionsnahen) Altersbilder, aber auch individuellen Selektionen, in denen die Unterscheidung alt/jung oder älter/jünger Antworten ermöglicht und Plausibilitäten erwirtschaftet. Dass sich alte Menschen als Gesamt ihrer Vergangenheit beschreiben, ist eine sehr moderne Semantik, die mit eben den temporalisierenden Instrumenten, die die soziologische Lebenslaufanalyse und die Entwicklungspsychologie eingeführt haben, sichtbar wird. Denkbar sind auch andere Gebrauchsformen der Kategorie ‚Alter' wie z.B. die Assoziation mit abruptem Statusverlust (wie z.B. in Jäger- und Sammler-Gesellschaften mit dem Verlust der körperlichen Beweglichkeit) oder der Übergang in eine neue Phase weiser Einsicht (wie in Hochkulturen möglich mit dem Erwerb von grauem Haar).

Es erscheint unter diesen Bedingungen nicht möglich, die schlichte Thematisierung von Alter als Indiz einer Essenz ‚Alter', die im Lebenslauf eines jeden Mensch ihren anthropologischen Ort habe, zu behandeln. Vielmehr verweist gerade die biographische Kommunikation auf die kommunikative Erzeugung des Themas. Wer als alter Mensch angesprochen wird, hat gar keine Chance, sich diesem Thema zu entziehen. Wer danach gefragt wird, wie er als alter Mensch dies oder jenes empfindet, muss sich als alter Mensch beschreiben. *Wer nur nach Alter fragt, kann nicht sehen, wie wenig die meisten Kommunikationen im Leben eines alten Menschen mit dem Thema ‚Alter' zu tun haben.*

Die Formung der Gruppe ‚alte Menschen‘ lässt sich auf eine konkrete Perspektive, nämlich das Interesse der Alternsforschung am Alter zurückführen. Den alten Menschen selbst ist damit kein großer Dienst getan. Wie zu zeigen war, existiert bereits eine längere Tradition der Alternsforschung, in der nach und nach das

Thema ‚Alter‘ über die Behauptung einer Altersproblematik sichtbar gemacht wird. Sichtbar wird allerdings nur, wonach vorher gefragt worden ist. Die Funktionslosigkeit alter Menschen kann man sehen, wenn man Strukturen über Funktionen erklärt; ihre Ausgrenzung sieht man, wenn man ein Zentrum (Leistungsfähigkeit) zugrunde legt; ihre problematische Identität wird deutlich, wenn man ein alterndes Subjekt einer objektiven Mangelsituation gegenüber platziert.

Dieses Spiel lässt sich unendlich fortsetzen. Mit jeder neuen Perspektive entstehen neue Altersbilder, über deren Gültigkeit man sich dann endlos streiten kann. Eine Essenz ‚Alter' wird man auf diesem Wege nicht finden und – so meine These – sie existiert auch gar nicht. Das Phänomen Alter lebt zunächst schlicht von der Kommunikabilität des Themas ‚Alter'. Die Plausibilität, die sich in Biographien und (funktions-)systemspezifischen Kontakten mit der Kategorie ‚Alter' erwirtschaften lässt, rechtfertigt ihren Gebrauch und stimuliert immer wieder zu neuen Kontextualisierungen. Gerade die Unspezifizität der Kategorie ‚Alter' prädestiniert sie für weitausholende Selbstbeschreibungen, aber auch für allgemeine Gesellschaftsdiagnosen. Der Alternsforschung selbst wird damit immer nur sichtbar, was ihre jeweilige Perspektive ihr ermöglicht.

Was bleibt vom Alter übrig, wenn man eine konstruktivistische Theorieanlage zugrunde legt? Wo vorher die Problematik so deutlich sichtbar wurde, die Klientel so scharf umrissen war und es natürlich auch nicht zu leugnen ist, dass es hilfebedürftige alte Menschen gibt, bleibt jetzt nur noch das Wissen um die Standortabhängigkeit der eigenen Beobachtung. Auf der Grundlage einer inklusionstheoretischen Fragestellung ergeben sich neue Forschungsperspektiven, die nur deshalb zunächst so undeutlich erscheinen, weil sie vom vorausgesetzten Bild eines hilfebedürftigen Alters abweichen.

Die eigentlich spannenden Fragen in Bezug auf das Thema ‚Alter' sind bislang, aufgrund von vorschnellen Essentialisierungen, unbeantwortet geblieben. Zum Beispiel verbleibt noch zu erforschen, was im Leben alter Menschen passiert, wenn sie gerade mal nicht den Rollenklischees des (hilfebedürftigen oder auch aktiven) alten Menschen entsprechen. Sind sie immer alt oder gibt es auch Situationen, in denen alte Menschen genau das tun, was junge Menschen oder gesunde Menschen oder „gesellschaftlich integrierte“ Menschen auch tun? Und welchen Stellenwert hat dann diese Alterslosigkeit für den einzelnen? Welche Parallelen gibt es zwischen den alten Menschen der Alternsforschung mit ihren „klassischen

Problemen“ (Funktionslosigkeit, Ausgrenzung, unklare Identität) und anderen im Arbeitsmarkt systematisch nicht inkludierten Personengruppen (Jugendlichen, Arbeitslosen, Hausfrauen)?

Am Anfang solcher und ähnlicher Überlegungen steht jedoch immer die grundsätzliche Auseinandersetzung mit der Frage: Auf welche Weise verwendet man (nicht nur die alten Menschen) das Thema ‚Alter’ in seinem Leben? Eine biographietheoretische Forschung, die nicht nach Alter fragt, sondern induktiv aus dem Material ableitet, wann Menschen auf die Kategorie ‚Alter‘ zurückgreifen, steht noch aus. Sie würde darüber informieren, welche Unterscheidungen mit dem Gebrauch der Kategorie ‚Alter’ getroffen werden und was man mit diesen Unterscheidungen sehen kann. Biographische Selbstbeschreibungen lassen sich aus dieser Perspektive als Erzählformen, Strukturen und Anwendungen identifizieren, in denen zeitliche Unterscheidungen hergestellt und genutzt werden. Um Alter sehen zu können, braucht man Vergleichskategorien, weswegen es sich lohnen würde, Alter als Thema mit anderen Themen zu vergleichen.

Eine Analyse dieser Mechanismen der Herstellung von Alter verspricht auch gleichzeitig einen Einblick in die gesellschaftliche Praxis der altersrelevanten Berufsgesellschaft und der altersirrelevanten Wissensgesellschaft. Vermutlich ist eine Wissensgesellschaft viel weniger an einer diskriminierenden Unterscheidung von alten und jungen Arbeitnehmern interessiert, als es zunächst aussieht. Im Zentrum einer sich für kognitive Potentiale interessierenden Gesellschaft müsste eigentlich vor allem die kognitive Leistungsfähigkeit stehen und auffallen müsste dann auch, dass Alter nicht mit kognitiven Einbußen gleichgesetzt werden kann. Sehen kann man dies jedoch nur, wenn man Arbeitnehmer ab einem bestimmten Alter nicht als alte Arbeitnehmer einordnet. Und sicherlich wird hierbei auch eine Rolle spielen, ob alte Menschen für sich den Schonraum der Altersrolle in Anspruch nehmen, um sich neuen Anforderungen verweigern zu können.

Der Alternsforschung eröffnen sich neue Forschungsperspektiven, wenn sie nicht schon immer weiß, dass Alter ein anderes Wort für Probleme ist.

Literatur

Achenbaum, W.A. 1989: Foreword: Literature's Value in Gerontological Research. In: Dorotka Bagnell, P. von & Spencer Soper, P. (Hg.): Perceptions of Aging in Literature. A Cross-Cultural Study. New York, Westport, London, S. XIII-XXII.

Alexander, J.C. 1987: Twenty Lectures. Sociological Theory since World War II. New York.

Albrecht, G. 1975: Obdachlose als Objekte von Stigmatisierungsprozessen. In: Brusten, M. & J. Hohmeier (Hg.): Stigmatisierung 1. Zur Produktion gesellschaftlicher Randgruppen. Neuwied, Darmstadt, S. 79-108.

Amann, A. 1993: Soziale Ungleichheit im Gewande des Alters — Die Suche nach Konzepten und Befunden. In: Naegele, G. & H.P. Tews (Hg.): Lebenslagen im Strukturwandel des Alters. Opladen, S. 100-115.

Amann, A. 2004: Die großen Alterslügen. Generationenkrieg, Pflegechaos, Fortschrittsbremse? Wien.

Anderson, J. R. 1996: Kognitive Psychologie. Heidelberg, Berlin, Oxford.

Ariès, Ph. 1983: Une histoire de la vieillesse? Entretien avec Philippe Ariès. In: Communications 37: Le continent gris, S. 47-54.

Auer, A. 1996: Geglücktes Altern. Eine theologisch-ethische Ermutigung. Freiburg.

Baier, H. 1977: Zueignung. In: Ders. (Hg.): Freiheit und Sachzwang. Beiträge zu Ehren Helmut Schelskys. Opladen, S. 7-9.

Backes, G.M. & W. Clemens 2003: Lebensphase Alter. Weinheim, München.

Backes, G.M, Clemens, W. & H. Künemund 2004: Lebensformen und Lebensführung im Alter. Wiesbaden.

Baltes, P.B. & M.M. Baltes 1989: Optimierung durch Selektion und Kompensation. Ein psychologisches Modell erfolgreichen Alterns. In: Zeitschrift für Pädagogik 1, S. 85-107.

Baltes, P.B. & J. Mittelstraß (Hg.) 1992: Zukunft des Alterns und gesellschaftliche Entwicklung. Berlin, New York.

Beauvoir, S. de 1972: Das Alter. Essay. Reinbek bei Hamburg.

Beck, U. 1986: Risikogesellschaft. Auf dem Weg in eine andere Moderne. Frankfurt/M.

Becker, H.S. 1973: Außenseiter. Zur Soziologie abweichenden Verhaltens. Orig. 1961. Tübingen.

Behrens, J. 1996 (Hg.): Kritische Übergänge. Statuspassagen und sozialpolitische Institutionalisierung. Frankfurt u.a.

Bendit, R., Mauger, G. & Ch. von Wolffersdorff (Hg.) 1993: Jugend und Gesellschaft. Baden-Baden.

Berger, P. & St. Hradil 1990: Die Modernisierung sozialer Ungleichheit – und die neuen Konturen ihrer Erforschung. In: Dies. (Hg.): Lebenslagen, Lebensläufe, Lebensstile. Soziale Welt: Sonderband 7. Göttingen, S. 3-26.

Berger, J. 1996: Was behauptet die Modernisierungstheorie wirklich – und was wird ihr bloß unterstellt? In: Leviathan. Zeitschrift für Sozialwissenschaft 24, S. 45-62.

Bergmann, J. 1981: Ethnomethodologische Konversationsanalyse. In: Schröder P. & H. Steger (Hg.): Dialogforschung. Düsseldorf, S. 9-51.

Bette, K.-H. 1987: Wo ist der Körper? In: Baecker, D. (Hg.): Theorie als Passion. Frankfurt/M., S. 600-628.

Bierlein, K., Opp, J. & H. Winter (Hg.) 1992: Alt werden ohne Angst. Anregungen für ein gelingendes Miteinander. München.

Bischoff, C. 1992: Frauen in der Krankenpflege. Zur Entwicklung von Frauenrolle und Frauenberufstätigkeit im 19. und 20. Jahrhundert. Frankfurt/M., New York.

Blaikie, A. 2002: The Secret World of Subcultural Aging: What Unites and What Divides? In: Andersson, L. (Hg.): Cultural Gerontology. Westport/Connecticut, London, S. 95-110.

Bölsker-Schlicht, F. 1988: Der historische Wandel der Altersposition. In: Howe, J. u.a. (Hg.): Lehrbuch der psychologischen und sozialen Alternswissenschaft. Heidelberg, S. 36-73.

Bohle, H.H. 1987: Abweichendes Verhalten. In: Eyferth, H., Otto, H.-U. & H. Thiersch (Hg.): Handbuch zur Sozialarbeit/Sozialpädagogik. Neuwied, Darmstadt, S. 1-11.

Bohnsack, R. 1992: Interaktion und Kommunikation. In: Korte, H. & B. Schäfers (Hg.): Einführung in Hauptbegriffe der Soziologie. Opladen, S. 35-58.

Bollinger, H. & J. Hohl 1981: Auf dem Weg von der Profession zur Beruf. In: Soziale Welt 32, S. 440-464.

Borscheid, P. 1987: Geschichte des Alters. 16.-18. Jahrhundert. Münster.

Borscheid, P. 1993: Alterskonjunkturen, oder: Von der Verehrung und Verachtung der Alten in der Geschichte. In: Biegel, G. (Hg.): Geschichte des Alters in ihren Zeugnissen von der Antike bis zur Gegenwart. Braunschweig, S. 35-46.

Brandt, S. 1993: Religiöses Handeln in moderner Welt. Talcott Parsons' Religionssoziologie im Rahmen seiner allgemeinen Handlungs- und Systemtheorie. Frankfurt/M.

Brauchbar, M. & H. Heer 1995: Zukunft Alter. Herausforderung und Chance. Reinbek bei Hamburg.

Braun, U. & R. Halisch 1989: Pflegeplanung als Arbeitsstil. Hannover.

Bruder, K.-J. 1993: Subjektivität und Postmoderne. Der Diskurs der Psychologie. Frankfurt/M.

Brusten, M. & J. Hohmeier 1975: Vorwort. In: Dies. (Hg.): Stigmatisierung 1. Neuwied und Darmstadt, S. 1-4.

Burgess, E.W. 1960: Aging in Western Cultures. In: Dies. (Hg.): Aging in Western Societies. Chicago, S. 3-28.

Butler, R.N. 1963: The Life Review: An Interpretation of Reminiscence in the Aged. In: Psychiatry 26, S. 65-76.

Butler, J. 1991: Das Unbehagen der Geschlechter. Frankfurt/M.

Bytheway, B. 1993: Ageing and Biography: The Letters of Bernard and Mary Berenson. In: Sociology 2, S. 153-165.

Capelle, W. 1955: Einleitung. In: Hippokrates: Fünf auserlesene Schriften. Eingel. u. übertragen von W. Capelle. Zürich, S. 9-57.

Clees, J. & J. Eierdanz 1996: Bühne frei im Altenheim. In: Altenpflege 11, S. 708-710.

Cole, Th. & M. G. Winkler 1988: „Unsere Tage zählen". Ein historischer Überblick über Konzepte des Alterns in der westlichen Kultur. In: Göckenjan, G. & H.-J. von Kondratowitz (Hg.): Alter und Alltag. Frankfurt/M., S. 35-66.

Conrad, Ch. 1994: Vom Greis zum Rentner. Der Strukturwandel des Alters in Deutschland zwischen 1830-1930. Göttingen.

Conrad, Ch. & H.-J. von Kondratowitz 1993: Einleitung: Repräsentationen des Alters vor und nach der Moderne. In: Dies. (Hg.): Zur Kulturgeschichte des Alterns. Berlin, S. 1-16.

Cumming, E. & W.E. Henry 1961: Growing Old: The Process of Disengagement. New York.

Dahrendorf, R. 1967: Pfade aus Utopia. Arbeiten zur Theorie und Methode der Soziologie. München.

Dieck, M. 1991: Altenpolitik. In: Oswald, D. u.a. (Hg.): Gerontologie. Medizinische, psychologische und sozialwissenschaftliche Grundbegriffe. Stuttgart, Berlin, Köln, Mainz, S. 19-30.

Dieck, M. & G. Naegele 1993: „Neue Alte" und alte soziale Ungleichheiten – vernachlässigte Dimensionen in der Diskussion des Altersstrukturwandels. In: Ders. & H.P. Tews (Hg.): Lebenslagen im Strukturwandel des Alters. Opladen, S. 43-60.

Die Zeit: Die vergreiste Republik. Wiedergeburt am Arbeitsplatz? Mit 65 von vorn beginnen? Die Vergreisung Deutschlands erfordert neue Bildungs- und Karrierekonzepte. ZEIT-Forum der Wissenschaft vom 16. Juni 2003 in der Berlin-Brandenburgischen Akademie der Wissenschaften in Berlin. In: Die Zeit, 26.06.2003, S. 31.

Dittmann-Kohli, F. 1990: Sinngebung im Alter. In: Mayring, Ph. & W. Saup (Hg.): Entwicklungsprozesse im Alter. Stuttgart, S. 145-166.

Dittmann-Kohli, F. & U.M. Staudinger 1992: Lebenserfahrung und Lebenssinn. In: Baltes, P.B. & J. Mittelstraß (Hg.): Zukunft des Alterns und gesellschaftliche Entwicklung. Berlin, S. 408-436.

Döring, Th. 1993: Bilder vom alten Menschen – Anmerkungen zu Themen, Funktionen, Ästhetik. In: Berger, U. & J. Desel (Hg.): Bilder vom alten Menschen in der niederländischen und deutschen Kunst 1550-1750. Ausstellung im Herzog-Anton-Ulrich-Museum Braunschweig. Braunschweig, S. 17-36.

Dokumentation der Süddeutschen Zeitung zum 1. Kompetenz-Kongress der Hypo-Bank.

Eberle, T.S. 1997: Ethnomethodologische Konversationsanalyse. Hitzler, R. & A. Honer (Hg.): Sozialwissenschaftliche Hermeneutik. Opladen, S. 245-278.

Eco, U. 1996: Chronik einer sündigen Nacht: Wie man Sex im Internet sucht. In: Zeitmagazin 27, S. 30.

Eisenstadt, S.N. 1966: Von Generation zu Generation. Altersgruppen und Sozialstruktur. Orig. 1956. München.

Eisenstadt, S.N. 1979: Tradition, Wandel und Modernität. Orig. 1973. Frankfurt/M.

Eisenstadt, S.N. 1982: Revolution und die Transformation von Gesellschaften. Eine vergleichende Untersuchung verschiedener Kulturen. Orig. 1978. Opladen.

Eisenstadt, S.N. 1993: Introduction: Some Reflections on Sociological Theory and of an Illusion Free Sociology. In: Ders. & W.K. Schulz (Hg.): Entillusionierung als Programm: Beiträge zur Soziologie von Shmuel N. Eisenstadt. Weinheim, S. 7-23.

Elwert, G. 1990: Altersordnung, Autorität und Aushandlung bei den Ayizo. In: Ders. u.a. (Hg.): Im Lauf der Zeit. Ethnographische Studien zur gesellschaftlichen Konstruktion von Lebensaltern. Saarbrücken, Fort Lauderdale, S. 83-106.

Erikson, E.H. 1965: Kindheit und Gesellschaft. Orig. 1950. Stuttgart.

Erlemeier, N. 1994: Psychologie des Alterns. Script zur Vorlesung.

Esser, H. 1993: Soziologie. Allgemeine Grundlagen. Frankfurt/M., New York.

Faulkner, Th.M. 1994: Gerontology and Classics: A Bibliography. In: Ageing and Society 14, S. 109-114.

Feil, N. 1992: Validation. Ein neuer Weg zum Verständnis alter Menschen. Wien.

Feldmann, K. 1995: Leben und Tod im Werk von Talcott Parsons. In: Ders. & W. Fuchs-Heinritz: Beiträge zur Soziologie des Todes. Frankfurt/M., S. 140-172.

Ferchoff, W., Sander, U. & R. Vollbrecht (Hg.) 1995: Jugendkulturen — Faszination und Ambivalenz. Einblicke in jugendliche Lebenswelten. Weinheim und München.

Fischer, W. & M. Kohli 1987: Biographieforschung. In: Voges, W. (Hg.): Methoden der Biographie- und Lebenslaufforschung. Opladen, S. 25-50.

Flösser, G., Otto, H.U., Prüß, F. & M. Schmidt 1992: Jugendhilfe im Umbruch. Institutionalisierungsprozesse, Problemlagen, Interventionsformen in den neuen Bundesländern. In: Neue Praxis 3, S. 280-288.

Fosbrooke, H. 1978: Die Altersgliederung als gesellschaftliches Grundprinzip – Eine Untersuchung am Beispiel des Hirtenvolkes der Maasai in Ostafrika. In: Rosenmayr, L. (Hg.): Die menschlichen Lebensalter. Kontinuität und Krisen. München, Zürich, S. 23-79.

Foucault, M. 1988: Die Geburt der Klinik. Eine Archäologie des ärztlichen Blicks. Frankfurt/M.

Freter, H.-J. & M. Kohli 1993: Engagement im Ruhestand. Ein zusammenfassender Vergleich. In: Kohli, M. u.a.: Engagement im Ruhestand. Opladen, S. 275-292.

Friedan, B. 1995: Mythos Alter. Reinbek bei Hamburg.

Friedrich, M. 1986: Der interpretative Ansatz in der Devianzsoziologie. Nachforschungen über den Idealismusvorwurf. München.

Fuchs, P. 1992: Die Erreichbarkeit der Gesellschaft. Zur Konstruktion und Imagination gesellschaftlicher Einheit. Frankfurt/M.

Fürstenberg, F. 1965: Randgruppen in der modernen Gesellschaft. In: Soziale Welt 16, S. 236-245.

Gergen, M. & K.J. Gergen 2003: Positive Aging. In: Gubrium, J.F. & J.A. Holstein (Hg.): Ways of Aging. Oxford u.a., S. 203-223.

Giesen, B. 1980: Makrosoziologie: Eine evolutionstheoretische Einführung. Hamburg.

Giesen, B. 1991: Die Entdinglichung des Sozialen. Eine evolutionstheoretische Perspektive auf die Postmoderne. Frankfurt/M.

Gilleard, Ch. 1991: Review: Paul B. Baltes and Margret M. Baltes (eds), Successful Aging. In: Ageing and Society 11, S. 404-406.

Glaser, H., Röbke, Th., Zeman, P. u.a. (Hg.) 1992: Dem Alter einen Sinn geben. Wie Senioren kulturell aktiv sein können. Beiträge, Beispiele, Adressen. Heidelberg.

Glatzer, W. & H.H. Noll 1992: Vorwort. In: Dies. (Hg.): Lebensverhältnisse in Deutschland: Ungleichheit und Angleichung. Frankfurt/M., New York, S. 3-6.

Glatzer, W. & W. Zapf (Hg.): Lebensqualität in der Bundesrepublik. Objektive Lebensbedingungen und subjektives Wohlbefinden. Frankfurt/M., New York.

Göckenjan, G. 1993: Alter – Ruhestand – Generationenvertrag? Zum Altersdiskurs aus historisch-struktureller Perspektive. In: Aus Politik und Zeitgeschichte 17, S. 3-10.

Göckenjan, G. 2000: Das Alter würdigen. Altersbilder und Bedeutungswandel des Alters. Frankfurt/M.

Görres, S. 1992: Geriatrische Rehabilitation und Lebensbewältigung. Alltagsbezogene Faktoren im Rehabilitationsprozeß und in der Nachsorge chronisch kranker älterer Menschen. Weinheim und München.

Goffman, E. 1969a: The Moral Career of the Mental Patient. Orig. 1959. In: Rubington, E. & M.S. Weinberg (Hg.): Deviance. The Interactionist Perspective. London, S. 88-98.

Goffman, E. 1969b: The Effects of Inmate Status. Orig. 1959. In: Rubington, E. & M.S. Weinberg (Hg.): Deviance. The Interactionist Perspective. London, S. 192-196.

Goffman, E. 1970: Stigma. Über Techniken der Bewältigung beschädigter Identität. Orig. 1963. Frankfurt/M.

Goffman, E. 1972: Asyle. Über die soziale Situation psychiatrischer Patienten und anderer Insassen. Orig. 1961. Frankfurt/M.

Goffman, E. 1974: Frame Analysis. An Essay on the Organization of Experience. New York.

Goffman, E. 1994: Interaktion und Geschlecht. Herausg. u. eingel. v. H.A. Knoblauch, mit einem Nachwort v. H. Kotthoff. Frankfurt, New York.

Gronemeyer, R. 1987: Altenboom oder: Wider die Verschulung des Alters. In: Universitas 9, S. 891-896.

Grün, U. 1993: Zugänge zur Soziologie – Die Buber-Rezeption von Shmuel N. Eisenstadt. In: Plake, K. & W.K. Schulz (Hg.): Entillusionierung als Programm: Beiträge zur Soziologie von Shmuel N. Eisenstadt. Weinheim, S. 39-51.

Gubrium, J.F. 1975: Living and Dying at Murray Manor. New York.

Gubrium, J.F. 1993: Speaking of Life: Horizons of Meaning for Nursing Home Residents. New York.

Gubrium, J.F. & J.A. Holstein 1994: Analyzing Talk and Interaction. In: Sankar, A. & ders. (Hg.): Qualitative Methods in Aging Research. Thousand Oakes, London, New Delhi, S. 173-189.

Gubrium, J.F. & J.A. Holstein 2003: Beyond Stereotypes. In: Dies. (Hg.): Ways of Aging. Oxford u.a., S. 3-10.

Gubrium, J.F. & J.B. Wallace 1990: Who theorises Age? In: Ageing and Society 10, S. 131-149.

Habermas, J. 1967: Logik der Sozialwissenschaften. Philosophische Rundschau, Beiheft 5. Tübingen.

Habermas, J. 1978: Erläuterungen zum Begriff des kommunikativen Handelns. In: Ders.: Vorstudien und Ergänzungen zur Theorie des kommunikativen Handelns. Frankfurt/M., S. 571-606.

Hagestadt, G.O. & B.L. Neugarten 1985: Age and the Life Course. In: Binstock, R.H. & E. Shanas (Hg.): Handbook of Aging and the Social Sciences, 2. Aufl., New York, S. 35-60.

Hahn, A. 1988: Biographie und Lebenslauf. In: Brose, H.G. & B. Hildenbrand (Hg.): Vom Ende des Individuums zur Individualität ohne Ende. Opladen, S. 91-105.

Hazan, H. 2002: Dis-Membered Bodies - Re-Membered Selves: The Discourse of the Institutionalized Old. In: Andersson, L. (Hg.): Cultural Gerontology. Westport/Connecticut, London, S. 207-220.

Herrmann, H. 1985: Vaterliebe. Ich will ja nur dein Bestes. Reinbek bei Hamburg.

Herrmann, U. 1987: Das Konzept der „Generation". In: Neue Sammlung 27, S. 364-377.

Herrmann, U. 1991: Historische Sozialisationsforschung. In: Hurrelmann, K. & D. Ulich (Hg.): Neues Handbuch der Sozialisationsforschung. Weinheim, Basel, S. 231-251.

Hettlage, R. & K. Lenz 1991: Erving Goffman – ein unbekannter Bekannter. In: Dies. (Hg.): Erving Goffman – ein soziologischer Klassiker der zweiten Generation. Bern und Stuttgart, S. 7-24.

Hirschauer, S. 1989: Die interaktive Konstruktion von Geschlechtszugehörigkeit. In: Zeitschrift für Soziologie 18, S. 100-118.

Hirschauer, S. 1993a: Dekonstruktion und Rekonstruktion. Plädoyer für die Erforschung des Bekannten. In: Feministische Studien 2, S. 55-65.

Hirschauer, S. 1993b: Die soziale Konstruktion der Transsexualität. Über die Medizin und den Geschlechtswechsel. Frankfurt/M.

Hirschauer, S. 1995: Die soziale Fortpflanzung von Zweigeschlechtlichkeit. In: Kölner Zeitschrift für Soziologie und Sozialpädagogik 46, S. 668-692.

Hirschauer, S. 1999: Die Praxis der Fremdheit und die Minimierung von Anwesenheit. Eine Fahrstuhlfahrt. In: Soziale Welt 50, S. 221-246.

Hirschauer, S.& J. Bergmann 2002: Willkommen im Club! Eine Anregung zu mehr Kontingenzfreudigkeit in der qualitativen Sozialforschung. Kommentar zu Nassehi/Saake. In: Zeitschrift für Soziologie 31, S. 332-337.

Hoeges, D. 1994: Kontroverse am Abgrund: Ernst Robert Curtius und Karl Mannheim. Intellektuelle und „freischwebende Intelligenz" in der Weimarer Republik. Frankfurt/M.

Höpflinger, F. 1994: Frauen im Alter – Alter der Frauen. Ein Forschungsdossier. Zürich.

Hohmeier, J. 1975: Stigmatisierung als sozialer Definitionsprozeß. In: Brusten, M. & ders. (Hg.): Stigmatisierung 1. Zur Produktion gesellschaftlicher Randgruppen, S. 5-24.

Hohmeier, J. 1978: Alter als Stigma. In: Ders. & H.-J. Pohl (Hg.): Alter als Stigma oder wie man alt gemacht wird. Frankfurt/M., S. 10-30.

Hollstein, B. & C.G. Ullrich 2003: Einheit trotz Vielfalt? Zum konstitutiven Kern qualitativer Forschung. In: Soziologie, S. 29-43

Hoppe, B. & Ch. Wulf (Hg.) 1996: Altern braucht Zukunft. Anthropologie, Perspektiven, Orientierungen. Hamburg.

Hradil, S. 1992: Soziale Mileus und ihre empirische Untersuchung. In: Glatzer, W. (Hg.): Entwicklungstendenzen der Sozialstruktur. Frankfurt/M., New York.

Hummel, K. 1982: Öffnet die Altersheime! Weinheim, Basel.

Hummel, K. 1991: Freiheit statt Fürsorge. Vernetzung als Instrument zur Reform kommunaler Altenhilfe. Hannover.

Hurrelmann, K. 1983: Das Modell des produktiv realitätsverarbeitenden Subjekts in der Sozialisationsforschung. In: Zeitschrift für Sozialisationsforschung und Erziehungssoziologie 3, S. 91-104.

Hurrelmann, K. & D. Ulich 1991: Gegenstands- und Methodenfragen der Sozialisationsforschung. In: Dies. (Hg.): Neues Handbuch der Sozialisationsforschung. Weinheim, Basel, S. 3-20.

Interdisziplinäre Nordrhein-Westfälische Forschungsarbeitsgemeinschaft „Sterben und Tod“ 1996: Sterben und Tod. Annotierte Auswahlbibliographie. Opladen.

Imhof, A. E. 1981: Die gewonnenen Jahren. Von der Zunahme unserer Lebensspanne seit dreihundert Jahren oder von der Notwendigkeit einer neuen Einstellung zu Leben und Sterben. München.

Jensen, S. 1976: Einleitung. In: Parsons, T.: Zur Theorie sozialer Systeme. Herausg. u. eingel. v. S. Jensen. Opladen, S. 9-68.

Johnson, B. 1975: Functionalism in Modern Sociology. Understanding Talcott Parsons. Morristown, New Jersey.

Junker, J.-P. 1973: Alter als Exil. Zur gesellschaftlichen Ausgrenzung des alten Menschen. Zürich, Einsiedeln, Köln.

Kade, S. 1994a: Einleitung. In: Dies. (Hg.): Individualisierung und Älterwerden. Bad Heilbrunn, S. 9-16.

Kade, S. 1994b: Altersbildung. Ziele und Konzepte. Frankfurt/M.

Kapferer, R. (Hg.) 1934: Die Werke des Hippokrates. Die hippokratische Schriftensammlung in neuer deutscher Übersetzung. Stuttgart, Leipzig.

Karstedt, S. 1975: Soziale Randgruppen und soziologische Theorie. In: Brusten, M. & J. Hohmeier (Hg.): Stigmatisierung 1. Neuwied und Darmstadt, S. 169-204.

Katz, St. 1996: Disciplining Old Age: The Formation of Gerontological Knowledge. Charlottesville, London.

Kauffeldt, S., Kühnert, S. & A. Wittrahm 1994: Psychologische Grundlagen der Altenarbeit. Bonn.

Kassel, H. 1978: Rollentheorie und Symbolischer Interaktionismus im Spannungsfeld von Subjektivität und Objektivität. Stuttgart.

Keckeisen, W. 1974: Die gesellschaftliche Definition abweichenden Verhaltens. Perspektiven und Grenzen des labeling approach. München.

Kecskes, R. & Ch. Wolf 1996: Konfession, Religion und soziale Netzwerke. Zur Bedeutung christlicher Religiosität in personalen Beziehungen. Opladen.

Kertzer, D.J. 1995: Toward a Historical Demography of Aging. In: Ders. & P. Laslett (Hg.): Aging in the Past. Berkeley, Los Angeles, London, S. 303-384.

Kettler, D., Meja, V. & N. Stehr 1989: Politisches Wissen. Studien zu Karl Mannheim. Frankfurt/M.

Klima, R. 1979: Die Entwicklung der soziologischen Lehre an den westdeutschen Universitäten 1950-1975. Eine Analyse der Vorlesungsverzeichnisse. In: Lüschen, G. (Hg.): Deutsche Soziologie seit 1945. Kölner Zeitschrift für Soziologie. Sonderheft 21. Opladen, S. 221-256.

Klose, H.U. (Hg.) 1993: Altern hat Zukunft. Bevölkerungsentwicklung und dynamische Wirtschaft. Opladen.

Kneer, G. 1996: Rationalisierung, Disziplinierung und Differenzierung. Zum Zusammenhang von Sozialtheorie und Zeitdiagnose bei Jürgen Habermas, Michel Foucault und Niklas Luhmann. Opladen.

Kneer, G. & A. Nassehi 1993: Niklas Luhmanns Theorie sozialer Systeme: Eine Einführung. München.

Knopf, D. u.a. (Hg.) 1989: Produktivität des Alters. Berlin.

Knopf, D., Schäffter, O. & R. Schmidt 1988: Produktivität des Alters. Zur Neubestimmung der gesellschaftlichen Funktionen der nachberuflichen Lebensphasen – ein Tagungsbericht. In: Blätter der Wohlfahrtspflege 7-8, S. 164-166.

Kögler, A. 1976: Die Entwicklung von 'Randgruppen' in der BRD. Literaturstudie zur Entwicklung randständiger Bevölkerungsgruppen. Göttingen.

Kohli, M. 1983: Thesen zur Geschichte des Lebenslaufs als sozialer Institution. In: Conrad, Ch. & H.-J. von Kondratowitz (Hg.): Gerontologie und Sozialgeschichte. Wege zu einer historischen Betrachtung des Alters. Berlin, S. 133-150.

Kohli, M. 1985: Die Institutionalisierung des Lebenslaufs. Historische Befunde und theoretische Agumente. In: KZfSS 37, S. 1-29.

Kohli, M. 1987: Ruhestand und Moralökonomie. Eine historische Skizze. In: Heinemann, H. (Hg.): Soziologie wirtschaftlichen Handelns. Sonderheft der KZfSS. Opladen, S. 391-416.

Kohli, M. 1988: Normalbiographie und Individualität: Zur institutionellen Dynamik des gegenwärtigen Lebenslaufregimes. In: Brose, H.-G. & B. Hildenbrand (Hg.): Vom Ende des Individuums zur Individualität ohne Ende. Opladen, S.3-54.

Kohli, M. 1989: Erwerbsleben und Ruhestand. In: Baltes, M.M. & P.B. Baltes (Hg.): Erfolgreiches Altern. Bedingungen und Variationen. Bern, Stuttgart, Toronto, S. 47-54.

Kohli, M. 1990: Das Alter als Herausforderung für die Theorie sozialer Ungleichheit. In: Berger, P. & S. Hradil (Hg.): Lebenslagen, Lebensläufe, Lebensstile. Sonderband 7 der Sozialen Welt. Göttingen, S. 387-406.

Kohli, M. 1991: Lebenslauftheoretische Ansätze in der Sozialisationsforschung. In: Hurrelmann, K. & D. Ulich (Hg.): Neues Handbuch der Sozialisationsforschung. Weinheim, Basel, S. 303-317.

Kohli, M. 1992: Altern in soziologischer Perspektive. In: Baltes, P.B. & J. Mittelstraß (Hg.): Zukunft des Alterns und gesellschaftliche Entwicklung. Berlin, New York, S. 231-259.

Kohli, M. 1993: Fragestellungen und theoretische Grundlagen. In: Ders. u.a.: Engagement im Ruhestand. Opladen, S. 13-44.

Kohli, M. & G. Robert 1984: Einleitung. In: Dies. (Hg.): Biographie und soziale Wirklichkeit. Neue Beiträge und Forschungsperspektiven. Stuttgart, S. 1-6.

Kohli, M. u.a. 1993: Engagement im Ruhestand. Rentner zwischen Erwerb, Ehrenamt und Hobby. Opladen.

Kohli M. & H. Künemund (Hg.) 2005: Die zweite Lebenshälfte. Gesellschaftliche Lage und Partizipation im Spiegel des Alters-Survey. Wiesbaden.

Kondratowitz, H.-J. von 1983: Zum historischen Konstitutionsprozeß von „Altersgrenzen". In: Conrad, Ch. & H.-J. von Kondratwitz (Hg.): Gerontologie und Sozialgeschichte. Wege zu einer historischen Betrachtung des Alters. Berlin, S.379ff.

Kondratowitz, H.-J. von 1988: Allen zur Last, niemandem zur Freude. Die institutionelle Prägung des Alterserlebens als historischer Prozeß. In: Göckenjan, G. & ders. (Hg.): Alter und Alltag. Frankfurt/M., S. 100-137.

Korte, H. 1995: Eine Theorie für alle Fälle. Talcott Parsons, Robert K. Merton und der Strukturfunktionalismus. In: Ders.: Einführung in die Geschichte der Soziologie. 3. überarb. Aufl., Opladen, S. 173-190.

Koselleck, R. 1972: Einleitung. In: Brunner, O., Conze, W. & ders. (Hg.): Geschichtliche Grundbegriffe. Historisches Lexikon zur politisch-sozialen Sprache in Deutschland. Stuttgart, S. XIII-XXVII.

Koselleck, R. 1979: Vergangene Zukunft. Zur Semantik geschichtlicher Zeiten. Frankfurt/M.

Kotre, J. 1995: Weiße Handschuhe. Wie das Gedächtnis Lebensgeschichten schreibt. München, Wien.

Krappmann, L. 1982: Soziologische Dimensionen der Identität. Strukturelle Bedingungen für die Teilnahme an Interaktionsprozessen. Stuttgart.

Krawietz, W. 1985: Über die Fachgrenzen der Soziologie hinaus: Helmut Schelskys 'transzendentale' Theorie von Recht und Gesellschaft. In: Weinberger, O. & W. Krawietz (Hg.): Helmut Schelsky als Soziologe und politischer Denker. Stuttgart, S. 12-22.

Kretzen, D. & D. Plehwe 1995: Gesellschaftsbluff am Gipfel. Reisebericht durch Visionen und Kritik der 'Informationsgesellschaft'. In: Forum Wissenschaft 1, S. 28-33.

Kruse, A. 1990: Potentiale im Alter. In: Zeitschrift für Gerontologie 23, S. 235-245.

Kuypers, J.A. & V.L. Bengtson 1973: Social Breakdown and Competence: A Model of Normal Aging. In: Human Development 16, 181-201.

Landweer, H. 1993: Kritik und Verteidigung der Kategorie Geschlecht. Wahrnehmungs- und symboltheoretische Überlegungen zur sex/gender-Unterscheidung. In: Feministische Studien 2, S. 34-43.

Landweer, H. 1994: Generativität und Geschlecht. Ein blinder Fleck in der sex/gender-Debatte. In: Wobbe, Th. & G. Lindemann (Hg.): Denkachsen. Zur theoretischen und institutionellen Rede vom Geschlecht. Frankfurt/M, S. 147-176.

Laslett, P. 1995: Das Dritte Alter. Historische Soziologie des Alterns, Weinheim und München.

Laslett, P. 1995a: Necessary Knowledge: Age and Aging in the Societies of the Past. In: Kertzer, D.J. & P. Laslett (Hg.): Aging in the Past. Berkeley, Los Angeles, London, S. 3-80.

Lehr, U. 1969: Die Frau im Beruf. Eine psychologische Analyse der weiblichen Berufsrolle. Frankfurt/M., Bonn.

Lehr, U. 1977: Psychologie des Alterns. 3. durchges. u. erw. Aufl., Heidelberg.

Lehr, U. 1978a: Älterwerden als Frau – ein Beitrag zur differentiellen Gerontologie. In: Dies. (Hg.): Seniorinnen. Zur Situation der älteren Frau. Darmstadt, S. 1-5.

Lehr, U. 1978b: Die Situation der älteren Frau – psychologische und soziale Aspekte. In: Dies. (Hg.): Seniorinnen. Zur Situation der älteren Frau. Darmstadt, S. 6-26.

Lehr, U. 1979: Gero-Intervention – das Insgesamt der Bemühungen, bei psychophysischem Wohlbefinden ein hohes Lebensalter zu erreichen. Darmstadt, S. 1-49.

Lehr, U. 1983: Altern bis zum Jahre 2000 und danach – Die Herausforderung der Zukunft. In: Dies. (Hg.): Altern – Tatsachen und Perspektiven. Ergebnisse interdisziplinärer gerontologischer Forschung. Bonn, S. 1-32.

Lehr, U. 1987: Zur Situation der älterwerdenden Frau. Bestandsaufnahmen und Perspektiven bis zum Jahre 2000. München.

Lehr, U. 1987a: Kompetenz im Alter. Ist die Bundesrepublik ein Land der Hilfebedürftigen? In: Universitas 9, S. 879-890.

Lehr, U. & K. Repgen (Hg.) 1994: Älterwerden – Chance für Mensch und Gesellschaft. Landsberg.

Lehr, U. & F.E. Weinert 1975: Entwicklung und Persönlichkeit. Beiträge zur Psychologie intra- und interindividueller Unterschiede. Stuttgart, Berlin, Köln, Mainz.

Leisering, L. & J. Behrens (Hg.) 1993: Moderne Lebensläufe im Wandel. Beruf – Familie – soziale Hilfen – Krankheit. Weinheim.

Lenz, K. 1991: Erving Goffman – Werk und Rezeption. In: Hettlage, R. & ders. (Hg.): Erving Goffman – ein soziologischer Klassiker der zweiten Generation. Bern und Stuttgart, S. 25-94.

Lindemann, G. 1993: Wider die Verdrängung des Leibes aus der Geschlechtskonstruktion. In: Feministische Studien 2, S. 44-54.

Lindemann, G. 1994: Die Konstruktion der Wirklichkeit und die Wirklichkeit der Konstruktion. In: Wobbe, Th. & G. Lindemann (Hg.): Denkachsen. Zur theoretischen und institutionellen Rede vom Geschlecht. Frankfurt/M., S. 115-146.

Linton, R. 1974: Gesellschaft, Kultur und Individuum. Orig. 1945. Frankfurt/M.

Lipp, W. 1986: Institution, Reflexion und Freiheit – Wege in Widersprüche. In: Baier, H. (Hg.): Helmut Schelsky – ein Soziologe in der Bundesrepublik. Stuttgart, S. 78-95.

Lorey, I. 1993: Der Körper als Text und das aktuelle Selbst: Butler und Foucault. In: Feministische Studien 2, S. 10-23.

Luhmann, N. 1968: Die Knappheit der Zeit und die Vordringlichkeit des Befristeten. In: Die Verwaltung 1, S. 3-30.

Luhmann, N. 1972a: Funktion und Kausalität. In: Ders.: Soziologische Aufklärung 1. Aufsätze zur Theorie sozialer Systeme. Opladen, S. 9-30.

Luhmann, N. 1972b: Rechtssoziologie. Reinbek bei Hamburg.

Luhmann, N. 1972c: Funktionale Methode und Systemtheorie. In: Ders.: Soziologische Aufklärung 1, Aufsätze zur Theorie sozialer Systeme. Opladen, S. 31-53.

Luhmann, N. 1972d: Soziologie des politischen Systems. In: Ders.: Soziologische Aufklärung 1, Aufsätze zur Theorie sozialer Systeme. Opladen, S. 154-177.

Luhmann, N. 1975: Formen des Helfens im Wandel gesellschaftlicher Bedingungen. In: Ders.: Soziologische Aufklärung 2, Aufsätze zur Theorie der Gesellschaft. Opladen, S. 134-149.

Luhmann, N. 1978: Handlungstheorie und Systemtheorie. In: KZfSS 30, S. 211-227.

Luhmann, N. 1980a: Talcott Parsons – Zur Zukunft eines Theorieprogramms. In: ZfS 9, S. 5-17

Luhmann, N. 1980b: Gesellschaftliche Struktur und semantische Tradition. In: Ders.: Gesellschaftsstruktur und Semantik: Studien zur Wissenssoziologie der modernen Gesellschaft, Band 1, Frankfurt/M., S. 9-71.

Luhmann, N. 1980c: Frühneuzeitliche Anthropologie: Theorietechnische Lösungen für ein Evolutionsproblem der Gesellschaft. In: Ders.: Gesellschaftsstruktur und Semantik. Studien zur Wissenssoziologie der modernen Gesellschaft, Band 1. Frankfurt/M., S. 162-234.

Luhmann, N. 1981a: Wie ist soziale Ordnung möglich? In: Ders.: Gesellschaftsstruktur und Semantik. Studien zur Wissenssoziologie der modernen Gesellschaft, Bd. 2. Frankfurt/M., S. 195-286.

Luhmann, N. 1981b: Politische Theorie im Wohlfahrtsstaat. München, Wien.

Luhmann, N. 1984: Soziale Systeme. Grundriß einer allgemeinen Theorie. Frankfurt/M.

Luhmann, N. 1988: Warum AGIL? In: KZfSS 40, S. 127-139.

Luhmann, N. 1989: Individuum, Individualität, Individualismus. In: Ders.: Gesellschaftsstruktur und Semantik. Studien zur Wissenssoziologie der modernen Gesellschaft. Bd. 3. Frankfurt/M., S. 149-258.

Luhmann, N. 1990a: Der medizinische Code. In: Ders.: Soziologische Aufklärung 5, Konstruktivistische Perspektiven. Opladen, S. 183-195.

Luhmann, N. 1990b: Sozialsystem Familie. In: Ders.: Soziologische Aufklärung 5, Konstruktivistische Perspektiven. Opladen, S. 196-217.

Luhmann, N. 1990c: Das Erkenntnisprogramm des Konstruktivismus und die unbekannt bleibende Realität. In: Ders.: Soziologische Aufklärung 5, Konstruktivistische Perspektiven. Opladen, S. 31-58.

Luhmann, N. 1990d: Ökologische Kommunikation. Kann die moderne Gesellschaft sich auf ökologische Gefährdungen einstellen? Opladen.

Luhmann, N. 1991a: Die Form „Person". In: Soziale Welt 42, S. 166-175.

Luhmann, N. 1994: Die Wirtschaft der Gesellschaft. Frankfurt/M.

Luhmann, N. 1995: Metamorphosen des Staates. In: Ders.: Gesellschaftsstruktur und Semantik. Studien zur Wissenssoziologie der modernen Gesellschaft. Frankfurt/M., S. 101-137.

Luhmann, N. 1997: Die Gesellschaft der Gesellschaft. Frankfurt/M.

Lynch, M. 2000: Against Reflexivity as an Academic Virtue and Source of Privileged Knowledge. In: Theory, Culture & Society 17, S. 26-54.

Mader, W. 1994: Emotionalität und Individualität im Alter – Biographische Aspekte des Alterns. In: Kade, S. (Hg.): Individualisierung und Älterwerden. Bad Heilbrunn, S. 95-114.

Mader, W. 1995: Altwerden in einer alternden Gesellschaft? Auf dem Weg zu pluralen Alterskulturen. In: Ders. (Hg.): Altwerden in einer alternden Gesellschaft. Kontinuität und Krisen in biographischen Verläufen. Opladen, S. 13-36.

Malinowski, B. 1965: A Scientific Theory of Culture and Other Essays. Orig. 1944. New York.

Mannheim, K. 1964: Das Problem der Generationen. Orig. 1928. In: Ders.: Wissenssoziologie. Auswahl aus dem Werk. Eingel. u. herausg. v. K.H. Wolff. Berlin, Neuwied, S. 509-565.

Mannheim, K. 1969: Ideologie und Utopie. 5. Aufl., Orig. 1929. Frankfurt/M.

Matthes, J. (Hg.) 1983: Krise der Arbeitsgesellschaft? Verhandlungen des 21. Deutschen Soziologentages in Bamberg 1982. Frankfurt/M., New York.

Mayer, K.-U. 1987: Lebenslaufforschung. In: Voges, W. (Hg.): Methoden der Biographie- und Lebenslaufforschung. Opladen, S. 51-74.

Mayer, K.U. & P.B. Baltes (Hg.) 1996: Die Berliner Altersstudie (BASE): Ein Projekt der Berlin-Brandenburgischen Akademie der Wissenschaften. Berlin.

Mayntz, R. & B. Rosewitz 1988: Ausdifferenzierung und Strukturwandel des deutschen Gesundheitssystems. In: Mayntz, R. u.a.: Differenzierung und Verselbständigung. Frankfurt/M., New York, S. 117-179.

Merriam, S. 1980: The Concept and Function of Reminiscence: A Review of the Research. In: The Gerontologist 20, S. 604-609.

Merton, R.K. 1969: Social Theory and Social Structure. New York.

Meyer, F.W. & G. Weber 1981: Devianztheorien und Strafgefangene. Eine empirisch-soziologische Studie. Köln, Wien.

Minkler, M. & A. Robertson 1991: The Ideolgy of 'Age/Race Wars': Deconstructing a Social Problem. In: Ageing and Society 11, S. 1-22.

Minois, G. 1989: History of Old Age. From Antiquity to the Renaissance. Oxford.

Mischo-Kelling, M. 1991: „Die Pflege aus ihrer Sprachlosigkeit herausführen ..." Pflegewissenschaft als Grundlage professioneller personenbezogener Dienstleistungen. In: Rabe-Kleberg, U. u.a. (Hg.): Dienstleistungsberufe in Krankenpflege, Altenpflege und Kindererziehung: Pro Person. Bielefeld, S. 139-155.

Müller, H. K. 1990: Wenn „Söhne" älter als „Väter" sind. Dynamik ostafrikanischer Generations- und Altersklassen am Beispiel der Toposa und Turkana. In: Elwert, G. u.a. (Hg.): Im Lauf der Zeit. Ethnographische Studien zur gesellschaftlichen Konstruktion von Lebensaltern. Saarbrücken, Fort Lauderdale, S.33-49.

Münch, R. 1982: Theorie des Handelns. Zur Rekonstruktion der Beiträge von Talcott Parsons, Emile Durkheim und Max Weber. Frankfurt/M.

Naujokat, G. u.a. (Hg.): 1991: Altwerden ist (k)eine Kunst. Vorbereitung auf das Alter. Ahnatal.

Naegele, G. 1991: Anmerkungen zur These vom „Strukturwandel des Alters" aus sozialpolitikwissenschaftlicher Sicht. In: Sozialer Fortschritt 40, S. 162-172.

Naegele, G. 1993: Standards in der kommunalen Altenplanung – Die Zeit der einfachen Antworten ist vorbei! In: Ders. & S. Kühnert (Hg.): Perspektiven kommunaler Altenpolitik. Hannover, S. 172-196.

Naegele, G. & W. Schmidt 1993: Zukünftige Schwerpunkte kommunalpolitischen Handelns in Altenpolitik und Altenarbeit vor dem Hintergrund des demographischen und soziostrukturellen Wandels des Alters. In: Ders. & S. Kühnert (Hg.): Perspektiven kommunaler Altenpolitik. Hannover, S. 1-26.

Naegele, G. & H.P. Tews 1993: Theorieansätze und -kritik zur Altersentwicklung – Neue und alte sozialpolitische Orientierungen. In: Dies. (Hg.): Lebenslagen im Strukturwandel des Alters. Opladen, S. 329-367.

Naegele, G. & H.P. Tews (Hg.) 1993a: Lebenslagen im Strukturwandel des Alters. Alternde Gesellschaft – Folgen für die Politik. Opladen.

Nassehi, A. 1990: Zum Funktionswandel von Ethnizität im Prozeß gesellschaftlicher Modernisierung. Ein Beitrag zur Theorie funktionaler Differenzierung. In: Soziale Welt 41, S. 261-282.

Nassehi, A. 1992: Wie wirklich sind Systeme? Zum ontologischen und epistemologischen Status von Luhmanns Theorie selbstreferentieller Systeme. In: Krawietz, W. & M. Welker (Hg.): Kritik der Theorie sozialer Systeme. Auseinandersetzungen mit Luhmanns Hauptwerk. Frankfurt/M., S. 43-70.

Nassehi, A. 1993: Die Zeit der Gesellschaft. Auf dem Weg zu einer soziologischen Theorie der Zeit. Opladen.

Nassehi, A. 1994: Die Form der Biographie. Theoretische Überlegungen zur Biographieforschung in methodologischer Absicht. In: BIOS 7, S. 46-63.

Nassehi, A. 1995: Die Deportation als biographisches Ereignis. Eine biographieanalytische Untersuchung. In: Weber, G. u.a.: Die Deportation von Siebenbürger Sachsen in die Sowjetunion 1945-1949, Band II, Die Deportation als biographisches Ereignis und literarisches Thema, S. 5-412.

Nassehi, A. 1997: Inklusion, Exklusion – Integration, Desintegration. Die Theorie funktionaler Differenzierung und die Desintegrationsthese. In: Heitmeyer, W. (Hg.): Was hält die multiethnische Gesellschaft zusammen? Frankfurt/M., S.107-142.

Nassehi, A. 2003: Geschlossenheit und Offenheit. Studien zur Theorie der modernen Gesellschaft. Frankfurt/M.

Nassehi, A., Brüggen, S. & I. Saake 2002: Beratung zum Tode. Eine neue ars moriendi? In: BJS 12, S. 63-85.

Nassehi, A. & I. Saake 2002: Kontingenz: Methodisch verhindert oder beobachtet? Ein Beitrag zur Methodologie der qualitativen Sozialforschung. In: ZfS 31, S. 66-86.

Nassehi, A. & I. Saake 2004: Die Religiosität religiöser Erfahrung. Ein systemtheoretischer Kommentar zum religionssoziologischen Subjektivismus. In: Pastoraltheologie 93, S. 64-81.

Nassehi, A. & G. Weber 1989: Tod, Modernität und Gesellschaft. Entwurf einer Theorie der Todesverdrängung. Opladen.

Nassehi, A. & G. Weber 1990. Zu einer Theorie biographischer Identität. Epistemologische und systemtheoretische Argumente. In: BIOS 3, S. 153-187.

Neidhardt, F. 1976: Identitäts- und Vermittlungsprobleme der Soziologie. In: Lepsius, M.R. (Hg.): Zwischenbilanz der Soziologie. Verhandlungen des 17. Deutschen Soziologentages. Kassel, S. 426-452.

Nies, H. & J. Munnichs 1992: Sinngebung und Altern. Berlin.

Offe, C. 1980: Strukturprobleme des kapitalistischen Staates. Aufsätze zur politischen Soziologie. Orig. 1972. Frankfurt/M.

Offe, C. & K. Hinrich 1977: Sozialökonomie des Arbeitsmarktes und die Lage „benachteiligter“ Gruppen von Arbeitnehmern. In: Projekt Arbeitsmarktpolitik & ders. (Hg.): Opfer des Arbeitsmarktes. Neuwied und Darmstadt, S. 3-62.

Opp, K.D. 1974: Abweichendes Verhalten und Gesellschaftsstruktur. Darmstadt und Neuwied.

Parsons, T. 1942: Age and Sex in the Social Structure of the United States. In: Ders.: Essays in Sociological Theory. Revised Edition. New York 1964, S. 89-103.

Parsons, T. 1945: Systematische Theorie in der Soziologie. Gegenwärtiger Stand und Ausblick. In: Ders.: Beiträge zur soziologischen Theorie. Hg. u. eingel. v. D. Rüschemeyer, Neuwied am Rhein 1964, S. 31-64.

Parsons, T. 1951: The Social System. New York.

Parsons, T. 1955: A Note on Some Biological Analogies. In: Ders. & R.F. Bales: Family, Socialization and Interaction Process. New York, S. 397-402.

Parsons, T. 1961: Foreword, in: Cumming, E. & W.E. Henry (Hg.): Growing old. New York, S. 5-8.

Parsons, T. 1962: The Aging in American Society. In: Law and Contemporary Problems 27, S. 22-35.

Parsons, T. 1964a: Die jüngsten Entwicklungen in der struktur-funktionalen Theorie. In: KZfSS 16, S. 30-49.

Parsons, T. 1964b: Toward a Healthy Maturity. In: Ders.: Social Structure and Personality. Glencoe, Ill., S. 236-254.

Parsons, T. 1964c: Youth in the Context of American Society. In: Ders.: Social Structure and Personality. Glencoe, Ill., S.155-182.

Parsons, T. 1966: Societies. Evolutionary and Comparative Perspectives. Englewood Cliffs, New Jersey.

Parsons, T. 1972: Das System moderner Gesellschaften. Orig. 1971. München.

Parsons, T. 1975: Die Entstehung der Theorie des sozialen Systems: Ein Bericht zur Person. In: Ders., Shils, E. & P.F. Lazarsfeld: Soziologie – autobiographisch. Drei kritische Berichte zur Entwicklung einer Wissenschaft. Orig. 1970. Stuttgart, S. 1-68.

Parsons, T. 1978: Action Theory and the Human Condition. New York.

Parsons, T. & R.F. Bales 1955: Familiy, Socialization and Interaction Process. New York.

Parsons, T. & G. Platt 1990: Die amerikanische Universität. Ein Beitrag zur Soziologie der Erkenntnis. Orig. 1973. Frankfurt/M.

Parsons, T. 1990a: Technischer Anhang: Einige allgemeine theoretische Paradigmen. In: Ders. & G. Platt 1990: Die amerikanische Universität. Ein Beitrag zur Soziologie der Erkenntnis, Orig. 1973. Frankfurt/M., S. 549-587.

Passuth, P.M. & V.L. Bengtson 1988: Social Theories of Aging: Current Perspectives and Future Directions. In: Birren, J.E. & V.L. Bengtson (Hg.): Emergent theories of Aging. New York, S. 333-355.

Pearlin, L.I. 1982: Discontinuities in the Study of Aging. In: Hareven, K. & K.J. Adams (Hg.): Aging and Life Course Transitions: An Interdisciplinary Perspective. New York, S. 55-74.

Peters, H. 1989: Devianz und soziale Kontrolle. Eine Einführung in die Soziologie abweichenden Verhaltens. Weinheim und München.

Plake, K. 1993: Von Generation zu Generation – Eisenstadts Jugendsoziologie und die Adoleszenzkrise in den 90er Jahren. In: Ders. & W.K. Schulz (Hg.): Entillusionierung als Programm: Beiträge zur Soziologie von Shmuel N. Eisenstadt. Weinheim, S. 110-148.

Plake, K. & W. Schulz 1993: Einleitung: Strukturkontexte sozialen Handelns – Shmuel N. Eisenstadts Programm einer Soziologie ohne Illusion. In: Ders. & W.K. Schulz (Hg.): Entillusionierung als Programm: Beiträge zur Soziologie von Shmuel N. Eisenstadt. Weinheim, S. 24-38.

Pohl, H.-J. 1978: Zur Ausgliederung älterer Arbeitnehmer aus dem Berufsleben. In: Hohmeier, J. & H.-J. Pohl (Hg.): Alter als Stigma. Frankfurt/M., S. 76-101.

Prisching, M. 1985: Soziologische Anti-Soziologie. Eine kritische Übersicht über die Arbeiten Helmut Schelskys. In: Weinberger, O. & W. Krawietz (Hg.): Helmut Schelsky als Soziologe und politischer Denker. Stuttgart, S. 57-98.

Projekt Arbeitsmarkpolitik & C. Offe (Hg.) 1977: Opfer des Arbeitsmarktes. Zur Theorie der strukturierten Arbeitslosigkeit. Neuwied und Darmstadt.

Radcliffe-Brown, A.R. 1923: The Methods of Ethnology and Social Anthropology. In: Ders. (1968): Method in Social Anthropology. Ed. by M.N. Srinivas. Chicago, S. 3-38.

Radcliffe-Brown, A.R. 1931: The Present Position of Anthropological Studies. In: Ders. (1968): Method in Social Anthropology. Ed. by M.N. Srinivas. Chicago, S. 42-95.

Reichertz, J. 1992: Beschreiben und Zeigen – Über das Verfassen ethnographischer Berichte. In: Soziale Welt 43, S. 331-350.

Rendtorff, T. 1977: Kann Freiheit eine soziale Tatsache sein? In: Baier, H. (Hg.): Freiheit und Sachzwang. Beiträge zu Ehren Helmut Schelskys. Opladen, S. 87-101.

Richter, D. 1996: Nation als Form. Opladen.

Richter, D. & I. Saake 1996: Die Grenzen des Ganzen. Eine Kritik holistischer Ansätze in der Pflegewissenschaft. In: Pflege 9, S. 171-175.

Riesman, D. 1954: Some Clinical and Cultural Aspects of the Aging Process. In: Ders.: Individualism Reconsidered and Other Essays. Glencoe, Ill., S. 484-491.

Riesman, D. 1961: Die einsame Masse. Eine Untersuchung der Wandlungen des amerikanischen Charakters. Reinbek bei Hamburg.

Riley, M.W. & J.W. Riley, Jr. 1992: Individuelles und gesellschaftliches Potential des Alterns. In: Baltes, P.B. & J. Mittelstraß (Hg.): Zukunft des Alterns und gesellschaftliche Entwicklung. Berlin, New York, S. 437-461.

Rosenmayr, L. 1971: Zur theoretischen Neuorientierung der Jugendsoziologie. In: Allerbeck, K.R. & L. Rosenmayr (Hg.): Aufstand der Jugend? Neue Aspekte der Jugendsoziologie. München, S. 229-268.

Rosenmayr, L. 1978: Die menschlichen Lebensalter in Deutungsversuchen der europäischen Kulturgeschichte. In: Ders. (Hg.): Die menschlichen Lebensalter. Kontinuität und Krisen. München, Zürich, S. 23-79.

Rosenmayr, L. 1983: Die späte Freiheit. Das Alter – ein Stück bewußt gelebten Lebens. Berlin.

Russell, J.C. 1985: Late Ancient and Medieval Population. Philadelphia.

Saake, I. 1993: Alte im Spiegel von Professionellen. Eine empirische Pilotstudie. Unveröffentlichte Diplomarbeit. Münster.

Saake, I. 1997: Alternde Migranten – Eine neue Zielgruppe der Altenhilfe? In: Nassehi, A. (Hg.): Nation, Ethnie, Minderheit. Beiträge zur Aktualität ethnischer Konflikte. Köln, München, Wien, S. 133-152.

Saake, I. 2000a: Alternsforschung und grand theory: Zwei unvereinbare Perspektiven aufs Alter. In: Ethik und Sozialwissenschaften 11, S. 460-462.

Saake, I. 2000b: Sinnlosigkeit im Alter – Ein Problem der Alten oder der Alternsforschung. In: Breloer, G. (Hg.): Sinnfragen im Alter. Beiträge der Wissenschaft. Münster, New York, S. 159-177.

Saake, I. 2001: Über die Null-Bock-Alten von heute und das Scheitern des gerontologischen Programms. In: Soziologische Revue 24, S. 58-68.

Saake, I. 2002: Wenig Neues vom Alter. Ein systemtheoretischer Ausweg aus gerontologischen Denkschleifen. In: Dallinger, U. & K.R. Schroeter (Hg.): Theoretische Beiträge zur Alternssoziologie. Opladen, S. 275-297.

Saake, I. 2003: Die Performanz des Medizinischen. Zur Asymmetrie in der Arzt-Patienten-Interaktion. In: Soziale Welt 54, 2003, S. 223-254.

Saake, I. 2004: Theorien der Empirie. Zur Spiegelbildlichkeit der Bourdieuschen Theorie der Praxis und der Luhmannschen Systemtheorie, in: Nassehi, A. & G. Nollmann (Hg.): Bourdieu und Luhmann. Ein Theorienvergleich, Frankfurt/M., S. 85-117.

Saake, I. & D. Kunz 2006: Von Kommunikation über Ethik zu "ethischer Sensibilisierung": Symmetrisierungsprozesse in diskursiven Verfahren. In: ZfS 35, S. 41-56.

Saake, I. & A. Nassehi 2004: Die Kulturalisierung der Ethik. Eine zeitdiagnostische Anwendung des Luhmannschen Kulturbegriffs. In: Burkart, G. (Hg.): Niklas Luhmann und die Kulturtheorie, Frankfurt/M., S. 102-135.

Sack, F. 1968: Neue Perspektiven in der Kriminologie. In: Ders. & R. König (Hg.): Kriminalsoziologie. Frankfurt/M., S. 431-476.

Sankar, A. & J.F. Gubrium 1994: Introduction. In: Dies. (Hg.): Qualitative Methods in Aging Research. Thousand Oakes, London, New Delhi, S. VII-XVII.

Schachtner, Ch. 1988: Störfall Alter. Für ein Recht auf Eigen-Sinn. Frankfurt/M.

Scheler, M. 1966: Die Stellung des Menschen im Kosmos. Bern, München.

Schelsky, H. 1959: Die Paradoxien des Alters in der modernen Gesellschaft. In: Ders. 1965: Auf der Suche nach Wirklichkeit. Gesammelte Aufsätze. Düsseldorf, Köln, S. 198-221.

Schelsky, H. 1961: Der Mensch in der wissenschaftlichen Zivilisation. Köln und Opladen.

Schelsky, H. 1963: Die skeptische Generation. Eine Soziologie der deutschen Jugend. Düsseldorf, Köln.

Schelsky, H. 1965: Einleitung. In: Ders.: Auf der Suche nach Wirklichkeit. Gesammelte Aufsätze. Düsseldorf, Köln, S. 7-16.

Schelsky, H. 1970: Systemfunktionaler, anthropologischer und personfunktionaler Ansatz der Rechtssoziologie. In: Jahrbuch für Rechtssoziologie und Rechtstheorie. Bielefeld, S. 39-89.

Schimank, U. 1994: Organisationssoziologie. In: Kerber, H. & A. Schmieder (Hg.): Spezielle Soziologien. Reinbek bei Hamburg, S. 240-254.

Schlee, G. 1991: Altersklassen und Veränderung der Lebenslaufalter bei den Rendille. In: Elwert, G. u.a. (Hg.): Im Lauf der Zeit. Ethnographische Studien zur gesellschaftlichen Konstruktion von Lebensaltern. Saarbrücken, Fort Lauderdale, S. 69-82.

Schleier, R. 1993: Zur allegorischen Dimension des Alters. In: Berger, U. & J. Desel (Hg.): Bilder vom alten Menschen in der niederländischen und deutschen Kunst 1550-1750. Ausstellung im Herzog-Anton-Ulrich-Museum Braunschweig. Braunschweig, S. 60-67

Schröer, N. 1992: Der Kampf um Dominanz. Eine hermeneutische Fallanalyse einer polizeilichen Beschuldigtenvernehmung. Berlin, New York.

Schroots, J.F. 1996: Theoretical Developments in the Psychology of Aging. In: The Gerontologist 36, S. 742-748.

Schüller, H. 1995: Die Alterslüge. Für einen neuen Generationenvertrag. Berlin.

Schulz, W. 1993: Philosophie in der veränderten Welt. 6. Aufl., Stuttgart.

Schwarzenau, A. 1987: Gefährliche Pflege im Heim. In: Niederfranke, A. u.a. (Hg.): Altern in unserer Zeit. Heidelberg, Wiesbaden, S. 34-37.

Simmons, L.W. 1970: The Role of the Aged in Primitive Society. Hamden, Conn.

Sorkale, E. 1997: „In den Mokassins des anderen gehen“. In: Altenpflege 1, S. 50f.

Spencer Brown, G. 1971: Laws of Form, 2. Aufl., London.

Sprandel, R. 1993: Die Stellung der Alten in der mittelalterlichen Gesellschaft. In: Biegel, G. (Hg.): Geschichte des Alters in ihren Zeugnissen von der Antike bis zur Gegenwart. Braunschweig, S. 25-34.

Statistisches Bundesamt 1994: Im Blickpunkt: Ältere Menschen in der europäischen Gemeinschaft. Wiesbaden.

Steinbeck, B. 1964: Einige Aspekte des Funktionsbegriffs in der positiven Soziologie und in der kritischen Theorie der Gesellschaft. In: KZfSS 15, S. 97-129.

Stichweh, R. 1988: Inklusion in Funktionssysteme der modernen Gesellschaft. In: Mayntz, R.u.a.: Differenzierung und Verselbständigung. Frankfurt/M., New York, S. 261-294

Strauch, B. 1978: Altenheim und Altenrolle. In: Hohmeier, J. & H.-J. Pohl (Hg.): Alter als Stigma. Frankfurt/M., S. 102-123.

Tartler, R. 1961: Das Alter in der modernen Gesellschaft. Stuttgart.

Tesch-Römer, C., Engstler, H. & S. Wurm 2006: Altwerden in Deutschland. Sozialer Wandel und individuelle Entwicklung in der zweiten Lebenshälfte. Wiesbaden.

Tews, H.P. 1979: Soziologie des Alterns. 3. neu bearb. u. erw. Aufl., Heidelberg.

Tews, H.P. 1987: „Neue Alte"? – Veränderungen des Altersbildes. In: Universitas 9, S. 868-879.

Tews, H.P. 1993: Neue und alte Aspekte des Strukturwandels des Alters. In: Naegele, G. & Ders. (Hg.): Lebenslagen im Strukturwandel des Alters. Opladen, S. 15-42.

Thane, P. 1993: Old Age in English History. In: Conrad, Ch. & H.-J. von Kondratowitz (Hg.): Zur Kulturgeschichte des Alterns. Berlin, S. 17-38.

Thomae, H. 1951: Persönlichkeit. Bonn.

Thomae, H. 1956a: Psychologische Probleme des Erwachsenenalters. In: Haseloff, O.W. & H. Stachowiak (Hg.): Moderne Entwicklungspsychologie. Berlin, S. 104-113.

Thomae, H. 1956b: Der Lebenslauf und die biographische Methode in der Psychologie. In: Haseloff, O.W. & H. Stachowiak (Hg.): Moderne Entwicklungspsychologie. Berlin, S. 132-142.

Thomae, H. 1968: Das Individuum und seine Welt. Eine Persönlichkeitstheorie. Göttingen.

Thomae, H. & U. Lehr 1973: Berufliche Leistungsfähigkeit im mittleren und höheren Erwachsenenalter. Göttingen.

Thomae, H. 1977: Psychologie in der modernen Gesellschaft. Hamburg.

Thompson, E.P. 1979: Die 'sittliche Ökonomie' der englischen Unterschichten im 18. Jahrhundert. In: Puls, D. (Hg.): Wahrnehmungsformen und Protestverhalten. Studie zur Lage der Unterschichten im 18. und 19. Jahrhundert. Frankfurt/M., S. 13-80.

Troyanski, D. 1996: The History of Old Age in the Western World. In: Ageing and Society 16, S. 233-243.

Twigg, J. 2000: Carework as a Form of Bodywork. In: Ageing and Society 20, S. 389-411.

Twigg, J. 2002: The Bodywork of Care. In: Andersson, L. (Hg.): Cultural Gerontology. Westport/Connecticut, London, S. 173-189.

Tyrell, H. 1986: Geschlechtliche Differenzierung und Geschlechterklassifikation. In: KZfSS 38, S. 450-489.

Voges, W. 1983: Alter und Lebensverlauf. Ein systematisierender Überblick über Grundpositionen und Perspektiven. In: Ders. (Hg.): Soziologie der Lebensalter. Alter und Lebenslauf. München, S. 7-33.

Voges, W. 1987: Sozialforschung auf der Grundlage einer Lebenslaufperspektive. In: Ders. (Hg.): Methoden der Biographie- und Lebenslaufforschung. Opladen, S.9-22.

Wahl, H.-W. 1992: Ökologische Perspektiven in der Gerontopsychologie. Ein Blick in die vergangenen drei Jahrzehnte und in die Zukunft. In: Psychologische Rundschau 43, S. 232-248.

Wahl, H.-W. & M.M. Baltes 1990: Die soziale Umwelt alter Menschen: Entwicklungsanregende oder -hemmende Pflegeinteraktionen? In: Zeitschrift für Entwicklungspsychologie und pädagogische Psychologie 22, S. 266-283.

Weber, A. 1955: Einführung in die Soziologie. München.

Weber, G., Erlemeier, N., Nassehi, A., Saake, I. & R. Watermann 1997: Altersbilder in der professionellen Altenpflege. Eine empirische Studie. Opladen.

Weber, G., Weber-Schlenther, R., Nassehi, A., Sill, O. & G. Kneer 1995: Die Deportation von Siebenbürger Sachsen in die Sowjetunion 1945-1949. Bd. 2, Köln, Weimar, Wien.

Weber, M. 1988: Gesammelte Aufsätze zur Sozial- und Wirtschaftsgeschichte. 2. Aufl., im Orig. 1894, Tübingen.

Wenzel, H. 1986: Einleitung des Herausgebers: Einige Bemerkungen zu Parsons' Programm einer Theorie des Handelns. In: Parsons, T.: Aktor, Situation und normative Muster. Herausg. u. übers. v. H. Wenzel. Frankfurt/M., S. 7-58.

Wenzel, H. 1990: Die Ordnung des Handelns. Talcott Parsons' Theorie des allgemeinen Handlungssystems. Frankfurt am Main.

Werkentin, P., Hofferbert, M. & M. Baurmann 1972: Kriminologie als Polizeiwissenschaft oder: Wie alt ist die neue Kriminologie. In: Kritische Justiz 5, S. 219-252.

Willems, H. 1996: Goffmans qualitative Sozialforschung. Ein Vergleich mit Konversationsanalyse und strukturaler Hermeneutik. In: Zeitschrift für Soziologie 25, S. 438-455.

Wobbe, Th. 1994: Die Grenzen der Gemeinschaft und die Grenzen des Geschlechts. In: Dies. & G. Lindemann (Hg.): Denkachsen. Zur theoretischen und institutionellen Rede vom Geschlecht. Frankfurt/M., S. 177-207.

Woll-Schumacher, I. 1980: Desozialisation im Alter. Stuttgart.

Zhou, M. & C.L. Bankston 1998: Growing up american. How vietnamese children adopt to life in the United States. London.

Zinnecker, J. & R.K. Silbereisen 1996: Kindheit in Deutschland. Weinheim und München.

Zitelmann, Th. 1990: Verzeitlichung und Lebenslauf. Die Alters- und Generationsklassenordnung (Gada) der Borana-Oromo. In: Elwert, G. u.a. (Hg.): Im Lauf der Zeit. Ethnographische Studien zur gesellschaftlichen Konstruktion von Lebensaltern. Saarbrücken, Fort Lauderdale, S. 50-68.

Index